MOTHERLAND
IN
MY DREAMS

黄 平／著

社会发展、全球化与中国道路

Social Change,
Globalization
and
Chinese Way towards Future

社会科学文献出版社
SOCIAL SCIENCES ACADEMIC PRESS (CHINA)

# 目 录

# 第三部分　中国道路

# 第四部分　余论

# 中国道路：梦一样的历程
## （代前言）

## 近代历史的眼光

讲中国梦首先应该回到我们中国自己的发展道路上来。中国梦当然是党中央新提出来的，特别是习近平总书记提出来的，它同时也是历史赋予我们的使命，是和我们的国家走到今天、我们的社会走到今天、我们的人民走到今天联系在一起的，也是和下一个30年里我们面临的任务、目标、使命、责任、挑战联系在一起的。

为了认识今天的中国，认识改革开放30多年来的中国，我们就要认识改革前1949～1979年这30年；而为了认识那前30年，我们还要认识1919～1949年这30年。

我们这一代人开始真正做实地调查研究，如果不算上山下乡，基本上是与改革开放同步的。而那时大家都很清楚，为了认识当时的中国，包括发展状态、贫困状态，就要回到1979年以前，再回到1949年以前，这不仅是认识历史的需要，也是认识今天和明天的需要。

在纪念改革开放30周年的时候，我斗胆地说过有三个30年，我们改革开放，从1978～2008年有30年，但实际上还有1949～1979年这30年，而且还有1919年五四运动到1949年新中国成立这30年。

为了了解我们改革开放30年来的发展变化，我们应该知道前面两个30年是怎么过来的，当然我们现在又面临进入第四个30年，2049年，建国100周年，当然包括2021年建党100周年。今后30年是中华民族的伟大复兴和中国梦实现的30年。前面这三个30年有很多历史学家、党史专家，还有很多理论专家写过很多很好的著作，今天也值得认真学习。那些著作里，从晚清走到辛亥革命，从辛亥革命到五四运动，再从五四到新中国成立，无论是旧民主主义革命还是新民主主义革命时期，我们面临的是要独立和解放，摆脱半殖民地、半封建的命运，摆脱被西方列强掠夺、被迫割地赔款这么一段历史，简单说就是中国人民要站起来。我自己曾经用过一句通俗的话来形容过去的这几个30年，就是解决挨打、挨饿、挨骂的问题。

第一个30年，1919～1949年，是毛泽东等中国共产党人领导中国人民经过艰苦奋斗包括武装斗争终于解决了"挨打"的问题。1840年以后我们任人宰割、被人欺凌，中国人民其实就是不断地挨打，到1949年才我们站起来了，通过革命解决了"挨打"的问题。

再经过两个30年，1949～1979年，尤其是1979～2009年，大规模的经济建设，对社会主义的曲折探索，改革开放，社会经济发展，到2009年的时候，我们在解决了"挨打"的基础之上，又解决了"挨饿"的问题，也就是摆脱了贫困和实现了初步小康。如果只是解决了"挨打"的问题，不完全意味着我们站起来了，还要解决好发展的问题，才能站得住。我们在新中国成立初期的时候面临经济短缺，包括我们吃饭要粮票、穿衣要布票，经过两个30年的探索，特别是改革开放这个30年的发展，终于不但解决了"挨饿"问题，而且实现了十几亿人的小康。

## 世界文明的一脉

今后的30年，中国人民不仅要站起来、站得住，而且还要站得好、实现中国梦，这就要解决"挨骂"的问题。今天我们国家的统一问题还没有最后解决，大陆与台湾还没有完成统一，但是自孙中山先生那一辈人以来讲的自立于世界民族之林的问题解决了，"挨打"的问题解决了，"挨饿"的问题也解决了。尤其是第三个30年，改革开放的30年，我们这个"挨饿"问题不但是解决了，而且是全人类历史上第一次这么短的时间这么多的人进入小康。

记得改革开放30年的时候，欧盟请我去介绍改革开放30年，给了我10分钟介绍改革开放的30年。实际上我只讲了3分钟，事后回忆，当时其实就讲了一句话："10亿以上的中国人，在30年的时间里，几乎一直保持着两位数的平均增长，其间还至少解决了 3 亿多人的脱贫、2 亿多人非农化、2 亿多人进入了所谓的'中等收入群体'，并且，在这个过程并没有发生大规模的内乱、动荡、起义和革命，也没有发生大范围的对外移民、殖民、侵略和战争，这是自英国革命、法国革命、美国革命以来，从来没有过的。"

现在所谓"挨骂"问题和中国梦有直接的关系，我们中国要站起来。1949 年首先解决了独立问题，站起来了；站起来以后还要解决发展问题；发展起来以后还要解决所谓正当性问题。不但要活，还要活好；不但要活好，还要活得理直气壮、活得天经地义、活得理所当然，而不是说我们今天有了钱反而被别人看不起、被妖魔化或者是被认为是"异类"。解决"挨骂"不是要在文化、价值、理想、思想层面去缴械投降，而是在思想文化价值层面具有本来应该有的正当性。

我们这么一个国家，我们这么一个民族，我们这么一个文化，经过 30 年、300 年、3000 年走到今天，多元一体成为一个大的中华民族，从古以来源源不断、生生不息，不断丰富、不断发展，走到今天它一定有自己的东西、自己的道理、自己的力量在背后，而不是简单地说我们的文化好不好，或者个人喜欢不喜欢。从国家发展、民族发展、文化发展这个脉络，有什么是我们自己的，其中哪些是能够被人分享、被人尊敬的，这就是我说的要解决挨骂的问题，或者说实现中国梦一定要解决的正当性问题。到那个时候就不只是政治上解决独立，或者是经济上解决小康，也要在文化上，作为人类文明的一种、一支、一脉，我们这么过、这么走、这么想是理所当然的、天经地义的。别人不一定这么过、这么走、这么想，但别人也得承认，甚至也要尊重，我们的过法、走法、想法，也是一种活法、一种走法、一种想法。当然，这是谦虚的说法、保守的说法：中国文化、中国制度、中国道路，至少是世界文明中的一支、一脉、一路。

## 中国道路的阶段

中国梦的实现是有阶段的，在不同的历史时期中国梦的内涵也各不相同。我们看看，从秋瑾、严复到鲁迅，志士仁人的梦首先是中国自立于世界民族之林。到了五四运动的时候，新一代的中国梦出来了，当时要救国，又提出了

"德先生""赛先生"，甚至也怀着一个赤潮的梦，"赤潮澎湃，晚霞飞动"，远东古国的青年开始憧憬神圣的劳动。那个时代以来，中国梦激发那么多的热血青年，从北京大学的学生参与五四运动，到清华大学的学生参与一二九运动，当时有很多的工人、农民的孩子也参与到抗战救国、革命建国的行列中，其实也是在追求中国梦，那个时代的梦的核心是追求民族的独立和人民的解放，那个梦经过几代人的奋斗到 1949 年基本实现了。

1949 年以后，我们的新中国建立在一穷二白的基础上，真的是白手起家，还面临着极端险恶的外部国际环境和周边环境，不管经历了多少曲折，自己有多少失误，到了 1972 年，我们恢复了在联合国的合法席位，中国在国际上有了自己应有的一席之地。也是在那前后，我们与世界上大多数国家（包括日本和欧洲发达国家）建立了正常的外交关系。

接下来当然就是改革开放和经济社会全面发展的 30 年。一开始，我们的梦很简单：摆脱贫困，走向小康。其实这 30 年我们所取得的，岂止是小康！我在欧盟所说的那句话，最后应该再加上：实际上，也是人类历史上前所未有的。

今天提出的中国梦，是在实现独立和解放的基础上，是在经济大发展、社会大变迁的基础上提出来的。今天的中国人民，已经不但有饭吃、有衣穿，而且农村人到城里不仅有工作而且开始考虑定居，城里人考虑要有房产，小孩子要得到高学位，企业家走向世界，我们的学生走向世界，旅游者也走向世界，整个中国正走向世界，至少，我们的地区影响力越来越大。在这个背景下，我们提出来的中国梦，当然就包括了人民的幸福、国家的富强、中华民族的复兴、中国文化的自信……

## 中国道路的逻辑

从逻辑上说，一个社会的进步，有些是可以用技术指标、经济数据来衡量的。物质世界的改变、经济的建设等，这既可以用指标衡量，也是社会变迁、社会发展的一个基本维度。马克思主义政治经济学最基本的概念之一是生产力，也包括科学技术。在生产力方面的发展变化，是可以用自然科学的方法、用技术的手段来测量的，是能够用量化的指标一点点地监测、描述和分析的。一个社会，如果没有别的干扰和破坏，按照马克思主义经典的论述，是一个自然的历史过程。而且，生产力不仅是第一性的、是首要的，也是能被我们监测到、能够用技术手段和指标去衡量的。

中国科技史方面的泰斗是李约瑟教授，写了好多有关中国科学技术史的书。他本来是学化学的，自己后来在治学的过程中发现，其实中国远比欧洲更早就有了很发达的技术。为什么后来近代时期的科技史没有看到中国的贡献？本来，我们也是按着自然历史发展进程的脉络走的，走着走着就走到了晚清。即使到了晚清遇到洋枪洋炮，按照张之洞提出来的"中学为体，西学为用"，在技术层面和物质层面应该是可以学西方的。过去四书五经，解决人际关系、解决伦理和孝等问题，比起西方那套东西，在此之前我们没有从来遇到过，是千年未见的新东西。比如说和周边很多地方打交道，在文化上、在社会进步意义上，还是我们的文化更进步、更发达、更先进。但是西方这次入侵，导致中国遭遇西方的强烈碰撞。第一代那个时候就有这种强烈碰撞了，因此就有了技术救国的口号。很多早期到清华大学来上学的也是想通过学技术来救国。与它相关的是，学技术去哪儿学？因此就有了教育救国论。

马克思所说的这个自然的历史过程，到了晚清的中国面临着问题：因为它对外面临着西方列强的挑战，对内面临着晚清政府的无能，其中包括腐败，也包括技术层面的无能，只知道四书五经，书法绘画也很厉害，但是国家治理层面没有能力应对新局面和新挑战。也就是说，马克思主义意义上的上层建筑阻碍了晚清中国的经济发展。到了那时，技术救国也已经行不通了，当时持技术救国思想的不只是张之洞提出了体用问题，严复最初到英国也是学造船的，他是第一个介绍欧洲的社会科学著作到中国的。不只是他们要走技术救国、科学救国、教育救国的道路，鲁迅、郭沫若也是去日本学医的，都是希望能够通过科学、技术、教育来救国。

为什么行不通？晚清时期的上层建筑严重阻碍经济的发展，完全不相适应，成为阻碍经济发展的东西。社会革命到来，不是马克思说的生产力发展使生产关系成为桎梏，而是生产力被阻碍到再也不能发展的时候，社会革命的时代才会到来。这个时候已经不能按照马克思设想的正常路子（"随着经济基础的变更，全部庞大的上层建筑也或慢或快地发生变革"），先发展经济，再改变政治。晚清时候的政治制度和上层建筑严重阻碍生产力和经济的发展，阻碍得它们不能发展，政治上和思想上也已经无力应对内外的严峻挑战。所以，近代中国的逻辑，是人民不得不革命，不得不先从政治上甚至军事上解决问题，再回过头来搞生产和建设，再回头来发展生产力！

这个过程，是与马克思恩格斯讲的那个每一时代的经济生产以及必然由此产生的社会结构，是该时代政治的思想的基础，一方面根本上是一致的，另一方面从先后顺序上说，我们晚清时候已经不能按照自然历史过程的顺序来，不可能先发展生产力，先发展经济，先有了物质进步做基础，再来进行社会变迁和政治变革。这个路子已经走不通了。

所以中国的革命，还不仅是先搞城市暴动还是先搞农村根据地的问题，这个当然是中国的特色和中国的国情，毛泽东在井冈山首先探索，后来概括为走农村包围城市的道路。因为这与近代中国的革命一开始就是土地革命有关，只有通过农民自己起来，把自己组织起来，才能解决土地问题，所以又叫土地革命，要通过革命的办法来解决农民与土地的关系。

但是，这里还有一个逻辑，不仅与俄国革命的道路不同，不是先搞城市暴动和起义（其实我们也搞过，但没有基础，不成功），而是我们中国近代第一个30年，不像马克思说的英国那种"自然的历史过程"：一个社会的变迁，先是由于生产力的发展，导致生产关系的改变，然后上层建筑与之不适应，成为其桎梏。我们是生产力不发展，生产关系不改进，没有办法发展生产，更不用说靠科技、教育发展生产力，只有先解决社会关系，首先是政治关系，是国家政权。由于中国最大的社会群体是农民，不但不同于英国、法国、美国，也不同于俄国。我们没有一个城市群，也没有城市里庞大的工人阶级，基本没有现代意义上的产业工人。而我们的社会基础、群众基础是农村，是农民，这样才走向农村，解决农民的土地问题。

可以说，我们对马克思主义的发展，不仅是农村包围城市，不同于俄国搞城市工人武装起义，而是不同于马克思设想的那个过程，不是先发展生产力，再改变生产关系，最后上层建筑或慢或快地改变，而是一上来就是政治革命、武装革命，先解决政治问题、政权问题、国家问题。正是因为这个逻辑，才有了延安的时候讲，看一个知识青年是革命，还是不革命，还是反革命，要看你是否愿意并且实行与工农结合，这既是立场问题、感情问题，也是中国特色的革命逻辑，不遵循这个革命逻辑，当然无法成为革命者。

所以，第一个 30 年的逻辑，不是一个"自然的历史过程"，中国这个时期的特色就是在农村通过发动农民进行土地革命，反帝反封建，先解决政治的变革，推翻压迫者，驱逐侵略者，建立起人民政权，然后在人民政权领导下，再来发展经济生产，在物质和技术层面推动经济和社会进步。

这个逻辑，既不是俄国那个城市道路的逻辑，也不是英国那个"自然的历史过程"的逻辑，它不是从本本里抄来的，而是从中国的具体实践中走出来的。如果教条地按照本本上规定的"逻辑"，20 世纪中国的历史就不是这个样子，亚洲和世界的今天也不会是这个样子。

## 人民的主体性

怎样解释中国革命的这个逻辑，有一个重要的问题，就是人的主体性问题。人们自己创造自己的历史，但是他们不能随心所欲地创造，这个话是马克思说的。是不是可以再稍微发挥一下：虽然不能随心所欲，但是历史确实是人们自己创造的。中国近代以来的历史是中国人自己创造的，"中国道路"是中国人自己走出来的，我们一开始也是想按部就班地走，靠技术、靠实业、靠教育，都没有走通，被逼得不得不先从政治上走，得先解决民族独立和国家主权问题。解决这个问题，没有亿万普通民众参与，只靠少数精英是不可能的。中国的普通民众是谁？他们在哪里？农民革命、农村道路，是这样摸索出来的。所以，人民自己创造自己的历史，而我们的人民，多数在农村，主体是农民。但是，农民在旧时代不仅是一盘散沙，甚至衣不蔽体，没有文化，更没有政治意识。所以要组织起来。共产党也是被逼到农村，走上了井冈山的道路，发现农民必须组织起来，才能成为真正的铜墙铁壁。

实际上，群众路线是从井冈山道路到延安道路，逐步形成的一整套东西。"从群众中来，到群众中去"，它既是认识路线（一切知识无不来源于人民群众的生产生活实践），也是政治路线（我们的一切工作都是为了人民的利益），还是组织路线（在人民群众的实践中考察和识别干部），当然也是工作作风（理论联系实际，密切联系群众，批评和自我批评）。概括到一点，就是人民——在中国首先就是普通农民，是历史的主人，是社会的主体，是推动社会进步和发展的动力。

今天，中国社会已经与那个时候十分不同了，历史进步了，时代发展了，农民正在减少，城市正在扩大，知识、文化、科学、技术，已经成了人们尤其是青年日常生活中离不开的组成部分，但是有一点没有变，那就是：人民，特别是普通群众，即工人、农民和专业技术人员，仍然是社会生产和生活的主体，他们不仅是经济生产中的一个"要素"（其他的要素如资本、土地、技术），也不只是社会生活中的一个"份子"（包括需要救助或享受福利的一员），而是创造财富和维系社会的基本力量，是创新与改革的主要动力，是我们的社会往哪里走、怎样走的依靠力量。

## 文化自觉

但是，人民群众的主体地位，确实又不是自然出现、自发形成的。用今天的话说，人民群众需要文化自觉。文化不只是消极地、被动地反映经济发展社会变迁和政治变革，马克思恩格斯到了晚年一再讲意识形态的反作用问题，到了葛兰西，这个问题是文化领导权问题。话语权，最核心的一点，如果只有经济进步，还不足以创造新社会；如果只有政治革命，就算解决了民族独立问题，也不能保证其正当性。如果不解决文化领导权，我们所做的一切就缺乏正当性。

在我们今天这个巨大的社会变迁之中，随着经济建设作为中心工作继续坚持（哪怕速度有所降低），再有 20 ~ 30 年，中国将更加具有影响力。现在我们当然还是发展中国家，仍然还在社会主义初级阶段，仍然面临着重大战略机遇和挑战，对外我们仍然要坚持始终走和平发展道路，这些方面我们都要继续努力、长期奋斗，才能把工作做好，经济的、物质的、精神的、文化的，后面还有科技的、军事的，都不仅要做大，还要做实、做强。同时我们的社会建设和社会治理，不只是养老、医疗、教育，整个社会治理、国家建设也要跟上。

即使如此，最后还有个文化领导权问题、话语权问题、正当性问题。文化不是简单的复古、复旧，更不是放弃、缴械，而是建立或重建文化自觉。马克思不是讲工人要由自在变成自为的阶级吗？否则就只是赚钱，要求加工资，达不到就破坏机器，这不是自为的阶级，自为有自我意识，或者阶级意识，这个就叫文化自觉，而不是让它自生自灭。中国道路的一个奇迹就是把曾经是一盘散沙的贫苦农民组织成了自觉的革命战士。而中国梦最后以中华民族的伟大复兴为标志，关键是要成为自觉的中国人。

这样来看中国道路，它就不仅是一个个案、"例外"，中国特色也不是因为我们太特别。如果仅仅是一个例外，那就没有正当性，文化上也无法建立自觉和自信。中国道路问题，我用一个类似物理学的命题来表述：任何一个东西，如果它跨越的时间越长，覆盖的空间越大，涉及的个体越多，那么，很可能，它所包含的普遍性就会越强。如果这个命题成立，那么，中国道路仅仅是个特例，还是具有更强的普遍性这个问题，就应该很清楚了，我们对它的文化自信也应该更坚定了。

黄　平

2013 年 4 月 12 日在清华大学的演讲

# 第一部分
## 社会发展

## 来自哥本哈根发展论坛的思考[*]

　　几年前，经哈佛大学燕京学社社长杜维明教授引见，中国社会科学院裴长洪教授、李薇女士、周云帆女士和我有机会与到北京来做短期停留的雅克·鲍多特（Jacques Baudot）会见，我们对于鲍多特等人自联合国1995年丹麦哥本哈根社会发展高峰会议以后，从1996年起连续几年在丹麦政府支持下举办的哥本哈根社会进步研讨会表示了极大的兴趣，裴长洪先生代表中国社会科学院提出：可以考虑把几年来有关的文献翻译成中文出版，当即得到了鲍多特先生的首肯，杜维明教授也立即表示哈佛大学燕京学社愿意出资支持。

　　接下来的几年时间里，在中国社会科学院裴教授等鼓励下，我有幸参加了几次由鲍多特先生在巴黎、纽约等地主持的同类社会发展研讨会，与哥本哈根社会进步研讨会的许多参与者有了更多的了解。从2000年开始，我着手组织翻译这些年来一系列研讨会上的论文。毫无疑问，现在选出来的，只是这些文

---

[*] 本文为《与地球重新签约》一书编者前言。

章中的一小部分，作者们的见解也不尽相同。但是，从这些文章中，我们可以看到自 1995 年社会发展高峰会议以来部分知识分子对于社会进步与社会发展问题的讨论、争论，对于占主导地位的发展话语的批评和对于可持续的、以人为本的社会发展的追求。

2002 年的"社会发展国际论坛"准备文件提出：

> 社会发展意味着个人之基本福祉和社会之和谐运行。它既要考虑发展之最终后果，也要对发展过程中的问题加以审视，包括从社会的角度（例如经济、历史、哲学的角度）着眼，尤其是从社会可持续性的角度着眼，来看待人类的各种活动和各个领域。社会视角将个人与社会整体相联系，并把人的各种维度和需要都纳入视野，审慎地区别对待目的和手段，最后，它追求人类的共同利益。
>
> 因此，社会发展应该涵盖的基本内容有：首先，向所有的人提供参与经济活动并因而获得足够覆盖本人及其家属之基本需要的收入，包括经济自立、物质报酬、就业与公平的社会回报；其次，在排除任何歧视和偏见的前提下，通往社会服务（包括基础教育、基本医疗保障与住房）之门应向所有的人开放；再次，机会、收入和财产在个人、社会群体和阶级之间的分配政策，无疑其程度、形式和效果会很不相同，但是绝大多数社会现在都意识到了对于下述现象进行社会性矫正（social correctives）之必要性：幸运环境与先赋资产或后天才华之结合所产生的不同人的不同命运。但是，当前的政治话语则对权利与机会的平等之强调超过了对于条件之平等（equality of conditions）的重视；最后，个人和群体生活于其中的社会关系、社会结构和社会制度之博大与复杂架构，使得传统的力量、开放的水平、公共权威的地位等因素，在很大程度上一起决定着社会发展与社会之总体轮廓。

我们看到，自从 1995 年联合国社会发展高峰会议以来，"可持续发展"已经成了一种口号和时髦，另外，无论是从世界的任何一个地区内看，还是从世界上的各个地区之间来看，社会的分化和不平等，也越来越明显。"冷战结束"似乎并没有迎来什么"历史终结"的时代，相反，如今的世界，南北差异和贫富悬殊都扩大了，这，实在是个讽刺。

回顾起来，至少在二战结束后的现代化语境下，"发展"的内涵并非一般意义上的社会变迁，而是关于"进步"的观念，这一观念的确可以追溯到欧洲启蒙运动以来的一整套关于"进化""征服自然"的叙说和话语，这套话语，在二战后发达国家对其他地区和社会的援助和贷款项目实施过程中，日益成型为一套一套的"发展战略""城市规划"和"赶超方案"。在这种"发展"的模式内，"发展"包括了诸如工业化、城市化等内容，这些"××化"都只是现代化的一些方面，而现代化本身，却只有一个：欧洲的现代性制度安排的实现或西方的经济类型的扩展过程，其他地区和社会的"发展"（或"现代化"），不过是源自西方的这个现代性的扩展或者制度的扩张而已。

20 世纪 60 年代末以来，对这种"发展主义"（Developmentalism）的批评开始出现了，批判学派、依附理论、女性主义、绿色运动、后殖民主义，等等，都是在这个批判的脉络下发出自己的声音的。吊诡之处就在于：这些批评，基本也都是来自欧美的，它们也常常是以欧洲的"发展"为蓝本和依据的；即使这些批评和批判看到了欧洲以外的发展，包括如何对欧洲的现代性进行富有意义的反应（积极的接受、融合、创新和各种形式的怀疑、抵抗，等等），也主要是将欧洲作为"发展"的原生形态，欧洲以外的变迁无非是如何受到西欧的发展模式的影响罢了。换句话说，发展主义语境下的所谓"发展"，不是一般意义上的社会变迁和生活质量的改善，而是在现代化话语语境内，如何以欧洲近三五百年的变迁模式为依据，又如何学习、模仿、追踪欧洲模式的过程。

比较典型的"追赶"实践，再早，可以追溯到彼得大帝的"改革"，日本的"脱亚入欧"，以及 20 世纪前半段中国和印度等国的志士仁人"寻求富强"的种种努力。但是真正将"发展"作为一种占支配地位的由国家推动的"赶超战略"和建设规划，并因此使之成为占压倒优势的"发展主义"话语，则是在二战以后。那时，一方面是"马歇尔计划"对战后欧洲复兴的推动作用和发达国家对"第三世界"各国的援助（包括发达社会派出的专家对各地的设计与顾问），的确使人感受到了发展的好处和可能，另一方面是前社会主义各国普遍采用的"超英赶美"战略。尽管它们之间有许多差别，但有一点是类似的："发展主义"的关注点，在于经济增长（特别是以 GNP/GDP 和人均收入为主要指标的增长）和财富积累（尤其是以财政、税收和总产量为标志的积累），而支撑"发展主义"的理念，是源自启蒙时代的线性进步观和历史阶段论。

线性进步观的关键，不只在于其受到了生物进化论的影响，而且更主要的还在于认为历史的错综复杂的演变背后，有一条作为"故事主线"的"宏大叙事"。历史的阶段论确信社会的"进步"是按照既定的步骤或阶梯由低向高逐渐演变的，它背后贯穿的"主线"无论是黑格尔式的"逻辑"，还是其他宏大历史观所提供的"线索"，都预设了社会具有某种内生性或内发性的进步因子，尽管可能也会有"突发事件"（政变、革命、战争、瘟疫等）一时打乱这条发展的"主线"，但是历史不可能跳跃，更没有什么"断裂"，充其量是延缓了或加快了进步的步伐。

这样，才有了关于"传统社会—现代社会""农业社会—工业社会""礼俗社会—法理社会""农村社会—城市社会"的区分，以及如何由前者走向后者的"发展方案"：最早叫"工业化""城市化"，后来更普遍的说法是"现代化""市场化"，1990 年以后，席卷世界各地的浪潮一般被描述为"私有化""全球化"；也才有了"发达社会""发展中社会""欠发达社会"，以及"高度发达社会""中度发达社会""新兴工业社会"等类别和概念。

是在"发展主义"话语框架内，不仅在理论上有了现代意义上的"贫困问题"，而且也在政策上有了"减贫计划"或扶贫项目。贫困，绝不只是单纯的技术指标就能测量的"客观事实"，更不只是如何使这种测量更"精确"、更"科学"，而且也是在"发展主义"话语中才有意义才可操作的"难题"。不论这些援助项目设计得多么周密，这些咨询专家工作得多么努力，他们大都怀有现代化发展主义的普世信念和科学主义的专业素养，把按照普遍主义和科学主义设计的方案套用到不同的历史语境中，去指导各国各地区各种项目的实施。由于在"发展主义"的框架下由发达社会的政府和专家们为"发展中"（或欠发达）社会设计出来种种方案，在战后几十年的实践中一再遭受挫折并引发出许多新问题，才又迫使人们去考虑为什么"发展不起来"，或者，即使有所发展，也要么是"依附性的"，要么是"破坏性的"，以及怎样的发展才是"环境可持续的""以人为本的""和谐的"。

旧式的以 GNP 为指标的"发展"，常常既忽略了诸如"环境—生态"问题，不把污染的代价计入成本，更没有考虑生物物种的灭绝或生物链的破坏的灾难性后果，也不重视经济—社会—文化协调问题，社会成本，如信任、安全、互助与团结等要么不成为问题，要么会随着 GNP 增加而迟早会被自然解决；而且，这种"发展观"更是用排他性的逻辑来规划发展纲要，结果，有时候反而是 GNP 每增长一个百分点，就有一批人落入了"贫困者""失业者"的行列。而且，对"失业者"的统计，也每每不包括那些实际具有劳动能力却制度性地无法进入"劳动力市场"，因此也就不算"劳动力"或"就业后备军"的社会分子，例如妇女，她们的家务劳动不被承认为社会劳动之一部分，或者在押的犯人，一旦入狱，就不会在统计上列入"失业者"。

在以人均收入为指标的"扶贫项目"中，往往为了增加账面上可计算的收入而严重忽视为增加这些收入而付出的代价。例如，当"贫困线"被设定以后，为了达到或超过它，就需要在社区范围内引进项目，在家庭成员中增加劳动投入，结果，也许是人均收入上去了，但是劳动生产率反而下降了。更糟糕的局面还包括：劳动者的身体素质也随着劳动强度的增加而下降，医药支出也随之增加，最后，那收入上的增量还不足以抵消劳动者在体力上和现金上的付出，更不用说他们在彼此信任、社区安全等方面的损失，例如，由于男性离乡外出而导致的家庭关系的松散或残缺，再例如乡村社区的败落。

"发展"是无限的吗？有人用人的欲望是无限的来合法化"发展"的无限性。但是，他们忘记了，欲望实际上是被体制和体制下的机构（例如商业财团和广告公司）制造和再生产出来的。而"发展"之所以不可能无限制地进行下去，因为可利用资源不是无限的，我们"只有一个地球"，它在"发展主义"的驱使下，正给我们带来一个又一个"寂静的春天"。

某些资源本来就很稀缺，还有许多资源是不可再生的。也有许多资源本来并不算少，所谓"匮乏"，除了保证人类的肉体存在之基本需要外，是相对于社会地定义的欲求和特定的生活方式的。"发展主义"的悖论，一方面是生活在经济发达的社会中的部分人已经患有发展的"疲劳综合征"，他们普遍感到无休止地追求财富增加和收入增长并没有意义，同时又感到无能为力和无所适从；另一方面是欠发达社会老是发展不起来的苦恼，它们差不多已经把所有能想到的方案都想到了，所有能实施的项目都实施了，却发现"发展"还是那么遥远；或者，虽然 GNP 和人均收入确有增加，但是大多数人实际的生活质量并没有改善，在许多情况下，甚至反而是下降了；并且，由于在计算投入—产出、成本—效益的时候，每每是把社会成本（如安全—信任、福利—保障，等等）和环境成本（生态—污染等）排除在外，或者充其量叫"外部成本"，在许多地区，普通人的生活质量实际上是下降了。

"贫困—发展"的二元关系的设定，是与"传统—现代""农业—工业""乡村—都市"二阶段进步论密切相连的。类似的二元结构，还有诸如"政府—市场""国家—社会""个人—集体""国有—私有"，等等。它们都忽略了社会建构过程的多元性和在此过程中能动者（Agency）与社会结构之间的交互作用和彼此渗透。

超越二元论，绝不是说不要现代而要回到传统，不要都市生活而要固守乡村，不要市场而继续由政府大包大揽，不要法治而或者有法不依或者无法无天；恰恰相反，既然是超越，就是要破除那"要么这个，要么那个"的非此即彼格式，并试图去寻求别的可能性（Alternatives）。即使是现实中还没有的东西，也绝不构成不能想象的理由。既然社会关系以及相关的发展模式，并非天然如此，而是在话语介入下和对话语的"双重阐释"下被社会地反思地建构起来的，那就不能禁止寻求其他可能性的创新和想象。

所以，问题不在于要不要发展经济和改善生活，而在于：所谓"发展"是在什么话语和模式下展开的？它的代价是什么？即使是按照"投入—产出""成本—效益"来计算，也需要问一句：哪些东西（如社会成本和生态成本）没有被纳入计算？哪些人（如妇女、老人等）没有获得机会或被排除在外了？贫富悬殊、地区差异、阶层—族群冲突等，究竟是通过"发展主义"设计的梯度推进或阶段进展就能顺理成章地得到解决的"自然过程"或"技术过程"，还是包含了更深刻的结构性难题和认同性难题？这些难题是否真的可以通过"良性博弈"或总是按照"帕累托优化"去加以解决或缓解？如果说，21 世纪人类所面临的最大的风险，也包括生态的和伦理的，那么，还必须去仔细分析，这些风险是不是被人自己制度性地制造出来的（institutionally manufactured）？它们是不是与我们的"发展主义"话语有关，在这种话语下，人类总是摆脱不了一个又一个的悖论？

哥本哈根社会进步研讨会的意义，不在于参与者们给我们一个什么"良方"，他们各自的观点、方法、结论也并不相同。它的意义在于，把发展的问题重新提出来加以审视，从更开阔和更深邃的历史视野来探讨：我们究竟要什么？

最后，本论文集的编选是我做的，不尽如人意之处一概由我负责；文章的翻译则是由我在中国社会科学院社会学研究所的同事们和我一起完成的，在感谢他们的辛勤工作之余，特别要再次对雅克·鲍多特先生、杜维明先生、裴长洪先生、李薇女士、周云帆女士等所有支持和提供帮助的朋友表示感谢，对联合国社会发展国际论坛、哈佛大学燕京学社、丹麦外交部、中国社会科学院外事局致以敬礼，没有他们的大度和忍耐，本文集将不可能在我的电脑里待这么久。

（原文载黄平编选《与地球重新签约》，人民文学出版社，2003）

# 发展主义在中国

## 发展主义的意识形态

环境—生态和发展的问题，常常被构造成二元对立和两难的困境：似乎要发展，就要破坏环境—生态；要保护环境—生态，就只能牺牲发展、忍受贫穷。这种发展主义的思维方式和流行话语正在很多人那里内化成某种"常识"或"共识"，阻碍着人们对发展与环境—生态问题做任何严肃而富有积极意义的探讨。

关注环境—生态问题，并不是要追捧极端的环境—生态主义神话，不是要建立凡生命（甚至包括病毒）和凡自然之物（包括洪水）都必须崇拜和保护的现代泛神论，也并不否定工业文明、农业文明以及更早期的其他文明形式长期以来与自然界的确存在着的紧张关系，并不否认人们追求日益舒适的物质生活的合理性。但是，人与自然的相对和谐、经济发展与环境—生态保护的相对平衡，不也是"舒适"的应有之义吗？而且，这种相对和谐与相对平衡，在历史上屡见不鲜，在现实生活中也有很多相对成功的范例。今天，无论是在海南，在云南，还是在山西，在江西，我们都可以看到某些局部地区有很多发展与环境—生态良性循环从而增进了当地人民福祉的生动事例。各种文明形式与自然的冲突如果说曾经已经发生，丝毫也不能说明如今坐视环境—生态的恶化具有正当性和必然性。而在"发展"与"环境—生态"两者之间建立非此即彼的两难关系，通常情况下是对掠夺性破坏性开发的辩护。

大规模、高速度的环境—生态恶化趋势，并不是历史上的常态，而是近一两个世纪以来，特别是二战以来出现的现象，是全球性发展主义思潮和体制性开发带来的恶果。在这里，"发展主义"与"发展"是两个不同的概念。一般意义上的"发展"，指物质生产水平的提高和生活质量的改善，是生活在各地的人们的正当要求，也是中国改革和开放的目标。而所谓"发展主义"（严格地说，应该是"开发主义"）指的是一种源起于西欧北美特定的制度环境，并在 20 世纪 60 年代之后逐步扩张成为一种为国际组织所鼓吹、为后发社会所尊奉的现代性话语和意识形态。它通过对工业化、城市化、现代化等的许诺，对广大的"第三世界"产生了极其深远的影响，包括贫富悬殊拉大、环境—生态恶化，等等。冷战结束以后，发展主义更是演变为一种全球化的潮流。这种潮流将"发展"简单地还原为经济增长，将经济增长又简单地等同于 GDP 或人均收入的提高。在向所有的人许诺未来的"美好生活"的同时，发展主义在生产着一种不均衡的经济格局和不合理的交换—分配体系，同时也严重地破坏着资源日益减少的环境，损耗着已经变得十分脆弱的生态。

发展主义意识形态忽视环境—生态问题，常常把环境的代价、健康的代价等排除在企业内部的成本—效益分析之外，同时也忽视人文协调和社会整合问题，使社会的伦理、信任、安全、亲情、团结、互助等社会得以维系和延续的基础日益崩溃。发展主义的话语是一种唯物质主义，唯增长主义，甚至是唯 GDP 主义。

这种发展主义的话语体系存在着很多盲区，比如其关于增长的统计就常遮掩着人类生存的真相：大量砍伐森林以满足木材业和市场的需求，如生产木质家具、纸浆、一次性木筷等，这一类生产拉高了 GDP，但这些生产过程对环境的破坏（如制浆过程对河流的污染、林木减少既导致了水土流失又降低了空气质量等），却没有从 GDP 总值中扣除，更具有讽刺意味的是，为了保护健康人们又不得不购买矿泉水（富人或中产阶级甚至需要乘飞机去其他地方度假以呼吸新鲜空气），而对矿泉水的购买和度假的消费等更增加了 GDP：一次破坏竟成为 GDP 的两次增值，"美好生活"就是这样被再生产出来的！

国民生产总值（GNP）或国内生产总值（GDP）、人均收入等是对社会总体收益进行估量的一些必要概念，但这一类统计如果成为唯一的社会进步的指标，巨大的环境—生态代价和社会—伦理代价便会被掩蔽起来。而且，这种统计往往并不反映出增长或开发的主要获利者有多少人、是什么人，主要代价承担者有多少人、是什么人。这种以货币来衡量价值的方法也总是将未纳入货币流通过程的劳动（如家务劳动、志愿服务、亲友互助及自给自足的农业劳动等）和其他代价（环境—生态破坏，以及健康损害、安全损害、尊严损害、信赖损害，等等）排除在统计范围之外，因此常常掩盖了增长之下的不平衡、不协调、不公正和不合理。

增长至上和财富至上的发展主义意识形态，与欧洲启蒙时期的人类中心主义、唯科学主义和历史决定论存在着思想上的渊源关系，也是二战以后资本主义经济体系又一轮全球性扩张的产物。在由发达国家主导的国际机构（如国际货币基金组织）的发展主义蓝图之下，少数国家或地区（如日本及亚洲"四小龙"）由于战后种种复杂的政治—军事—经济—技术—文化的综合因素而实现了较高速度的增长，这被描述成为其他发展中国家的楷模和道路；但是，不可否认的是，战后接受发展主义模式和相关的制度—技术安排的多数国家和地区，并没有如发展主义所许诺的那样发展起来，或者在增长的同时付出了沉重的社会—政治和环境—生态代价，有些甚至日益陷入了经济的困境和社会的危机。

联合国开发计划署《1999 年人类发展报告》显示，大约四十个国家的经济比十年前更糟了，非洲、南亚、拉丁美洲乃至昨日的超级大国俄罗斯，都面临着深重的危机。即便排除冷战时期的政治性援助等因素不计，"四小龙"的成功与四十个国家的不成功，也充分显示出全球发展主义浪潮中的不均衡性和排他性。事实上，发展主义不是一种包容性强而是排除性强的丛林竞争游戏，正如它不能解决贫富差异问题而只能带来更大的贫富悬殊一样，它也没有解决环境—生态问题而是带来了更大范围和程度的更严重的环境—生态问题，这是由它本身片面追求"利润最大化"和它内在的"赢者通吃"的逻辑决定的。

发展主义所到之处，是更多的自然物变成了发展主义体制和话语下的"资源"，而一旦具有了这种"资源"的价值，这些自然物就在被迅速商品化和市场化的过程中，通过各种本土的或全球的资本—技术的依附关系，越来越集中到了各种权势集团和资本集团的手中。在权力垄断和资本扩张的体系之下，这些集团总是用这些"资源"去满足自己或少部分人的利益需要，而让大部分人去承担资源耗竭和环境破坏的灾难性后果。

这一过程通常是在满足自然欲望和追求幸福生活的名义下进行的。问题是：如今人们层出不穷的欲望并不是原生和自然的，而是在发展主义意识形态和资本扩展逻辑下，由跨国性的生产与销售商团和传媒与广告公司联姻精心建构和再生产出来的，其完全不同于其他生命种群万代不变的自然欲望，也不同于在环境—生态相对和谐的情境下人们对物质资源的占有和利用。例如一家一辆汽车，一人多件貂皮大衣或多件羊绒毛衣，每周打打高尔夫球，每年到避暑胜地度假，等等，显然是当代消费文化引导和谋划的产物，与人的所谓自然属性（即使有的话）并无直接关系。这种非自然的消费欲望正在大大加剧人类与自然之间的紧张关系；而且，事情往往是，为了满足少部分人的这类欲望，多数人的饮水、呼吸、衣、食、住、行等基本而正常的需要反而受到了极大的限制，这也是忽视乃至取消人们更多非物质性欲望（情感的、尊严的、安全的、审美的，等等）的直接原因之一。在这里，发展主义恰恰是以少数人"高级"（奢侈）的欲望去压抑多数人"低级"（基本）的欲望，它不仅阻碍了社会—经济的可持续发展，而且使人类多维度多层面的"幸福"只剩下对物质的占有和对商品的消费，从而对人类的欲望构成了严重的扭曲和践踏。

全球性环境—生态恶化是伴随着贫富差距拉大发生的。据联合国开发计划署《1999 年人类发展报告》的统计，全世界最富裕的国家和最贫穷的国家的人口的最高收入和最低收入之间的差距，已从 1960 年的 30∶1 扩大到 1990 年的 60∶1，又扩大到 1995 年的 74∶1。

需要指出的是：特定的"贫困"概念，是在发展主义的语境中才出现的，并且在这样的语境下也才有意义。随着大规模的"开发"，各种形式的社会和生活结构被打破，许多地区的人都先后被卷入了片面追求利润的"增长"和盲目追求集中的"规模"的进程：土地被征用，家园被破坏，环境被污染，人口外出漂流，战争和动乱也比以前有增无减，很多人变得一无所有，从而真正沦为了赤贫。

人们在阐述环境—生态问题时常用"人类""发展""现代化"这一类过于抽象的词语，而它们常常遮蔽着现实中的差异：是什么人在"发展"和"现代化"？什么人被排斥在"发展"和"现代化"之外？是哪一些"人类"在受害于环境—生态恶化而哪一些"人类"在环境—生态恶化的过程中大获其利？显然，对发展主义的反思和清理，必须以反思和清理各种普遍主义的话语为方法论前提，至少须防止以习语代替思维、以话语代替事实的反实践态度。

# 发展主义在中国

世界总人口的 1/5 在中国，中国是世界上人口最多的发展中国家，因此中国成功解决发展与环境—生态的矛盾，对全世界有举足轻重的意义。

发展是硬道理，这是针对民族积弱甚深情形的一种政治选择。但发展是硬道理，并不等于赚钱是硬道理，更不等于破坏环境或毁灭生态是硬道理。现在，"中国特色"已经成为上上下下的口头禅，而真正的中国特色，首先是人口众多、资源短缺、技术落后、基础设施不足。这就使中国既不可能、也不应该以西欧或美国早期的发展模式为"现代化"的样板和"赶超"目标。欧美国家的现代化是建立在其早期大规模地掠夺资源破坏生态，同时伴随着对外殖民、贩奴和侵略的殖民主义扩张和帝国主义掠夺基础上的，本土的人口—资源矛盾因为大量向外移民而得到缓解，域外的资源因为其殖民主义的政治—军事霸权和强国的经济—文化霸权而得到控制和支配，核心国家（占全球人口15%）和边缘国家（占全球人口85%）之间的经济—政治—文化的依附关系在现代化过程中得到确立。在经济发展顺利的时候，这种不平等关系可以得到缓和；在经济发展出现萧条的时候，这种不平等关系则得到强化和加剧，并引发各种危机，包括战争。这种"以外疏内""以外养内"以及"以外安内"的现代化过程，是它们利用了特殊的历史条件的特定发展道路，是后发展国家不可能重复和照搬的。

发达国家的先进科学技术和行之有效的社会管理经验，都值得中国学习和吸收，但中国不仅在国情方面大大不同于欧美，所面临的时代与上两个世纪也不可同日而语。西方各国不仅已经拥有先发的优势，而且已占有在金融、电子等高技术和无污染产业里的优势，而与众多在发展主义模式下正在被"郊区化"和"边缘化"的发展中国家一样，中国在被迫廉价出卖资源，在被迫从事高消耗和高污染的产业。发达国家可以不砍本土的森林而用域外的木材，不采本土的石油而用域外的石油，包括用取自发展中国家的丰厚利润来缓解本土的各种矛盾，来维持本土的相对良好的环境—生态。但是，在既有的全球体系和世界格局下，中国已不能通过向外移民的方式来缓解本土的人口—资源张力，相反，只有极少数精英正在被强国有选择地吸纳；中国也不可能向外转移环境—生态代价，相反，中国正在接受"夕阳产业"的进入和转移，正在为此牺牲自己的森林、草原、河流、土地，而且发达国家的垃圾还通过不法商家一次次运往中国。

因此，中国只能走可持续发展的道路，走坚持思想创新和制度创新的路，走有自己特色的社会发展之路。这既是对世界文明多元化发展的贡献，也是对欧美现代文明所蕴含的创造性精神的最好的学习。

值得注意的是，自从 20 世纪 80 年代以来，以恢复和建构市场经济体制为核心的改革开放取得了很大的成绩，可持续发展问题也逐步得到社会的重视，并被国家确定为发展的战略；但与此同时，也有一些权势和利益集团采取了忽视乃至取消社会公正、忽视乃至取消保护环境—生态的开发方案，甚至与某些跨国资本势力的掠夺性开发联手，从而导致了种种反社会和反生态的恶果。姑且不说我们身边随处可见的例证，即便在人迹罕至的高原和草原地带，由于某些大资本集团开发触须和国际市场收购网络的渗入，由于某些管理机构的腐败性纵容和配合，老鹰、狐狸、羚羊等急剧减少，加上过度放牧，特别是以破坏草原植被为代价的山羊的过度放养，一方面使羊绒和皮毛的超额利润流向了少数新富集团，另一方面打破了原有的生物链，导致了鼠祸猖獗和植被毁坏等极为严重的环境—生态灾难。而这一类正在危及广大民众基本生存条件的开发活动，居然常常被描述为"改革"的政绩和"搞活"的图景。

这些现象常常被有些人以"阶段论"给予辩护。"阶段论"认为现在的环境破坏只不过是阶段性的，中国也可以像发达国家那样"先污染后治理"。诚然，任何人都能理解，人类的经验和知识的局限，通常会造成破坏与治理之间的时间差。但"先污染后治理"并不是一项通则，更不是发达国家的普遍事实，因为很多发达国家的破坏根本没有得到过治理，只不过是将破坏的后果转嫁给了其他国家和地区，包括将一批批高污染产业逐步转移到不发达国家；另一方面，很多环境—生态的破坏是无法在事后得到治理的，比如物种的灭绝就是一次性事件。另外很多环境—生态破坏则需要漫长的时光和巨大的投入才有可能相对缓解，比如土地的严重荒漠化就需穷数十年乃至更长时间之努力才可能予以缓解。更重要的是，人是目的而不是手段，增长是为人的生存服务而不是人的生存为增长服务。当掠夺式的开发已经危及人的呼吸、饮水和生命健康的时候，当洪水、干旱、毒气等已经使很多人含恨而亡的时候，当我们"豁出生存搞发展"的时候，"后治理"还有什么意义？当这种"后治理"是由某些在破坏中获利而根本不承担任何代价的人来宣扬的时候，它还是一种值得认真对待的理论主张吗？

"代价论"也是我们经常听到的一种辩护。这种观点认为环境—生态破坏是人类为增长必须支付的代价，不值得大惊小怪。这说法在一般意义上同样能够让人理解，没有人会天真到以为可以白得好处而从不付代价的程度，何况中国长时间来的积弱状态更决定了代价——包括环境—生态代价——不可能完全避免。但值得注意的是，"代价论"的滥用，常常有利于维护一切不公正和不合理的社会体制和安排，因为历史上一切罪恶和悲剧几乎都可以在"代价论"的粉饰下获得其合法性：殖民主义也带来了科技的传播，侵略战争也促进了工业的增长和就业的增加，官僚集权体制也曾促进了 GNP 的提高，这些都可以被有些人视为"成绩和代价""主流和支流"的关系，都可以在"代价论"的逻辑下得到肯定。因此，对"代价论"必须具体分析。问题不在于增长和发展有没有代价，而在于这种代价是否超过了社会或社会中某些阶层可以承受的程度？这种代价是由谁来承受？比方说，"代价论"的制造者们是否也在与环境—生态破坏的受害者们共同付代价？事实很明显，根据联合国的统计资料，全世界非核心国家的居民的主体并没有或很少分享到发展主义带来的好处，核心国家的贫困阶层也没有或很少分享这种好处，但恰恰是占全球总人口85%的他们，在风景区没有度假别墅，没有定期出国度假的机票，甚至正在失去曾经赖以为生的土地、森林、草原以及河流，正在承受环境—生态破坏最主要的后果。

另外，不能不提到"残余论"。这种说法认为当前包括环境—生态破坏在内的一切社会问题都是计划经济体制的残余，只要彻底实现市场化、全球化，只要完全与欧美等发达社会的体制实现"接轨"，一切问题自会迎刃而解。持这种观点的人，看到了中国 20 世纪 50 年代以来"人定胜天""赶英超美"等盲目经济行为和经济体制对环境—生态的忽视和破坏，但没有看到这些过程内含的"进步""增长"。"工业化"等基础性观念其实是与西方占支配地位的意识形态同出一源；他们看到了在集权的计划体制内的浪费和腐败现象及其对环境—生态的重大破坏，但抹杀了这种"化公为私"正是追求"个人利益最大化"的官场表现，大规模的"化公为私"更常常是以联系资本集团的裙带关系为直接支持和必要条件。作为西方现代文明的产物，早期的社会主义理论侧重阶级斗争与社会关系，在环境—生态方面早就存在着知识盲点，而且正是这一点突出显示出它与西方的科学主义、理性主义、进步主义、人类中心主义等意识形态的亲缘关系，这恰恰是值得我们反思与清理的。但这种反思与清理是以重建社会的公共性为道德前提和价值尺度的，与废弃社会公共性的"市场浪漫主义"或"市场原教旨主义"，与借口"效率"以反对或压抑"公正"的发展主义思潮，毫无共同之处。

在冷战结束以后，在发展主义最为风行的南亚、非洲、南美洲等地区，是世界公认的环境—生态最为恶化的地区；在发展主义最受尊奉的 20 世纪 90 年代，也是全球臭氧层破坏、酸雨增多、海水污染、土地荒漠化最为严重的时代。这说明环境—生态问题并非仅仅是旧计划经济体制的残余之物，而是今后一个长时期内全人类需要面对的严峻挑战。我们只有从世界体系的角度而不是以一国为分析单位，只有从历史长时段的角度而不是以一两个年代为观察视域，才能较为清醒地认识环境—生态问题的严重性，才能较好地解除各种环境—生态困境，包括反思和纠正中国在社会主义计划经济实践中出现过的破坏环境—生态的错误。

（原文载《科学中国人》2003 年第 9 期）

# 关于"发展主义"的笔记

（1）"发展主义"，是现代性话语在当代的一个重要的有机构成部分，它是唯一的、西欧中心论的。

（2）在现代性的话语语境下，"发展"的内涵并非一般意义上的社会变迁，而是源自17世纪以来欧洲的启蒙思想中关于社会"进步""进化"的观念，并且是在二战后发达国家对其他地区和社会的援助和贷款项目实施过程中日益成型的一套"战略"和"方案"。在这种"发展主义"的模式内，"发展"当然包括了诸如工业化、城市化、现代化等内容，但是这些"××化"不过是西方现代性的一些方面，而现代性本身，却只有一个（the Modernity）；其他地区和社会的"发展"（或"××化"），不过是源自西方的这个现代性的（褒义地说）扩展或者（贬义地说）扩张而已。

（3）吊诡之处就在于，即使是批评"发展主义"，或对现代性带有批判性的理解，也常常是以欧洲的"发展"为蓝本和依据的；即使这些批评和批判看到了欧洲以外的发展，包括如何对欧洲的现代性进行富有意义的反应（积极的接受、融合、创新和各种形式的怀疑、抵抗，等等），也主要是将欧洲作为"发展"的原生形态，欧洲以外的变迁无非是如何受到欧洲的发展模式的影响罢了。

（4）换句话说，发展主义所谓的"发展"，不是一般意义上的社会变迁和生活质量的改善，而是在现代性话语语境内，如何以欧洲近三百年的变迁模式为依据，又如何学习、模仿、追踪欧洲模式的过程。

（5）比较典型的话语实践，在早期，可以追溯到彼得大帝的"改革"，日本的"脱亚入欧"，以及20世纪前半段中国和印度等国的志士仁人"寻求富强"的种种努力。但是真正将"发展"作为一种占支配地位的由国家推动的"赶超战略"和建设规划，并因此使之成为占压倒优势的"发展主义"意识形态，是在二战以后。那时，一方面是"马歇尔计划"对战后欧洲复兴的推动作用和发达国家对"第三世界"各国的援助（包括发达社会派出的专家对国外、各地的设计与顾问），另一方面是前社会主义各国普遍采用的"赶超"战略。

（6）尽管有许多差别，但有一点是类似的："发展主义"的关注点，在于经济（以 GNP/ GDP 和人均收入为主要指标）的增长和财富（以财政、税收和总产量为标志）的积累，而支撑"发展主义"理念的，是源自启蒙时代的线性进步观和历史阶段论。

（7）线性进步观的关键，不只在于其受到了生物进化论的影响，而且更主要的还在于其认为历史的错综复杂的演变的"宏大叙事"背后有一条"故事主线"。

（8）历史的阶段论，即确信社会的"进步"是按照既定的步骤或阶梯由低向高逐渐演变的，它背后贯穿的"主线"无论是黑格尔式的"逻辑"，还是宏大历史的"线索"，都预设了社会（其实是民族—国家）具有某种内生性或内发性的进步因子，哪怕尽管可能也会有"突发事件"（政变、革命、战争、瘟疫等）一时打乱这条发展的"主线"，但是历史不可能跳跃，更没有什么"断裂"，充其量是延缓了或加快了进步的步伐。

（9）这样，才有了关于"传统社会—现代社会""农业社会—工业社会""礼俗社会—法理社会""农村社会—城市社会"的区分，以及如何由前者走向后者的"发展方案"：现代化、工业化、法制化、城市化；也才有了"发达社会""发展中社会""欠发达社会"以及"高度发达社会""中度发达社会""新兴工业社会"的等类别和概念。

（10）只是在"发展主义"的话语框架内，才不仅在理论上有了现代意义上的"贫困问题"，而且也在政策上有了"减贫计划"或扶贫项目。贫困，绝不只是单纯的技术指标就能测量的"客观事实"，更不只是如何使这种测量更"精确"、更"科学"，而且也是在"发展主义"话语中才有意义才可操作的"难题"。

（11）不论这些援助项目设计得多么周密，这些咨询专家工作得多么努力，他们大都怀有现代性的普遍主义的信念和科学主义的素养，把按照普遍主义和科学主义设计的方案套用到不同的历史语境中，去指导各国各地区各种项目的实施。

（12）只是由于在"发展主义"的框架下由发达社会的政府和专家们为"发展中"（或欠发达）社会设计出来的种种方案，在战后几十年的实践中一再遭受挫折并引发出许多新问题，才又迫使人们去考虑为什么"发展不起来"，或者，即使有所发展，也要么是"依附性的"，要么是"破坏性的"，以及怎样的发展才是"可持续的"和"具有人文意义的"。

（13）旧式的"发展"（例如以 GNP/GDP 为指标的增长），不仅忽略了诸如环境—生态问题（比如没有把污染的代价计入成本，更没有考虑生物物种的灭绝或生物链的破坏对将来世代的灾难性后果），人文协调问题（社会成本，如信任、安全、互助与团结等要么不成为问题，要么会随着 GNP 的增加而迟早会被解决），而且更是用"排他性的"逻辑来规划发展纲要，结果，有时候反而是 GNP 每增长一个百分点，就会有一批人落入了"贫困者"（如失业者）的行列。

（14）而且，对"失业者"的统计，本身也常常并不包括那些实际具有劳动能力却制度性地无法进入"劳动力市场"，因此也就不算"劳动力"或"就业后备军"的社会分子，例如妇女（在家务劳动不被承认为社会劳动之一部分的理论框架和操作模型内，她们被命名为"家庭妇女"），或者在押的犯人（如在美国，一旦入狱，就不会在统计上列入"失业者"）。

（15）在以人均收入为主要指标的"扶贫项目"中，往往为了增加账面上可计算的收入而严重忽视为增加这些收入而付出的代价（成本）。例如，当"贫困线"被设定以后（通常，设定的标准与其说是技术性的，不如说是政治性的），为了达到或超过它，就需要在社区范围内引进项目，在家庭成员中增加劳动投入，结果，也许是人均收入上去了，但是劳动生产率反而下降了。

（16）更糟糕的局面还有：劳动者的身体素质也随着劳动强度的增加而下降，医药支出也随之增加，最后，那收入上的增量还不足以抵消劳动者的（体力的和现金的）付出，更不用说他们在彼此信任、社区安全等方面的所失，例如由于男性离乡外出（他们成了城市里的新型贫困者）而导致的家庭关系的松散或残缺，再例如乡村社区（包括其服务与互助）的败落。

（17）"发展"是无限的吗？有人用人的欲望是无限的来合法化"发展"的无限性。但是，他们忘记了，欲望实际上是被体制和体制下的机构（例如商业财团）制造和再生产出来的。而"发展"之所以不可能无限制地进行下去，因为可利用资源不是无限的，我们"只有一个地球"，它在"发展主义"的驱使下，正给我们带来一个又一个"寂静的春天"。

（18）某些资源本来就很稀缺，还有许多资源是不可再生的。也有许多资源本来并不算少，所谓"匮乏"，除了保证人类的肉体存在之基本需要外，是相对于社会定义的欲求和特定的生活方式的。"发展主义"的悖论，一方面是生活在经济发达的社会中的部分人已经患有发展的"疲劳综合征"，他们普遍感到无休止地追求财富增加和收入增长并没有意义，同时又感到无能为力和无所适从；另一方面是欠发达社会老是发展不起来的苦恼，它们差不多已经把所有能想到的方案都想到了，所有能实施的项目都实施了，却发现"发展"还是那么遥远；或者，虽然 GNP 和人均收入确有增加，但是大多数人实际的生活质量并没有改善，在许多情况下，甚至反而是下降了；并且，由于在计算投入—产出、成本—效益的时候，每每是把社会成本（诸如安全—信任、福利—保障等）和环境成本（生态—污染等）排除在外（或者，叫"外部成本"），在许多地区，普通人实际的生活质量不只是相对地下降了，而且绝对地看也下降了。

（19）UNDP《1999 年人类发展报告》显示："按人均国民收入计算，世界上最富的 1/5 人口与最穷的 1/5 人口之间的收入差距，已经从 1960 年的 30∶1 上升为 1997 年的 74∶1。"同时，拿美国这个"最发达""最富裕"的社会来说，20% 的人竟生活在绝对贫困线以下。

（20）"贫困—发展"的二元关系的设定，是与"传统—现代""农业—工业""乡村—都市"二阶段进步论密切相连的。类似的二元结构，还有诸如"政府—市场""国家—社会""个人—集体""国有—私有"，等等。它们都忽略了社会建构过程的多元性和在此过程中主体行动者（Agency）与所谓结构之间的交互和渗透。

（21）超越二元论，绝不是说不要现代而要回到传统，不要都市生活而要固守乡村，不要市场而继续由政府大包大揽，不要法治或者有法不依或者无法无天；恰恰相反，既然是超越，就是要破除那"要么……，要么……"的格式，并试图去寻求别的可能性（Alternatives）。在现实上，已经有了第三部门（非正式的部门）和小城镇（地方化的社区），也出现了管理—服务—信息（而不是原来意义上的工业制造业）行业。这些都不是原来的预设里必然包含的东西，它们是人们反思性地积极卷入制度—技术创新中去的结果，哪怕只是"未预期的结果"。

（22）即使是现实中还没有的东西，也绝不构成不能想象的理由。既然社会关系以及相关的发展模式，并非天然如此，而是在话语介入下和对话语的"双重阐释"下被社会地反思地建构起来的，那就不能禁止寻求其他可能性的创新和想象，甚至也包括乌托邦的想象。

（23）所以，问题不在于要不要发展经济和改善生活，而在于：所谓"发展"是在什么话语和模式下展开的？它的代价是什么？即使是按照"投入—产出""成本—效益"来计算，也需要问一句：哪些东西（社会成本和生态成本等）没有被纳入计算？哪些人（妇女、老人等）没有获得机会或被排除在外了？贫富悬殊、地区差异、阶层—族群冲突等，究竟是通过"发展主义"设计的梯度推进或阶段进展就能顺理成章地得到解决的"自然过程"或"技术过程"，还是包含了更深刻的结构性难题和认同性难题？这些难题是否真的可以通过"良性博弈"或总是按照"帕累托优化"去加以解决或缓解？如果说，21世纪人类所面临的最大的风险，也包括生态的和伦理的，那么，还必须去仔细分析，这些风险是不是被人自己制度性地制造出来的（institutionally manufactured）？它们是不是与我们的"发展主义"话语有关，在这种话语下，人类总是摆脱不了一个又一个的悖论？

（原文载《天涯》2000年第1期）

# 当今中国农村的劳动者流动<sup>*</sup>

# 当今中国农村的劳动者流动[*]

黄平　彭柯[**]

在中国现有的研究和相关的政策建议中，流动[①]常常被看作是缓解乡村"剩余"人口/劳动者压力的一种方法，也是实现现代化的一种主要手段。换句话说，乡村被看作中国现代化的主要障碍之一，它带来的更多是问题而不是解决问题的方法。本文作者提出，研究人员和决策者应该更多地考虑农村外出劳动者对于流出地发展所做的重要贡献。

## 背　景

2001 年，中国的人口为 12.76 亿，是世界上人口最多的国家。农村人口为 7.96 亿，农村劳动人口为 4.91 亿（分别占总量的 62.34% 和 67.22%）。城

---

\* 本文是提交给 2003 年 6 月 22 ~ 24 日在达卡举行的"亚洲迁移、发展和偏向穷人政策选择"国际会议的论文，中国社会科学院社会研究所占少华为本文的资料收集和写作做了大量辅助工作。原文是英文，译者马春华博士，中国社会科学院社会学研究所助理研究员。本文作者要特别感谢白南生、蔡昉、温铁军、赵树凯、朱宇等，他们对本文提出过很多批评和建议。

\*\* 彭柯（Frank N. Pieke），英国牛津大学人类学教授。

① 在本文中，migration 主要被翻译为"流动"，这既与作者的原意更吻合，也与国内近年来的研究用语一致。因此，laborer migration 被译作了"劳动者流动"（作者更不愿意使用"劳动力"来指称这些活生生的行动者），它主要指的是农村劳动力自主的变动，他们离开了自己的村庄，到城镇（包括乡镇、县和省内或者省外的其他小城市，也包括省会城市和大都市）中寻找非农就业的机会，其中既有临时性的也有季节性的，一年至少外出三个月以上，有的时候甚至还和其他家庭成员一起外出。无疑，"流动"本身实际上也包括城市之间的和乡村之间的移动，甚至一定程度上的从城市到农村的移动：这些也会在本文适当的地方被提及。本文甚至也涉及有关国际迁移的有限信息，既包括来自传统的海外华人的主要输出地（主要是东南沿海省份）的移民，也包括最近流出的一般都受过高等教育的主要来自（但不是绝对地）中国主要城市中心的居民。

市居民为 4.81 亿，城市劳动人口为 2.39 亿（分别占总量的 37.66% 和 32.78%）。（见图 1）

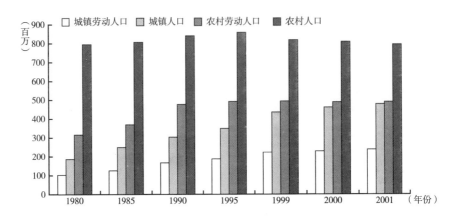

**图 1　人口、农村劳动人口和城市劳动人口**

资料来源：国家统计局：《中国统计年鉴 2002》，中国统计出版社，2002。

尽管整个中国有 130.04 亿公顷耕地，但是人均耕地还不到 0.11 公顷，或者说，远远还不及世界的平均水平。东部和北部 12 个省的人均耕地超过 0.13 公顷，但是西北和西南各个省份的人均耕地远远少于全国的平均值，而且西北降雨稀少，灌溉系统不完备，土地贫瘠。①

在 4.91 亿农村劳动者人口中，有 3.30 亿（67%）从事农业生产。其他的或者在当地非农企业工作，或者流动到城市地区。② 据估计，在 1.61 亿从事非农业生产的农村劳动者人口中，大约有一半是流动者，他们每年不在户口所在地的时间为 3～6 个月或者更长。

1978 年，中国开始了"改革开放"，这个内容丰富的术语涵盖了一系列政策领域。本文最为重要的目标是强调创造一种"社会主义的市场经济"，在这种经济体制下，国有企业和集体、个体、私营、外资企业可以并存。

---

① 国家统计局：《中国统计年鉴 2002》，中国统计出版社，2002。
② 国家的数据没有严格区分农村进城务工者和在当地从事非农活动的农村劳动者。

从改革开放开始，非国有经济就得到了迅速发展，特别是在沿海地区（见图2、图3、表4以及附录1中的11）。①

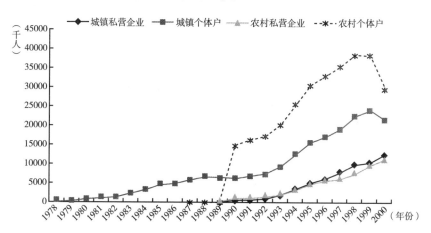

**图2　非国有企业雇佣人数变化**

资料来源：国家统计局：《中国统计年鉴2001》，中国统计出版社，2001。

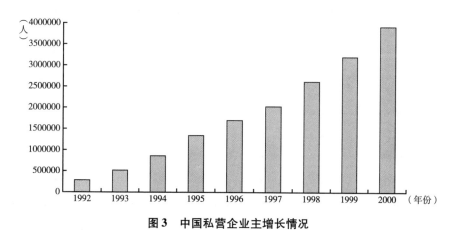

**图3　中国私营企业主增长情况**

资料来源：国家统计局：《中国统计年鉴2001》，中国统计出版社，2001。

改革和市场经济的发展带来了经济引人注目的快速增长，GDP的平均年增长率一直都在9%左右（1978～1997年GDP的年均增长率为9.2%）。这导致城

---

①　由于在过去的社会主义计划经济体制下私营企业是不合法的，许多企业在改革之初登记注册的时候不是作为"私营企业"，而是作为"个体"或者"小集体"。因此，个体、小集体和私营企业常常只是在名义上存在区别。

乡人民的生活水平都出现了显著提高，生活在贫困线以下的人口急剧减少。农村生活在贫困线以下的人口从 1980 年的 2.5 亿下降到 2000 年的 3200 万（贫困线实际上是有所提高的，否则贫困人口将更少）；但是，由于购买力等原因，也有学者/学派认为实际的贫困人口要高于现有的统计（参阅附录 1 中的表 1 和表 2）。①

不过，市场化的力量也创造了或者强化了新的不平衡，比如沿海和内陆之间的不平衡，私营/外资企业与国有或者集体企业之间的不平衡，或者城乡之间的不平衡。最初，20 世纪 70 年代末期和 80 年代初期的农业生产的非公社化和国家粮食统购价格的提高的确缩小了城乡和区域之间的差距。比如，城乡之间收入的比例从 1987 年的 2.36 降到 1985 年的 1.72（参阅附录 1 的表 5）②，而在这段时间中，乡村地区内部的不平等没有出现显著扩大（基尼系数仅仅从 1978 年的 0.212 上升到 1985 年的 0.264，参阅附录 1 的表 3）。

从 1986 年开始，特别是 1997～1998 年之后，不平衡再次扩大了，这是其他方面发展（特别是非国有经济的发展）的影响外显的结果（参阅附录 1 的表 5、表 10）。除了毛收入不平等之外，当市场取向的模式代替原有的国家或集体模式，获得社会保障、社会福利、教育和保健的可能性之间的差异也变得越来越大了。

不过，城乡之间、内地和沿海之间不平等的增长也部分地是政策选择的结果。政府的改革和发展战略客观上对城市及其居民更加有利。由于执行了分田责任制，人们甚至在一段时间里天真地以为，既然乡村已经从早期的农业生产非集体化过程中充分获益了，就不用再担心农村和农业问题，而分田这种改革的结果（以农户家庭为基本单位的小农生产），就是农村经济发展的最终方案。与农村改革不同，城市改革是以"让一部分人先富起来"这一经过深思

---

① 在这个方面中国的成就确实也不应过分夸大。根据温家宝总理的讲话，如果贫困线稍微上升 100 元人民币，那么生活在贫困线以下的人口就可以一下子上升到 9000 万（《人民日报》2003 年 3 月 19 日）。另外一个计算贫困人口的办法，是把生活在下面这些情况的人都包括在内：生活在国家确定的贫困县/贫困乡镇之外的农村贫困人口，生活在城市地区但是其收入不到城市居民人均收入一半的城市居民，或者失业的或者其收入不及城市居民人均收入 1/3 的农村外来务工者。如果这些贫困人口都被包括在内，那么中国的贫困人口就可以达到 1 亿乃至 1 亿以上。

② 这主要是对于所谓的"剪刀差价格"（贬低农产品价格、抬高工业产品的价格）的早该进行的矫正导致的结果。这种政策从 1950 年早期和农产品统购统销的制度一起实施，其目的是为工业的发展积累资金。

熟虑的前提假定为基础的。某些特定的区域（比如沿海省份）和某些特定群体（比如城市中受过教育的"新富"群体）获得了首先进入市场的机会，人们期望他们随后能够逐步自动"扩散"（"涓滴"）到后发地区和人群中去。这从南部沿海省份发展的早期策略可以明确看出来，包括在深圳、厦门、珠海和汕头建立经济特区，以及随后包括上海和天津在内的沿海 14 个城市的开放，通过它们对世界打开了中国经济的大门。

这些政策在很大程度上能够解释东南部、中部和西部之间收入差距的变化。在城市中，这三个区域的收入差距从 1981 年的 1.20 : 1 : 1.18 变化为 1999 年的 1.48 : 1 : 1.10。在农村，这三个区域的收入差距从 1981 年的 1.25 : 1 : 0.91 变化为 1999 年的 1.57 : 1 : 0.74（参阅附录 1 的表 6、表 7）。比较附录 1 的表 6（三个区域城市的收入差异）和表 7（三个区域农村的收入差异），还会发现，在 1981 年，三个地区的城市居民的收入均是农村地区的 3 倍。到了 1999 年，西部地区城乡间的收入差距依然超过 3 倍，而在东南部和中部，它缩小为 2.5 倍和 2.7 倍。很清楚，城乡之间的差距至少部分地是市场导致的未能预期的后果。比较而言，在内陆地区，原有的城乡间的不平衡更少受到市场改革的影响。

中国政府已经开始意识到这些情况，因此在 20 世纪 90 年代中后期开始，对国家发展策略进行了一系列影响深远的调整。从时间上（而不是从重要性上）说，首先，中国在 20 年前实施的是向东部倾斜的发展战略，也就是说优先发展东部、中部次之、最后才是西部的战略，现在则明确提出了"西部大开发"和"振兴东北"。其次，从 2000 年前后开始，政策层面的另一个重要变化是开始强调就业的重要性。在此之前，政策不仅是鼓励 GDP 的增长，甚至有时候（客观上）以减少就业为代价，有些时候 GDP 增长的优先性甚至导致人们误认为从国有企业裁减大量的冗员是正当的。① 最后，最近的也是特别重要的一个变化是对于"发展"本身的全方位理解。现在，明确提出了新的发展观要以人为本，在这个框架下，对于"发展"的理解已经从单方面地寻求 GDP 或人均收入的数量增长转变为寻求人类整体社会的全面、协调、可持

---

① 不过，政策的这种调整也可能导致另外一个人们不希望看见的后果，也就是说为了给城市失业工人提供更多的工作岗位或者就业机会，反而减少了提供给农村来的劳动者就业的机会。

续发展，包括统筹城乡关系、东南部沿海与中西部的关系、经济增长与社会发展的关系、发展与环境的关系，其中也包括强调农村的基础教育和对公共卫生、对弱势群体（包括外来的农村流动劳动者）的权利和基本需求的关注。

## 农村劳动者流动简况

在中华人民共和国成立的最初几年，政府鼓励农村劳动者参与城市建设和发展。1950～1956年，城市工业部门大约吸纳了4000万以上的农村劳动者。到了20世纪50年代后半期，工业生产的急剧发展促使越来越多的农村劳动者离开了土地。为了遏止这股潮流，政府开始实施户籍制度，它把诸如土地、工作、住房和其他的定量配给之类的权利和居民居住的地方联系起来。在50年代末60年代初，由于1958年"大跃进"的后果，大约有3000万参与城市建设的农村劳动者被要求"暂时地"返回家乡。在整个集体化时代（在某种程度上一直延续到了今天），户籍制度是政府控制人口流动并确保社会稳定的基础，从更普遍的意义上说，是社会主义计划经济的组成部分。[①]

70年代末期，农业生产的非集体化使农民可以自己分配自己的劳动。最初，农业生产（主要是粮食、棉花和国家经济计划包括的其他农作物）依旧是关注的焦点，但是随着粮食购销价格的下降，国家保证的粮食购销量逐步减少，需要其他形式的职业作为农业生产的补充。这包括副业生产（蔬菜、家禽、家畜），但是被称为"乡镇企业"的小集体企业逐步成为乡镇居民就业的主要来源，特别是在经济更为发达的沿海省份更是如此。在80年代，大约每年有1000万的农民从农业转入到当地的乡镇企业中来（参阅图4）。

从80年代中后期开始，一方面从农业中获取的收入增加速度放慢了，另外一方面政府开始在城市中推行改革，特别是在沿海的经济特区和对外开放的城市中实施改革和优先发展战略。城市建设项目，国外的投资，私营和集体企业的快速发展，都需要大量廉价的、临时的和流动性的劳动力。到了2002年，

① Cheng, T. and Selden, M., The Origins and Consequences of China's Hukou System, *The China Quarterly*, 1994 (139): 644 –668.

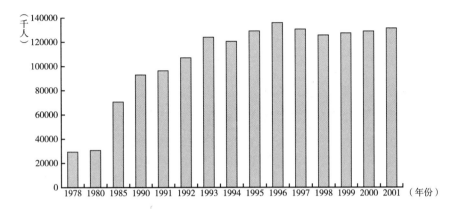

**图 4　乡镇企业雇佣人数**

资料来源：国家统计局：《中国统计年鉴 2002》，中国统计出版社，2002。

估计这个数字已经高达 9400 万！①

在整个 20 世纪 80 年代和 90 年代，大量的撤乡并镇和城市扩建，大量新兴的城镇开始出现。结果，在城镇长期居住的居民（与占总人口的比例）从 1982 年的 20.60% 上升到 1990 年的 26.23%，再到 2000 年的 36.09%，而 2002 年已经将近 40%（2000 年人口普查的主要数字，2001）。②

80 年代末期以来，城乡之间的劳动者流动突然变成一个新的社会经济现象。如何处理它所带来的后果成为中央和输入地、输出地政府在政策上所面临的一个主要挑战。但是，各个层面制定的政策并不总是一致的。当城市在总体上还是希望限制从农村来的流动劳动者的进入的时候，中央政府和输入地的地方政府已经致力于最大限度地利用劳动者的流动给当地带来的发展机会。在 80 年代中期，输出地政府制定的政策鼓励农民到沿海去务工，90 年代初期，劳动部等中央部门公布实施的政策也允许甚至开始鼓励农村劳动者外出从事非农工作。③

---

① 《中国日报》2003 年 1 月 23 日。

② 国家统计局：《中国统计年鉴 2002》，中国统计出版社，2002。

③ 比如，在 20 世纪 80 年代初期，四川省就出台了文件，把农村劳动者流动作为"四川省扶贫发展战略"的一个重要组成部分（黄平，1996）。劳动部 1994 年也出台了《农村劳动力跨省流动就业管理暂行规定》。

　　主要的输出地和输入地在政策上的差异并不容易协调，中央政府则处于协调两端不同利益的位置上。问题是中央政府本身也是由不同的部门组成，这导致事情更加难办。比如说，公安部门负责的是户籍登记和控制社会治安，它的轻重缓急就不同于劳动和社会保障部或者农业部的优先考虑。这种部门分工和差别是许多改革总是不断出现拖延或者停滞不前情形的主要原因之一。实际上，最近户籍制度的改革（参见下面的讨论）在大城市中只能得到部分实施，这些城市可以在很大程度上自己决定控制谁或者挑选谁不能或能够进入城镇工作和定居。

　　输出地和输入地之间在政策上的差异，对于农村流动劳动者在中国城市中的地位和权利也有着重要的影响。比如北京的浙江村这个由来自浙江的主要是小商人和小手艺人组成的知名社区，就显示出从农村到城市的移民基本上没有什么当地人所拥有的权利，而几乎完全要靠他们自己的资源和能力，去购买或者租赁房屋，开办自己的学校，并寻找工作或创业。地方政府在过去最好的时候是容忍他们的存在，最坏的可能则是采用奇袭的方式把他们赶出自己管辖的社区。①

　　浙江在北京经商的农村劳动者已经证明他们拥有丰富的社会资源，他们通过在北京郊区地带建立他们自己的居住区解决了许多问题。但是，其他许多在北京务工的农村劳动者，缺乏浙江人所拥有的那些必需的财政或者组织资源，他们很多都是受雇者而不是自雇者，他们更多的是居住在分散的社区中，这导致集体互助更加困难。这些人面临的更大的问题是缺乏获得社会保障、福利和其他国家提供的公共产品和服务（包括健康、教育、住房与水费、电费和供暖费的补贴）的社会渠道。尤其是在那些城市需要集中处理由于国企改革带来的城市下岗失业问题的地方，情况就更明显。根据 2000 年和 2002 年②的调查，2000 年和 2002 年来北京务工经商的农村劳动者，各有 35.5% 和 45.4% 有过失业的经历。而其中又各有 52.3% 和 45.5% 曾经失业三个月以上。2002年，46% 的被访者在北京滞留期间都曾患过病，而大多数（93%）的单位没有为他们支付任何医疗费用。

　　作为非永久性居民，农村来的流动劳动者没有被输入地政府纳入自己的责

---

①　项飚：《跨越边界的社区：北京浙江村的生活史》，生活·读书·新知三联书店，2001。缩写和更新的英语译本在 2003 年由 Brill Publishers（Leiden）出版。

②　温铁军等，访谈记录，2003。

任范围。因此，输出地政府经常要到这里来扮演重要的角色。在输入地设置的输出地政府办公室有时要负责这些工作，比如与输出地政府保持联络，协助农村外出流动者解决和当地雇主之间的冲突，或者发布劳动力市场的供求信息。有的时候，输出地政府还派遣公安人员到输入地或者与输入地政府的公安部门建立联系，以保护这些劳动者的安全。农村流动的务工者或者经商者的活动，包括计划生育在内，也属于他们家庭依旧所属地区政府所管辖的范围。

城乡之间的劳动者流动依旧是季节性的或者暂时性的。他们还难以在其他地方获得永久居民的身份，而且更重要的是被排斥在输入地政府所提供的许多公共服务之外。不仅是户籍等原有的制度（社会保障和福利制度也是为了满足城市居民的需要而设计的），城市本身的市场化，也大幅度地增加了这些人在城市中生活的费用和成本，特别是教育费、房费和保健费，使他们在城市中生活变得更不经济。

好在由于家庭联产承包责任制的存在，这些外出务工或者经商的农村流动劳动者在他们户籍所在地依旧保留着一块自己的土地。1997～1999 年，在家庭联产承包责任制实施了 20 年之后，政府要求村民和村庄重新签订 30 年不变的新合同。一方面，家庭联产承包责任制确保了农民拥有一块土地，这能够保证他们如果在其他地方干不下去以后还可以回来靠这块土地维持其基本生存。另一方面，他们还要履行自己耕种的义务，并且上缴各种税费。对于那些有一位或多位主要劳动者在外务工或者经商的家庭来说，这些义务有时候也会变成一种负担。一般来说，这些家庭经常选择把土地转包给村庄中的其他家庭，或者转包给其他来自更为贫困地区的劳动者，这样就在城乡间向外流动之后出现了次级的乡村之间的劳动者流动。这种次级的（从农村到农村）劳动者流动，为那些很少人有机会在城市中获得更为体面和更富于竞争性工作的地区，带来了收入，积累了村庄大门之外的世界的经验。不过这种次级流动也创造了一个下层社会，它是由短期的随时可以牺牲的农民合同工组成的。①

---

① Pieke, F. N., Pál, N., Thunφ, M. and Ceccagno, A., *Transnational Chinese: Fujianese Migrants in Europe*, Stanford: Stanford University Press, 2003. Murphy, R., *How Migrant Labor is Changing Rural China*, Cambridge, UK: Cambridge University Press, 2002. 刘一皋、王晓毅、姚洋：《村庄内外》，河北人民出版社，2002。

## 劳动者流动的规模

如前所述，在 20 世纪最后的 20 年中，中国的城市化速度大大加快了。众多的小城镇出现了，原有的城市规模也扩大了，城市的常驻居民（包括常驻城镇的农村户口持有人）从 1980 年的 1.91 亿（占总人口的 19.4%）上升到 1990 年的 3.02 亿（占总人口的 26.4%），再上升到 2000 年的 4.56 亿（占总人口的 36.9%）（见图 5）。①

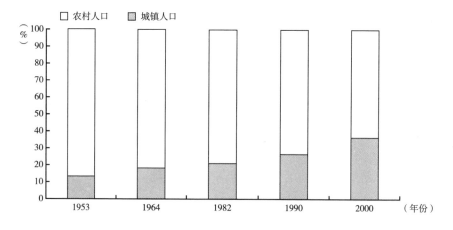

**图 5　城镇农村人口比例（2000 年）**

资料来源：国家统计局：《中国统计年鉴 2002》，中国统计出版社，2002。

在考虑劳动者流动的问题的时候，首先应该认识到的是有 1.6 亿没有从事农业生产的农民（见前面关于乡镇企业部分），大多数并没有流动到城市中来。相反，他们大多就地在这些乡镇企业中寻找就业岗位，有的流动到了其他农村地区，和当地签订合同从事农业生产，或者在当地农村工业企业中寻找到了工作。

根据国家统计局的正式数据，在最近的 20 年中，农村劳动者流动的人数

---

① 这些数据表明了城市化高速提升的程度，从社会学的角度来说，那些事实上已经就地城镇化了但还在行政上被认定为村庄的居民，不应该再被当成农民或农村居民。如果把这些群体也作为城镇常驻居民的一部分，那么中国的"城市化水平"还会更高。

已经从 20 世纪 80 年代中期的仅仅 200 万上升到 90 年代中期的 7000 万，尽管城市中国有企业的改革带来了大量的下岗失业的工人，农村劳动者进城务工经商的人到 2002 年还是上升到了 900 多万！①

国家统计局农村调查队 1997～1999 年的数据显示，农村进入城市务工或者经商的人数 1997 年为 4500 万，1998 年为 5500 万，1999 年为 6700 万（参阅图 6）。估计到 2000 年底至少有 3000 万农村劳动者进入其他农村地区。而在 1999 年 6700 万从农村进入城市的劳动者中，有 1900 万是跨省流动，剩下的 4800 万在省内工作，但是只有 550 万在省会找到工作，其他的有地区所在地（670 万）、县城（1090 万）或者乡镇（2450 万）（参阅图 7）。有趣的是，在跨省流动的 1900 万农村劳动者中，流动的趋势与省内的完全相反：有着进入大的城市中心的强烈趋势，仅仅有 310 万流动到乡镇，350 万流到了县城，而 646 万在地区所在地，620 万在省会城市（参阅图 8）。

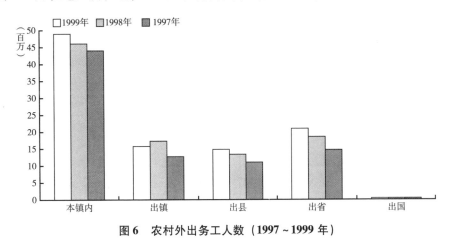

**图 6　农村外出务工人数（1997～1999 年）**

资料来源：《中国劳村进城务工者》，1999。

根据 2001 年的农户调查，农业部估计 2001 年有 8800 万农村劳动者外出务工经商，其中 55% 来自中部，34% 来自西部。在这 8800 万农村劳动者中，

---

① 崔传义，访谈记录，2003；温铁军，访谈记录，2003；陈锡文、韩俊：《如何促进农村富余劳动力的有序转移》，2002；《人民日报》2003 年 3 月 19 日；《农民日报》2003 年 4 月 3 日。其他来源的数据也证实了这个情况，尽管在绝对数字上略有差异。根据农业部 1996 年进行的农村调查，7200 万农民离开了他们的家乡从事非农就业，其中 4500 万离开了本县，2400 万离开了本省。

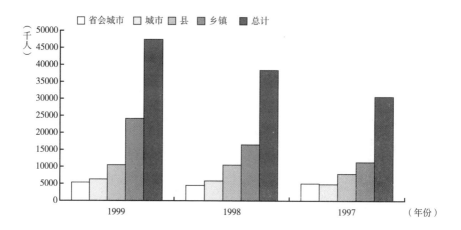

**图 7　省内外出务工人数（1997～1999 年）**

资料来源：《中国劳村进城务工者》，1999。

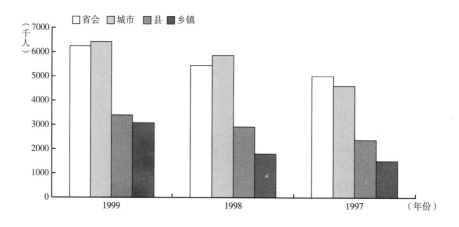

**图 8　跨省外出务工人数**

资料来源：《中国劳村进城务工者》，1999。

将近 90% 进入城市（包括附近的乡镇），82% 进入了东南沿海。大部分人到东部寻找工作，并滞留在东部的乡镇和县城；进入省会城市和其他大都市的不到总数的 30%。

不过，在解释这些数字的时候下面几点应该加以注意：首先，农业部估计的数字中不包括建筑业中的农村劳动者，其总数为 2700 万，他们被当作乡镇企业劳动者的一部分；其次，也不包括大约 2000 万作为农村外出务工经商者的家属来到城市或者很多时候没有在城市登记的农村居民。如果把上面两类人群也包括在内，那么农村外出务工经商的总数大体上已接近 1 个亿。[①]

## 谁在流动？

### 地区

挣取现金收入仍然是农村劳动者外出流动的主要动机。中部和西部农村居民的平均收入低于全国水平，而且其中有相当大部分其实是实物性收入而不是现金收入（参阅图9、表1）。因此，大部分跨省流动的农村劳动者来自于这些区域，而他们主要的目的地是东部沿海区域（见附录1中的表8）。

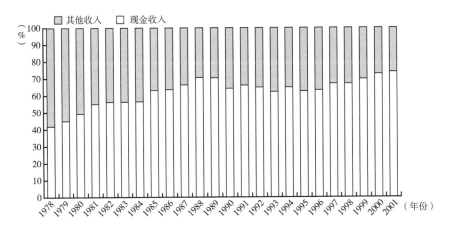

**图9　农村家庭收入中现金和其他收入的比例**

资料来源：国家统计局：《中国统计年鉴2001》，中国统计出版社，2001。

----

① 最近的一些研究甚至把这个数字提高到了1.2亿，但是如前所述，这应该包括从农村出来到其他小地方从事短期的非农活动的人，甚至也包括那些跟随着出来的孩子。另外一个更重要的（也是更新的）问题在于，一方面从农村出来的人数已经很大了，另一方面，特别是在珠江三角洲，却出现了技术型劳动力短缺的现象，这里的原因既包括农村外出劳动者的教育技术结构构成偏低，也包括珠江三角洲等地长期以来农村外来劳动者的报酬偏低。

表1　各省、直辖市收入情况（1999 年）

| 收入 | 总计 | 现金收入 | % |
|---|---|---|---|
| 全国平均 | 3146.21 | 2381.6 | 75.70 |
| 北　京 | 5515.65 | 5092.56 | 92.33 |
| 天　津 | 4649.13 | 3938.48 | 84.71 |
| 河　北 | 3307.55 | 2607.23 | 78.83 |
| 山　西 | 2423.85 | 1836.31 | 75.76 |
| 内 蒙 古 | 3440.31 | 2448.89 | 71.18 |
| 辽　宁 | 3704.29 | 3050.75 | 82.36 |
| 吉　林 | 3259.07 | 2290.07 | 70.27 |
| 黑 龙 江 | 3712.61 | 2654.57 | 71.50 |
| 上　海 | 6399.54 | 5914.94 | 92.43 |
| 江　苏 | 4542.03 | 3673.63 | 80.88 |
| 浙　江 | 5325.17 | 4863.37 | 91.33 |
| 安　徽 | 2585.56 | 1901.6 | 73.55 |
| 福　建 | 4103.55 | 3617.21 | 88.15 |
| 江　西 | 2833.8 | 2004.94 | 70.75 |
| 山　东 | 3880.98 | 3090.67 | 79.64 |
| 河　南 | 2726.08 | 1854.4 | 68.02 |
| 湖　北 | 3008.13 | 2098.22 | 69.75 |
| 湖　南 | 3195.13 | 2440.74 | 76.39 |
| 广　东 | 4590.47 | 3759.51 | 81.90 |
| 广　西 | 2649.18 | 1975.68 | 74.58 |
| 海　南 | 2840.75 | 2208.68 | 77.75 |
| 重　庆 | 2594.95 | 1627.8 | 62.73 |
| 四　川 | 2829.93 | 1841.69 | 65.08 |
| 贵　州 | 1947.47 | 1136.38 | 58.35 |
| 云　南 | 2246.94 | 1430.02 | 63.64 |
| 西　藏 | 1732.32 | 1174.8 | 67.82 |
| 陕　西 | 2032.79 | 1558.95 | 76.69 |
| 甘　肃 | 1958 | 1309.03 | 66.86 |
| 青　海 | 2000.32 | 1365.75 | 68.28 |
| 宁　夏 | 2819.79 | 2169.24 | 76.93 |
| 新　疆 | 3129.35 | 2444.3 | 78.11 |

资料来源：《中国农村家庭抽样调查年度报告2000》。

　　与许多其他国家一样，外出务工经商的不一定是最穷的人。比如，正如前面引用的数据所显示的那样，更多的农村劳动者来自中部，而不是更为贫困的西部（参阅表8和附录1）。原因包括西部偏远地区居住的常常是少数民族，他们一般来说更不倾向于外出务工经商。不过，更为重要的原因在于中部的人口更为稠密，农村人口更多，人均耕地更为稀少。中部的几个省份陷入了农业生产内卷化，从改革开放以来没有什么实质性改进，现在都面临着所谓的"三农"问题（农业、农村和农民）。

### 教育与性别

农村外出务工经商者大部分受过初中或者至少小学教育。他们的平均教育程度高于那些留在村里的人（参阅图10、图11）。不过，也有一些受过教育的年轻人宁愿选择留在村里，成为当地的精英（干部、教师、医生等）。但是一般来说，外出务工经商的农民教育程度平均高于留在家乡的人。流动到城镇的农村劳动者，除了基本的识字和计算能力之外，再加上普通话，也就够了，而并不要求接受更多的教育。在那些大多数农村劳动者外出的村庄中，孩子们常常在完成九年义务教育之前就辍学了，急于跑到城市来成为在他们之前就外出的人群中的一员。此外，流动的经历使这些来到城市的农村劳动者接触现代的城市生活，这些也逐步诱导他们产生接受普通教育和职业教育的愿望。

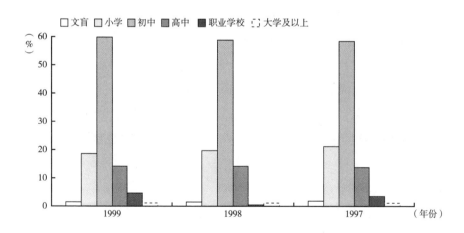

**图10　农村进城务工者受教育情况（1999年）**

资料来源：《中国农村进城务工者》，1999。

另外，城乡之间的劳动者流动对于教育还是有着积极的影响。比如，兄弟姐妹在城市中赚取的现金收入常常用来支付弟妹们的教育费用，这有利于通过

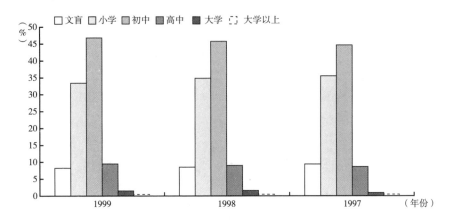

**图 11　农村劳动者的教育背景**

资料来源：《中国农村进城务工者》，1999。

集体努力而实现向上流动的家庭策略。农村地区的基础教育是另外一个问题。不过，这也是一个重要的性别化问题。有的时候，农村外出务工经商的劳动者对待女孩的教育依旧秉承传统的态度，认为她们反正最终会嫁给别人。

比如，1997 年东南亚金融风暴使日本、韩国、中国台湾和中国香港等在东南沿海地区设立的许多合资企业都撤资了，或者取消/减少了合同订单，这又导致一些农村来的女性青年劳动者面临着失业的威胁（一开始只是歇业，但是因为大多是计件工资，"歇业"就意味着失业），一些人从流水线上转到了餐馆和饭店，有的甚至被迫跑到沿海的"娱乐业"中去工作，而她们赚钱的目的之一就是支持她们年幼的弟弟们的教育。也就是说，这些外出务工经商的人的汇款部分地变成了他们家乡里学校的学费，客观上补充着当地乡镇越来越紧张的教育预算。

农村外出务工经商的劳动者中大约有 1/3 是女性。这里，女性少于男性的原因在于，她们仍然被当成了"家庭主妇"，其主要职责是照顾孩子、烧饭、喂养家禽家畜以及种田。① 乡村里还是有许多人认为让女孩子接受更多的教育是没

---

① 传统上，务农是男性的事情（"主外"的主要方面），而女性被限制在带孩子做饭等家务责任和饲养家禽等副业生产中（所谓"主内"）。在集体经济的时候，女性第一次和男性一样到地里干主要的农活，而且在很大程度上是彼此平等的（"同工同酬"）。不过，随着改革时代非农就业机会的增多，这种趋势走向了另外一个极端，现在务农已经被看成一个基本属于女性的"主内"活动的一部分，而男性寻求的非农活动才是"主外"的一部分。

有多大意义的。① 实际上，乡村对于男孩和女孩的不同的教育标准一直是政府极为关注的问题，也是政府很长时间以来努力普及义务教育（小学和初中）的原因。

农村的流动劳动者中男性比女性更多的另一个原因，与改革和社会经济变迁的过程有关。20世纪90年代初期农村外出务工的劳动者主要是在建筑业中工作，这几乎是一个完全排斥女性的工作。相反，后来在中国南部沿海地区日益增多的港澳台和海外华人的加工企业或者制造业企业，更加偏爱女性劳动者，因为（据老板们说）她们"学得更快，工资更低，而且更容易管理"。

很明显，问题其实还要复杂得多，而不仅仅是一个偏好男性或女性的问题。平均来说，农村外出务工的劳动者都是年轻的，但是女性外出务工的劳动者比男性更年轻些。浙江省2001年的数据表明农村外出务工的女性劳动者占外出劳动者总数的39%，其中81%都没有受过完整的九年义务教育，大多数未婚，年龄在30岁以下。② 其他的个案研究也表明，农村外出务工女性的主体在17~25岁，而男性外出务工的劳动者年龄在16~30岁。这是由下面这些因素造成的：女性结婚的年龄一般要早于男性，而她们离开家乡的时间越长，她们找到配偶的难度就越大。③

## 民族

很多个案研究都支持了国家统计局农调队在农户调查中的发现，在一些少数民族中，外出务工的劳动者仍然较少。少数民族常常居住在更为偏远和荒凉的地方，到城市的距离更为遥远，交通和其他费用更为高昂，而且他们有的还不会说普通话。④ 不过，不能因此就认为少数民族的劳动者流动不重要。分析

---

① Mei, F. and Huang, P., "Basic Education for Girls in Ethnical Ningxia and Sichuan", In Zhou, D. et al eds. *Social Assessment Report Of China Proposed Basic Education in Western Areas Project for Preparation of Ethnic Minority Education Strategy*, Report for Department for International Development and the World Bank, 2003.

② 浙江省妇联联合调查组：《关于浙江省外来务工妇女情况的调查报告》，2002。

③ 参见黄平等《寻求生存》，云南人民出版社，1997；李实：《中国农村劳动者流动行为的分析》，《上海经济研究》2001年第12期；Mei, F. and Huang, P., "Basic Education for Girls in Ethnical Ningxia and Sichuan", In Zhou, D. et al eds. *Social Assessment Report of China Proposed Basic Education in Western Areas Project for Preparation of Ethnic Minority Education Strategy*, Report for Department for International Development and the World Bank, 2003。

④ 魏众：《农村居民收入与消费》；李实：《创建财政增长与经济发展的互动模式》，参见王洛林、朱玲主编《后发地区的发展途径选择：云南藏区案例研究》，经济管理出版社，2002。

1990 年人口普查的数据就会发现，少数民族劳动者的流动占省内流动的农村劳动者总数的 6.5%，低于他们占总人口的比重（8%）。不过，在省际流动中，他们的比例为 7.1%，仅仅略低于汉族农村劳动者的省际流动比例。① 近些年来，如果有机会可以到乡镇或者县城或者外县赚取现金收入或过另外一种生活，更多的少数民族年轻的劳动者也愿意从事非农工作，而不愿意在家里从事传统的农牧业生产。

总的来说，劳动者流动使中国的各民族的混居程度更高了。少数民族的农村青年劳动者的寻求非农/非牧的省际流动使他们离开了北部、西部和西南部少数民族聚居区，来到少数民族人口相对比较少的地区。当然，也有来自中国内地的汉族农村劳动者来到这些少数民族的聚居区从事各类杂工和小生意。

在中国，一说到流动问题，一个比较敏感的方面就是汉族的人流动到非汉族地区。政府的少数民族政策是以保护少数民族的认同、权力和利益为基础的。② 然而由于其他的政策，大量的汉族人口流动到诸如内蒙古、新疆等少数民族地区，对于当地的经济发展起到了积极的作用。而这些政策也带来了许多未预期的后果。比如，派遣国家干部和其他高素质的人才到这些地区工作，无疑会对提高当地的行政效率和发展当地的经济产生重要的推动作用，而这也可能导致当地人口和汉族干部之间（比如由居住和生活方式所带来的）差异外显化，而不是由后者来融入当地社会的文化之中。③

另外一个有关但是不同的问题是，从改革开始，大规模的非派遣性的汉族农村劳动者流动到了少数民族地区。到西藏、青海、内蒙古和新疆等地区的汉族农村劳动者主要是来自四川、宁夏和甘肃的年轻汉族男性（当然有的时候也和他们的家眷一起来）。偏远但是资源（土地等）相对丰富的地区吸引着这些汉族的农村青年劳动者，他们从事旅游服务、蔬菜种植（主要供给汉族游客和当地驻扎的汉族干部）、做点儿小生意或者当运输司机。其中一些人急于"快速致富"的心态和架势常常导致和当地人的一些矛盾，当然同时也暗示和

① Iredale, R., Naran, B., Wang, S., Fei, G. and Hoy, C., *Contemporary Minority Migration, Education and Ethnicity in China*, Edward Elgar, 2001.

② Mackerras, C., *China's Minority Cultures: Identities and Integration since 1912*, Melbourne: Longman, 1995.

③ Ma, R., "Han and Tibetan Residential Patterns in Lhasa", *The China Quarterly*, 1991 (128): 814 – 835.

强化着当地人的这样一种感觉：通向现代化之路只此一条。[1]

自从实施西部大开发后，中国内陆省份的农村劳动者越来越多地到西部来从事基础设施建设。多多少少，这些外出务工的人和当地乡村外出务工的人（常常是少数民族）也存在劳动力市场上的竞争关系。

## 流动的原因

### 经济原因

一般而言，城市人对于外来流动劳动者（无论是务工者还是经商者）总是存在着偏见和歧视，他们一概被称为"民工"，他们被看作没有受过教育的、缺乏技术的，甚至是"不文明的"：对于法律和卫生根本没有什么概念，很多时候他们甚至被当作潜在的罪犯。但是，如果没有这些农村外出务工经商的劳动者，就不会有北京、上海、广州或者深圳等的今天。

尽管存在着这些偏见和歧视，农村的青年劳动者依旧源源不断地跑到城镇中来，主要的目的首先是现金收入，它是为什么这么多年轻的农村劳动者能够忍受艰苦的工作和生活条件、不合理的规章制度和歧视的经济原因。只要他们能够得到现金收入，并能够把这些钱带/寄回家，他们不那么在乎自己是多么被人看不起，甚至也不在乎行政体系没有能够为他们提供相同的福利和社会保障。

但是政府的态度最近已经发生了重要改变。2000年底，多位国家领导人数次提到农村外出务工的劳动者是"工人阶级的一部分"，是对中国的现代化建设和改革与发展做出了巨大的贡献的生力军。[2]

从农村改革以后，中国粮食的生产一直有"过剩"的趋势，在世界粮食市场价格也不具备竞争力，农民卖粮难，种田不划算，这又导致"三农"问题更加显现出来，甚至日益恶化。因此，从农业上，特别是粮食生产上，获取

---

① Halskov, M., "The Call of Mao or Money? Han Chinese Settlers on China's South-western Borders", *The China Quarterly*, 1999（158）：394 - 413. Yeh, E. T., *The Spoiled Soil*：*Development*, *Landscape*, *and the Politics of Place in Urbanizing Tibet*, Berkeley Energy and Resources Group, University of California（unpublished PhD thesis）, 2003.

② 在中国语汇中，"工人阶级"是一个非常正面的术语，而"民工"听起来还是包含着负面的味道。

收入的增长速度变慢了（参阅图12、图13），而同时日常支出却持续上升（参阅图14、图15）。实际上，1998～2000年，农民从粮食生产中获得的收入是下降的。1998年下降2.3%，1999年下降4.5%，2000年下降4.7%，只有2001年有少许增加，但是仍旧比1999年少15元，比1997年少103元。[①]

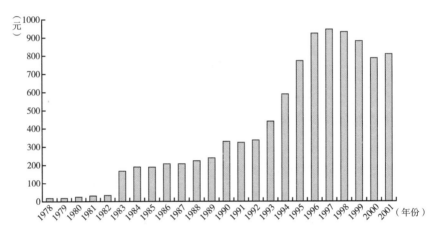

**图12　来自农业生产的现金收入（1978～2001年）**

资料来源：国家统计局：《中国统计年鉴2002》，中国统计出版社，2002。

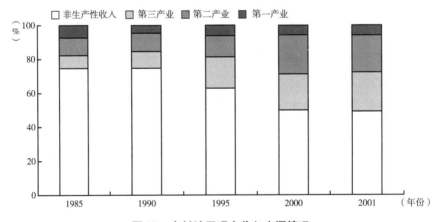

**图13　农村地区现金收入来源情况**

资料来源：国家统计局：《中国统计年鉴2002》，中国统计出版社，2002。

---

① 国家统计局：《中国农村住户统计年鉴2002》，中国统计出版社，2002。这个情况最近发生了变化，到了2003年，中国实际上出现了粮食生产（播种面积和总产量）上的紧张。

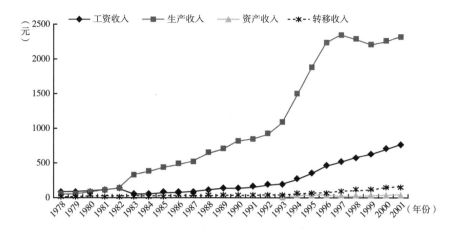

**图 14　农村家庭的收入结构（1978～2001 年）**

资料来源：国家统计局：《中国农村住户统计年鉴 2002》，中国统计出版社，2002。

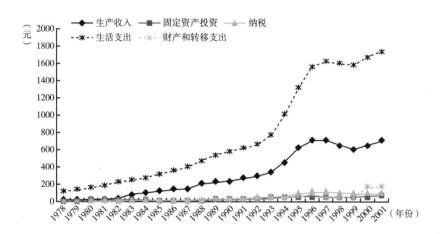

**图 15　农村家庭的支出结构（1978～2001 年）**

资料来源：国家统计局：《中国农村住户统计年鉴 2002》，中国统计出版社，2002。

　　当然，经济贫困是导致一些人外出的主要"推动力"，但只是贫困本身还并不足以使这些人外出。在中西部许多贫困县，当地政府的扶贫战略就是鼓励每一户至少有一个劳动者外出从事非农就业。用他们的话来说，"一人外出，全家脱贫"。① 但是，在村庄中，那些外出的人通常都不是来自最贫困的家庭。相

① 黄平：《未完成的叙说》，四川人民出版社，1997。

反，一些年轻的受过教育的男性首先外出，接下来就是他们的兄弟姐妹。而那些最贫困家庭由于缺乏资金、信息、社会关系或者缺乏自信反而不得不留在村中。

近些年来，另外一个推动城乡间劳动者流动的经济原因是，由于乡镇企业转制，许多乡镇企业开始辞退冗员，无法在当地吸纳更多的农村劳动者。

### 制度性原因

正像前面提到的那样，户籍制度是控制劳动者流动的主要工具之一。在2001年户籍制度改革之前（见后文），有两个较早的在制度方面的变化对于中国农村劳动者的自主流动起到了至关重要的作用。

第一个是从20世纪80年代中期开始实行的身份证制度，它使个人从50年代末以来第一次可以不需要当地政府的任何介绍信，就能行遍全国，而过去，如果没有介绍信，连住旅馆也不行，更别说外出谋求非农就业了。第二个变化是90年代早期废除了50年代开始实施的粮票，在很长时间内，人们手上的这些粮票只能在一些特定的地域内使用，且只为当地常驻居民所有，废除粮票以后，人们再不用担心到了外地有钱也吃不上饭了。

### 社会原因

对于许多年轻的农村劳动者来说，他们更愿意在城市中从事杂工、粗工、零工，而不愿意回家乡务农。用一位年轻的农村外出务工的劳动者的话说："在城里拾垃圾也比种田好"。[①] 这也不只是经济原因使然。在社会（和更广义的文化）层面，进城居住和就业，是农村里的许多青年梦寐以求的事情，甚至他们的父母和前辈，多少年来也盼着自己的子女能够跳龙门，从而改变身份。

理解城市吸引力的关键之一是电视网络的普及，它甚至已经延伸到最为偏远的乡村。电视下乡是由政府大力推动的，而电视节目，哪怕仅仅是新闻，都突出了城乡生活方式的巨大差异，它对于年轻的农村劳动者对城市的想象起了很大的作用。

---

① Huang, P., "China: Rural Problems under Uneven Development in Recent Years", In Lau, K. C. and Huang, P. eds. *China Reflected*, Hong Kong: ARENA Press, 2003.

此外，农村社区的相对凋零，特别是在那些市场改革无法真正提高当地居民生活标准的地区，常常迫使年轻人离开家乡。这种凋零不仅影响了农民的收入，也影响了整个农村社区的生活。许多村庄和乡镇的政府本身没有什么其他的收入来源，不得不依赖当地的税收和各种制裁性的收入。这些政府甚至难以为当地居民提供最低标准的保健、基础教育、公共安全、福利和环境保护。他们常常被迫提高当地的税费标准，甚至大大超过了国家规定的农村居民人均纯收入的5%，这就是媒体和政府文件中不断提到的必须减轻的"农民负担"。[①]

## 劳动者的流动对于贫困和全面发展的影响

### 对于贫困农村社区居民的影响

巨大的农村人口和有限的耕地资源是中国过去和未来发展的最严重的制约条件之一。[②] 不过，近些年来城乡之间的劳动者流动已经部分地缓解了人口增长和耕地不足之间的紧张状况。正如上面所显示过的那样，到2000年底，大概有至少8000万农村劳动者在城镇地区工作。一些早期的研究显示，随着农村劳动者的流动，耕地和劳动者的比例在家庭和村庄层面实际上提高了1/3以上。[③]

也有学者认为，尽管无论是从比例还是从绝对数来说，非农产业中农村劳动者的数量越来越多，但是外出务工和在乡镇企业工作的农村劳动者，其实主要是农村人口中第一次进入劳动力市场的年轻人。因此，尽管出现了大规模的城乡之间的劳动者流动，农业生产中总的劳动者并没有真正减少。[④] 也就是说，尽管有农村劳动者外出务工，土地承受的压力也还是增加了。图16显示1990～2000年，农村劳动者在非农产业中的人数几乎加倍，而农业生产中的劳动者几乎没有什么实质性的减少。白南生的这个研究认为，短期/中期的劳

① 不过，陶然等人的研究表明，和乡村内部存在的贫富差距相比，税费负担还不是更严重的问题。(Tao Ran, Liu Mingxing, and Zhang Qi, 2002)
② 温铁军：《三农问题的实际反思》，《读书》2000年第12期。
③ 黄平等：《寻求生存》，云南人民出版社，1997。
④ Bai, N., *The Effect of Labor Migration on Agriculture: An Empirical Study*, *Rural Labor Flows in China*, Berkeley: University of California Press, 2002.

动者流动对于减轻土地的压力没有真正的贡献，特别是考虑到中国年轻的人口结构，就更是如此。尽管实施了独生子女政策，到 2030 年中国的人口也将上升到 15 亿左右。

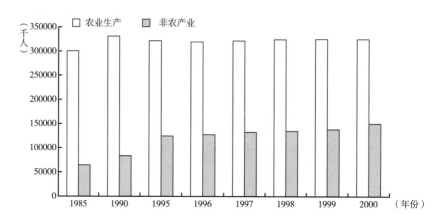

**图 16　农业生产和农产业中的农村劳动者**

资料来源：国家统计局：《中国统计年鉴2001》，中国统计出版社，2001。

　　年轻的农村外出劳动者对于提高乡村的生活水平的确做出了贡献。他们常常不是按月就是按季度把收入寄回家，最坏的情况下也要按年资助家里的开销和生活。这些汇款大部分都是用于日常开支，对许多贫困家庭和农村社区的生存做出了明显的贡献。[①] 比如，1990 年中期四川的一个贫困县，县邮局每年的汇款可以高达县财政收入的几倍。这种情况，绝不只是在个别县才看得到的。而且，通过邮局寄回的汇款仅仅是农村外出务工的劳动者带回家钱的一部分，其他的都是新年或者秋收的时候带回家的，它们甚至也不比邮局汇款少。[②]

　　毫无疑问，正如图 17 所显示的那样，某些特定的职业比其他职业能够带来更多的汇款。运输业、通信业和制造业汇款最多。另外，农村外出务工的劳动者生活和工作的地方离家乡越近，他们带回家的钱就越多（参见图 18）。这部分是因为输出地的开支比较低，部分是因为和家乡的关系更为密切。

----

[①] 跨国移民的汇款也主要是用于日常开支。对于 186 位返回的留学生的调查表明，55.2% 的人在国外的时候都定期汇款回家。这些汇款中的 74.2% 用于日常开支，12.4% 用于学习，10.3% 用于医疗，只有 3.1% 存起来了。（骆克任，2003）

[②] 黄平等：《寻求生存》，云南人民出版社，1997。赵树凯，访谈记录，2003。

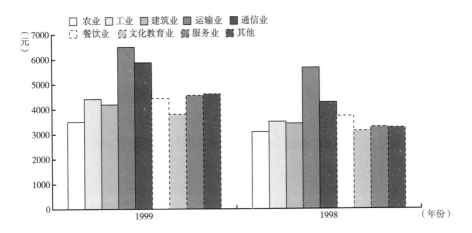

**图 17　来自不同行业的汇款（1998～1999 年）**

资料来源：《中国农村进城务工者》，1999。

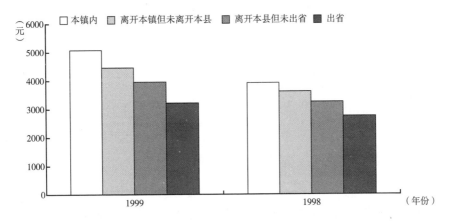

**图 18　汇款与农村外出务工劳动者工作地和家乡的距离（1998～1999 年）**

资料来源：《中国农村进城务工者》，1999。

　　更明显的是，一般说来，外出务工的劳动者受教育水平越高，他/她的工资就越高。教育和汇款数目间也存在着正相关关系（参见图 19）。

　　但是，如果我们希望能够看到劳动者流动对于当地农村发展产生直接的经济和社会影响，那还是太早了，尽管许多输出地现在正在制定各种政策促使这种现象的出现（见下一部分）。流动的农村劳动者寄回了大笔的汇款，但大部

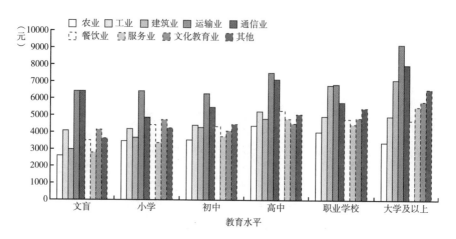

**图19 不同行业不同受教育水平的汇款数（1999年）**

分被用于家庭的消费和日常开支，包括修建和粉刷新房，婚礼和葬礼。[1] 许多年轻人宁愿选择城市的婚礼模式、生日宴会和家庭装修，甚至他们不一定有外出务工或者经商的经历也要学这种风尚。这些都改变了农村的礼仪，以及其他的社会活动形式。特别是年轻人，他们认为城市的生活和生活方式比传统的更加富有吸引力。[2]

为了过上城市生活，许多来自农村的年轻劳动者并不在意要工作很长时间，工作艰苦而且危险，一般都没有签订正规的合同，特别是在过去10年中，甚至到过春节的时候还不一定能够拿足一年的工资。[3]

现金收入总是很重要的，特别是近些年来，父母的医疗费迅速增加，弟妹们的教育费用也提高得很快，而对他们的服务方面几乎没有什么大的改善。由于许多当地的农村政府面临财政困难，公共医疗和基础教育经常既资金不足也缺乏制度支撑。

---

[1] 农村经济研究中心：《农村劳动力外出就业对农民、农业及输出地的影响与对策》，《中国人口科学》1996年第12期。

[2] Huang, P., "When Young Farmers Leave the Farm: What will Happen to Rural Development in China When Rural-urban Migration Takes Place at a High Pace under Impacts of Globalization?", in Lindqvist, C. ed. *Globalization and Its Impact*, Stockholm: FRN, 2000, pp. 56–67.

[3] 蔡昉主编《中国人口：流动方式与途径》，社会科学文献出版社，2001。卢迈、白南生、赵树凯：《中国农村劳动者流动的回顾与展望》，2001，赵树凯提供的草稿。

公共医疗是一个很明显的例子。近些年来，中国农村的医疗变成了一个严重的问题。当农民从农业生产中获得的收入增长变慢的时候，农民的医疗支出却迅速增加了。在许多农村地区，医疗和预防是分开管理的，而且前者有日益商业化趋势。这使得农村的公共医疗和保健问题更加恶化。许多农民无法支付医务所所需的治疗费用，更不用说县城里的医院了，它们的费用更加昂贵，而且都在远离村庄的地方。治病使许多农户负债累累。甚至"因病致贫、因病返贫"的现象也出现了。一般来说，只有在外务工的儿子女儿的汇款才能够维持父母不得不支付的日益昂贵的医疗费用。

## 对于城乡发展的贡献

根据一份研究报告，城乡之间的劳动者流动大概解释了过去 18 年来 GDP 增长的 16%。劳动者流动也可以被部分地看作全国经济保持高速增长——1978~1997 年，年均 GDP 的增长速度为 9.2%——的一个重要原因。[1] 通过起早贪黑、高储蓄、低消费，数千万农村劳动者帮助了他们没有外出的家庭成员，也因此帮助了农村本身。如果没有农村劳动者的流动，中国今天城乡之间的差距将更大、更深。

同时，一个影响更加深远的变化也出现了，农村劳动者流动和城市化既是这个变化的部分原因，也是它的部分结果。这个变化就是，中国社会中许多制度性障碍被清除了（或者至少，被削弱了），比如城乡间的、东部沿海和中西部的、农业的和工业间之间的种种制度性障碍。在 20 世纪 80 年代初期，农民推动了联产承包责任制，这后来被誉为"中国农民的伟大创造"。70 年代末期至 80 年代中期，农民和地方组织着手建立乡镇企业，它们吸收了大量的农村"富裕"劳动者，这也被看作农民创造的奇迹（"异军突起"）。大规模的城乡之间的劳动者流动，应该被看成农民对于中国社会基本制度改革的第三个重要贡献。

特别是在中国东南部，那里的变化验证了海外投资带来的在社会分层方面

---

① 蔡昉主编《中国人口：流动方式与途径》，社会科学文献出版社，2001。

的影响深远的变化。吸引了这些海外投资，无疑使乡镇政府强化了他们的行政权力。当地的政府官员积极地参与吸引外资的工作，但是常常沦于腐败。不过，当地居民意识到这是他们的新财富，如果没有这些投资，今天的这一切都不可能。这复制了香港新界在 20 世纪 60 年代的经验①，新界另外一端的深圳本地的村民变成了"小地主"，他们不再需要工作，他们或者把土地租给来自其他地方的年轻农村劳动者，或者自己创办农业工业企业，雇用其他地方来的农村外出务工的劳动者。有的甚至变得游手好闲，无所事事。有的地方赌博成风，色情业也发展起来了。

在南部和中部沿海地区务工的农村劳动者，经常转租责任田，但是保留他们自己的口粮田以满足自己的消费。但是，从 20 世纪 90 年代中期到末期，转租农地在中国的南部或者中部沿海地区越来越不再有那么大的吸引力。这部分源自于 1997 年的亚洲金融危机，这导致和海外投资者的转包合同锐减，商业性农业生产的合资公司也越来越少，部分也是因为废除了粮票等制度，以及国家粮食收购价格的下降。因此，许多农村劳动者（主要来自四川、安徽、湖南和河南）现在开始到城市中寻找工作，或者到东北农村去转包土地，到国有农场采摘棉花。有些人甚至全家一起到那些地方去，而且滞留时间越来越长。

涌入城镇的农村劳动者成了城市社会的底层。他们的工资大多是计件的，加班也不一定有加班费，既没有福利，也几乎没有什么社会保障。②

尽管（中央和某些输出地的地方）政府有关劳动者流动的政策的主要目的是减少乡村的"富余"劳力，但是某些输出地的地方政府（县政府，有的时候甚至是省政府）的主要目的已经不止于此了，他们积极鼓励人们向外流动。对于这些地方政府来说，农村外出务工的劳动者是可以使当地受益的，这不仅是因为他们的大量汇款，也因为当他们回到家乡的时候，外出流动的劳动

---

① Potter, J. M., *Capitalism and the Chinese Peasant: Social and Economic Change in a Hong Kong Village*, Berkeley: University of California Press, 1968.

② Chan, A., Madsen, R. and Unger, J., *Chen Village under Mao and Deng*, Berkeley: University of California Press, 1992. 折晓叶：《村庄的再造：一个"超级村庄"的社会变迁》，中国社会科学出版社，1997。

者是投资、企业和经验的重要来源。关于回流的农村劳动者的研究显示，他们对于自己家乡经济发展做出了积极的贡献。即使对于那些因为外出不成功的，或者她们的丈夫希望她们尽早回来的妇女来说，也是这样。成功的外出劳动者回到家乡是为了躲避城市过于繁重的工作，他们拿出自己在城市打工的积蓄，根据自己的经验在家乡经营小生意，这是大多数其他外出的农村劳动者也都渴望实现的梦想。①

诸如四川、安徽、湖南、江西和河南这些农村人口众多，而且相对比较贫困的省份，都制定了政策，鼓励农村外出劳动者流动，以此来促进当地的发展。这些政策主要集中于保护汇款和促进外出务工上，但是也体现在一些其他的方式上，比如兴建或者扩大小城镇，目的是容纳更多的回流的务工者，以及对他们将要兴办的小商业小企业实行更灵活的税费政策和管理制度。一些地方政府甚至聘请回流的外出务工的劳动者担任几年干部，用他们的经验来改善乡镇政府的管理水平。许多地方政府也已经认识到，在农村劳动者离开家乡之前给他们提供培训的重要性，还有就是在当地培育劳动力市场，使他们返回的时候也能够找到工作。②

## 中央政府的政策

2000～2002 年，中央政府经过多年努力，从根本上回顾和总结了他们对于农村外出务工的劳动者的态度和政策。20 世纪 90 年代进行的研究，在这里发挥了重要的作用。在学术期刊和媒体介绍和报告的大量研究项目和争论，使政府开始关注农村劳动者流动和"三农"问题。在这个时期，许多政策开始实施，所有的目标都关注如何拆除中国国内劳动力市场之间的藩篱，对农村外出务工的劳动者提供更加公平的待遇。下面，我们将讨论这些政策和措施的重要意义。

① Ma, Z. , Entrepreneurship, Social Capital, and Business Formation: The Occupational Choice of Returned Migrants in Rural China (unpublished).

② Murphy, R. , *How Migrant Labor is Changing Rural China*, Cambridge, UK: Cambridge University Press, 2002. 《浅谈劳务输出的政府做好务工人员回流工作的尝试》；许平等：《从政府行为到市场行为：竹镇劳务输出个案研究》，中国农村劳动者流动国际论坛论文，2001 年 7 月 3～5 日。

### 户籍制度改革

在浙江等省改革经验的基础上，2001 年 3 月中央政府决定在小城镇改革户籍制度。它决定要停止对暂住证收费，废除对于停留时间的限制。同一年，国家发改委制订了一个新的五年计划，它的主要目标是在今后五年中在全国建立统一的劳动力市场，消除对于劳动者流动的限制，并建立就业登记制度以及相应的社会保障体系。从 2001 年 10 月 1 日开始，中国开始在人口不到 2 万的小城镇进行户籍制度改革的试点。①

自从 2001 年 10 月开始户籍制度的改革，有关劳动者流动的新政策是：

● 在法律上，小城镇对于任何有工作并且有地方居住的农村劳动者开放；

● 中等城市和省会城市取消了对于人数的限制，农村劳动者可以在政策允许的范围内申请常住居民户口；

● 上海和北京之类的超大城市则实施"敞开大门，提高门槛"的政策。

### 建立统一的劳动力市场

就地方政策而言，一直存在着两个互相矛盾的路径。一方面，输出地的政策多年来一直是鼓励"富余劳动力"到其他地方去寻找非农工作和非农就业的机会。另一方面，与之形成对比的是，输入地的政策首先是为了保证当地居民获得就业机会，从而不得不限制外来农村劳动者从事某些领域的工作。比如，1994 年，上海开始实施带某种歧视性的政策规定，其把工作机会分成了几类：A. 有 100 种以上的职业，禁止雇用没有上海常住城市居民户口的外来劳动者；B. 其他 20~30 种工作上海常住人口可以做，外来农村劳动者也可以做；C. 还有一些低报酬且没有多少社会福利和保障的工作，则由外来的农村劳动者去从事。这样的政策直到最近几年才开始改变。②

---

① 《北京青年报》2001 年 9 月 28 日。

② 赵树凯，访谈记录，2003。Huang, P. , "When Young Farmers Leave the Farm: What will Happen to Rural Development in China When Rural – urban Migration Takes Place at a High Pace under Impacts of Globalization?", in Lindqvist, C. ed. *Globalization and Its Impact*, Stockholm: FRN, 2000, pp. 56 – 67。

2002 年初，国务院颁发了当年的第 2 号文件，专门讨论了在户籍制度下如何对待城乡之间的劳动者的流动问题。主要内容如下：

- 大量农村劳动者涌入城市或者跨省流动，是经济发展和市场化改革的一个结果；

- 这些农村劳动者也是"工人阶级"的一部分，而不是农民的一部分，他们对于自从 20 世纪 80 年代初期以来的城市建设和城市发展做出了巨大的贡献；

- 因此不应该制定限制他们进城务工的不合理的或者歧视性的政策，而应该鼓励他们到城市中来务工。

新的政策被总结为：公平对待，合理引导，完善管理，搞好服务。

### 确保农村外出务工的劳动者得到公平的待遇

2002 年 9 月，中央政府①再次强调为农村外出劳动者提供公平的环境的重要性，主要内容包括：

- 雇用农村外出劳动者的企业必须与他们签订正式合同；

- 不允许拖延给农村外出务工劳动者发工资的时间；

- 不允许收任何种类的不合理费用；

- 对于那些临时或者季节性地到城市打工的农村劳动者，他们的土地不可以被收回或挪作他用。

2003 年 1 月，国务院办公厅签发了当年的国办第 1 号文件，把以前政策（见附录 2）讨论的不同问题纳入一个统一的框架中。这份文件所包含内容的广泛性，使它成为中央政府有关这个领域所签发文件中最重要的一份。

这份文件第一次详细说明了农村外出务工的劳动者会碰到的主要问题：

- 对于他们就业的一些不合理的限制；

- 农村外出务工的劳动者的权利和利益没有得到有效保护；

- 严重拖欠支付工资和非法收取各种费用。

这份文件重申了以前的文件中一些要点，特别是，农村剩余劳动力进入非农领域和城市地区，是工业化和城市化的关键；增加农民的收入；帮助重建农

---

① 2002 年 9 月 4 日新华社电。

村经济；加快城市化的步伐，促进城市的社会和经济发展。这份文件重复了国务院 2002 年签发的第 2 号文件中的"公平对待、合理引导、完善管理、搞好服务"四句话。

更具体地说，2003 年 1 号文件包括以下内容：

• 废除任何限制农村劳动者在城镇寻找工作或者临时性工作的不公平限制，比如在应聘的时候，所有的农村外出务工的劳动者都应该得到和城市居民一样的待遇，不应该征收额外的费用，不应该用任何行政手段强迫把他们送回家；

• 确保法律程序的实施，包括和农村外出务工的劳动者签订合同，及时发工资，不找任何理由拖延或者克扣工资；

• 改善农村外出务工的劳动者的工作和生活条件，特别是农村外出务工的女性劳动者，包括她们的健康、卫生和安全；

• 为农村外出务工的劳动者提供技术和法律培训，这些培训必须以志愿为基础，不能征收任何不合理的费用；

• 为他们孩子的教育安排不同的渠道，他们的孩子在教育上所获得的待遇和城市居民的孩子不应有差异；

• 加强适当的管理，包括计划生育、就业、卫生和法律援助。

## 政策空当

尽管最近中央政府的文件立意明确，但是在城乡劳动者流动的问题上仍然存在着一个政策空当。政府现在的扶贫项目主要是为两类贫困人口设计的：一是大约 3000 万生活标准低于国家贫困线的农村居民；二是拥有城市户口的贫困人口，他们或者是国有企业的下岗职工，或者是低保的对象，或者是又老又病，这部分贫困人口总数大约为 2000 万。①

①　城市居民中或者被裁员或者被强迫退休的也是"相对贫困人口"，不仅因为他们的收入比以前降低了，而且他们再也无法从单位的福利体系中获益。大部分国有企业无法再全部负担它的雇员的医疗和养老金，更不用说那些下岗的，有的时候甚至拒绝为后者支付水费和电费。同时，被裁员的工人和领养老金的人，也无法为自己购买医疗保险或者养老保险，虽然后者的设置就是为了替代原来单位提供的公共产品。

问题是针对这两类贫困人口的扶贫政策彼此之间缺乏关联，由扶贫办与劳动和社会保障部分别进行。① 由于它们彼此间缺乏联系，造成了许多资源的浪费。更有甚者，扶贫办与劳动和社会保障部都主要关心的是这些贫困人口的收入水平，而不太注意其他形式的剥夺和劣势。

更重要的问题是，还没有任何机构或者组织负责处理大量农村外出务工的劳动者的贫困问题。他们或者被当作他们村庄中的农村居民，因此他们不享受城市永久居民所享受的利益和福利；或者根本就不被看成是"贫困人口"，因为他们——在城里人看来——至少在家乡还有一块土地能够保证他们的生存，而且——在乡里人看来——在城镇里也还总能有些现金收入。

## 关键问题，变化的动力

与农村外出务工的劳动者有关的问题并不仅仅是"挣钱—吃饭"，因为年轻的一代逐渐加入到他们哥哥姐姐的行列中来，更多的人将更加清楚地意识到法律和公民权利、健康和社会保护以及被边缘化的危险的重要性。如果整个农村外出务工的群体变成底层阶级或者被边缘化的群体，那么如果没有任何制度或者政策能为他们提供服务、途径、机会和利益，这最终会出现使政府将无法控制局面。

城乡劳动者流动的适当性，只能够在中国整体的发展战略中来把握。目前看来，似乎研究者或者国家政策制定者，对于劳动者流动对农村社区发展可能产生的种种影响，还缺乏足够的重视。

我们认为，中国需要一个更完整的发展战略，其中的一个关键目标，就是建设一个能够自我运行和管理的小康乡村。为了达到这个目的，农村劳动者的流动完全可以发挥更重要的作用。

## "三农"问题

"三农"问题在中国已经存在很长一段时间了，但是一些年来，只有农村

---

① 民政部负责残疾人和被遗弃的儿童。

经济（特别是粮食的产量）被当成是一个问题。人们多少年来想尽了各种办法去提高粮食的单产和总产量。在 20 世纪 50 年代，集体化对于粮食产量的提高发挥了明显的积极作用，但是这些粮食在规模宏大的"大跃进"期间（1958～1960 年）损耗了（其中有许多实际上是拿去还贷款）。同样地，60 年代早期和中期的粮食生产在："文化大革命"（1966～1976 年）中也受到了很大影响，虽然"文革"期间也花了很多努力来学大寨（粮食生产则是"过黄河""跨长江"）。80 年代早期的非公社化和粮食购销价格的上升带来了粮食产量急剧的增加。90 年代中期，粮食再次成为中央政府的关注焦点，它采用了一系列手段使地方政府保证耕地用于粮食生产。

的确，直到现在，保证中国粮食的自给自足仍然是自从 1949 年以来历届政府成功治理整个社会的关键。在这种背景下，令人感到讽刺的是，粮食产量增长的速度是如此之快，以致农民和掌管农业的政府部门都开始担心如何以合理的价格出售粮食，甚至是怎样安全地储藏它们。[①]

农产品（特别是粮食）价格下降，导致农村居民和农户收入下降。同时，县政府和乡镇政府（以及村委会）不得不向农户征收更多的税费，即使如此，基层政府却常常无法维持公共秩序，无法支付基础教育、公共卫生、灌溉和农村地区的其他基础设施建设，导致村民、村委会领导和乡镇官员之间出现矛盾。

主流的研究建议的解决办法，是要千方百计为乡村的居民找到离开农村的方法去城市求发展，相应体制的进一步改革，是解决农村问题的关键。只要加快城市化的速度，农村剩余劳动者就会获得更多的非农就业机会，"三农问题"就会有出路。[②]

不过，这些主张部分是基于对国情（人多地少，农村人多城市人少）的观察，部分则是由对大城市的理念/理想所推动的，这种理念/理想认为大城市

---

① Pieke, F. N., "The Politics of Rural Land Use Planning in China", *Working Paper 40*, Max Planck Institute for Social Anthropology, 2002. 到本文写作即将完成的时候，中国又一次提出了确保耕地用于粮食生产的问题，并采取了政策上鼓励农民种粮的种种新办法。

② 林毅夫:《对当前中国农村政策的几点意见》,《简报》2003 年第 29 期, 北京大学经济研究中心。陆学艺:《农民与农村问题》, 社会科学文献出版社, 2002。

才是通向现代化的必经之路。许多研究者苦于中国多年来城镇化滞后，因而为大城市呼吁，却还没有来得及对通过以大城市为中心走向未来的可能的替代途径进行必要的探讨。城市化，特别是超大城市的扩展，几乎就成了一种新的"政治正确"，它以工业化、现代化、城市化以及最近出现的市场化、私有化和全球化为特征。

在这种理念/想象的影响下，有关基础教育、公共卫生和社会福利的政策甚至也要考虑如何逐步市场化和商业化。作为一个整体的农村不仅被看成是落后的、愚昧的，而且简直就被说成了一个需要被彻底消灭的地方。许多从事农村、农民研究的学者都指出，如果从更为技术的层面来说，解决农村问题的最好办法就是减少农民。①

迄今并没有任何人公开提出过要反对减少农民，真正的问题在于：如何减少？往哪里减少？需要多长时间来减少？

王建的思路是否为人们找到了发展的另类道路再说，但是他认为，必须找到结构性的解决方法。

首先，日益激烈的国际市场竞争，特别是在轻工业领域的竞争，必须要纳入我们的视野。比如，中国（包括香港和台湾地区）出口到北美的纺织品从1994年的49%下降到1998年的28%。这样一个变化对于农民的收入有着直接的负面影响。

其次，随着收入的提高，城市居民在农产品（主要是食品）上支出的比例下降了，而更多地花在了汽车、住房和其他消费品上。这也直接影响了农村务农居民的收入。

再次，农业经济本身的结构性变动，使它变得更为资本密集型，而不是劳动密集型。这样一来，农户的支出就更加昂贵，特别是与他们的收入相比较，就更明显。比如，1999~2001年，农民的纯收入增长了7%，但农业生产上的支出却增长了24%。

最后，对于农产品需求的下降，生产更为资本密集型，导致了农村"剩

---

① 参见陆学艺《农民与农村问题》，社会科学文献出版社，2002；潘维：《跳出农村看农村》，《改革内参》2003年第4期。

余劳动力"从 1988 年的 33% 上升到 2000 年的 60%。

王建认为，如果离开了这些大的结构性背景来谈城市化或消灭农民，就过于简单化了。①

温铁军和其他人也认为，对于"三农"问题应该进行宏观分析。温铁军认为，由于自然条件和历史条件的限制，特别是中国非常有限的人均耕地面积，要复制西方的城市化模式是不可能的，包括在通过土地私有化来建立大规模的农场、通过大城市来把农村剩余的劳动力转移到城市中去等方面，都不可能简单重复西方的路径。②

其他学者开始讨论，农村社区在这种大城市发展趋势中走向衰败的可能性。他们指出，快速的城市化和城乡间劳动者流动，不一定意味着农村出来的劳动者都一定是"剩余的"。实际上，那些离开家外出务工的农村劳动者很可能恰恰是农村最为需要的。一批学者 1995～1997 年所做的田野研究表明，尽管有限的耕地和大量的农村劳动者之间一直存在着困境，但是的确也存在着"精英的流失"现象，因为外出务工的农村劳动者大部分是年轻的男性，他们有着较高的文化程度，而留下来的劳动者却是由妇女、儿童和老人组成的"386199 部队"。③

相信快速的大城市发展和市场化是解决农村问题的学者，认为这些问题只要依靠市场力量的博弈就能够自动解决。乡村大量的剩余劳动力导致大规模的城市化和城乡之间的劳动者流动是不可避免的。只要外出务工的农村劳动者在他们居住的地方能够拥有自由选择的权利，他们就会回到家乡（如果那里的条件比城市中更好的话），最终会导致城乡发展之间达到一个均衡的状态。

## 失业，或不充分就业

经过多年的研究和努力，研究者和政策制定者现在达成了一个共识，中国

---

① 王建：《90 年代下半期以来中国农村经济的新变化以及"三农"问题的形成原因》，《香港传真》2003 年第 8 期。
② 温铁军：《三农问题的实际反思》，《读书》2000 年第 12 期。
③ 黄平等：《寻求生存》，云南人民出版社，1997。

在未来 10～20 年发展中优先应该考虑的问题之一，是如何处理好失业问题，而不是仅仅关注 GDP 的增长。因此，早期的发展战略得到了修订，现在，把就业提高到了"民生之本"的高度。①

为了解决失业的问题，下面这些重叠的困境是必须认真面对的。它们包括：

• 农村劳动力总量与结构性制约之间的关系。这不仅仅是劳动力数量上"过剩"，而且更重要的是许多劳动者无法适应市场的新变化，有些没有什么经验和技术，同时有一些老的行业整个衰落了，而新兴的行业并不都是劳动密集型的。

• 城市失业者（包括下岗职工）与农村"剩余劳动力"（不充分就业的农村劳动者）之间的关系。农村的"剩余劳动力"现在面临着新的挑战：与城市的失业者和国有企业下岗职工开始出现了竞争关系，后者的大量出现是中国经济体制改革和市场化所带来的未能预期的后果。

• 现存的大量劳动者与更年轻的一代（新毕业的/新成长起来的）劳动者之间的关系。在未来的 5～10 年里，每年大约有 2300 万农村劳动者需要到城镇寻找非农工作，但是城市工业实际的吸纳能力大约只有 800 万～1200 万。②

改革创造了越来越多的成功者和失败者，企业私有化、公共领域市场化和经济自由化过程的社会代价越来越明显，而且这些代价在整个社会并不是平均分配的。很可能，中国会发现，在今后 10～20 年中，无法同时既为城市失业者创造就业条件，又为数千万农村的"剩余"劳动者创造工作机会。根据温铁军的看法，中国除了下面这些困境外并没有其他更好的选择：为了创造更多的就业，只好继续资本投资和扩张；被迫允许以廉价的工资雇用劳动者，工资甚至低于国家规定的最低工资标准；不得不经过很长一段存在着严重劳工问题的阶段，包括缺乏对工人的权利、福利和参与管理的权利等哪怕最低水平的保障；等等。

---

① 《人民日报》2002 年 9 月 13 日。
② 参见黄平《发展不能超越的底线》，《视界》2003 年第 8 期。

有些研究者和决策者认为，在全国建立全面的社会保障和社会福利制度为时尚早，他们认为，更为现实的途径是尽可能地提供各种工作（包括"非正规部门"各类工作）机会，甚至是低薪的、社会福利和社会保障水平很低的零敲碎打。同时也有研究者提出，缺乏基本的权利不仅是不公平的，而且是低效的。[①]

## 土地私有化？

在这种背景下，许多学者（特别是一些经济学家）开始思考土地私有化和大规模农场的问题。在理论上，他们争辩说，通过土地私有化，而不是像目前那样"暂时拥有的使用权"，农民就能根据自己和市场的需要而自由地买卖土地；结果，就能够逐步形成大规模的农场，这既能提高农业的生产率，又有益于农村的富裕阶层；更有甚者，土地的这种私有化过程还会成为农村社会法制化和民主化的基础。

但是，本文所要问的问题是：由于土地的大规模私有化或规模化经营，农村一定会有更多的农村劳动者外出务工，但是他们真的是"剩余"的吗？换句话说，如果为了通过大规模的农场来改进效率、提高生产率而在全国范围内推行土地私有化，那么数亿农村居民的出路在哪里？温铁军认为[②]，只要政府无法通过财政体制为8亿农民提供他们所需的社会保障和社会福利，中国农村就不存在基本的私有化条件。

自从改革以来，农村居民拥有了一块能够维持其基本生存的土地。这块土地其实是他们的安全保障网，防止出现大量的失地阶层，再加上户籍制度，确保了中国不像其他发展中国家一样，出现大量的城市贫民窟。[③]

在上述这些学者中，很少有人真正公开主张或反对私有化，除了诸如李昌平这样的人，他是前任乡镇干部，是《我向总理说实话》这本畅销书的作者，

---

① 景天魁：《中国社会保障的理念基础》，《社会政策评论》2002 年第 4 期。

② 温铁军：《三农问题的实际反思》，《读书》2000 年第 12 期。

③ 参见蔡昉、崔传义、温铁军，访谈记录，2003。

他书中的一句话后来成了许多新闻的标题："农民真穷，农村真苦，农业真危险！"①

李昌平认为，农村居民无法获得合法权益，生活质量低下，这才是中国农村政策的主要问题。本文的作者认为，李昌平的看法基本上是正确的。即使有一天土地将逐步走向要更进一步的市场化，它也应该按照这种方式进行：亿万普通农民不是简单地被取代了，消灭了，即是说，他们不会沦落到自生自灭的地步，更不至于沦落到无地—无业—无家的恶性陷阱里去。我们认为，劳动者的流动可以在这个方面起到重要的作用，而不只是像主流思想认为的那样，只需要尽力减少乡村的"剩余人口"就行了。劳动者的流动，也是带来资本、知识等与乡村发生有机联系的有效途径之一。

不过，不是所有的中国问题研究者都在设法寻找其他可能的出路，尽管的确有越来越多的学者和政策制定者开始在思考农村发展可供选择的另类路径，包括农村劳动者外出务工对于农村发展的贡献，以及各个地方可能带来的可持续的和更能体现以人为本原则的解决办法的实践，并且公开对这些问题进行讨论。②

现在所缺乏的，是一个更为广阔的社会学视野，对于农村如何发展、如何处理农村贫困、农村劳动者流动等以一种更为制度化的方式联系在一起的整体性思考。诸如赋权、农村居民的参与和性别平等等问题，都需要有机地纳入这种整体思考的框架。恰恰是在这个领域内，现有的研究和政策建议，本来应该多加注意并做出更多贡献的。

## 一些战略思考

贫困。贫困应该是多维度的，既有经济贫困也有社会贫困，既有绝对贫困也有相对贫困。首先，使用人均收入水平来说明所有的情况并不总是有意

---

① 李昌平：《审验农村土地私有化》，《读书》2003 年第 5 期。
② 熊景明、黄平：《错位：农民需求问题》，《开放时代》2002 年第 2 期。刘健芝：为这项研究准备的有关国际迁移的论文，2003。袁鹏：《促进农民专业合作经济组织的发展》，《研究信息》2003 年第 43 期。张晓山：《联结农户与市场——中国农民中介组织探究》，中国社会科学出版社，2002。

义的，因为即使在一个小社区中也存在着分化或贫富差距的情况。其次，仅仅依靠经济指标也会导致认识上的偏差。收入的增加不一定能够增加一个人拥有的权利或者获得服务的可能性。农村外出务工的劳动者可能比他们在村子里的收入更高了，但是他们几乎得不到什么社会和法律的保护，另外他们也肩负着给他们家乡汇款的负担和责任。再次，应用标准的"贫困线"（不论是具体定为多少）并不能够准确测量一个社区的贫困程度，譬如，有些人的收入远远在贫困线以上，但是需要把大部分收入都花在医疗、教育或者可能还有搬迁上。而且，这对于农村外出务工的劳动者尤其是如此。重要的是，应该在关于贫困的话语中引入社会贫困和相对贫困的概念，从多个维度对贫困进行理解，至少把一些农村外来务工的劳动者也看作城市相对贫困的一部分。

以人为本。现在，是考虑以更为实际的方式在农村地区引入以人为本的理念，并在这种背景下来处理劳动者流动的问题的时候了。以人为本的概念和指标，举例来说，包括绿色 GDP，可持续发展，以社区为基本单位的发展（比如更强调社区的认同、安全和团结，而不只是经济、特别不只是人均收入水平）。监测和评估当地官员和政府部门的工作，如果仅仅依靠经济指标，比如每年 GDP 的增长、人均收入、招商引资、财政收入等，会导致不平衡的发展模式的出现，这些应该得到修正或调整。完全可以探索如何在一些现有的系统（比如农业部以农户为基础的观察系统，国家统计局的农户调查系统）之间寻求更有机的联系和分工，并进一步改善监测它们的指标。

逻辑起点。在进行任何新的探索的时候，应该有几个基本的逻辑起点：首先，任何阻止城乡之间的劳动者流动的企图都是徒劳的；其次，至少在相当长的时期内，也不可能所有的（或者大多数的）农村劳动者都能进入大城市中来，不管他们愿意还是不愿意；最后，因此更合乎逻辑和实际的可能是，在广大的中间地带寻找非农就业的各种机会。①

①　这些"中间地带"，既包括小城市和县城，也包括乡镇所在地以及新发展起来的农村比较发达的社区，而所谓"各种机会"，既包括就近的劳动者流动与转移，也包括各类短期的非农活动，如离土不离乡型的，或临时性的、季节性的。

目标。在这个认识基础上，探索新的发展机制和管理模式，目的是在这个过程中提高和学习，最终形成管理劳动者流动的一个更为完整的框架，逐渐形成一个可以自我维系的城镇化模式和更为平衡的城乡一体化的经济社会发展格局：这个模式也要有助于农村社区（包括基层的乡镇）的巩固和农村经济的发展，而不只是推动以大城市为中心的发展；同时它也能维护农村外出务工的劳动者的权利，使他们无论是在输出地还是输入地，都享有和当地居民类似的权利和机会。

## 几点具体考虑

这个基本的目标又促使我们提出如下（比较而言）具体一些的考虑。

（1）尽管呼声很高，实际上，立刻并彻底废除户籍制度是不可行的。我们认为，应该用渐进的方式逐步改善这个制度，授予农村外出务工的劳动者与永久居民类似的权利：在输入地享受当地居民拥有的基本权利，同时，至少保留输出地居民的一部分权利（特别是对土地的权利），这样，能够继续维系他们和家乡的关系，保持他们对于家乡的认同感。至少，如果农村外出务工的劳动者和他们的家属希望的话，允许他们保留他们在家乡的土地，但是他们（以及其他村民）也可以在合法和合理的情况下转包、转租或者抵押他们的土地，以便筹措资金用于发展小企业、投资教育、向外迁移，或者在其他地方购买住房。

（2）进一步促进输出地和输入地政府之间的合作，使它们能够共同设置相关的服务机构，共同支付为农村外出务工的劳动者提供公共产品所需的资金。作为这一点的一部分，农村外出务工的劳动者和他们雇主的个人税收体系必须进一步改善，必须建立这样一个体系，使在输入地和输出地的政府间的财政能够共同分担为农村外出务工的劳动者提供他们所需要的服务所需的资金。在贫困地区，为了维持一个最低水平的地方政府和服务，应该在村庄、乡镇、地县乃至省之间进行必要的转移支付。

（3）加强法律和行政体系，确保农村外出务工的劳动者作为输入地长期居民的权利，包括购买或租赁房屋的权利，获得基本的医疗保健和基础教育的权利。注意力应该放在这样一个事实上：许多农村外出务工的劳动者在劳动力市场上并没有足够的讨价还价的能力，他们无法和他们的雇主建立完整和正式的契约关系。因此，这个群体需要特别的法律和政策保护。

（4）促进把农村外出务工的劳动者纳入决策的机制的形成，也就是说在决策中也能够考虑到他们的利益。在这里，海外华人输出地的经验应该仔细研究，它们可以为协商和参与式结构提供很好的借鉴。中国地方政府和中央政府与海外华人密切的关系至少可以部分地借鉴到国内，为农村外出务工群体提供讲话的机会，无论是对输出地还是输入地的事务，都有一定的发言权和参与权。

（5）探索输出地地方政府把外出务工和当地发展联系在一起的政策机制。这不仅包括为潜在的农村外出务工的劳动者提供服务，也包括在当地城镇、工业和服务业的发展中，征集和充分使用农村外出务工的劳动者和已经回流的务工者的资源和丰富经验。

（6）在改革之前，中国农村在性别平等方面有过很大的成就。为了制定新的发展战略并缩小城乡差距、贫富差距、东西部差距以及两性之间的差距，重新思考这些收益是非常重要的。我们必须防止在经济增长的同时两性之间的平等程度却日益降低的可能性。性别平等的指标应该不仅包括具体的报酬，也应该（而且常常是更重要的）包括两性可能获得的机会。

（7）创造一个更加平衡的农村教育体系，不只是提供让农村孩子也能有升学的机会，也给那些留在当地不愿意或者没有能力升学的年轻人提供学习的机会，包括给那些想在当地寻找非农就业机会或者到外面务工的年轻人进行各种适时培训的机会。

（8）更广义的教育也包括对于地方官员和技术人员的培训，但这种培训必须使他们了解和学习不同类型的国家在城镇化过程中的经验和各种教训。这些官员和技术人员现在关注和遵循的基本都是发达国家和工业化社会的发展道路，且大多是只看到好的一面。真正的培训，必须能够使他们纠正这种片面的观点和误导性的做法，显然，在这类培训内容中，也应该包括中国本身和其他发展中社会自己的经验，也要关注和交流中国农村劳动力输出地的地方政府为了当地发展如何支持城乡之间劳动者流动的经验。

（9）政府已经大大增加了科学家、学者、大学教师和中学教师的收入，这是改革以来最主要的变化之一。现在，应该是这些专家和精英考虑如何为基层社区的全面发展做出更多贡献的时候了，特别是在缩小城乡之间的差距、贫富之间的差距以及东部和西部之间的差距方面做出贡献。大学、学院、学校和研究机构的评估体系也应该加以修正，鼓励高中级知识分子为贫困社区、边缘群体和欠发达的地区工作，甚至探索如何在几十年的职业生涯中至少有一小部分时间（比如 1~2 年，或甚至以小时为单位，如一生中拿出 2000~3000 小时①）到这些地方去工作，这当然要以自愿（自己根据实际情况选择地点和职业）为原则。

## 简短的结论

从数量上说，中国的劳动者流动主要是发生在国内的城乡之间，数以千万的来自乡村的年轻人，或者到附近的镇、县、地区的中心，或者到省会城市以及沿海地区和大城市，寻找非农就业的各种机会。这股潮流至少还要持续20~30年，它甚至也会发展到数亿人的规模。

从目前来看，城乡之间的劳动者流动，能够为农村居民和社区带来大量的非农的现金收入；从长远来看，这种流动，包括更为永久性的城镇化，将减缓中国长期以来存在的人多地少的问题。但另一方面，城乡之间的劳动者流动也可能在已经越来越多的城市相对贫困人口中形成一个新的社会下层，并出现农村经济的凋零、农村社区的衰落。

在当今中国，劳动者的流动不可避免地与从计划经济向市场经济这个基本的结构性变革联系在一起。在这种情况下，流动的模式和意义既受到集体时代旧的制度的影响，又受到市场力量的作用。在本文中，我们认为，这种独特的结构既带来挑战也带来机遇。主要的挑战是促使农村外出务工的劳动者（即使他们仍然收入偏低、权利有限）能获得更为公平的待遇，同时应该着力避

---

① 这其实也可以是缓解即将到来的人口老龄化的一个途径，通过积累社会工作/合作的小时，可以在很大程度上使养老社会化，而不只是通过增加政府的财政投入来提供养老金。

免他们与城市的贫困居民之间的恶性竞争和冲突。而有利于农村或基层的可持续发展的关键机遇在于，改善并动员依然运行有效的地方基层（县、乡、村）结构，并继续维系农村外出务工的劳动者和他们家乡之间（正式的和非正式的）的紧密纽带。

如果中国管理流动的时候以这些范围更广的目标为战略，那么从长远来看，它将有助于实现一个更为成熟的社会主义的市场经济体系，而不致出现许多混乱和不平衡的发展格局，而在其他发展中国家，这些混乱和不平衡常常与大规模的城乡间劳动者流动联系在一起。为了充分发挥城乡之间劳动者流动的正面作用，并避免它可能带来的灾难性后果，我们必须拷问我们自己，这些从农村地区来的劳动者和他们的亲属——孩子、父母或者弟弟妹妹——的流动，怎样才能使城市和农村社会形成一个"双赢"的局面，而不只是对城市发展有利，而且，它最终会确实有助于缩小城乡之间的差距而不是拉大这个差距？从这个角度来看，城乡之间的劳动者流动的速度和规模究竟应该维持在（或增加到）什么样的水平上才是合适的？

即使将来城乡间的流动一定是平稳推进的，也完全获得了成功，也就是说，农村居民彻底改变了他们的地位和身份，大部分变成了永久性的城镇居民，且即使他们谁都不会（就如在有的发展中国家那样）落到从无地到无业再到无家的"三无"地步，中国的贫困问题也不会就随之自然而然地解决了。到那个时候，在各个城市，相对贫困人口依然是数量不小的，既包括那些国有企业的下岗职工，包括每年新增的劳动力，既包括年老体弱的，也包括刚刚来到城市的农村劳动者。现在，后者虽然报酬微薄，缺乏社会保障和福利，也得不到什么保护，因此在社会上处于边缘的位置，但是由于新来乍到，且总有一点现金收入，他们一般说来还是有相对满足感，到那个时候呢？

归根结底，流动并不能解决完全农村存在的一切问题。即使到2030年城市化率达到了50%，仍旧有8亿左右的农村人口还在农村。他们的喜怒哀乐、婚丧嫁娶、生老病死，直接涉及一半的人口！

我们即使站在另一半人的利益和立场上，还敢说城乡统筹与协调、并最终一体化发展不重要吗？

附录：

### 表1　农户的人均收入

单位：元

| 年份 | 1985 | 1990 | 1995 | 2000 | 2001 |
|---|---|---|---|---|---|
| 纯收入 | 397.6 | 686.31 | 1577.74 | 2253.42 | 2366.4 |
| 工资收入 | 72.15 | 138.8 | 353.7 | 702.3 | 771.9 |
| 农业收入 | 202.10 | 344.59 | 799.44 | 833.93 | 863.62 |
| 其中来自粮食作物的收入 | 191.46 | 330.11 | 775.12 | 783.64 | 809.56 |

资料来源：国家统计局：《中国统计年鉴2002》，中国统计出版社，2002。

### 表2　农户的现金收入和实物收入比例

单位：%

| 年份 | 现金收入 | 实物收入 | 年份 | 现金收入 | 实物收入 |
|---|---|---|---|---|---|
| 1978 | 41.92 | 58.08 | 1990 | 64.07 | 35.93 |
| 1979 | 44.96 | 55.04 | 1991 | 65.99 | 34.01 |
| 1980 | 49.32 | 50.68 | 1992 | 64.86 | 35.14 |
| 1981 | 55.21 | 44.79 | 1993 | 61.98 | 38.02 |
| 1982 | 56.85 | 43.15 | 1994 | 64.85 | 35.15 |
| 1983 | 56.38 | 43.62 | 1995 | 62.56 | 37.44 |
| 1984 | 56.95 | 43.05 | 1996 | 63.27 | 36.73 |
| 1985 | 63.1 | 36.90 | 1997 | 67.16 | 32.84 |
| 1986 | 63.68 | 36.32 | 1998 | 67.33 | 32.67 |
| 1987 | 66.59 | 33.41 | 1999 | 69.59 | 30.41 |
| 1988 | 70.91 | 29.09 | 2000 | 72.82 | 27.18 |
| 1989 | 70.82 | 29.18 | 2001 | 73.87 | 26.13 |

资料来源：国家统计局：《中国统计年鉴2002》，中国统计出版社，2002。

### 表3　中国城乡历年的基尼系数

| 年份 | 农村 | 城市 | 年份 | 农村 | 城市 |
|---|---|---|---|---|---|
| 1980 | 0.212 | 0.16 | 1993 | 0.310 | 0.23 |
| 1983 | 0.237 | 0.16 | 1996 | 0.307 | 0.24 |
| 1986 | 0.238 | 0.15 | 1999 | 0.314 | 0.25 |
| 1989 | 0.239 | 0.15 | 1979 | 0.320 | 0.27 |
| 1992 | 0.232 | 0.15 | 1982 | 0.330 | 0.30 |
| 1995 | 0.246 | 0.15 | 1985 | 0.341 | 0.28 |
| 1998 | 0.258 | 0.16 | 1988 | 0.323 | 0.28 |
| 1978 | 0.264 | 0.19 | 1991 | 0.330 | 0.29 |

续表

| 年份 | 农村 | 城市 | 年份 | 农村 | 城市 |
|------|------|------|------|------|------|
| 1981 | 0.288 | 0.19 | 1994 | 0.327 | 0.30 |
| 1984 | 0.292 | 0.20 | 1997 | 0.336 | 0.295 |
| 1987 | 0.301 | 0.23 | 2000 | 0.354 | 0.32 |
| 1990 | 0.300 | 0.23 | | | |

注：一些研究者认为1985~1990年中国农村的基尼系数低于国家统计局所提供的数据所表现出来的。[参阅 Ravallion and Chen，《牛津经济和统计报告》61（1），1999：33~56]

资料来源：国家统计局：《中国统计年鉴2001》，中国统计出版社，2001。

### 表4 各种类型企业的工业总产值

单位：10 亿元人民币

| 类型 | 1988 | 1991 | 1993 | 1995 | 1997 | 1999 |
|------|------|------|------|------|------|------|
| 总产值<br>占比（%） | 1822<br>（100） | 2662<br>（100） | 4840<br>（100） | 9189<br>（100） | 11373<br>（100） | 12611<br>（100） |
| 国有企业<br>占比（%） | 1035.1<br>（56.8） | 1495.1<br>（56.2） | 2272.5<br>（47.0） | 3122.0<br>（34.0） | 3596.8<br>（31.6） | 3557.1<br>（28.2） |
| 集体企业<br>占比（%） | 658.8<br>（36.2） | 878.3<br>（33.0） | 1646.4<br>（34.0） | 3362.3<br>（36.6） | 4334.7<br>（38.1） | 4460.7<br>（35.4） |
| 个体—私营企业<br>占比（%） | 79.1<br>（4.3） | 128.7<br>（4.8） | 386.1<br>（8.0） | 1182.1<br>（12.9） | 2037.6<br>（17.9） | 2292.8<br>（18.2） |
| 混合型企业<br>占比（%） | 49.5<br>（2.7） | 163.1<br>（6.1） | 517.4<br>（10.7） | 1523.1<br>（16.6） | 2098.2<br>（18.4） | 3296.2<br>（26.8） |

注：工业总产值根据现有价格计算。

资料来源：国家统计局：《中国统计年鉴1994》《中国统计年鉴1996》《中国统计年鉴2000》，中国统计出版社。

### 表5 城乡家庭的收入和城乡之间的差距

单位：人民币

| 年份 | 农村家庭的人均收入（元） | 城市家庭人均收入（元） | 城市和农村人均收入的比例（%） |
|------|------|------|------|
| 1978 | 134 | 316 | 2.36 |
| 1979 | — | — | — |
| 1980 | 191 | 439 | 2.30 |
| 1981 | 233 | 458 | 2.05 |
| 1982 | 270 | 500 | 1.83 |
| 1983 | 310 | 526 | 1.70 |
| 1984 | 355 | 608 | 1.71 |
| 1985 | 398 | 685 | 1.72 |
| 1986 | 424 | 828 | 1.95 |

续表

| 年份 | 农村家庭的人均收入（元） | 城市家庭人均收入（元） | 城市和农村人均收入的比例（%） |
|---|---|---|---|
| 1987 | 463 | 916 | 1.98 |
| 1988 | 545 | 1119 | 2.05 |
| 1989 | 602 | 1261 | 2.10 |
| 1990 | 686 | 1387 | 2.02 |
| 1991 | 709 | 1544 | 2.18 |
| 1992 | 784 | 1826 | 2.33 |
| 1993 | 922 | 2337 | 2.54 |
| 1994 | 1221 | 3179 | 2.60 |
| 1995 | 1578 | 3893 | 2.47 |
| 1996 | 1926 | 4839 | 2.27 |
| 1997 | 2090 | 5160 | 2.48 |
| 1998 | 2162 | 5425 | 2.52 |
| 1999 | 2210 | 5854 | 2.65 |
| 2000 | 2253 | 6316 | 2.80 |

资料来源：国家统计局：《中国统计年鉴1994》《中国统计年鉴1996》《中国统计年鉴2001》，中国统计出版社。

### 表6 区域差异：城市家庭的人均收入

单位：元

| 区域 | 1981 | 1989 | 1993 | 1996 | 1997 | 1998 | 1999 |
|---|---|---|---|---|---|---|---|
| 平均 | 458 | 1261 | 2337 | 4377 | 5160 | 5425 | 5854 |
| 东部 | 476 | 1441 | 3140 | 5371 | 6277 | 6574 | 7146 |
| 中部 | 397 | 1084 | 2118 | 3576 | 4318 | 4492 | 4837 |
| 西部 | 468 | 1200 | 2287 | 3733 | 4379 | 4665 | 5302 |
| 东、中、西三个区域的比例 | 1.20:1:1.18 | 1.33:1:1.11 | 1.48:1:1.08 | 1.50:1:1.04 | 1.45:1:1.01 | 1.46:1:1.04 | 1.48:1:1.10 |

资料来源：根据《中国统计年鉴1994》《中国统计年鉴1996》《中国统计年鉴2001》计算。

### 表7 区域差异：农村家庭的人均收入

单位：元

| 区域 | 1978 | 1985 | 1992 | 1995 | 1996 | 1998 | 1999 |
|---|---|---|---|---|---|---|---|
| 平均 | 133.6 | 397.6 | 784.0 | 1577 | 1926 | 2162 | 2210 |
| 东部 | 164.1 | 513.0 | 1156 | 2346 | 2776 | 3154 | 3236 |
| 中部 | 131.5 | 380.3 | 711.7 | 1422 | 1797 | 2054 | 2058 |
| 西部 | 120.0 | 322.6 | 619.0 | 1051 | 1271 | 1476 | 1519 |
| 东、中、西三个区域的比例 | 1.25:1:0.91 | 1.35:1:0.85 | 1.62:1:0.87 | 1.65:1:0.78 | 1.54:1:0.71 | 1.54:1:0.72 | 1.57:1:0.74 |

资料来源：根据《中国统计年鉴1994》《中国统计年鉴1996》《中国统计年鉴2001》计算。

表8　流出地和流入地，农村劳动者跨省流动，1999 年

单位：%

| | 东部 | 中部 | 西部 | 合计 |
|---|---|---|---|---|
| 东部 | 6.7 | 48.9 | 25.9 | 81.5 |
| 中部 | 2.5 | 4.6 | 2.1 | 9.2 |
| 西部 | 1.1 | 1.4 | 6.8 | 9.3 |
| 合计 | 10.3 | 54.9 | 34.8 | 100 |

资料来源：劳动和社会保障部、国家统计局：《中国农村劳动力就业和流动》，1999，第 29 页。

表9　农村居民人均收入和支出，1978～2001 年

单位：元

| 年份 | 总收入 | 工资收入 | 生产性收入 | 总支出 | 生产性支出 | 生活性支出 |
|---|---|---|---|---|---|---|
| 1978 | 151.79 | 88.38 | 54.01 | 135.82 | 16.79 | 116.06 |
| 1980 | 216.93 | 106.38 | 87.44 | 196.23 | 25.32 | 162.21 |
| 1985 | 547.31 | 72.15 | 445.25 | 485.51 | 121.39 | 317.42 |
| 1990 | 990.38 | 138.80 | 815.79 | 903.47 | 241.09 | 584.63 |
| 1995 | 2337.87 | 353.70 | 1877.42 | 2138.33 | 621.71 | 1310.36 |
| 1998 | 2995.48 | 573.56 | 2286.84 | 2457.17 | 652.48 | 1590.33 |
| 2000 | 3146.21 | 702.30 | 2251.28 | 2652.42 | 654.27 | 1670.13 |
| 2001 | 3306.92 | 771.90 | 2325.23 | 2779.96 | 695.97 | 1741.09 |

资料来源：国家统计局：《中国农村住户调查年鉴2002》，中国统计出版社，2002。

表10　农村和城市家庭各年人均收入和恩格尔系数

| 年份 | 农村家庭各年人均收入（元） | 城市家庭各年可支配收入（元） | 农村家庭的恩格尔系数（%） | 城市家庭的恩格尔系数（%） |
|---|---|---|---|---|
| 1978 | 133.6 | 343.4 | 67.7 | 57.5 |
| 1979 | 160.2 | 387.0 | 64.0 | 57.2 |
| 1980 | 191.3 | 477.6 | 61.8 | 56.9 |
| 1981 | 223.4 | 491.9 | 59.9 | 56.7 |
| 1982 | 270.1 | 526.6 | 60.7 | 58.7 |
| 1983 | 309.8 | 564.0 | 59.4 | 59.2 |
| 1984 | 355.3 | 651.2 | 59.2 | 58.0 |
| 1985 | 397.6 | 739.1 | 57.8 | 53.3 |
| 1986 | 423.8 | 899.6 | 56.4 | 52.4 |
| 1987 | 462.6 | 1002.2 | 55.8 | 53.5 |
| 1988 | 544.9 | 1181.4 | 54.0 | 51.4 |
| 1989 | 601.5 | 1375.7 | 54.8 | 54.4 |
| 1990 | 686.3 | 1510.2 | 58.8 | 54.2 |

| 年份 | 农村家庭各年人均收入（元） | 城市家庭各年可支配收入（元） | 农村家庭的恩格尔系数（%） | 城市家庭的恩格尔系数（%） |
|---|---|---|---|---|
| 1991 | 708.6 | 1700.6 | 57.6 | 53.8 |
| 1992 | 784.0 | 2026.6 | 57.6 | 52.9 |
| 1993 | 921.6 | 2577.4 | 58.1 | 50.1 |
| 1994 | 1221.0 | 3496.2 | 58.9 | 49.9 |
| 1995 | 1577.7 | 4283.0 | 58.6 | 49.9 |
| 1996 | 1926.1 | 4838.9 | 56.3 | 48.6 |
| 1997 | 2090.1 | 5160.3 | 55.1 | 46.4 |
| 1998 | 2162.0 | 5425.1 | 53.4 | 44.5 |
| 1999 | 2210.3 | 5854.0 | 52.6 | 41.9 |
| 2000 | 2253.4 | 6280.0 | 49.1 | 39.2 |
| 2001 | 2366.4 | 6859.6 | 47.7 | 37.9 |

资料来源：国家统计局：《中国统计年鉴2000》，中国统计出版社，2000。

### 表11 实际利用的外商直接投资在中国的区域分布

单位：百万美元

| 区域 | 1983~1989 | | 1990~1996 | |
|---|---|---|---|---|
| | 金额 | % | 金额 | % |
| 东部 | 10225 | 90.7 | 138855 | 88.1 |
| 中部 | 470 | 4.2 | 13388 | 8.5 |
| 西部 | 584 | 5.2 | 4948 | 3.1 |
| 合计* | 11279 | 100 | 157596 | 100 |

\* 这里的"合计"指的是在所有区域登记的外商直接投资的总额。它不包括由政府引进的外商直接投资，1990~1996年，这部分投资不到总量的2%。

### 表12 1998年乡镇企业的区域分布

| | 东部 | 中部 | 西部 | 全国 |
|---|---|---|---|---|
| 乡镇企业的数目（百万个） | 8.42 | 7.31 | 4.23 | 20.03 |
| 乡镇企业的比例（%） | 42 | 37 | 21 | 100 |
| 雇员的数目（百万） | 64.31 | 42.17 | 18.89 | 125.37 |
| 雇员的比例（%） | 51 | 34 | 15 | 100 |
| 增加值（十亿元） | 1340.30 | 688.60 | 189.80 | 2218.70 |
| 增加值的比例（%） | 60 | 31 | 9 | 100 |

资料来源：国家统计局：《中国统计年鉴1999》，中国统计出版社，1999。这里的区域数据和比例是作者计算的。

表13 农村家庭人均纯收入，根据收入来源和区域划分，2000 年

单位：元

| 区域 | 纯收入 | 工资收入 | 家庭经营收入 | 财产收入 | 转移收入 |
|---|---|---|---|---|---|
| 全 国 | — | 2253.42 | 702.30 | 1427.27 | 45.04 |
| 北 京 | 4604.55 | 2819.06 | 1437.63 | 158.28 | 189.58 |
| 天 津 | 3622.39 | 1638.28 | 1857.36 | 42.88 | 83.88 |
| 河 北 | 2478.86 | 949.25 | 1417.99 | 62.66 | 48.96 |
| 山 西 | 1905.61 | 726.05 | 1113.56 | 19.70 | 46.29 |
| 内蒙古 | 2038.21 | 287.63 | 1690.81 | 35.18 | 24.58 |
| 辽 宁 | 2355.58 | 882.96 | 1353.39 | 58.19 | 61.05 |
| 吉 林 | 2022.50 | 343.86 | 1611.20 | 31.26 | 36.18 |
| 黑龙江 | 2148.22 | 337.97 | 1699.37 | 60.62 | 50.26 |
| 上 海 | 5596.37 | 4309.89 | 933.74 | 142.83 | 209.92 |
| 江 苏 | 3595.09 | 1663.11 | 1770.87 | 48.09 | 113.02 |
| 浙 江 | 4253.67 | 2000.51 | 1917.92 | 181.01 | 154.23 |
| 安 徽 | 1934.57 | 547.83 | 1298.40 | 24.70 | 63.64 |
| 福 建 | 3230.49 | 1069.01 | 1844.27 | 76.97 | 240.23 |
| 江 西 | 2135.30 | 744.47 | 1319.94 | 18.80 | 52.09 |
| 山 东 | 2659.20 | 850.56 | 1676.90 | 57.80 | 73.94 |
| 河 南 | 1985.82 | 473.68 | 1427.24 | 29.15 | 55.75 |
| 湖 北 | 2268.59 | 547.69 | 1617.81 | 19.55 | 83.54 |
| 湖 南 | 2197.16 | 789.74 | 1329.10 | 20.74 | 57.58 |
| 广 东 | 3654.48 | 1362.16 | 2002.92 | 73.67 | 215.73 |
| 广 西 | 1864.51 | 483.75 | 1297.16 | 7.47 | 76.13 |
| 海 南 | 2182.26 | 151.38 | 1897.73 | 38.15 | 95.00 |
| 重 庆 | 1892.44 | 623.32 | 1155.63 | 8.54 | 104.96 |
| 四 川 | 1903.60 | 606.93 | 1194.19 | 29.96 | 72.52 |
| 贵 州 | 1374.16 | 274.90 | 1029.45 | 6.97 | 62.84 |
| 云 南 | 1478.60 | 263.58 | 1115.68 | 47.94 | 51.40 |
| 西 藏 | 1330.81 | 227.63 | 934.48 | 106.54 | 62.16 |
| 陕 西 | 1443.86 | 445.97 | 901.15 | 47.03 | 49.71 |
| 甘 肃 | 1428.68 | 355.03 | 1011.78 | 16.13 | 45.73 |
| 青 海 | 1490.49 | 312.30 | 1119.77 | 24.70 | 33.72 |
| 宁 夏 | 1724.30 | 484.02 | 1121.38 | 80.77 | 38.13 |
| 新 疆 | 1618.08 | 104.58 | 1451.33 | 40.43 | 21.74 |

资料来源：国家统计局：《中国统计年鉴2001》，中国统计出版社，2001，第10章，第19部分。

［原文载《年度学术（2004）——社会格式》，中国人民大学出版社，2004；英文版载《中国社会科学》（英文版）2006年秋季卷］

# 不平衡格局下农村发展的困境

20世纪90年代初期，由于一个偶然的机会，我开始对农村贫困和农村劳动力外出（媒体上大都称为"人口流动"）现象做一些小规模的实地个案调查和访谈。一开始我关注或试图要了解的，是农民外出究竟在多大程度上减轻了人多地少这个长期困扰中国社会发展的难题，或者，它是不是也可能带来农村社会的老龄化，甚至它也可能带来农村的医疗－教育、家庭－邻里关系、农田水利基本建设及农业技术的推广和应用等等的衰落。今天中国已经有很多关于农民工的研究了，但是这样来提问题的似乎还是少数。但愿，这根本就不是一个问题。

20世纪70年代末80年代初，中国进入了改革阶段。这个后来被证明是全面的社会变革过程，一开始是从农村开始的，而且，特别重要的是，它实际上是农民们自己搞起来的，后来被称作"中国农民的伟大创造"的联产承包责任制，可以说是安徽、四川等地的中小型农村社区的干部群众背着上级偷偷搞的。农村改革给农民带来了从事农业生产的积极性，他们也从每年的丰收中得到了实惠，用农民自己的说法，是"交够了国家的，留足了集体的，剩下的都是自己的"。可以毫不夸张地说，在广大农村地区，多少年来农民没有如此兴高采烈了。

20世纪80年代中期以后，情况开始发生变化，一方面是由于联产承包制带来的种田积极性几年下来开始逐渐降温，同时大部分产粮地区的农村人均收入的增长速度明显减退。① 另一方面，80年代中期以后，虽然已经开始逐渐实

---

① 据计算，1979～1984年全国农村人均纯收入平均每年提高15%，1985～1988年降为5%，1989～1991年则还不到2%了。陆学艺：《农民真苦，农村真穷?》，《读书》2001年第1期。

行身份证制度，户口管制不那么严格了，但是对农民来说，出门在外还是很不容易，到城里的餐馆吃个饭也要地方粮票，外来农民就没有门。他们其实是不得已而为之，就地就近搞起了乡镇企业。70 年代末，一开始是江南等地的农民在原来社队企业的基础上，自找门路、自筹资金，搞起了规模很小的生产/加工作坊，后来越搞越大，形成了颇具规模的乡镇企业，它后来被誉为"中国农民的又一伟大创造"。单从乡镇企业吸纳农村劳动力的角度看，80 年代的主要年份中，它们就几乎以每年近千万人的速度飞快发展。① 乡镇企业，曾经被认为是能够体现中国特色道路的一个实践范例。但是，乡镇企业也有提高的社会代价和环境代价。遗憾的是，这些代价在许多年以后也没有被我们意识到。

1992 年，邓小平做了大概是他生前的最后一个重要举措：视察中国南方。在此期间他发表了一系列讲话和谈话，从而极大地推动了中国的市场化改革进程。也许可以这么说，邓小平的南方谈话是改革以来最重要的分水岭。

邓小平的南方谈话，从南到北，一风吹来，举国上下，闻风而动。从东南沿海到北京、上海等大中城市，到处都开始搞开发、上项目、起建筑。自 1958 年"大跃进"以来，农民还是第一次有了如此大规模进城寻求干粗活的机会。也正是在邓小平南方谈话后不久，实行了多年的粮票制度在无声无息中取消了。身份证的实行和粮票的取消具有制度变革的意义，换句话说，如果愿意，年轻农民们只要有点现金，再凭着一张身份证，就可以跑到城镇里来干上一阵了。这个静悄悄的"革命"，也是很久以来都几乎没有被我们这些被叫作"学者"的人意识到。

那个时候，农民搞乡镇企业也好，外出务工也好，主要还是大包干和后来的分田到户以后，剩余劳力一下子凸显或外显出来，各家各户都感到与其闲着也是闲着，还不如干点别的。挣点外快，再顺势转移一下家里的多余劳力，是他们主要的"小农考虑"。何况，务农本身一直就没有多少现金收入，分田以后也是如此。特别是有人要结婚、建房、做寿、办丧事的时候，家里有没有人外出务工，结果上的差别就显得很大了。

从全国各省的情况看，跑到沿海和北京、上海等大城市来的，一开始也主

---

① 上面来视察的主管经济工作的中央领导看到乡镇企业有这么大的规模和档次，根本不敢相信自己的眼睛，忍不住问陪同的地方领导："你能以共产党员的身份保证这些是乡镇企业吗？"

要还是人多地少的省份，尤以浙江、四川、湖南、安徽、河南为最。①

农村青年外出务工，在客观上调节了财富和机会的再分配。20 世纪 90 年代中期，我到四川一个财政收入不及 6000 万元的国家级贫困县的村子里去调查农民外出情况，在村里住了两个月后回到县城，才从有关部门了解到，该县上一年打工仔打工妹从邮局寄回来的现金居然可以高达 3.5 亿元!② 那个时候，"民工潮"成了报刊电视上经常出现的词语，研究人员也主要是从城市如何管理他们的角度去做调查的，城市里的上等人，经常用"盲流"这样的贬义词去形容他们。似乎很少有人想到要从农村本身发展的角度去看问题，反正中国多少年来就是人多地少。

大规模的人口流动，固然与改革开放所推动的经济发展有直接的关系，也与陆续出台的具体的体制改革措施有关。例如，过去曾经多年起作用的"粮票"③，由于联产承包制的实行和由此导致的粮食产量的大幅度提高而被废除了；再例如，20 世纪 90 年代以来，户口制度在一定程度上也部分地被身份证制度所取代；从南到北，各个城市都在大搞基本建设，上各类工程和项目，需要大量的劳动力，外来人口只要有身份证就可以找到一份临时性的或季节性的工作。现在，粮票取消了，身份证实行了，城里工作机会增加了，人多地少的问题终于有机会开始缓解。越来越多的农村青年开始离土离乡，到东南沿海和北京、上海等大城市"寻求生存"。④

---

① 当然，他们也有自己的分工（所谓"路径依赖"），例如在北京，浙江人一开始是替当地人看摊子，后来发展成自己摆摊设点；四川人许多去了建筑工地，也有的男孩子女孩子到了越来越多的大大小小的餐馆去跑堂；湖南人来转了一圈，发现"劳力市场"已被别人抢了先，就又南下广东去外资合资企业里了；安徽人则男女有别，男劳力去搞房屋装修，女孩子则大多到北京人家里去当保姆；只有河南人最老实，许多人做起了拾垃圾收破烂的行当。

② 一般地说，他们回家过年，家里缺少努力的还要加上回家"双抢"，总还要带差不多一年中 1/3 到一半的现金收入在身边。

③ 在粮票制度下，即使有现金，但如果没有当地的粮票，连到小饭馆里边吃个便餐也不行。

④ 黄平主编《寻求生存》，云南人民出版社，1997。在《寻求生存》中，我提出了"生存理性"这个命题，中国广大的农村地区人多地少，对于这里的农村人口来说，多少世纪以来，对农业生产的最"理性"的投入产出考虑，不是以个人为单位的边际利润最大化，而是以整个家庭为单位的基本生存总量的保障。所以才有所谓"农业生产内卷化"的现象。["农业生产内卷化"（Agricultural Involution）是黄宗智（Philip Huang）借用 C. Geertz 的概念，指在边际利润不断降低的情况下继续对土地投入更多的劳动。关于"生存理性"和我的相关研究，参见黄平《当代中国农民寻求外出—迁移的潮流》，《思想》别册，No. 928，《迹》。]

在日益增长的流动人口中，有 80% 左右是从农村到城市或其他地区寻求工作的农村劳动力以及他们的家人。到 2000 年底，中国大陆总人口有 12 亿 6500 多万，其中农村人口有 8 亿多，农村劳动力 4 亿 9800 多万人，在传统农业中务农的劳动力也有 3 亿 5500 多万人，从事非农产业的劳动力只有 1 亿 4000 多万人。也就是说，农村劳动力中只有 30% 在本地或外地第二、第三产业就业。虽然比例很低，但是考虑到人口总体的庞大数目，实际的流动人口在 8000 万人左右，他们按季节不等在各地大中小城市和城镇从业或 "流动"，现在，许多时候他们还找不到哪怕是报酬很低、没有福利和劳保的工作！

不仅如此，按目前生产方式和市场需求，传统农业实际需要的劳动力是 1.5 亿左右，留在乡村的 3.5 亿劳动力中，还有 2 亿青壮年可以被划入 "剩余劳动力" 的行列。这意味着当前就可以进入城镇从事其他行业的潜在劳动力有 3 亿左右，而目前只有大约这个潜在数目的 1/3。（参见表 1、表 2）

### 表 1　人口构成

单位：万人

| 年份 | 年底总人口 | 按城乡分 | | | |
|---|---|---|---|---|---|
| | | 城镇总人口 | | 乡村总人口 | |
| | | 人口数 | 比重（%） | 人口数 | 比重（%） |
| 1978 | 96259 | 17245 | 17.92 | 79014 | 82.08 |
| 1985 | 105851 | 25094 | 23.71 | 80757 | 76.29 |
| 1990 | 114333 | 30191 | 26.41 | 84142 | 73.59 |
| 1995 | 121121 | 35174 | 29.04 | 85947 | 70.96 |
| 1999 | 125909 | 38892 | 30.89 | 87017 | 69.11 |
| 2000 | 126583 | 45844 | 36.22 | 80739 | 63.78 |

资料来源：《中国统计年鉴 2001》，中国统计出版社，2002。

### 表 2　就业基本情况

单位：万人

| 年份 | 1996 | 1997 | 1998 | 1999 | 2000 |
|---|---|---|---|---|---|
| 从业人员合计 | 66850 | 69600 | 69957 | 70586 | 71150 |
| 城镇从业人员 | 19815 | 20207 | 20678 | 21014 | 21274 |
| 乡村从业人员 | 49035 | 49393 | 49279 | 49572 | 49876 |
| 城镇登记失业人数 | 553 | 570 | 571 | 575 | 595 |

资料来源：《中国统计年鉴 2001》，中国统计出版社，2002。

1996～1997 年以来，情况发生了很大变化。一方面，无论是按照国际组织的"标准"还是从普通人的观察、体验中，至少可以说，中国的大城市都已超过了"小康水平"，现在又在纷纷争着看谁能"提前实现现代化"①，但是另一方面，农产品市场价格下跌了 30% 以上，农村连续出现几年人均收入增长缓慢，在绝大部分中西部产粮区，农村人口的务农收入已经连续几年持续下降，农民收不抵支，增产不增收。② 一方面，从水平、规模、档次、品位等方向去衡量，省会城市以上的地方与世界"接轨"的速度都可谓一日千里，彼此竞相攀比，其声势之大，令人眼花缭乱；但是另一方面，却是农村社区的大范围衰落：村、乡财政负债严重，与此同时，农村的社会秩序、基础设施、农田水利、卫生医疗、文化教育等都出现严重下滑现象。③ 一方面，中国虽然没有像东南亚那样出现金融危机，但是失业和下岗已经构成 20 世纪 90 年代后半期的主要城市问题，大量国有企业的职工或者下岗或者歇业，有几千万工人加入了这个行列，同时每年新增几百万劳动力的压力也越来越重，因此各个大城市都先后出台政策，限制进城农民，划分出许多种行业和工种，中高级的都不允许外来农村劳力插足，上海、北京等大城市还经常性地对外来人口进行"清退"；另一方面，乡镇企业开始大规模"转制"，即从原来的"小集体"转为私营或民营制、股份制，这又使得很多原来的乡镇企业大幅度减员，而在同时，农村外出务工的人数有增无减，不但农业人口大省如四川、安徽、湖南等继续有大量农村青年跑到大城市和沿海来闯荡，而且以前被认为具有"保守意识"的"封闭地区"（甘肃、贵州、陕西等）的农村人口，他们也不一定多么年轻，更未必就是所谓"剩余劳动力"，也开始离乡了、出来了，加入了

---

① 根据购买力计算，世界银行已经在 2000 年正式把中国列入"低度中等收入国家"的行列，由此不但用于农村、教育、卫生等社会事业的低息"软贷款"没有了，连用于偏远地区基础设施的"硬贷款"也不行了，是祸是福，再当别论。

② 统计数据显示，1995 年的时候，农民现金收入在零值或零值以下的只占 1%，到 2000 年，这个数字已经上升到约 46%。据陆学艺的计算，1996 年以后粮食等农产品和菜蛋瓜果的价格都是下跌的，仅粮食一项 1999 年就比 1996 年下滑了 3200 多亿元，当然，由于粮食的商品率仅占 30%，所以农民的现金收入没有减少这么多，但是实际收入总的算起来约减少了 4000 亿元，几年下来约 16000 亿元以上！

③ 据估计，乡一级政府平均负债 200 多万元，村一级平均负债达到 20 万～30 万元。温铁军：《慎言"三农"》，《读书》2001 年第 10 期。

"农民工大军"①，中国农村出现了一方面人多地少另一方面却有越来越多的撂荒乃至"空巢"（举家外出）的看似自相矛盾的现象。

上述情况，是许多年来不曾有过的，甚至也是不曾预料到的。以前长期困扰人们的是粮食不够吃，稍微搞不好就闹饥荒。20 世纪 80 年代初，联产承包责任制（再以后才是分田到户）以来，我们多数人的基本的估计是：农村总算是摸出了一套制度保障，农民也因此有了种田的积极性，即使还有问题，也主要是技术性的，诸如化肥农药能否在播种期间及时送到农民手上，价格是否比较合理，农民如何接受新品种的推广，等等；后来，才是如何让农民在市场经济的大海中学会"游泳"（理性算计，或者至少不做亏本买卖），如何让他们学会致富；再后来，也无非是如何提高农民收入，怎样减轻农民的税费负担，以及如何改变农村的产业结构，等等。

增收、减负和调整产业结构等话题，这几年来说多了、说滥了，说得谁也不愿意再听了，然而，也正好是这些年农村的情况更恶化了。决策的人甚至说到了"基础不牢，地动山摇"的地步，也有做农村研究的人极而言之："说的是千方百计提高农民收入，实际上是连一方一计也看不见了。"

一些独立思考的人早就发现了近代以来中国的社会问题说到底是土地问题、农村问题、农民问题。姑且不说孙中山和毛泽东都是从这里开始他们的实践的，也不说中华人民共和国的首任总理周恩来，他在晚年曾不无感慨地说过，担任政府首脑近 25 年，一直是"如临深渊，如履薄冰"，而时时牵挂在心的就是两件事：几亿人的吃饭和整个国家的治水②；只说邓小平，他在 20 世纪 80 年代后期专门找来了当时做农村和政府工作的人谈农村和农业问题，提到一位当时的"中青年学者"的观点：中国不出问题则罢，一旦要出就会

---

① 1999～2000 年春节前后，我的几位同事和我在广东—湖南—四川一线跟随农民工往返于打工地点和他们的家乡之间，亲眼看到许多人春节返乡后再回到深圳、东莞一带，原来的厂子就已经关门歇业了，而各个厂家门口排满了来自甘肃、内蒙古等地的农村青年男女，他们扛着行节在等空缺！

② 几亿人的吃饭问题，现在总算是基本解决了。家庭联产承包责任制以后许多年，中国政府还要在《政府工作报告》中提到，在我们这么一个人多地少的"大国"解决了吃饭问题，这是一个了不起的成就。对此，一些不明白其中道理的外国朋友曾经在 20 世纪 80 年代末很认真地问我："你们中国人究竟要吃多少饭？"他们可真是饱汉不知饿汉饥啊。

出在农村；农村不出问题则罢，一旦出了问题多少年也恢复不过来！

现在，我们终于意识到："农民真苦，农村真穷。"这是一位在基层乡镇工作了十多年的青年干部的一封信中的话，也是 2001 年新世纪开端时《读书》发在篇首的文章的标题。文章作者就是上面邓小平提到的那位"中青年学者"，现在他也已经近 70 岁了，而写这封发自基层的信的人，据说现在还在重新找工作！

回顾起来，冷战结束后这些年，我们大都是在新自由主义的脉络下做关于制度安排和制度调整的思考的，不管我们对新自由主义经济学的理解如何不准确，我们基本上都确信：对于城市来说，企业减员或产权明晰才能增效，企业有了效益才能从上税的角度说成为支撑的企业，政府有了足够的税收，也才有能力安排教育、医疗、养老、失业金、救济金等社会保障项目；对于农村，联产承包责任制仅仅是第一步，更要分田到户并保证几十年不变，使农民安心投入，自觉提高产品质量，改变产品结构，但从长远来看，更重要的是土地产权问题，解决了这个问题，才能进入买卖，然后才可能发生土地兼并或土地集中，这样才谈得上现代化大农场，也才会有竞争力……

我们的这些考虑，除了撇开中国的具体历史情境外，也没有考虑即使是在欧美，也并不是这么简单地走过来的。何况，到今天欧美一方面似乎都在不同程度地奉行小政府大社会，另一方面他们也是世界最强大的国家和国家集团，是最具有实力的军事和武装力量。欧洲如果没有长期的对外殖民和掠夺过程，美国如果没有对印第安人的屠杀和对黑人的贩卖、对亚裔人的长期歧视，以及两次世界大战（！），欧美如果没有持之已久的工人运动、妇女运动、黑人运动、学生运动等社会运动（似乎欧美还没有人说过他们也是"痞子运动"！），以及政府相应的政策调整和上层的社会改良，今天的福利保障乃至法治、税收等几乎是不可想象的。退一万步说，即使这些都不存在或它们都不重要，新自由主义的理性逻辑要行得通，也是需要很长的时间的。欧美走到今天，就花了好几百年的时间，在此之前，还有诸如文艺复兴、宗教改革、启蒙、皇权与地方权力的较量等好几百年的酝酿。

那么，中国呢？

从孙中山到毛泽东，许多人都意识到，多少世纪以来制约中国社会的一个主要因素就是人多地少。中国官方这些年喜欢说"中国特色"，毛泽东、邓小平等人在阐释"中国特色"的时候，也主要是说"人口多，底子薄"。听起来，这似乎是居民老太太都懂的常识，这也算什么发现吗？

客观地说，抨击时弊、批评政策乃至挖苦政府都是不难的，但自我反思就不容易。政治家就不去说了。我们自己如何呢？我在很晚才读到黄宗智的著作，他比较详细地研究了中国社会长期以来人多地少导致农业生产内卷化（Agricultural Involution）的问题。我认为他的研究是具有开创性的，他没有固守现成的经典范式，而是发现了为什么中国的小农没有遵守似乎谁都懂的"理性法则"。①

从20世纪80年代开始，温铁军在农村试验区做了十几年的深入调查，他写的《"三农问题"的世纪反思》（《读书》1999年第12期）是他给《读书》写的第一篇稿件。有的老一代作者和编者，说起这篇文章来，用了"彻夜难眠""多年没有看到这样的文章了"这样的句子来形容自己的感受。

温铁军在最近的几篇文章中，都提到了人多地少这个历史制约的不可逃避性：人均只有0.4公顷耕地，南方300多个县人均还不及此面积，人均耕地面积稍多一点的地方大多在北方，然而北方向来严重缺水，旱魔肆虐。例如他说：中国历史上农民的起义很多，主体都是农民，而之所以发生起义或革命，几乎都是因为那个社会存在着制约其发展的根本矛盾——人口与资源的矛盾。表面上看是发生了天灾人祸，个别事件导致农民骚乱和起义，实际上在这之前就已经出现了人口与资源的严重不相称。②

也有一些人，甚至也包括我自己和我的非常严肃的朋友们，对这类的说法

---

① Huang，P. C. C.，*The Peasant Economy and Social Change in North China*，Stanford：Stanford University Press，1985.（中文版《华北的小农经济与社会变迁》，中华书局，1986。）*The Peasant Family and Rural Development in the Yangzi Delta，1350－1988*，Stanford：Stanford University Press，1990.（中文版《长江三角洲与乡村发展》，中华书局，1992。）类似的研究当然还有很多，其中给我印象很深的，包括James C. Scott 的 *The Moral Economy of the Peasant*（Yale University Press，1976）和 Samuel Popkin 的 *The Rational Peasant*（University of California Press，1979）。一位著名的美籍中国社会历史学家在最近与我谈起近代的社会变迁的时候，还专门说到，现在有些问题、争论的确是假问题，但是近代以来有两个基本东西是不应该被简单地甩在一边的：一个是帝国主义，一个是人多地少。

② 当然，做过这类分析的人绝不止温一个人。

提出过疑问或质问：难道中国的人均土地占有面积不是远远高于日本吗？温铁军的答复是：首先，实际上日本的农业人口与耕地面积之比高于中国3倍，因为日本的实际务农人口只占总人口的不足5%，而中国的农业人口占总人口的近70%。其次，耕地占国土面积的比重，例如印度，虽然疆域小于中国而人口快要赶上中国了，但其耕地占国土面积的比重却比中国高得多，水资源条件也比中国好得多。最后，按农业劳动力人均耕地面积来看，日本、韩国都数倍于中国。中国，现在不仅仍然是世界平均耕地面积和劳均耕地面积最少的国家之一，而且水资源严重短缺，分布又严重不平衡。

我个人的不成熟的（也许，这又是在为什么过时了的东西"辩护"）看法是：无论是日本还是亚洲"四小龙"，不论内部的体制和管理是多么重要的因素，如果我们撇开了它们当时的具体历史情境，特别是冷战情境下它们受到的政治—军事保护、经济—技术援助等，而只是去谈"儒家资本主义"是不够的。"向先进看齐"总是对的，但是要与别人比，总要有个可比性。我们最不爱拿来做参照的，恰恰是最与我们有基本相似之处的邻居印度：1947年独立，人口大国，人多地少，农民为主，等等。如果我们稍微仔细一点，想绕开下面这样的基本事实是不容易的：印度独立以来实行的可是议会民主，但是它也还没有"起飞"。[1] 另外一个基本事实，也是我们绕不开的："四小龙"在它们的"起飞"过程中都基本上是独裁的。

其实，不管你搞什么"主义"，都有个具体历史情境，或者，不那么严格地说，都有个"国情"问题。在中国以及印度、印尼、巴西、非洲等大国大洲，不论信奉什么"主义"，都不能绕开人多地少这类社会—经济的历史制约。

如前所说，按照最新的人口普查的统计口径，近13亿中国人中还有8亿属于"农业"户口持有者，减去已经在当地或通过外出实现了城镇化（包括在乡镇企业中就业者）的，至少还有6亿多农村人口，就算一半是老人和孩子，也还有3亿多，而中国的农业，按照现在的需求和技术水平，1.5亿也就

---

[1] 在我最近参加的15届国际社会学学会（ISA）大会上，有位在美国执教多年的印度教授向大家提出：为什么印度实行的是民主制度和市场经济，却在过去20年中仅仅获得了不及中国1/3的外资？

够了。换句话说，至少还可以有 1.5 亿以上的劳力要转移出来，再加上他们的亲属和孩子，就有 3 亿多人，如果再把今后 20 年新增的人口算进来，5 亿也打不住！

模仿早期的发展模式把"剩余"劳动力转到其他地方去搞开发、搞殖民并重新建立家园，早已不现实了。他们就算是想出去，最后也不过少数精英可以被接纳（大多不外干些打杂的二三流工作），少数冒险者也可能被从事"非法移民"之类的人口买卖，也有人被从事劳力交易的"蛇头"诈骗到外面去当苦力或妓女，但是那几亿人呢？他们真的会成为谁也不要的"剩余人口"吗？这些没有职业、没有教养，甚至没有住所、没有家庭的"剩余人口"，除了做"盲流"和"妓女"，他们往哪里去呢？总不至于只有"犯罪"一条路了吧？

自从 20 世纪 50 年代末期以来，中国的人口政策与城乡管理体制的基础是户籍制度，它把人们的身份固定在户籍登记地。政府财政预算，基础设施、社会保障、社会公共设施诸如学校、医院、住宅、供水、供电等社区支持系统的服务对象和建设目标，都是以当地人口统计和需要为基础进行规划的。

随着 20 年中国社会与经济的发展，现行户籍制度弊端日益凸显，尽管许多城市的外来人口已经占常住人口相当大的比例，甚至已经超过当地人口①，但在整个管理体制和支持系统上，这部分人口仍然没有被包括在当地政府的统一政策之内，对有些劳动力需求数量比较大的地区，外来人口只是作为"劳动力"被接纳，而在许多大城市，外来人口经常处于被"清退"的境地，地方政府的人口统计和国民经济核算也将他们排除在外。

随着流动人口问题越来越突出，一些涉及法律权益、社会保障、子女教育、工伤医疗等事件不断被媒体曝光，各地政府特别是劳动力输入地政府，近年也多对外来人口的问题开始采取务实的态度，出于当地经济发展和社会稳定的需要，各地都不同程度地制定和采取了一些对外来人口的接纳和保护政策及措施，那些外来人口最集中、社会冲突最尖锐的地方，往往也是当地的管理和

---

① 特别是在珠江三角洲的许多有外资企业办厂的城镇。

保障制度化比较早的地方。

与此同时，外来人口问题越来越受到政府的注意，一些改革政策和相应对策相继出台。比如，2001年3月，国务院决定，小城镇户籍制度改革全面推进。将取消小城镇户口指标限制，同时不收增容费，不再规定居住期限。2001年底，国家计委完成的"十五"计划中《人口、就业和社会保障重点专项规划》提出，五年内，将统一全国劳动力市场，取消对劳动力合理流动的限制，建立劳动就业登记制度，确定唯一社会保障号码等。这些决定对于彻底改革城乡分割、地区分割的管理制度的意义是重大的，对于农民工在城市的边缘地位的改善也会有一定推动。

但是在实行中有大量既有利益需要调整，比如地方利益、本地人与外来人的利益等。各地因此也规定了各种限制性条件，如需要在城镇买房、投资，以及学历要求等。还有，地方间日益拉大的部门、行业、收入等差距，已经是不争的事实。①

问题在于：中国未来20年内，由于起点已经变了，加上技术和能源等方面的限制，以及内部结构和外部竞争等因素，以GDP为标志的经济增长并不会像过去20年那样快，城镇产业结构调整还会在原有的下岗和失业人员的基础上造成新的下岗与城市居民失业，城镇新增劳动力的就业压力也会很大。到2001年6月底，全国城镇登记失业人数达到了近年来的最高点（618万多人），其中35岁以下的占到了53%以上！

1980～2000年的20年中，中国政府主要的工作重点是推进经济增长，特别是用GDP和人均收入去衡量的增长。"发展才是硬道理"，这是20世纪最后20年里中国社会整合的意识形态共识的依据。就业问题，只是到了90年代末，才被许多学者和政府部门提到了特别的高度，人们才越来越意识到，总体的GDP或人均收入的提高，并不必然意味着就业率也随之提高。相反，有的

---

① 据《北京青年报》2001年9月28日报道：自2001年10月1日起，中国将以两万多个小城镇为重点推行户籍制度改革试点，但是实施范围主要限于县级市市区、县人民政府驻地镇及其他乡镇所在地。而且，必须是在上述范围内有"合法固定住所""稳定职业或生活来源"的人员及其共同居住生活的直系亲属，才可根据本人意愿办理城镇常住户口。这是发展小城镇战略的重要内容，而具体实施起来还有很多具体的步骤和漫长的道路。

时候，为了提高劳动生产率或效率，有时候甚至不得不实行大规模的减员、"下岗"的政策。

现在，每年全国新增的劳动力在 1500 万人以上，他们主要集中在农村，也是农村来城市打工的人数不断增加的客观背景。在一些大城市，城乡劳动力完全可能在同一就业市场形成严酷竞争的态势。到 2001 年 9 月底，全国城镇的就业人员 11367.6 万人，比上年同期减少了 484.9 万人。毫无疑问，今后十年内，总体的就业压力会成为中国诸多经济和社会问题中前所未有的巨大难题。

在这种背景下，再来看中国农村的问题，就知道关于土地私有化、规模经营、大农场等说法，是多么轻松啊！

这些关于土地私有化等的说辞，无非是重复了一些根据西方的发展路径而形成的简单"常识"，我们的前人怎么会不知道早就搞土地私有化和大规模农场呢？

温铁军认为中国农村不具备土地私有化的基本条件，是由于政府不可能对 9 亿农村人口提供社会保障，而农村有限的耕地实际上承担了农民的基本生存保障功能。他说："除非有一天政府能像对城里人那样，把农民的医疗、就业、保险、教育等问题解决了，那么农业也就可以完全商品化，那时农地也许有条件可以私有化。"进一步的问题是：对于中国和所有发展中国家的亿万普通农村人口来说，社会保障是不是有点太奢侈了？实行大农场化以后，几亿农民就有可能失去最后的保障，他们又没有条件去殖民、去开发"新大陆"，他们不就只好到城里来混吗？当经济处于飞速发展时期，大量吸纳农村劳力当然不是什么问题，现在城镇也还大有文章可做，第三产业和非正规部门也大有潜力可挖，毕竟中国社会多少年来就是人多地少。但是，经济不可能永远腾飞，当速度放慢（为了结构调整，有许多时候还必须放慢）甚至出现不景气的时候，又该怎么办呢？如果真的都实行了私营化大农场，他们还回得去吗？

制约中国农村发展的，当然绝不只是人多地少。传统农业特别是种植业的比较收益低下，也是一个"老大难问题"。20 世纪 50 年代初期，由于要在中国这个农民大国（同时又是人均土地及其他资源方面的弱国！）尽快建立独立的工业体系和国民经济体系的巨大压力，中国采取了对农业产品实行"剪刀差"政策，实际上说白了就是从农村人口的劳动和产品中榨取剩余以便完成基本的积累。这在当时，是有不得已而为之的一面的。[①] 严重的问题是这种城乡格局的安排几十年下来也基本上没有改变。现在，中国农业占 GDP 的比重大约16%，但劳动力比重仍然占50%左右，足见农业的劳动生产率已经多么低了。而新一代农村劳力都能认识几个字了，闲时也都有条件看看电视什么的，他们自己都意识到与其再这么继续务农"挖地球"，还不如进城务工、服务、打杂、捡破烂。务农不划算，是农村人口（特别是青年，包括其中并非"剩余"的部分）都明白的简单事实，也是他们纷纷转向非农活动和到城镇寻求非农就业的强大的动力，"再受气也忍了"！

人多地少，边际效益就不可能高，土地私有化或大农场又做不到，这就构成了一种难解的困境。过去，中国农民自己的"土办法"是：农业生产过密化，一个人的活几个人干，边际效益低，那是学者说的，农民自己说是"多一个干活的就少一个吃闲饭的"；加上就地搞些多种经营，农闲时就近打点零工，如修个路架个桥，帮人垒个墙，到附近城镇去跑跑运输，搞点外快，等等。现在市场化、商业化加信息化，青年一代再也不会满足这类小打小闹了。也算是政府"送电视下乡"的未曾预期的后果吧，农村"剩余劳力"只需要每天看看《新闻联播》就会发现：原来北京、上海、深圳、广州这些外面的世界居然这么精彩，"只有傻瓜才不出来"！

几年来的问题严重就严重在，务农收入和边际效益，已经不只是一般意义上高了多少还是低了多少的问题，而且，至少在很多地区，可以说，单靠务农本身已经不足以维持农业的简单再生产了，许多地方连买农药、化肥、种子和简单农用器械的资金也要从农业以外去找资金。

发生这一变化的背景，是国内本身的贫富差距和地区差异。根据《经济

---

① 压力既来自"西方自由世界"的威胁，也来自"苏联老大哥"把中国纳入其系统的可能，中国的上层当时嘴上说是"一边倒"，其实是在非常困难的条件下一直试图坚持"独立自主，自力更生"的。这里不存在为什么人辩护的问题，历史不是法庭，它却比法庭更严厉。一方面它不需要什么人来为其辩护；另一方面无论我们怎样事后诸葛亮，历史都不可能按照后人的设计来重新展开。

日报》2001 年 8 月的信息，20 世纪 90 年代末的几年中，基尼系数从 1996 年的 0.424 提高到了 2000 年的 0.458。城乡差别的另外一个指标，是看其收入水平的变化速度的差别和在食品消费支出所占总支出的比重（所谓恩格尔系数）。1978 年刚刚开始农村改革的时候，城乡居民的人均收入差距接近三倍，经过 80 年代前几年的联产承包责任制改革，80 年代这一差距缩小到不足两倍，但是到了 90 年代，这一差距再度接近三倍，并居高不下。虽然总的说来，中国农村自从 1978 年以来的变化特别大，但是由于起点太低，所以实际上直到 2000 年中国农村的人均收入才达到 2253 元；与此形成鲜明对照的是，在城镇，人均可支配收入却达到了 6200 多元。2000 年，城镇家庭的恩格尔系数降到了 39%，但是农村家庭的恩格尔系数却仍然接近 50%！（见表 3）

表 3　城乡居民家庭人均收入及恩格尔系数

| 年份 | 农村居民家庭人均纯收入（元） | | 城镇居民家庭人均可支配收入（元） | | 农村居民家庭恩格尔系数（%） | 城镇居民家庭恩格尔系数（%） |
| --- | --- | --- | --- | --- | --- | --- |
| | 绝对数（元） | 指数（1978 = 100） | 绝对数（元） | 指数（1978 = 100） | | |
| 1978 | 133.6 | 100.0 | 343.4 | 100.0 | 67.7 | 57.5 |
| 1985 | 397.6 | 268.9 | 739.1 | 160.4 | 57.8 | 53.3 |
| 1990 | 686.3 | 311.2 | 1510.2 | 198.1 | 58.8 | 54.2 |
| 1995 | 1577.7 | 383.7 | 4283.0 | 290.3 | 58.6 | 49.9 |
| 1999 | 2210.3 | 473.5 | 5854.0 | 360.6 | 52.6 | 41.9 |
| 2000 | 2253.4 | 483.5 | 6280.0 | 383.7 | 49.1 | 39.2 |

资料来源：《中国统计年鉴 2001》，中国统计出版社，2002。

需要注意的是，农村的人均纯收入包括了农村人的非农活动收入。例如，2000 年的 2253.42 元中，农业收入其实只有 833.93 元（其中种植业只有 783.64 元），比 1999 年的 918.27 元（种植业收入 882.09 元）反而降低了（见表 4）。根据调查，整个 20 世纪 90 年代，农村人均的收入与支出比例基本没有太大的变化，主要的特征是：支出之后就没有多少节余了。（见表 5）

### 表4　农村居民家庭平均每人纯收入

单位：元

| 项目 | | 1985 年 | 1990 年 | 1995 年 | 1999 年 | 2000 年 |
|---|---|---|---|---|---|---|
| 纯收入 | | 397.60 | 686.31 | 1577.74 | 2210.34 | 2253.42 |
| 其中 | 农业收入 | 202.10 | 344.59 | 799.44 | 918.27 | 833.93 |
| | 种植业收入 | 191.46 | 330.11 | 775.12 | 882.09 | 783.64 |
| | 林业收入 | 6.16 | 7.53 | 13.52 | 21.58 | 22.44 |
| | 牧业收入 | 51.96 | 96.81 | 127.81 | 174.30 | 207.35 |
| | 渔业收入 | 3.59 | 7.11 | 15.69 | 24.80 | 26.95 |

资料来源：《中国统计年鉴2001》，中国统计出版社，2002。

### 表5　农村居民家庭基本情况

| 项目 | 1990 年 | 1995 年 | 1999 年 | 2000 年 |
|---|---|---|---|---|
| 调查户数（户） | 66960 | 67340 | 67430 | 68116 |
| 常住人口 | 321429 | 301878 | 286348 | 286162 |
| 平均每户常住人口 | 4.80 | 4.48 | 4.25 | 4.20 |
| 平均每人支出（元） | 639.06 | 1545.81 | 1917.23 | 2140.37 |
| 家庭经营费用支出 | 162.90 | 454.74 | 470.73 | 544.49 |
| 购买生产性固定资产 | 20.46 | 62.32 | 57.63 | 63.91 |
| 税费支出 | 33.37 | 76.96 | 93.06 | 89.81 |
| 生活消费支出 | 374.74 | 859.43 | 1144.61 | 1284.74 |
| 转移性和财产性支出 | 47.59 | 92.36 | 151.20 | 157.42 |
| 平均每人纯收入 | 686.31 | 1577.74 | 2210.34 | 2253.42 |
| 工资性收入 | 138.80 | 353.70 | 630.26 | 702.30 |
| 家庭经营纯收入 | 518.55 | 1125.79 | 1448.36 | 1427.27 |
| 财产性收入 | | 40.98 | 31.55 | 45.04 |
| 转移性收入 | 28.96 | 57.27 | 100.17 | 78.81 |

资料来源：《中国统计年鉴2001》，中国统计出版社，2002。

根据中国社会科学院张晓山等人2001年在南方的调查，由于村组织的负债，村委会只好更多地向农户集资和摊派，虽然近年来政府一直在致力于

"减轻农民负担"。（见个案 1、个案 2）[1]

**个案 1：**

南方某省 A 村：1514 人，425 户，原有 1287 亩田，第二轮 30 年延包把荒废、休耕的除去，有 1173 亩田，其中有 100 来亩田撂荒。

王某一家 5 口人，每人 0.8 亩田，共 4 亩田。农业税人均 28 元，全村农业税 42918 千克稻谷（按 2000 年价格 46 元/50 千克，每年调整，按当年粮价×农业税粮），税率为 11.4%，2000 年全村缴农业税总额为 39485 元。按田亩，1287 亩，30.6 元/亩。人均交 300 斤稻谷（连农业税和"三提五统"），按 38 元/50 千克，750 千克，折 570 元，人均 114 元。

2000 年 A 村的支出：

五幼保户生活费——5720 元（260 元/人×22 个五幼保户）

优抚——800 元（400 元/人×2 人）

公路维修——1500 元

村民小组长工资——3000 元（16 个小组，工资按小组田亩的多少）

杂费——1000 元（生育、丧葬等的慰问）

组长开会补贴——2000 元

村上的招待费——2000 元

农电和广播维修、添置，学校维修——3500 元

村干部工资——15000 元（支书、村正副主任、会计、妇联主任 5 人）

共约 34520 元

水利设施、农田基本建设是另外一笔，属一事一议：11000 元

经费来源——全靠村提留（公积金、公益金、管理费），每年根据预算，告诉老百姓，当年就要收这些钱（1999 年就是 3 万多元）。

村负债——14 万元。

1993 年，民政部门号召，办起互助储金会，村干部经办，最多时存款余额 70 万元，贷款余额 65 万元。现有 31 万元贷款收不回来，其中村里欠 14 万元。

---

[1] 张晓山：《中国乡村社区组织的历史与现状》，PCD-CASS, Summer Retreat, 2001。

**个案2：**

南方某省 B 村，1116 人，320 户，650 亩田，农民人均收入 1020 元，人均负担：农业税每人 30 千克稻谷，农业特产税及水费 4 元/人，乡里规定"三提五统"人均 49 元，其中村提留 15 元/人（管理费 9 元/人，五幼保 3.5 元/人，烈军属抚恤 3 元/人），乡统筹 34 元/人。

2000 年 B 村的支出：

五幼保户生活费—3150 元（350 元/人×9 个五幼保户）

困难补助—1000 元

村民小组长补贴—1000 元

报刊费—900 元

村上的招待费（包括开会用餐）—3000 元

组长开会补贴、老干部慰问—2000 元

村干部工资—4000 元

共约 15000 元

B 村负债共 50 多万元：

欠乡政府 7 万多元（农业税和乡统筹没收上来）

建校费用 6 万多元（欠个体户的材料和工资）

倒闭企业（量具厂）欠款 40 多万元（其中欠信用社 10 多万元，个人 10 多万元，农业银行 22 万元）

我自己最近的研究则显示了农村防疫和医疗系统内存在的严重困难：一方面是几年来广大农村地区普遍出现了务农收入增长速度减低的情况，另一方面则是日常医疗费用的快速提高；医疗和防疫在很多农村地区分开管理，并出现了防为次、医为主的局面，现在又进一步有医药分开、药业率先商业化的倾向[①]；

---

[①] 这实际上是给药业和药贩带来了牟利的机会，最后还是把负担加在了病人身上，医务人员自己不仅得不到什么好处，反而还会有损声誉，病人的就诊率也会在实际上降低。以药养医的时候，病人对医务人员的抱怨比较多，但是医生还大都知道用药的界限和病人的承受能力。如果医药分开，如果药业进入市场，农村地区又没有多大力度打击假冒伪劣，病人自己更难辨别真伪，乡村医务人员自身也不再考虑如何用药的问题，他们给人治病的积极性反而降低了。

许多农村地区的农民不得不"小病拖、大病扛"。所谓"小病拖"，并非以为它们可以自己慢慢好起来，而是不愿意付钱或付不起钱，或者是村卫生室、乡卫生院路途太远；而"大病扛"不只是因为县医院才有能力看大病，而那就更远，更是因为治疗大病太昂贵。于是常常出现这样的情况，病人一直要拖到实在不行了，再匆忙被抬到县医院，抢救不仅要花掉更大一笔钱，而且也不一定能抢救过来，最后还使得家人欠下一大笔债务。结果往往是小病拖成大病，有的甚至陷入因病致贫、因病返贫的恶性循环。①

农户收入与支出的比例差距太小，以及农村村级组织的负债太重（因此也必然向农民做更多的集资和摊派）、农民的日常开销（包括教育、医药方面的开销）日益上涨，是 20 世纪 90 年代农村人口外出寻求非农活动的基本动力。

现在，农村面对的挑战是：随着中国加入 WTO 和农村经济与农村金融的进一步弱化，将在短期内可能出现更大量的外出人口，不论他们是否属于"剩余劳力"；与此同时，城市中越来越多的下岗失业，将对进城农村青年寻找非农工作形成严酷的竞争势态；城乡之间在收入、教育、医疗、福利、保障等方面的差距越来越大，也更加促进了农村人口外出的潮流。中国在过去 20 年的改革成就是有目共睹的，问题是今后的 10 年、20 年如何走：是继续保持农村和城市都发展，还是一边出现高速另一边日益衰落？或者，农村虽然也在发展，但是速度太低，从而出现城乡差别越来越大？如果为了追求效益而进一步推行土地私有化，尽管有可能出现现代大农场，但是几亿农村人口的出路何在？他们也要步一些第三世界国家的后尘，从无地之人（Landless）到无业之人（Jobless）再到无家之人（Homeless）吗？

一般意义上的人多地少，这个基本事实已经存在了许多世纪了，它本身还不足以说明大量人口就必须外出，因为外出又有其他的风险和成本，例如找工作的不确定性，社会的歧视和心理上的不适应，等等。如果在一块狭小的耕地上也能够使农户维持并延续其基本生产和生活，那么，这也仅仅是一个全世界都普遍存在的工农行业差距问题，无非是大小高低之别，农村青年也并非只剩外出一条路。但是农业劳动生产率如果长期提不上去，农民的务农收入也就上

---

① 黄平：《健康：发展不能超越的底线》，《视界》2002 年第 3 期。

不去，负担就越重，看病吃药、建房结婚、子女上学的压力就越大，与地方官员和城市百姓的关系也就越紧张。当制度（户口、粮票等）开始松动，城镇也开始有大大小小的机会的时候，再想他们会满足于"两亩地，一头牛，老婆孩子热炕头"，或者天真地认为"他们好歹有一块地，不出来也饿不死"，反而是不现实的了。

更大的问题是，1997年以来，各行业都开始谈论"消费不足"，各部门都试图要"拉动内需"。稍微仔细一点，就会发现，70%左右的农村人口只消费了30%多一点的商品，只占了不到20%的城乡居民储蓄，就可以大致明白，怎么会国民生产总值（GNP）连续增长，却出现内需不足和消费不足了。生产过剩和就业不足，构成了一幅具有讽刺意味的图景。现在粮食卖不掉、吃不完、存不好，已经不再是幸运的事了。当然，中国没有出现类似东南亚金融风暴那样的危机，这是幸运的，而在这份"幸运"中，包含了多少农村人口的巨大付出和农民工的惨重代价啊。

东南亚金融风暴爆发以后，在东南沿海投资办企业的港商、台商、日资、韩资等，不是撤资或撤销订单，就是干脆不见了，消失了，谁也不知道哪里去了。大量歇业发生了，但民工们可是计件工资、后付工资。拿不到钱，连回家的路费也没有，更不用说回去也无颜见父老乡亲。许多年轻女孩子转而进入了餐饮业、"服务业"。妓女，再度成为祖国大地上一大风景，有人说有几十万人，也有人说有上百万人！有些妓权主义者同我说，现在是后现代，有些人要选择这种生活方式，你能简单反对吗？也有坚决反对后现代主义的人，不断教导我们说，只要是自愿选择的，就是合理的。我一直想问自己的问题是，究竟有多少是"自愿选择"的，又有多少是被逼良为娼的？谁算过？我亲眼见过潘绥铭在珠江三角洲认认真真做这方面调查的情况，他所访谈的"三陪女"都是农村来的打工妹，没有一个人背后没有一肚子辛酸。①

---

① 潘绥铭：《生存与体验》，中国社会科学出版社，2000。这已经成了一种无法明言的难堪：打工妹、"三陪女"用她们的汗水、眼泪和声誉，无声地出卖着自己的劳力和肉体，部分地"调节着"收入的不平等！我至今也记得20世纪80年代初看过的一部日本电影《啊，野麦岭！》，最近还在日本仔细找到了这个小地方。《啊，野麦岭！》以及《望乡》里所描述的催人泪下的悲惨情景，不至于在20世纪末21世纪初我们的伟大祖国重现吧！

也许某一天，令人无比期盼的港台韩日的老板们又带着订单之类回来了，再想找这些打工妹回来工作（据说，"她们比那些打工仔好管理"），这时她们已经不愿意回来做苦力了。每当这种时候，老板们就会向你"诉苦"，叙说这些小东西是如何这山看着那山高，不断跳槽的；当地官员也会急忙跟着搭腔，细说这些"小杂种"当初为了找到一份工作，是如何伪造年龄和身份证的，现在她们又如何"下贱"，公然去做了"三陪女"！

在华南沿海的"外商"① 密集地，当地基层社会的结构也发生了很大变化，早已不再是简单的国家 vs 社会、市场 vs 政府、城市 vs 农村的二元结构了。

外商被公认是"大老板"，他们理所当然是最大的利润的获取者，其风光所在，威风所至，令人闻之而起敬，望之而生畏；

乡镇政府的许多官员，由于直接与外商发生正式商贸和经营关系，也就很顺理成章地在原来的行政权力基础上大大增强了经济权力和个人收益，这也成了公众痛恨的"腐败"的主要象征；

第三才是上级政府，上面的官员们往往对这些事情或者不知情或者无法管，最后除了时不时来视察一下，被下面招呼好接待好外，也就是睁只眼闭只眼，收点税、分点利而已；②

再下来是当地居民，他们凭借其地利上的优势，基本靠出租房屋和从当地政府出租的土地收益过日子，大都成了"食利者"，游手好闲，也不会干什么活，只要有外来民工租房，他们就可以每月坐收房租；③

外来民工无疑处在最下层，他们靠的是计件工资，而且一定都是后付，在有订单的日子里每天超时工作（据说，又是"自愿"的，谁不想多挣呢？），而工薪几乎十年没变化了。④ 对他们来说，什么福利和保障基本上都谈不上，断指、断臂等工伤事故不断发生，报纸电视台偶尔透露一下，有名一点的外资

---

① 所谓"外"者，实际上大多是香港等地的小商人，有些人连商人也算不上，他们在港台等地什么公司也没有注册，无非是做做中间人，不知从哪里搞来一些加工订单罢了。

② 下面早就有一整套对付这类"视察"的办法，连招待所的服务员也对此心照不宣。"领导来了怎么办？先开房间后吃饭；吃完饭了怎么办？歌厅里面转一转；歌厅转完怎么办？……"

③ 他们的父辈们也在替他们担心，有许多人坦率地对我说过："万一有那么一天，外资合资企业转移到内地去了，或者经济本身萧条了，他们该怎么办？他们能做什么？"

④ 用"老板"们的话说，是"反正外面有的是等着干的人，嫌工资低？走人好了"。

企业又象征性地做点面子文章，请些学术机构作为"中立的第三者"来做点"评估"。①

困扰我自己的问题，包括：

（1）起点平等。我们已经说惯了、听惯了"市场万能论"（market fundamentalism）的说教：从起点平等到优胜劣汰，从拉开档次到"涓滴效应"。民众本来天生是理性的，他们本来都是市场中的算计者和生意人，只要政府撒手不管，"看不见的手"总会把自生自发的秩序带给我们。起点平等，无疑是必需的。问题是：①还要不要讨论过程和结果的公正？按照有的人的说法是，反正你还没有起点平等，那就搞起来再说吧，生产资料和资源，分了再说；国有企业，搞垮了再说；"大锅饭"实在搞不垮，就吐口唾沫进去再说。这样，起点真的可能平等了，我们还要不要考虑过程和结果的公正问题？如果不需要再考虑了，理由是什么？是因为只要出发时在同一起跑线上，后来拉开了距离是理所当然的"自然法则"（rule of jungles），还是因为现在谈过程和结果太超前了？②由于自己没有实现起点平等，因此就一定要说人家早就是如何如何平等的？有些做历史研究的也连最基本的历史事实（其实也是"常识"）都不再顾及，说人类三五百年来就只有一条共同的康庄大道；或者，你要说哪里也有贩奴、杀戮、殖民和歧视，他就说那与我们有什么关系，人家反正现在是平等了。这里的关键是，我们当然不能以历史为借口来拒绝一些基本的信念和原理，但是，难道我们要反过来为了这些信念和原理而拒绝历史的严酷性和复杂性吗？③从起点平等到优胜劣汰，人类是不是只有一条康庄大道：物竞天择，适者生存？如果是，那么，确实不需要再讨论什么过程和结果的公正，被淘汰的不是劣种吗？那不是活该吗？不是应验了自然法则吗？抽象地说，拉开档次也是应该的，社会本身总是有差距的，你不能人为地拉平。问题是：我们怎样拉开？拉开的根据是什么？我们又凭什么保证拉开以后就一定会出现"涓滴效应"？等富人富得没有办法了，他们的财富就会自然往穷人那里慢慢渗透，于是少数就会带动多数致富？

---

① 有的县一个县城内各种街头"接指接臂"的医疗诊所就可以有 100 多家，另一个开发地区的电视台报道了一下，马上被批评为"屁股坐歪了"（坐到了民工一边！），连中央的高层机构去调查也不接待，说是："影响了对外开放谁负责？"

（2）市场化和私有化。通过市场化实现竞争机制和优化配置，当然是"大趋势"，谁都不愿意被甩掉。问题是：亿万农村人口个人如何面对市场？怎样成为算计者和生意人？按照"自然法则"，优胜劣汰，农村人口千千万万，他们居住分散，又没有资金、信息，也缺乏教育和技术，他们靠什么去竞争？血汗之外，也就是假冒伪劣了。城市人恨死了假冒伪劣，总认为那是河南等地的农民干的。其实，坑蒙拐骗，受害最深的是农村人。多年来他们不断地被教导种什么东西可以赚钱，结果经常是"种什么亏什么"；他们后来又被号召搞多种经营，去年种核桃，今年种板栗，明年种花椒，后年种柑橘，不断陷入"砍了栽，栽了砍"的恶性循环之中。

对自然法则和自发秩序的向往，作为痛感政府干预"指令性计划"和胡乱干预所造成的灾难和笑话的反应，本来也是可以理解的；但当我们不假思索地就这么跳到另一个极端的时候，我们不知道其实我们是在自欺欺人。即使这样的逻辑成立，也是历史的逻辑，我们还有几百年时间让它去慢慢"自然生成"吗？

通过土地私有化可以优化组合，形成规模化的现代农业，这似乎也是常识。问题还是在于前面提过的"国情"：8亿多农村人口中，多少亿人从土地上分流出来是合适的？允许土地买卖后，我们怎么保证出卖土地的都是"剩余劳力"而不是破产农民？城镇对农村"剩余劳力"的吸纳能力还很大，但是，失业、下岗也越来越严重，如何处理几亿进城大军和几千万失业下岗者之间的竞争？市场化私有化以后，问题不是抽象地说还要不要小政府，而是哪些部门太庞杂，哪些部门太弱，政府的责任是什么，政府的边界在哪里。"自发秩序"听起来很迷人，谁不想要自由呢？但是，自由放任（"Let it go"）和自由（Liberty），汉语里听起来相似，实则差之远矣。自由放任一旦实行起来，很可能就真的是连治安、防疫等也再没有人管了。分田到户以后，幸好基层政府里还有人在抓工作，真的要让农村社会自生自灭，也许就是黑社会、黄赌毒的天下了。有的边远地区，境外来的走私、贩毒、偷猎越来越猖狂，但是当地的治安机构不但没有资金购买出车需要的汽油，而且连电话线也因为多时没有付电话费而被掐了。这种情境下，还去奢谈什么自发秩序！机构恶性膨胀当然是大问题，但是问题是上面的机构膨胀得怎么样呢？上行下效，上梁不正下梁歪，历来如此，这还用说白了吗？最下面的小官员的农村亲属想混个城镇户口吃商品粮，不是可以理解的吗？谁不想"农转非"呢？其实，要说辛苦，公务人员系列中最苦最累最不讨好的还是在基层。光是"收粮收款，刮宫引产"就够他们受的了，要再有什么水灾旱情，出点什么"聚众闹事"，还是靠他们去处理，去抹平。基层有贪官，有腐败，而且越来越严重，都是事实，但是又有多少默默无闻的人在支撑着大片山河使她还不至于散架啊！这些，城里没有人去算，也没有人去想。真正的既得利益者，不都在城里吗？① 现在，城市本身也开始有越来越多的人成了"弱者"或新型的相对贫困群体：老弱病残之外，又增加了下岗的、失业的、低薪的。但另一方面，也可以说，不论是谁，只要能待在大城市里就是受益者。安徽、河南等地的年轻农民早就意识到"在城市里收破烂、捡垃圾也比种庄稼强"。现在，有的农村人更提出"种田还不如坐牢"，"死也要死在城里"！②

近代以来，在很大程度上，中国的问题就是农民问题。从孙中山提出"耕者有其田"，到蒋介石、毛泽东、邓小平，他们先后的失败、挫折、成功，都集中在如何处理农民问题上。但是，区别就在于，过去的农民问题主要是农民和土地的关系问题，而在今后，更主要的是要转向如何解决农民的非农就业问题，也就是几亿农村劳力和人口的非农化问题，以及还没有实现非农化的农村人口所依存的整个农村社会如何继续生存和可持续发展的问题。我们在城市里向往高科技时代和知识经济的时候，有没有想过，高科技密集性的经济是排斥劳力的，而中国特色，不管是优势还是劣势，都在于人口劳力多。让他们都下岗、下课，"置之死地而后生"，说起来容易做起来难，何况，谁赋予我们资格去鼓吹人家"先死后生"的，我们有谁能保证他们死后还能复生？我们

---

① 孙立平曾经在一次讨论中针对被大家"公认"的农村基层的软弱、腐败、瘫痪等说道：要说基层政权和官员，不管他们具体是怎样操作的，他们的最基本职能（收粮收款＋刮宫引产）其实是履行得不差的。孙立平等人对农村基层的观察和研究著述，见《清华社会学评论》第一期（鹭江出版社，1999），这些具有特色的研究，基本没有引起人们的注意，我们的许多精力都花到了画线和贴标签上去了。

② 1996年第12期《瞭望》周刊：一位农民上书县长，发出了"种田不如坐牢好"的感叹。这位农民说他在坐牢时"生活水平每人每月一百多元，医药费报销，水电敞开供应，不用担心什么"；而当他成为一个"合法的公民"之后，一家三口人只有三亩地可种，但一年却要上缴各种名目的费、税、款1080余元，连生活都成了问题。

又有什么权利让人家先死呢?

这个问题解决得慎重点、稳妥点，中国和世界都将有一个更和平、更安全一点的环境，也才有可能进一步考虑如何实现文化的多元一体和相互共存。严格地说，这里的问题不是中国发展如何猛、如何快从而构成了所谓"中国威胁"，而是中国能不能在新的全球化竞争中处理好自己的亿万农村人口的非农化。就在本文的起草过程中，传来了纽约、华盛顿遭到飞机袭击的重大新闻，这个新闻和事件本身，无疑一下子成了所有媒体和受众关注的唯一焦点。① 就在大众和大众媒体的注意力都集中在这场"突发事件"上的时候，中国加入世界贸易组织（WTO）的谈判就要走完它最后的一步了。在据称一定是"双赢"的格局下，也有现代杞人在担忧中国的农产品将在国内市场上失去竞争力。当然，乐观的人会说，这不正是农业结构转移的契机吗？这里，还是前面遇到过的难题：真正需要转移的，是亿万农村劳力和人口，他们往哪里去？即使"转移"的逻辑完全成立，即使我们完全信奉西方的今天就是我们的明天，完全赞同人类五百年来只有这一条康庄大道（城市化、工业化、私有化、全球化），它们也将是一个很长的过程吧？我们中间要经历多少曲折？要付出多大代价？

无疑，大城市里的受益者群体（其实也就是既得利益群体，包括我们自己）再也不愿意看到社会的革命、骚乱、"刁民造反"和"痞子运动"了②，但如果同时我们也不可能简单地去重复走"土地私有化"或大农场化、剩余人口漂洋过海开发"新大陆"或浩浩荡荡对外殖民的道路，那么就逼着我们大家去想：还有没有"第二条""第三条""第N条"道路？很有可能，就像黑白照片中的灰色一样，这个 N 将是无限的。

更有讽刺意味的是，如果我们继续在非黑即白、非此即彼、非右即左的框子里考虑，我们可能无论在哪一极（因为经常的情况是两极相通）都无法理

---

① 它可能也的确预示和标志了一个新的全球化时代的到来：不仅是资本、技术、信息、产品的跨国化生产和流动，而且也是人口（既包括人口中的高级别角色，如高级经理、代理人和经销商，也包括各类"下三烂"：无赖、痞子、铤而走险的"恐怖主义者"，等等）本身的跨地区、跨国界流动，意味着原有的民族国家体系本身遭遇到了前所未有的挑战。冷战结束，我们终于进入一个"没有敌人"的时代——"敌人"无处不在。

② 这样说是有欠公正的，因为农民从来是不被逼到绝境便不会揭竿而起的!

解，在所谓"落后"的一面，比如偏远的农村山区里的人们，有时候怎么能不但有新鲜的空气和未被污染的水，而且能享受团结、互助、信任、安全，而在"发达"的一面，却到处都是防盗门、防护窗，甚至还有无处不在的犯罪分子和不知来自何处的恐怖分子！①

（原文载《视界》，2002 年第 9 辑，河北教育出版社）

---

① 更准确地说，农村中仅一部分今天还享有这种安全和信任、清新与宁静了。自从"现代性"这个大工程启动以来，全世界的多数农村也被迫卷了进来，最沉重的代价也在这里。既没有换来什么经济繁荣和收入提高，又把社区的信任与安全、环境的清新与宁静打掉了。衰落和凋敝，成了世界上广大欠发达地区的主要特征。

# 区域发展是个大问题，真问题

今天要谈的这个问题是这些年我在研究的过程中不断碰到的，以前没机会坐下来写，也没有像今天这样花两个小时来讲。过去在一些场合我提到过这个问题，今天我想借这个机会来跟大家交流，一则算是对乌有之乡书吧的支持，再一个目的是借这样一个场合结交一些年轻的朋友，第三是想讨论，这个问题是否可以适当进入我们知识分子讨论的语境里面。

首先我要解释一下，我所谓的区域发展格局是什么意思。

我觉得，这二十年来社会科学的研究比较多的是在微观层面，不仅是社会学，也包括经济学和政治学，整个社会科学研究基本上都是甩开以前那些比较大的考虑（所谓"宏大叙事"）来具体讨论微观层面的问题，也都是将个人作为基本的研究单位，将个人作为经济的主体、实体、社会的原子，研究他怎样在社会里面寻求可能、机会和自由，等等，所以我们讲得比较多的是个人自由、理性选择，最多也就是社区自治。在微观层面（当然也可以在家庭层面），研究人们怎么安排自己的就业、生产、居住、消费，比如说，寻求农民个人如何实现非农化。经济学在研究企业的效率和管理的时候基本上是在微观层面。我们现在所谓的社会学研究，也基本上是在微观层面，个人层面。问卷大都是以个人为基本单位来设计的，问的问题也是他们家庭成员作为个人怎么样……而且，即使在微观层面，现在的研究也还是嫌粗，很多还是皮毛的，或者是照猫画虎，比如也要弄点儿问卷，弄点儿统计，画点儿曲线，虽然多数还是很严肃的，愿意把问题弄清楚的比较多，然而真正能够给出比较好的阐释，有点儿新意或见解比较独到的，特别是能在理论学术层面拿出自己的解释性概念，甚至有自己的理论的极少，我们似乎还差得很远。当然我这样说，并不是说微观这个东西就不重要，以前这个视角我们确实是很缺乏。在很大程度上，微观的研究还得跟进、加强、规范化、更细。所以，我讲区域格局并不是要完全甩开过去的努力，但是回顾二十几年来的这些努力，觉得需要回过头来讲一些区域问题和大一些的视角。

我们这些年的学术研究所以从比较宏观走到比较微观，有两个大的背景。

一个背景当然是计划经济。从20世纪50年代初，特别是1956年以后确立这样一个体制之后，走到1976年，这么二十年下来，发现计划体制在统的过程中，个体、个人（包括小群体）在整个经济生活、社会生活乃至政治生活、文化生活里好像都是处在被安排、被组织、被管理的位置上。这是为什么现在学术界比较倾向于或看重微观层面研究的背景之一。现在微观经济学已经成为经济学的主流，至少成为国内经济学的主流。80年代的时候我们说的西方经济学，其实也是指以微观经济学为主流的这样一个经济学派。此外，社会学的研究，乃至政治学的研究，现在也开始越来越多地进入个人层面、微观层面。社会学更多的是通过问卷来看他个人的安排、选择、互动，个人怎么在社会里面向上流动、向下流动、横向流动。这个背景就是和过去计划体制所带来的后果有关系的。

第二个当然是和整个学术界的演变，特别是在方法上的演变有关。因为大家似乎都觉得微观的东西可以说到很实的点上，它甚至可以数量化、搞模型，等等。这才可以宣布自己是科学的，别人也才能认可这样的东西。

这是两个背景，第一个是社会背景，第二个是学理层面的背景。虽然并不是就很全，不是说再没有别的原因了。

在我有限的调查研究过程中，我觉得社会的变迁还不只是个人怎么样提高自主性、如何开拓个人选择余地的问题。不是这么简单。我越来越意识到，这些年我们比较严重地忽略了从区域化的角度来讨论发展问题。我们一讲发展就是人均GDP，个人的收入，个人怎么消费。各个地方、各个部门、各级政府一讲今年的伟大成就也全是个人层面的，用个人的东西或人均的东西来衡量。这里有两个问题，一个是单纯地用经济的指标来替代社会多层的维度，一讲发展与否好像就是经济增长，经济增长就是人均GDP和人均收入的改变；第二是单纯看重个人层面的效果。一个是经济的，一个是个人的，这样一来好像就把发展理解得特别窄，这最先突出表现在环境问题上，我们曾经严重忽略了（以个人为单位的）发展给环境带来的问题，因为环境问题不是微观的，算个人的收入和 GDP 好算，环境问题、生态问题总要有更大的视野和单位才好把握。

越来越多的人都同意，发展势必带来财富的增加、收入的增加，桌上也有肉了，衣服也穿好了，好多农民兄弟也开始盖房子了，在比较发达的东南沿海，房子已经盖了好多轮。每盖一轮，就新划一块宅基地，后来在耕地问题上又开始出现问题了。但是这背后还有一个问题，就是在实施联产承包责任制、生产重新以家庭为单位来安排之后，最先表现出来的环境问题在微观层面、个体层面、家庭层面确实很难去考虑和处理。你说一个长江三角洲的污染，我个人怎么去处理？长江中下游经济起来了，乡镇企业也起来了，农民养殖业也多了，可是整个水系都被污染了，他个人、家庭怎么去处理这个东西？我们北方也一样，黄河断流了，耕地沙漠化了，在个体层面、家庭层面甚至小的社区层面，这些都是不可能处理的。但是其实遭殃的也是这些人，这些家庭，这些村落。

在整个 20 世纪 80 年代和 90 年代初，长江三角洲本来是被作为发展的样板、成功的典型，要各地都来学习的，特别是苏南的集体企业、乡镇企业。它们实现了就地工业化，实施农工商贸一条龙，建设小城镇，转移劳动力，提高发展速度，改善生活水平，还有华西村、百强县都在这里。可是，按照人均收入和人均 GDP 看不到的是，这些地方也已经把江南水乡孕育了上千年的文化的东西给弄没了，而一个最直接的原因就是水污染（以及空气污染？）。乡镇企业发展是很快，我们算它的产值、利润、劳动力转移，但是还有几个东西没有算。首先占地的成本没有算，就是大量的耕地被占用。改革开放以来有几个大的原因使耕地减少，第一个是城市本身的扩张，就是像北京这样"摊大饼"，各个大城市都越摊越大；第二个是农民建宅基地，属于蚕食性的，以为没多少，其实不得了；第三个是乡镇企业和小城镇的发展；第四个就是搞各种类型的开发区，很多地方其实也没开发，但是也划了一大块地占着，先把水泥浇灌了，要招商引资，盼望香港和澳门地区、新加坡、马来西亚华人来投资。这几大块里面，除了第一个"摊大饼"，后面三个都和农村有关。从个体层面看你可以说他这个行为是理性的，是为了产值利润，是要提高收入，是要改善生活，脱贫致富，这都可以，都没什么可说的。

但都这么搞的时候，我们就发现有很多问题，环境问题就是直接由它们带来的。不只是那个风貌、那个景观、那个鱼米之乡没了，而且很多人真的是病了，而且病得很厉害，因为一个是水臭了，一个就是它引进的生产线给这里的空气造成严重污染。到了 20 世纪 90 年代初期，1993～1994 年的时候，很多地方已经没有一条支流、干流的水达到三级，有的地方全部的水系都坏掉了，于是再后来就有了著名的三江三湖治理，其中就有太湖。可见，完全由个人去寻求生存，去寻求致富，去找各种门道来脱贫、赚钱，至少在环境生态的意义上，这二十年付出了一个巨大的代价，这也是现在都公认的大问题，但是从个人层面很难看到，也很难处理。刚才说乡镇企业的土地成本没算，其实还有一个东西没算，环境的成本没算。再把环境也算作成本的话，那么乡镇企业的贡献又要打折扣。

还在刚刚开始改革之初，20 世纪 70 年代末 80 年代初，我就听过一些以前的老经济学家讲长江三角洲问题，他们说那是一个多少年多少代形成的冲积平原，在这儿孕育出了一个个鱼米之乡，一套独特的生产生活方式、文化景观和政治、艺术，等等。本来它这个地方是个整体，在这个整体上形成了一个区域的政治格局、经济格局、文化模式、生活方式，但是以后，我们人为地把它划成了浙江、江苏和上海三个行政区域。这一划，那个天然的有机的东西就被切断了，切成了三块，浙江有一套搞法，江苏有另一套搞法，上海又是单列。这三个区域在行政上一扯皮之后，结果是很多年上海的粮食，不是靠江苏，不是靠和浙江之间的一个互动关系，而得从安徽、江西调，我江苏产粮就不给你上海，你还拿我没辙。他们那时就讲，我们这个行政划分上有问题，他们的意思恰好就是说应该利用天然形成的经济地理、人文地理和自然地理的条件来考虑区域的发展，这样能减少许多经济的浪费、人为的扯皮、互相之间资源的争夺。我当时听了就听了，根本就没把它当回事，就这样过了十几年，甚至二十多年，才体会到他们讲的东西的重要性。

第三个没算的成本就是扯皮，争夺资源，抢技术，低水平重复建设。本来已经很好的技术，原来可能在上海，或者在南京，或者在苏州，或者在无锡，已经很成熟的一个技术，而且很领先，也有销路，也有市场，成本还很低。我们的技术员工人不说是八级工，至少很多也达到了五级工、六级工的水平。这本来是一个很成熟的生产体系，结果在那个时候发展乡镇企业，通过过去在农村插队的知青的关系，跑到城里来聘"星期天工程师"，请他们周末到乡镇企业工作。这样实际上上海、南京那个技术生产体系就被肢解了，那些厂的很多工程师都"身在曹营心在汉"了，而实际上这个厂却负担这些人的福利、住房、养老、医疗，不过从直接拿到手的现金算，这个厂好像给自己的工程师的工资很有限。比如说一个工程师那时候一个月七八十块钱，而乡镇企业一个月就去三个周末，或者四个星期天，去一次就恨不得给八十块钱，工程师算账算的也就是现金收入，厂里没给我什么，我辛辛苦苦干了几十年，人家一家伙就把我……所以他整个心态、情绪、感情、精力都不在原来这儿了，那个周末职业反而成了主业，这当然是他个人的行为，个人的理性选择。但他这一转移就把整个技术都带过去了，资金、机会、市场也慢慢带过去了。本来上海这个厂是和日本合资的生产线，结果合资的再来，这个工程师直接把他介绍给乡镇企业，这时乡镇企业就起来了。但往往它起来的背后，还有一个账没有算，就是它其实使得原来已经很好的技术基础散掉了，垮掉了。同时起来很多搞洗衣机的乡镇企业，洗衣机有无数的品牌，你也不知道哪个好，大量的低水平重复建设，相互争夺有限的技术人员、有限的机会、有限的市场、有限的资金。这又是一个账，而这个账也一样在微观层面、个人层面、家庭层面都是合理的，没有什么可说的，最后你那国有企业好像完了也就完了。我们从微观经济学角度讲，这也是鼓励竞争的结果呀，也都是很正常的呀。

我觉得这里面有一个问题就是，如果连长江三角洲、整个的江浙都是这样一种形式的经济发展和社会格局，都是个人之间在那儿抢，在那儿争，那么就会出现低水平的内耗。当然你也可以说国有企业缺乏竞争机制，这些做法带来了活力，带来了生机，甚至因此人们的收入也提高了，等等。这都没问题，包括我刚才说的方法上进一步严格规范这种微观上的研究，这都是应该的。但另一方面，从整个区域看，就有问题，环境只是一个问题，总体的成本上去了，扯皮、内耗，甚至还有腐败，都与此有关。不仅是江浙互相扯皮，无锡与苏州、昆山与太仓也掐起来了，太仓又与常熟掐起来了，乡与乡之间也在掐，本来就是极度有限的资金、技术、资源、市场机会，然后互相就在一个比较低的水平上掐、争。

我举江浙、上海的例子，是想说，如果连它们都有这样的问题，那么其他地方，天时地利远不如江浙、上海的，就更惨了。但是从个人或微观层面，至少一下子看不到。过了多少年才猛然意识到，搞不好就太晚了。太晚了也得说，亡羊补牢也好。何况不是要反思吗，重新把宏观的视野带回来，带回到我们的讨论和公共知识分子的语境中来。

这样说的第二个原因，就是那个多少年形成的区域优势，基本上没有被我们充分利用，反倒给散掉了。更有甚者，还有许多地方不具备江南那样一种优势，不仅是苏北、山东的很大一部分，还有安徽和江西，甚至河南、山西，它们没这个优势，却都要搞乡镇企业，于是村村点火、户户冒烟。今天搞这个，明天整那个，技术也不行，工艺也不行，资金也不够，信息也不畅，生产出来的东西卖不出去，环境也破坏了，还让乡镇普遍欠债。

我 20 世纪 90 年代中期到了长江中游的这些省跑，也包括江西、安徽、湖南、湖北这些原来的农业大省、产粮大省，才第一次切身感受到这是一个大问题。就是从这个时候，为了研究，我们就往长江中游、上游走，甚至从长江流域往黄河流域，乃至大西北、大西南，结果发现，西北很多地方根本就没有河、没有水。中国广大农村地区实际上不具备苏南、长江三角洲、珠江三角洲、成都平原、都江堰冲积灌溉区的优势，但多数地方也是在鼓励个人发财致富、鼓励一部分人先富起来的语境下，让他们先砍老树把树卖掉，再今天种板栗，明天种核桃，后天种花椒，大后天种柑橘，种什么亏什么，然后又鼓励他们养鸡、养牛、造纸、制革……反正就是没完没了地在那儿低水平地倒腾。结果是很多地方最后乡镇企业没搞成，小城镇也没搞起来，可是污染很严重，社会管理很糟糕，人的疾病也很严重，使得 1995～1997 年中央政府不但对乡镇企业甚至对小城镇都不支持，而且下令关停小的污染企业。

苏南乡镇企业和小城镇说是中国特色也好，了不起的一个地方化格局也好，至少还避免了一些第三世界的大城市病。在相当时间内，至少没有导致孟买、达卡、雅加达以及拉美许多大城市那样的流浪、瘟疫、犯罪和贫民窟。后来又说苏南模式还不如温州模式，干脆搞私营得了，加紧转制、竞相卖地，还特别要转到私营，卖给"外商"。本来温州是更个体化的发展，它的成功有两个条件，一是温州人吃苦耐劳，二是温州人四海为家，温州的发展格局也是比较独特的。其他绝大多数地方决定要学，或是要推广温州模式的，其实还是有其他经验的，如乡镇企业模式、小城镇模式，为什么一定要温州模式呢？刚才说苏南有那么多问题，也还没有落到一些第三世界的大城市病。今天有讽刺意味的是乡镇企业自己到 20 世纪 90 年代末期以后也都转制了，纷纷私有化了。目前统计局的那个统计年鉴上还叫乡镇企业，产值多少，利润多少，就业多少，其实全都私营化、个体化了，而且转制还是有期限的，某年年底要转制到多少，再到某一年必须要全部转完，而且由地方政府发文件来完成这个转制。在特定的语境下，具体问题具体分析，转制也未必都是错的。我想说的是不论我们的温州模式、东莞模式、苏南模式、上海的腾飞、深圳的接轨，不论从哪个角度看它们多么成功，第一，它们是否有助于形成一个区域化的特色；第二，别的地方是学它们、重复它们，还是没法学、没法重复，而需要摸索另外的路，适合自己的路，哪怕短期内适合自己的路，局部内适合自己的路。

这里一个比较大的问题就是广大的以农业为主、以丘陵为主的中部地区、农业大省，直到现在都还没有摸索出一个比较合适的发展格局和发展道路。比如说襄阳模式、郴州模式，都没有出现。整个中国，25 年了，好像还没有一个经验、模式、格局大概可以适合这广大的中部地区，这里恰恰是过去的产粮大省、农业大省，它们今天的"三农"问题表现得如此突出，如此严重！

第三个更严重的就是广大西部地区，我们更难提出一种成功的发展途径，管你叫什么全球化也行，市场化也行，投资也行，接轨也行，转制也行，随便你叫什么，实际上整个西部地区更困难。别的不说，它县乡两级财政常年处于短缺乃至亏空状态，农民除了出去打工，好像就没有在本地发展的希望，在微观层面上已经是很困难了。但反过来，假如我们不是都在家庭、个体的层面想问题，而是想这块地方它至少有一个整体的、区域的格局，从资源到资金技术，一直到人，市场和人的社会组织生活的那样一种格局，这也有可能形成西部的优势、西部的特色，或者说西部的模式吧，甚至谈不上模式，就是西部的经验、西部的实践，哪怕这个实践经验没有什么推广意义，拿不到国家层面做榜样，这个时间或许也就五年或十年，十年它又被一种新的实践取代了。这些年来，我们经常讲全球化和市场化，很少讲地方特色和区域化，虽然也提中国特色，但实际上没讲地方特色，很多潜在的优势和可能性没被看到。我们始终在讲规范化、标准化，从 WTO 到与世界接轨，然后我们大量潜在的可能性就看不见了。

我下面做个简单分析。大家知道，中西部缺两个资源。一个是自然资源短缺，我这里说的不是埋在地底下、有了钱有了技术可以开采的石油矿藏，而是可利用的资源，像淡水、森林、耕地等，整个中西部这些东西特别缺乏。另一个是财政资源短缺，整个中西部县乡两级财政这些年基本上是处于入不敷出状态。在这两个资源都缺乏的状况下，如果简单用那个人均 GDP、人均收入，或者仅仅在微观的层面去想，这些地方基本上就没什么戏了。我们很多人身在大城市，高高在上，偶尔去那里跑一下，回来就说那儿太穷、不适合人类生存，等等。更重要的是，这种观念逐渐灌输给了我们省里市里的那些已经有了大学生、研究生学历的官员，他们也说下一步脱贫的唯一办法就是移民了，要把他们从"不适合人类生存"的地方移出来，集中到大城市，到贵阳、到昆明，这样政府又花了本来就很有限的钱修了很多房子、道路，等等。本来多搞基础设施也没有什么不好，但现在有条件、没有条件的都在大力发展城市化，建设西南、西北的"国际化大都市"。

在我看来，自然资源和财政资源的缺乏在广大的中西部地区是肯定的，没有疑问。但是还有一个公共资源似乎没怎么受到我们的注意，它就是公共的社会资源。它不但没有受到应有的注意，甚至在过去二十多年中被有意无意地肢解了、打散了。在广大的中西部地区，包括所谓的老少边穷地区，也包括我们附近的河南、河北、山东、山西，都还存在着多少年、多少代积攒下来的一套又一套的规范、道德、价值、秩序，以及在这套规范道德价值秩序背后磨合出来的一套又一套的行为方式和组织模式。可是在我们的视野中，这些地方看上去好像连一棵树都没有，也没有水，一个老农民看着牲口吧嗒吧嗒地吸烟，老太太在太阳底下晒着，无所作为，他们穿得很破，也说不出什么，然后我们就觉得好像这些地方没什么希望了，树也没有，水也没有，钱也没有，村里很穷，乡里也很穷。但是实际上，在这些地方存在着某种公共社会资源，有些写在纸上，有些没写在纸上，有些还有一间房子，像个办公室似的，有些根本没有房子，没有制度化的外形。我所谓的公共的社会资源就是这两个东西。一个是无形的，大家都公认或默认的游戏规则、价值规范，比如说尊老，比如说人死后大家都要去表示，而正是这套东西把人们组织起来、凝聚起来，使得互相之间的公共生活能够延续下去。另一个是由这些东西磨合出来的，你叫村规民约也行，叫制度也行，贴在墙上也行，没贴在墙上也行，把它说得再硬一点，叫制度化的社会资源。至于这个制度性资源是家族制度，是种姓制度，是万恶的夫权制度，还是人民公社制度，党团组织建在基层的制度，我们都暂且不论，反正它有一套又一套的制度性的东西在里面。但是这两种资源被我们长期忽略。我们谈增长和发展，谈人均 GDP 和人均收入，谈脱贫和致富的时候，基本没包括这些价值性和制度性的东西在里面。我们衡量一个村发展不发展，一个地区发展不发展，没考虑这些东西，而仅仅是人均收入和人均 GDP，于是就把西部定义为很穷很落后，"不适宜人类生存"。一旦我们把价值和制度这两个东西纳入我们的视野，说实在的，我觉得在很大程度上西部很多人比我们还要富有得多，比我们充实得多，比我们有文化得多，他们有思想、有智慧、有情趣、有喜怒哀乐，甚至还有艺术，生活与艺术还没有分家。

一维地、单向地、片面地追求人均产值和人均收入，不仅是砍树，甚至连人情、连基本的互助互信都没有的社会，是很单薄、很脆弱的。反而那些老农，那些蹲在地上吧嗒吧嗒抽烟的老头子也好，那些坐在屋檐下晒太阳的老太太也好，你会发现那个社区里有很厚重的东西。往往我们一些北京来的学者或者外国来的专家自以为了不起，找个老农民随便一问，你们家去年土地多少？收入多少？给人感觉简直就是在质问人家、审问人家，以为人家什么都不懂似的。其实那些老农民根本就把你给玩了，你还以为你在审问人家，其实人家随便两三句话就把你给打发了，很容易就把你给糊弄了。上面来的干部也一样，车水马龙，前呼后拥，还有警车开道，下去视察一圈，吃它一顿，浩浩荡荡地回来了，好像是做了指示，实际上当地人是上有政策下有对策，随便对付你一下就了事了。

如果我们能够意识到并把这些可见不可见的散布在老头子老太太（和部分年轻人？）身上的东西重新组织起来、激活起来、勾连起来，变成发展当中的一个有机部分，那么自然资源的短缺和财政资源的短缺，在很大程度上就能够被缓解。不适宜居住，从自然意义上没水没树，这些问题也都可以得到缓解。同样，咱们觉得没钱办不成的事，人家红白喜事照样办，还那么热闹，那么有滋有味，又扭秧歌，又吹唢呐，这是为什么？这是他们在用这套有形无形的东西。因此，很大程度上，有限的自然资源和经济资源的短缺，能够被这些东西所弥补。

第二，也是更重要的，人毕竟不仅是自然动物和经济动物，更重要的是这些公共的社会资源不但弥补了那两个资源的短缺，在更大程度上其实是它们使社会生活成为可能，它们是社会能够被延续、生活能够再组织、社会能够再生产甚至被再阐释的基础。撇开这个基础，去传播什么现代文明，去教他们识字，以及电脑、远程教育，一会儿是WindowsMe，一会又是WindowsXP，对他们来说没什么意义。

第三，就是我说的区域问题。如果跳出微观的角度，我们就会发现，其实对于中西部来讲，不是要学苏南和长江三角洲，更不是学大上海，追大北京，而是每一个地方有没有自然的、生态的、文化的、历史的、社会的、政治的当地特色。如果我们能够把这些特色重新激活起来、组织起来，它们就能形成区域优势。当然这个优势也包括利用好它的自然资源和经济资源。本身钱确实很少，但会把它用好。我说的用好，还不仅是不被贪污，也包括有没有公平、合理、有效地使用有限的经济资源。我说的"公平"，至少是不是大家有份。"合理"呢，是不是用在了最需要的地方。还有"有效"，用了以后是不是发展起来了，或者至少那点资金有没有可能滚起来。如果有一套秩序，有一套价值，有一套游戏规则，今年就那么一点钱，税收也好，上级的财政转移支付也好，就那么一点，那么是用来抗旱还是用来治理污染，要修路还是要修学校，咱们村里要不要去搞点别的什么事，村民们就有章可循。

其实在贵州我们就看到过这样的村子，它可能比温州的那些村子不知穷到哪儿去了，但是它一直有人在修路，村里也经常往学校投点资；村里的那一条河干了，或河岸破了，村里的人便会组织起来。这就是公共的事业，需要公共资源，不是某个人能解决的，也不仅仅是钱能解决的。温州那个地方其实个人的钱很多，多到你没法去算，没法去问，但是路那个脏啊，灰尘那个大呀，给人感觉是公共事业根本就没人管。

岔开一句，我们现在讲小康，我觉得还要找到一个社会性的东西，除了个人，除了最抽象意义上的全球化、市场化和中国之外，还应该有一个社区的概念，我讲的区域就有这个意思。什么是社会性的东西呢？还不仅是教育、医疗这些所谓的社会事业。我说的社会或者社区，指的是一群人何以能够凝聚成一个整体。这里就有我说的规范性和制度性的因素，没有这些因素，一群人凑在一起，扎堆是扎堆了，但还不算是一个社会，靠行政区划把他们算作一个什么什么区，也还不是社会学意义上的社区。

今后要慢慢形成一些具有地方特色的区域，比如说，珠江三角洲形成一个特色，长江三角洲形成一个特色，京津唐一带形成一个特色，将来中西部也形成自己的特色，长江中游，然后西南、西北或者东北、华北都有自己的特色。区域之间既不简单重复，我学你、你学我，今天学这个、明天学那个；更不是互相拆台，互相掐，互相抢。这样的区域特色的形成要涉及很多问题，除了学者的研究认识要有整体观念，不要只在个人层面、微观层面做文章之外，还跟体制和制度的安排有关系。另外，也跟学术界的这些学者这么多年形成的范式有关。以前太怕"计划"这两个字了，一提计划好像就是一统就死。要形成一个区域其实是需要一个计划一个战略的，无非就是以什么为基础来规划、来考虑你的战略，除了你眼前这三年，你有没有五年、十年、三十年、五十年、一百年的考虑？要是没有，我就考虑这三年这十年，作为普普通通的人开个小铺，我就考虑这几年怎么赚钱。但既然你还有一个抽象地说是国家、具体地说是上海或北京的概念，那你必须考虑你整体性、长远性的东西。

一个区域的整体问题不仅仅是市长、市政府来考虑，只是市长、市政府确实搞不好那个计划，但市长，市政府也不能不考虑。现在我们有一个认识上的误区，市长、县长也就是经理、老板，只考虑赚钱，只考虑招商，只考虑人均GDP怎么上去，不考虑整体的、区域的和长远的发展问题。作为经理确实要利润第一、效益第一，为了效益就要减员增效，就要把那"无能的"给解雇了。但市长要考虑这个市男女老少父老乡亲的生老病死，怎样让大家都能受益，都得到公平的机会、基本的权益和起码的保护。公共管理、公共福利等作为权利每个人都应该有，就是机会也应该是每个人都有的。这样的话，市长就不能与经理一样也在那儿一个劲儿减员增效。不管怎样，作为一个市，要有计划，或者叫政策，或者叫制度安排，或者叫规划，总之，得有整个区域的长远考虑。至于规划当中是你一拍脑袋凭情绪，还是看上级眼色，还是你集中方方面面的意见，包括搞城市规划的人，包括人文、地理、经济学等方面的人，也包括老百姓，那是另一个问题。现在有一些城市的开发拆迁没有征求被拆迁户的意见。这里当然也有规划，但是乱规划，非法征地，只考虑眼前，急功近利，不是我讲的区域发展格局的意思。

关于区域发展格局问题，1997～1998 年的时候我听到过一位经济学家讲起，好像是约瑟夫·斯蒂克利茨。他讲中国要进入全球化、WTO，方方面面都在努力，在加快接轨，但是中国有没有想过，在你们进入世界市场以前，你们形成了一个中国的国内市场（the domestic market）了吗？这是什么意思呢？就是说中国现在被分解为无数个互相扯皮的小市场。小摊小贩各自为政，各搞各的，你还没有形成现代意义上的一个国内市场。当然，某种意义上需要小市场，你不能为了大商店而把小商店关停了，这样来保大抓大。但在另一方面，中国不仅是一个现代意义上的具有独立主权的国家，它也是一个大陆，在经济意义上是一个大陆型的经济，对应有欧洲、北美等一些大陆型的经济。另外，它又是一个文明，世界上的几大文明形态之一，其中还包藏着许多小的文化，有文化多样性。早在中国要建立现代国家或者说是现代民族国家以前，它早就是一个文明、一片圣土。

我理解当时斯蒂克利茨并没有从文明和大陆的角度去考虑，他只是说你这儿还都没有一套规范大家的规矩，你就突然一下去遵从世界的规则了。他当时的意思就是说，你不要太急，你要磨合到基本准备好了，你再到更大的国际市场上去玩。你现在还在那儿各自为政、互相抢、互相打，还没有搞明白更大的规则，你就一个劲儿地要去遵从国际规则。因为你这儿还没有形成一个产业、一个国内市场，还是无数个小农和无数个小市场。加入 WTO 后，很多人在讨论是不是对农业冲击最大，是不是农民受损失最大，但是农业要作为一个产业遵从世界农业的规则。其实有一个农业吗？还没有啊！还没形成整体呢！但是这个整体，不是单一的，这里不是说计划式的整齐划一式的，甚至为了大市场消灭小市场，消灭小商小贩个体户，而是说整个是不是一个具有整合性质的东西。欧盟、欧共体、欧元就是这个意义上的整合，这样的整合可以利用各种特色形成优势互补。

不可持续的发展，即使是从经济上算账，从投入产出、效益成本角度来算，各自为政、村村点火、互相竞争、低水平重复，也是不划算的，包括对千千万万个人也不划算。像刚才我说的污染只是一个例子。如果社会规范没了，社会失范了，社会信任、社会治安都没了，也就是说隐形的社会资源真的被打散了，真的不行了，那对个人有什么好处呢？对即使是先富起来的个人有什么好处？对城里的个人有什么好处？如果那样，不但西部，更大的区域也真的不适合人类居住了。这样的问题，现在都还来得及讨论，来得及想。当然在讨论的过程中可以争论，应该有不同的观点、不同的学派，这都没问题。但是如果完全没有这个东西，说起来是一大块，十几亿人，但是这十几亿人是不是一个有机的整体，就像那个比喻说的，一个大口袋里无数的马铃薯，一袋子马铃薯在里头稀里哗啦地乱翻，用我们老话说就是一盘散沙，那么，我们就不会有什么前途。这个方案可以从各个角度想，这些事作为学者、学生，我们还来得及想，公共的社会资源还存在，有形的无形的，这就使体制创新有很多可能。

现在我们的有限资源没有用好，造成很大的浪费，很多是在体制上条块分割、部门防范造成的。有那么多层的政府结构，五级政府，五级财政，到乡都有五大班子，乡政协主席，乡政协副主席，还有若干前乡政协副主席，退下来继续享受乡级干部待遇。农口与林口是两个口，农林两家又和水利之间互相不通气，水利文教医疗更要分开，经济内还分哪些管工业哪些管招商，工业里头还分轻工重工……我说的区域格局的意思，就是连这些东西都可以重新来想。比如说是不是五级比较合适，也许三级更合适，或者八级更好？现在不是都在讲减轻农民负担吗？撤乡并镇，有些地方也在搞。曾经搞过后来又退回去，又搞。有人提出也许干脆连镇都不要了，说干脆就从县开始，回到以前历史上官吏不下县，就是县以下不再设官吏。也有一些反过来的，说先从上面做文章，比如说多搞几个大区，或者叫直辖市，而取消很多中间环节，比如说取消地这一级。这是从政府层次考虑，我觉得还有一个是部门行业之间的问题。我们有很多不同的部门，部门之间的扯皮使得很多潜在的资源被浪费、被闲置、被分割、被破坏。第一个是级别是不是一定要五级，第二个是同一级当中是不是要搞这么多部门行业，互相之间各管各，各把一摊，其实本质上是个整体。就政府部门而言，在市政府里不但有这个局那个局，现在还有管教育的副市长、管医疗的副市长、管林业的副市长、管农业的副市长、管生育的副市长、管扶贫的副市长……我们研究说它是个整体，可在基层经常碰到这个副市长说这个事情是那个副市长管的，那个副市长说这个事情是这个副市长管的，这个事情就谁也没办法。

可见，实际上讲到发展之后，它背后总是有一个理念，有一个制度安排和设计。所以，说没计划，可总是有一套体制在那儿支撑着发展，关键就是怎么使这个体制变得更合理，更有效，甚至于更公平。

在学术这个层面．我觉得我们这些年区域这个东西没有了，直到有一天发现东西部差距太大，发现原来同是一个国家，一边已经至少有和东南亚"四小龙"接轨的样子了，另一边还有许多揭不开锅的，不适宜人居住的。山高皇帝远，但也许确实是很富饶。发现了问题才知道其实学者没什么像样的研究，有时候就连问题也还不是学者发现的，即使在发现后，感到差距很大，想要解决问题学者也拿不出什么方案来，最后只能修路修桥种树种草。有很多学者又开始批评说搞了半天西部大开发就是修路修桥种树种草啊。本来这个东西部差距不仅是自然意义上，还包括政治的、文化的。我们讲什么社会稳定和一体化，但是最后落到实处究竟怎么样来解决东西部差距呢？最后就变成了修路修桥种树种草。我的感觉是，在好多问题面前，我们的研究是滞后的，我们的研究跟不上变迁，这个社会变化太快了。也有人说这是千载难逢，全世界都不多见，这是学者研究的一个大好时机，实际上我们的研究是疲于奔命的，连描述都没有描述清楚。我以前还挺自信，觉得国内研究至少中国人还是做得不错的，可能就是外语不好拿不到国际上去，但是我们有很多很优秀的成果。我们差的是国际研究，我们也有日本研究、美国研究、欧洲研究、亚洲研究，等等。那会儿我感觉，国内研究中，历史学的、社会学的、政治学的、经济学的和文学的东西，都有很优秀的东西。我曾经跟我们一些很优秀的国际研究的学者开玩笑，说你们个人都很优秀，但是你们研究的整个领域基本上是"介绍介绍情况还没有介绍清楚"。可是现在，我越来越觉得，连国内研究也都有这个危险。我们自己的研究根本跟不上实际的变化，而每一次变化不一定总是那么伟大的正面的，有时候是挑战，有时候是危机，有时候是风险。突然长江发洪水了；北京发生沙尘暴了，这样一夜之间才发现这二十年我们沙漠化这么厉害；又突然来了个"非典"。在这些问题面前，我们整个学者的研究基本没有跟上，其中很重要的一个问题，我认为就是这个区域问题，我们几乎不大谈这个问题，也不大想这个问题。

其实，在历史上，中国的学术是有这个传统的，包括人文学者。历史上这些人文学者形成不同的区域文化和地域的派别，对那个地方区域特色的把握非常到位，直到现在我还碰到不少民间或半民间的文人，他可能不在学院体制里，可能没当教授，也可能当了个教授，但是他们对当地的特色和区域的理解很清楚。反而是我们这些学者、教授被分在各个学科里面，就像刚才说的部门分割一样，越搞越窄。窄本身意义的前提是现代意义上的专，学者不专就不足以构成学术的一个领域，就变成异类和感愤而已。但是，这个学科分化形成了无数堵无形的高墙，我们之间是不沟通不交流的，用材不一样，方法不一样，然后你说的我不懂，我说的你不懂，其实讨论的问题是一样的。比方说，都在讨论发展问题，都讨论贫困，都讨论全球化，你怎么能说这个问题是经济学的而不是政治学的？是社会科学的而不是人文科学的？但是现在的学术分科把我们肢解到各个孤立的分支学科里面，我们之间不沟通不对话。难怪有人说，所谓学术成果很大程度上是自己写了一本又一本很厚的书自说自话，或就那几个人在那儿交流，互相欣赏。包括所谓同行评议，送你一本，其实你也不好好看。多数基本上是这样。我觉得这个乌有之乡书吧还是比较好的，力图收集一些比较有特色大家都愿意看的书，而不管什么学科……其实韦伯是特别反感这个东西的，他觉得现代理性最后搞成工具理性压倒价值理性，形成无数的制度化的铁笼子，把我们关在里头，变成了后人说的单向度的人。

这些问题本身本来是个整体。比如说发展，怎么就慢慢变成了人均 GDP？学者讲歪了，编成一本书没人听倒也好了，虽然有一个经济学家朋友讲得挺好，他说中国经济学家好像不大争气，不过幸好他们说的话没人听，真都听了就真的完了。但实际上，我们不能小看这些话语的力量。一方面好像那些大部头是越来越没人看了，都变成评职称的东西了。以前混稿费，现在混名声。但另一方面那个影响还是很大的，虽然这大部头没人看，但一写个大部头他就容易成为重量级人物，他一句话就能左右舆论和官员。比如这个先污染后治理是个不可避免的阶段，道德沦丧是个不可避免的阶段，这些谬论，就是这么讲出来的。我自己也在检讨，20 世纪 80 年代我们这些人都是这么想的吗？过去觉得穷肯定不是社会主义，于是要发展。要发展就要鼓励恶的一面，无论是物质利益还是拉开差距，结果环境和道德都成了必须付出的代价。我们现在这个环境走到这一步和当时对它的忽视有很大关系。所以确实不能小看这个话语建构的作用，那时我们说的就可能变成了现在地方官员的潜意识，因为他们当时就在学校当学生。那种话语显然是有问题的，是一种片面的单向的发展观。现在好多都讲城乡之间怎么协调，经济与社会之间的协调，城市与农村的协调，人与自然之间的协调，当然还有区域之间的协调。区域之间不仅是东西之间，还包括小区域小流域。有些地方人为分为五个县，实际上它是在一个小流域，要是处理一个小流域的风沙问题，需要这五个县的配合，而这五个县可能分属于两个省，这里头可能就会很复杂。

再回到话语问题上来，先污染后治理，说西方都是这样过来的。大家长期以来都相信，我看它其实没有什么依据。西方并不都是这么过来的。而且，即使别人走了弯路，我们还一定也要走一遭吗？无论怎么算账，自然科学，经济学、环境科学、政治学，所有的学科所有的学派，没有一家能算出来先污染后治理是划算的，无论是对个人还是对国家、对整个社会。反过来，透支的成本一定更高，只算经济账也是这样，何况健康不仅仅是经济账可以弥补的。社会也一样，当生态恶化到一定程度，就不仅是我们的珍稀动物没了，更重要的是整个社会的某些东西就没了。但是这样一种观念，就算当年没人是恶意的，都想着怎样更有利于发展，但至少那是一种一维的发展观，以增长为唯一尺度，以个人为唯一尺度，这两个东西现在至少可以讨论，而这样的讨论可以冲破一些无形的禁锢。当然不是不谈个人，我们现在个人还缺自由缺权利，个人还经常受到伤害，个人的积极性还没调动好，还有那么强的行政的计划的残留，等等；我讲的意义是说，如果要谈发展，谈整体的发展，要在所谓的中国层次上谈我们既是一种文明，是一个国家，是一个历史，也是一个区域，是一个大陆。第一，在这样一个文明、国家、历史、区域和大陆上谈发展，应该是多维的，是经济的、环境的、社会的、文化的、政治的、历史的；第二，不应该只是在微观层面谈，还得有一些区域的、综合的、宏观的、整体的考虑，至于这考虑叫规划、战略、政策、制度还是叫计划，那都没关系。因为计划这个词，有时候也翻译成规划。但是还得有这个东西，要没有那个东西，真有可能吃光、砍光、整光才算完，最后大家"胜利大逃亡"，实际上是失败大逃亡。上面来大人物到太湖去时和乡镇企业家谈，你这么来污染太湖，你没想过子孙怎么办吗？现在这些人都很有钱了，他们说子孙以后就移民去美国了，连房子都已经买上了。

实际上，现在这个可持续发展不仅是为子孙后代，还是为我们自己，我们现在已经身受其害。长江发大洪水以前大概很少有人这么严肃认真地谈环境和生态，谈的都是奢侈品，小地方搞了一些比较好的适宜人居工程，我知道的有成都、合肥，搞了一些小区。做得不错，结果被去视察的人批评，你们搞什么追风，现在轮到你们了吗？纯粹是附庸风雅，吃饭都没解决好搞什么环境？很快有了长江大洪水和北京频繁的沙尘暴，不仅是沙尘暴，空气长时间的处于劣质状态，连呼吸都很困难。那一年的 11 月没有一天空气质量达到三级。这才着急了，"你们还要不要我们多活几天？"

如果我们没有整体的、区域的、长远的构思设计布局，真的一旦要散，可能我们只有很短的时间。别看现在钱确实比过去多多了，到处是餐馆商店，到处显得好像很繁荣，我们的经济过去二十年二十五年增长比较快，今后看来好像还会保持一段时间增长，但是世界上没有一个经济敢说永远是高增长的；而且，经济有时候不一定高增长就一定是好事。经济过热、盲目开发、乱投资带来了环境问题、结构问题等平衡问题。另外，不管你的经济增长是快点还是慢点，今年因为有"非典"，明年因为有亚洲金融风暴，后年又因为有什么财政的原因、银行方面的原因，这个经济就显得很不牢靠。如果我们有整体的区域的长远的构思设计布局，即使经济资源极度短缺，自然资源也极端短缺，我们也还是有那种互助互信的合作，靠大家真诚的规则来生活。这规则可能曾经是三纲五常，我们觉得是不好的，要改也是要用一种新规则来取代它，而不是说不要规则了。正常人的生活，喜怒哀乐，还在过，有的穷点，有的富点，有一家机会多点，有一家机会少点，有一家孩子考上大学，有一家孩子没考上，这只是一个常态，大家都还能过下去。

可是现在有的地方有点掠夺型开发的味道，有的人简直就是在破坏生态。黄河上游实施冲刷性大漫灌，中游就断流，下游就没水。这些水本来都是公共资源，结果上游的人就用了，他也不知道，大漫灌对他自己也没好处，大漫灌后他那块有限的田马上就盐碱化。这些涉及治水、治沙等区域的发展问题，显然靠个人的理性、个人追逐利润那个思路是无能为力的。个人没有能力，甚至村也没有能力，乡也没有这个能力。那么它显然需要一种更大层面的动作，现在叫治理。这个治理的背后可以是参与式的民主式的，是听当事人意见的，可以是既有自然科学家参与，也有人文学者参与的。但是如果没有这种整体的、宏观的包括我说的区域性的视野，显然是最后倒腾完了就算了，当然我说得有点悲观。

其实我也不是最悲观的，我自认为始终是个乐观主义者，或者从长远来讲我是比较乐观的。因为从某种意义上说，底层的民众、老百姓充满了智慧，他们有一套套的办法，能够对付那些很荒唐的搞法，他们知道哪些东西是比较有价值的，虽然你说那个东西不行。再说，中国毕竟不是刚刚开始搞这样的事，它有几千年的元气，它又是一个大陆，它内部自我调节、平衡、互补的能力很强。另外，它不是在无限残酷激烈的国际竞争中的一个小国。它如果仅仅是一个小国，那世界经济、政治有一点波动，包括种族问题、政治问题、大国强权问题等，它一下就完了；或者一个小国，一不小心，坏人一个政变就整掉了，长时间陷入动乱。第三个就是它的文明。很多文明，特别是古老文明，后来消失了，什么原因消失我们也不知道，但中国这个文明至少现在还在延续，这种文明还有一种开放性和包容性。这样来看，我就觉得还是有许多值得我们乐观的，值得我们乐观又不盲目乐观。

所以我刚才说的这个问题，至少我觉得是比较大的问题之一。当然现在仅仅是在想，或是不断地碰到。至今我也没想到更多的场合说更多的东西，但我至少觉得在学界和狭义地做社会科学研究，可能得增加这两个东西。一个是把发展理解为区域性、整体性，而不是个人挣钱谋福利。而这一点，确实这些年分歧比较多，特别是优秀的经济学家，特别是知名的经济学家，特别是规范地玩模型的经济学家基本上是在个人层面上，而我很尊敬的经济学家也说了，你别担心。当然我确实觉得现在经济学的影响太大了，也许不一定叫经济学帝国主义，也不一定叫经济学的话语霸权，但是大家好像太听经济学家的了。一说这个发展就是搞钱，可是一个完整的发展和一个完整的社会，它有很多维度和很多有意义的内容，不能让大家都变成口袋里的马铃薯，或者关在铁笼子里的单向度的人。这个整法容易走上很多发展中国家走过的弯路。

第二，也不用走很多发达国家走过的弯路，我查了很多资料，绝大多数发达国家走到这一步也后悔了。它们开始确实也不懂，《增长的极限》《寂静的春天》都是20世纪60年代末期70年代初期出版的，70年代以前，确实大家都不懂。即使大家不懂，像乱砍树，英国除了皇家公园之外，已经没有古树，但是它也并没有污染到我们想象的这种程度，没有像我刚才说的所有的水系全完了，绿地也没了，草也没了，花也没了，动物也没了，没有到这个程度。从社会道德沦丧也可以看出。大家都知道狄更斯写的那个年代犯罪猖獗，满大街都是妓女，到处都是无家可归的人，社会道德沦丧，议员里面贪污横行。我们不能再走他们走过的弯路。走不起了，没有那个天时地利，没有那么多资源，也轮不到我们去殖民、征服、侵略，也不能大规模向外转移富余劳动力了。即使完全不谈道德，也完全没有这个条件了。

从经济区域发展的角度看，其实那些大的经济实体都有整体观念、区域观念和长远观念。哪怕那个微观经济学模型，个人理性，理性选择，包括政治学层面，但其实都有战略问题。我们可不要落到有目标无战略、有问题无方案的地步。好像伟大目标都是有的，到了哪个时候翻几番，到了哪个时候实现现代化，有目标，但是没有战略。问题我们都知道，"三农"问题，腐败问题，贫困问题……但是没有方案。或者所谓战略就是"土地私有化"，"方案"就是各人搞钱，各自为政，互相拆台。

最后，因为时间问题，我们就讨论吧！讲得很多了，但听起来也没什么系统，就是平时不断地碰到问题，不断地想。最后我觉得从长远看还是比较乐观，就在于咱们现在讲的许多问题其实很多人已经意识到了，老百姓也意识到了，媒体也意识到了，很多年轻人也意识到了，学界和很多官员、中央政府也意识到了。最典型的就是几个统筹发展——城乡协调发展、经济与社会协调发展、人与自然协调发展，区域之间协调发展，这是最典型的。

第二我觉得就是年轻人有希望，原来刚刚搞一对夫妇生一个孩子的时候，当时也有很多批评，特别有一个担心，以后年轻人还得了，都是小皇帝，所谓个人主义、自我中心，社会不就完了？现在这一代孩子都成长起来了，最早的一批可能已经就业了，还有在大学的，好像也不是那么各自为政，互相为敌，相反他们有很强的公益心，关爱小动物，关爱环境，关心废电池的回收，等等，比咱们强得多是不是？

今天说到这里，还有半个小时，我们讨论一下吧，最好有不同的观点。

**对话内容：**

听众甲：黄老师您好，我是从西部来的，您刚才说在西部有一套规范道德秩序，现在问题是如何利用这种规范道德秩序来发展西部。

黄：我现在正在启动一个课题研究，题目就是关于社会公共资源的再利用。我在西部一些的村、乡、县跑，和老百姓谈，调查一些问题的时候，发现那里存在着大量这样的公共资源，如果大家都意识不到，它就可能在各种冲击下被分割，甚至被打散。比如说我在过去一些年做的一个研究是农村居民的健康。本来我也是考虑如何提高农民人均收入的，后来我发现我们瞎倒腾，搞开发区划出一大块一大块的地"招商引资"引不来，既没项目也没贷款，捐赠、慈善也没有影子，那还不如发展基础教育，不说提高人的人力资本，至少让孩子们能有一个上学的机会。可是后来我发现，现在的教育体制上也有很多问题，应试教育，千军万马过独木桥。现在又加上了集中办学，费用越来越昂贵，包括各种各样的机会成本，例如小孩子跑到很远的地方去上学，路途遥远，山区还有个路途险峻的危险（有的孩子掉到沟里或河里去了）。更大的成本是时间上的，孩子们少了帮助父母做饭、劈柴、喂猪、带弟弟妹妹的时间，对农户家庭是很大的一笔账，我们不算农民自己要算。搞得有的乡村里，越上学家里越穷，哪一家要是有三个孩子同时上学，一家人就有返贫的危险。从大的来说，哪个地方越发展教育，哪个地方的人才就越走得多。如果是这样的话，那还不如大家都有一个良好的身心状态，健康、平和，互敬互爱，使生活过得像个人样。这健康、平和的身心状态，现在很多人是缺乏的。许多人得了病，没有条件医治，看一次病不但很贵，还要跑很远。我这里并不是说那些高难度的病、那些不治之症，什么心脏搭桥、肾移植，我说的就是咳嗽、闹肚子、感冒发烧之类，然后小病拖，拖成大病，最后是因病致贫，因病返贫！这里有没有地方的社会公共资源可以利用？至少我发现在我们西部的许多回族村落里面，干净到了既看不见垃圾，也闻不到怪味。而且我们别忘了，回族地区

是缺水的，没有雨，没有河，很多回族老百姓还住在窑洞里，但他们穿的白色
衣服，不说一尘不染，也是干干净净的。虽然我们不喜欢父权夫权，三纲五
常，还有什么"伊斯兰原教旨主义"，但是仅就卫生方面的状况而言，这就是
非常了不起的公共资源。如果要为改善这个而投钱，按照现在设计，为了防治
"非典"，那个传染病预防中心，几百个亿才只能建到地区一级，这是中央有
史以来拿出最多的资金来建设基层的传染病防治中心，那合作医疗该拿出多
少？中央已经拿出多少个亿了，但是落到下面，一个人也才10元钱，地方上
再出10元，老百姓自己出10元，一共也就30元，建立新型的合作医疗，这
是我们国家财政最大的一笔投入用于合作医疗事业。问题是，现在一些地方结
核、肝炎等比较严重，过去控制住了的一些病又回来了，30元保大病，行吗？
贵州一个省，因为氟中毒就有上千万人需要治疗。但是我说的回族地区，并没
有花那个资源。那些地方缺水，在非常缺乏水资源的情况下，能够有这个公共
的社会资源，在很大程度上就能够缓解其他资源的不足。这只是一个例子而
已，西南有更多的小民族，在一般人看来他们很穷，但是当你真正深入到他们
中间，你会发现他们中间有很多东西不是简单地用钱能够算的。比如说它那里
人与人之间还有很高的信任，就不用买什么防盗门，这就省去了多少开支！另
外，它那里山还是青的，水还是绿的，人们的身体非常好，看病吃药的必要性
就小了。而江苏有些亿元村，很多人都闹出了种种病，因为水被污染了，空气
也被污染得厉害。更有甚者，有的居然不敢下自己的自留地去收菜，以前都是
在自留地里种点蔬菜再拿到附近的集镇上去卖，现在不敢了，为什么呢？因为
下地后回来的时候家里的电饭锅可能就没了，卖菜的钱不足以弥补这个损失。
那是江南啊，千百年来的鱼米之乡啊，生活质量是这样的，还缺乏基本的安全
感。所以，我觉得一个社区也好，一个地区也好，如果人们之间彼此是认同
的，你我都是"我们"中的一员，一回到"我们"中间就有安全感，因此我
们之间是有一种互助的，没事情的时候没事，一旦有了什么事，你可以看到他
们之间是有凝聚力的。互助，患难见真情，这个时候公共社会资源那些东西就
有意义了，而不是一有危难就作鸟兽散，各自逃命。在西部有很多地方公共社
会资源这个东西还有，现在意识到它们，并重新勾连、激活它们还不晚。而不
是简单地每次都是要钱，如果每一次有了点问题都是要钱，多少才算够啊？

听众乙：我是北大的学生，我想问一下，就是您刚才提的像上海、浙江、江苏那一地区被划分为三个行政区域的问题，我不是很了解那段历史，我就不大明白为什么政府当时要那样去划？难道是当时没有意识到将它们整合起来会更有利于当地地方经济的发展？难道国家不想整合一个全国统一性的市场、一种经济吗？它肯定是想，但是就是这个东西怎么实行。封建两千多年的那种小农经济形成了很严重的各自为政的情况，政府就算想到一个措施，关键是具体它怎样去实施去推行。我想当时一定会遇到很多障碍，上面一套下面一套，上有政策下有对策，那么这个问题怎样去解决？如果它强制推行，会不会引起一些社会的不安定因素？

黄：如果你要做研究，首先，你会去弄明白最早浙江是怎么设置的，然后上海又是怎样成为一个大都市的，它们都有自己的形成史，上海相对是比较年轻的了。它们当然都不是1949年以后才形成的。第二，我们做研究的人，应该假设前人都是想把事情办好的，或者至少不应该假设有谁一上来就是恶意的。政府也好，农民也好，小商小贩也好，老话说是"人们自己创造自己的历史，但不是随心所欲地创造"，而是在历史的基础上来创造。20世纪50年代想到的当然是要打破小农经济或者是封建割据，想形成一个全国的统一的整体的。实际上也做了很多有利于一体化和区域化的事，包括我们当时设的大局，华东局统一协调这一大块，甚至不完全只是浙江、上海。现在我们对前人批评太多，但是当时它做过很多好的事情，比如在很短的时间内把国家非常有限的资源调动使用，恢复国民经济，然后在很短的时间内为国家奠定了国民经济的工业化基础。按照GDP计算，工业产值占所有国内生产总值的比重，我们的工业早就超过农业了，第一个五年计划下来就超过了。第一个五年计划奠定了国民经济发展的基础，什么叫作奠定？中国以前是靠农业的，1956年以后中国第一次工业产值在国民经济的比重中占了大头。我们现在有一个无形的禁锢，好像一谈整体一谈区域一谈规划就回到计划经济了。即使是那个计划的时代特别是1953～1956年，当时整体的协调平衡也都是非常好的。当然也有很多问题，剪刀差，统购统销，重工业太占优势，所以才有1956年的《论十大关系》，剪刀差、统购统销这些东西也是历史形成的。当时要搞积累，建立现代国家的行业化基础，从哪里积累？钱从哪里来？城乡二元格局就是这样开始形成的。所以，等到改革开放邓小平还强调：我们好的东西不能丢掉，比如要集中有限的资源办大事。当时为了解决失业问题，在整体战略中用了低工资高就业、高积累低消费，等等。历史是非常复杂的，我们今天就不展开。你说当前要处理的条块分割、部门分割、行业扯皮、资源浪费，真的要做起来会很难，那会涉及很多利益调整、部门权衡。就目前这个格局想把它调整好，当然是很难，这里面用不着去批评任何一个在任的人，更用不着去做事后诸葛亮，一个劲儿指责前人，因为这是一个历史中形成的东西。但是如果我们意识到了，至少所谓发展不仅是自己发展赚钱，区域发展格局或整体发展不仅是个人财大才能气粗（"发展才是硬道理"到了下面被理解为"赚钱才是真本事"）；微观上，不要以为只要放开，他就一定是理性的，他就能够摸索出一条最合理的制度。当然不是一下子大家都意识到，我想首先应该是学界自己要有真功夫，再到有一天真有能力和政府去对话，这里还有很多很难的事情。

听众丙：听您这个讲座确实也是很受启发，因为我也很关注中国现在的贫困问题。正好我是来自湖南，对这个问题也很感兴趣。您今天讲的这个社会潜在资源也好，公共资源也好，这种资源怎样放大？社科院在研究中国的社会问题的时候，比如说扶贫你们能不能参与？能参与最好，如果不能参与，能不能除了在学术界发生影响以外，也把你的这种观点在更多的场合去放大？我觉得这个对中国发展的许多方面，比如说扶贫会有很多的帮助。

黄：我简单回答一下。我们研究一些东西至少不去想很快能够对扶贫办产生什么影响，但是为什么我还愿意来讲，和大家交流呢？原来我信守一个原则就是"多读多想少写千万别发表"，这是过去的老先生教育我们的。我自己大学毕业后的十年中，20世纪80年代初到90年代初，一篇文章也没发表，因为自己很多东西没有弄清楚，写出来自己都不满意，发表它们干什么？发出来也是不负责任的。但现在，我觉得有很多问题是可以拿出来讨论、争论的，这些问题是重要的，像你刚才提到的问题，我自己也觉得，就是扶贫也好发展也好，咱们至少可以意识到贫困不仅是一个经济和收入的现象，也不是一个人的问题，有的时候，实际上"贫困是一种文化偏见"。

听众丙：希望更多的学者能够参与到其中来。

听众丁：我想问两个问题：一、沃勒斯坦的世界体系论是否适用于中国的区域发展？是不是有一个发展中心，有一个边缘，有一个半边缘地带？现在中部西部的人才都跑到东部去了，这是不是适用这个理论来解释？由此我就有一个想法。就是在古代我们是不是有一个告老还乡的制度？我不太清楚，比如说你今天是一个宰相或者是一个高官，但是当你老了以后，你就得带着你的书带着你的家眷回到家乡，然后就成为当地的一些乡绅。他们对当地的教育、文化影响是很大的。整个社会形成了一个有机的联系，我觉得我们现在社会的区域发展，知识是嵌入当地的社会结构中的，我们去谈这个地方的时候往往是外边的人去谈。这是一个问题。

还有告老还乡制度，这个是不是好的，我总觉得我们现在的社会是有一些断裂的。像在大学里有很多同学大部分来自农村，可是当他们读完大学又不希望回去。我想如果他们回去是不是会带动当地的教育？保存当地传统文化是不是很好？如果做这种人才的制度安排，是不是比单纯提供资金要好？

黄：当然了，中国目前客观上已经形成了中心—边缘—半边缘的结构。老实说，在这个意义上，我们今天的上海、广州、深圳乃至东南沿海许多城市的经济，在很大程度上，它和港澳台的经济，韩国、日本的经济，乃至和东京、首尔、香港、台北、马尼拉、曼谷等几个大城市之间的文化，在这个层面上形成了一个区域。就说现在的年轻人，北京的、上海的、东京的、曼谷的、马尼拉的，等等，都在很大程度上有许多相似之处。而这个区域也不是简单的"西方化"，它们有一套自己文化上的认同和边界。在另一方面，中国本身确实形成了一个中心—边缘—半边缘的不平等、不协调、不平衡的关系。当然改变它们可以有很多渠道，说得比较多的是政策和制度，但也有你提的一点。从这个意义上说，个人的力量也可以是无限的，好像是愚公移山的那种精神，张思德的那种精神，如果不是用鞭子把他抽回去，告老还乡都可以考虑。现在中国总人口多，很多人面临着退休，这就面临着怎么养老的问题。像北京、上海这样的城市要靠财政，养老金 800 块也撑不起这个老龄化的社会，相反若能够回到本乡本土，回到亲情回到邻里里面去，那当然是一个路子。还有一个路子是我自己胡乱想的，如果批判地借鉴中国当年那个办法，大家上山下乡炼一颗红心（其实当年我们也并不都是流着眼泪下去的，也有唱着歌很高兴下去的），这个社会还是可以有一个良性的互动的，而不是连麻雀都东南飞，都跑到上海、北京来。确实也不可能都来，十几亿人，你能来多少？应该有一种可能，或者某种程度上到一定时候，社会的道德认知水平达到一定水准，我们能够建立一种软的制度。我们每一个大学生都是所谓"天之骄子"，都是在客观上踩着别人甚至牺牲了无数人作为铺垫才上来的。上来以后，无论你是当工程师、当科学家、当官员，是在上海、在深圳还是在广州，只要你还是中华人民共和国的一员，还有一个所谓中国的认同的话，一个人一辈子中就应该有义务为基层服务，比如为基层工作三年，至于这三年是在哪里干什么，在什么年纪去干，都可以很灵活地安排，根据自己的实际情况安排。但是应该有这么一个反馈回报或互动的机制。你看美国还有义务兵制度呢。我觉得我们是不是太奢侈了，上大学、在大城市工作，这样的机会，在十几亿人中太难得了吧！为什么不可以回报？也可以有你说的告老还乡制度、义工制度。其实现在已经有很多年轻人开始参与乡村建设、义务支援乡村教育等，我觉得这是可以把那些潜在的公共社会资源重新激活的，这是一种了不起的资源。过去我们用一种行政的办法一鞭子把人赶下去，不下去不给开饭。今天再也不能用那么生硬简单机械的办法了，但城乡之间总应该有一个互动，最后形成城乡一体化的良性发展格局。

听众戊：你经常谈到城乡一体化或城乡协调发展，能不能再展开一点？

黄：最近十年，我的一个基本想法是我们的农村和城市怎么能变成一体化的协调发展格局。我们有个研究课题，主题是城市贫困，但是我们说的城市贫困主要是进城农民工的贫困问题。现在政府的社会政策和公共政策中有两大块关注弱势群体。一块就是最著名的国家扶贫攻坚，国家的扶贫款已经下发到了各个县和乡，这面对的是揭不开锅、人均口粮不足三百斤的弱势群体；另一块是这些年出现的城市下岗群体，很大程度上政府对这两块已做了宏观制度上的安排。但其中也存在一些问题，主要是两套政策各自为政，各自覆盖各的，从社会保障角度说两者是分割的。

而更大的问题是农民工的贫困问题，这在两个政策的制度框架之外。20世纪80年代的农民工，一个月有200～300元现金收入，那个时候200～300元是多少啊。但是20年后的今天，至少很多东南沿海尤其是深圳及其周围的地方，如东莞，农民工的工资基本上没有动，仍是200～300元，也就是说，农民工的绝大多数是属于低收入群体。1997 年以后出现了一个新现象就是拖欠农民工的工资以及劳保、权益保护等问题，农民工利益受损很严重。1997 年东南亚金融风暴，中国在金融财政、银行上没有遭受严重损失，但就业市场上还是遭受损失了。一些"三来一补"、合资企业中的农民工实际上处于半失业、停业状态。但是这又不在下岗再就业的政策框架之内，所以他们一方面是处于社会的弱势，另一方面又在两个政策框架之外。

我们的研究有八个点，两个是大城市，其中一个就是上海，两个省会城市，两个地级市，两个县级市，分布在东西南北，包括少数民族地区。我们这个研究是想通过点上的经验研究（观察访谈乃至于培训），去发现这些农民工处于什么样的生存和工作状态。不仅是发现，而且看有没有可能在政策和制度安排上把他们也纳入城市一体化的管理，换句话就是回到最早的话题，城乡有没有可能形成一体化的协调发展格局。这其中很大的一部分就是城市发展的模式究竟应是什么样的，而现在的城市发展的模式有一个问题，就是：有关政府部门制定了一套比较奇怪的现代化指标，绿地要多少，楼要有多高，路要有多宽，这一切都是外在的指标。所有这些外在的指标没有处理弱势群体的问题、下岗失业的问题、外来人口无业无居的问题。我觉得现在城市化最大的问题之一就是一大套复杂无比的指标。我们用一套简单的所谓现代化的指标去测量，就很容易发现，伦敦、巴黎、东京、北京、加尔各答、雅加达、达卡等都成了同一个层次的城市，现代化的大都市。但加尔各答、雅加达、达卡等能称得上现代化的大都市吗？

中国和印度、巴西、印度尼西亚都是后发的人多地少的大国，虽然都面临着向外转移劳动力的可能性，但这些国家的劳动力转移问题必须还原到具体的历史语境中，才能理解在这些国家农村劳动力的转移为什么这么困难。如中国现在是 13 亿人口，到 2030 年是 16 亿人口。总的说来原则上要靠自我消化，自己的内在矛盾不能像先发国家那样向外部转移。西欧、北美基本是内部矛盾向外转移的，包括殖民、移民，以及战争、侵略，而这涉及最大的问题就是所谓的"城市化、现代化、工业化"，后发国家就不可能重复欧美的那种模式，不可能重复最经典的所谓英国的道路。英国道路最经典的不仅是人从农村进入城市，而且也包括向外移民、向外扩张、向外殖民，甚至发动战争，并且，这个过程少说也三百多年。我们有没有三百年时间去磨合出一个民主、合理、公正的社会？光从环境、生态、资源，包括人均耕地、淡水、森林的角度说，后发国家有三百年慢慢磨合的时间吗？这个账是算得出来的。全世界的任何学科，不仅是生态学，也包括经济学，所有的学科算出来没有说先污染再治理是划算的。先污染后治理成本更高，社会成本、经济成本、生态成本，没有哪一个算出来是划算的。西方的发展不仅是英国这一条道路，还有，英国其实也并没有经历过那么严重的污染，我们为什么要重复他们的弯路，甚至还要付出更高的代价？有的代价完全是可以控制或避免的。

加尔各答、孟买、雅加达、达卡、里约热内卢等城市满大街都可见无家可归的人，但是与中国有一个最大的区别，就在于一方面我们恨不得中国的农民明天就进城，取消户口，但另一方面中国农民有一个其他国家农民梦寐以求的保障，那就是一块地。而那些国家就是大农场，大私有化，最后农民就变成了自由人，没有土地，到城里找不到工作，无业，无家，最后无望（landless, jobless, homeless, hopeless）。这样一看呢，中国虽然问题很多，但从过去这二十五年来看，中国还是一直在追求比较有序而合理的流动，当然现在客观上还不算很有序很合理，不仅是拖欠工资，还有诸如教育、医疗等权益，城市人的偏见更要消除。

我们应该将城市理解为一个更广的城市（urban）概念。这个 urban 和 metropolitan 不是一个概念，metropolitan 是大都市，urban 也可以是一个镇，可以是一个人口相对集中、聚集的、非农业的，至少不是以农业为主的区域。印度的克拉拉在地理和经济上都有点像我们的贵州，人均收入最低，但是那里的识字率是很高的，人均健康水平也很高。整个克拉拉没有一个大城市，我觉得它的社会发展很好。当然克拉拉并不是一个模式，只是一个实践。他们那里叫 ruban，就是农村（rural）和城镇（urban）的结合。在这里看不见城乡的差别，也说不出这儿是乡，这儿是城，只是乡的一个和谐的发展格局。我现在倒没有在中国提倡印度克拉拉那样的 ruban，但是我觉得至少应该有一个城乡一体化的协调发展，那是一个勾连的关系、互补的关系，而不是分离的关系。是一种相对比较和谐的发展格局，沿海的发展不是以内地农村的衰落为代价的。

所以，从一个区域来说，有没有可能形成一个城市带，如上海南京苏杭一带、京津唐一带、广州珠江三角洲一带。江南自古以来是块文化宝地，但是用行政的办法区分出了江苏、浙江、上海，没有有效地利用这个地方的人文历史、地理一体化的优势，这种行政分割影响了地区间的一体化协调发展。中国的资源在很大程度上被行政体制给分割了，造成了很大的浪费。条块分割、资源分割、行业分割使得大量的资源在无形中给浪费掉了，而不只是腐败。

我们搞社会学的大多是半路出家，概念还是用简单的行政概念，我们跟着河南进北京拾垃圾的人，跟着他们一块儿去拾垃圾，但我们自己在写学术论文的时候，定义里还把这群河南人叫作外来人。而我觉得，从社会学的立场看，一个人只要在哪儿居住，在哪儿工作，在哪儿消费，他就是哪儿的人，这是社会学的一个最基本的常识。我觉得我们有些学者被行政的定义给框住了，这样一来，对城市人的理解就狭隘到了只是有城市户口的那部分。至于他们是候鸟型还是季节型、流动型，那只是城市中不同的类型。说他们流动性大，现在世界上哪个城市不是流动性大？城市是怎么形成的？都是流来流去才形成的，现代化、全球化，更是流动性大，它已经是一个常态，所以在定义上也要改变。

拿目前社区的定义来说，它讲的是行政规划的概念，一个居委会就是一个社区，一个行政村就是一个社区，这个社区讲的是行政划分。社会学的"社区"，可能大于行政概念的社区，也可能小于行政概念的社区。一个社区有个边界，这个边界也可能是无形的，最原始的社区当然是有边界的，比如是血缘的，边界很清楚。后来是地缘的、业缘的，它们的边界变得越来越模糊。但是社区仍有几个很清楚的东西在里面。第一，大家是互相认同的，才能形成社区，大家是咱们，有话好说。第二，所以，一旦回到咱们里面的时候，就有一种安全感，离开这个咱们，到茫茫人海大上海，就举目无亲，所以呢，这个社区不是上海，甚至也不是卢湾区，而是咱们知道的这个区域，好像谁都知道边界在哪儿，包括不识字的老农民。第三，在这个社区里，平时大家相安无事，一旦有事，就显示出凝聚力或团结，风险来了，强盗来了，"非典"来了，大家就有基本的互助和信任，因此也有安全感。

怎样建设小康社会？现在也有太多的指标。我觉得，老有所养，病有所治，各得其所，各司其职，人民因此就能安居乐业，也能相安无事。其实发达不发达不在于楼高不高、绿地大不大，不在于这个意义上的接轨，而在于有没有出现一个城乡一体、协调发展的格局，形成各得其所、各司其职的这么一个格局。相应的，如果城乡一体的话，城市的发展就不会以农村的衰落为代价，如果以农村的衰落为代价，就会出现第二个孟买、第二个加尔各答、第二个雅加达、第二个达卡。

城乡一体化的协调发展是和人联系在一起的。人作为一个劳动者，作为一个行动主体，作为一个能动的人，他可以有权利、有机会、有尊严。有些发展蓝图听起来好像是超前的、赶超的、接轨的，实际上有可能是为了一个而牺牲九个。这样一个城市等于在荒漠上建了一个海市蜃楼，它随时都可能被城外亿万的流浪大军、无家可归大军搞掉。即使全面实现小康、城镇化，2030 年50% 的城市化率，2030 年人口是 16 亿，农村就还有 8 亿人，这可不是一个小数。因此，无论是行政意义上或建筑意义上的城乡合理布局，包括城市里的人本身机会、权利等的合理布局，实际上对谁都是有好处的。反过来说，不协调发展、扭曲的畸形的发展。对谁都没有好处，对那些处于精英地位的人没好处，对大款也没好处。对谁都没有好处的东西，那还搞它干什么呢？

合理化的城乡一体化协调发展格局，背后应该有一些软性的指标，如安全感、信任感，也包括环境生态、服务设施、权益保障，等等。社会学应该有这样的贡献，应该把这些也纳入我们的视野，进入我们的话语、讨论和学术，慢慢地进入我们的公共媒体和公共制度，而不仅是路有多宽、绿地有多大。这些东西不管多细，技术意义上多精确，都是不够的。一个社会、一个社区、对一个现象的观察，应该是多维度、多取向、多重的。

（原文载黄平著《误导与发展》，中国人民大学出版社，2006）

# 什么样的未来更符合我们所有人？

## ——乡土中国与文化自觉

"各美其美"如果走到极端会有问题，就是老子天下第一，其他人的都不行；但反过来说，"美人之美"走到极端也会有问题，那就丧失了最基本的自信，什么都是别人的好。

## 两大问题的提出

费孝通先生去世后的短短一年中，政协、民盟，包括他工作过的社科院、北大、民大，都开过很多研讨会和纪念会，我想我们真正理解他、读懂他、继承他，需要很多年的时间，更重要的不是为了今天怎么怀念他，而是来探讨他提出的两个大问题：20世纪30年代他提出的乡土中国问题，90年代他提出的文化自觉问题。

费老当初做江村经济也好，在大姚村做广西的民俗调查也好，一直到20世纪80年代他重新出来主持社会学人类学的研究，他都注重做具体的实地调查和经验研究，比如他去研究西北的老百姓要不要养兔、怎么养兔等问题。那个时候一些媒体采访他问，您这么一位大学者，怎么去研究甘肃的农民要不要养兔？当时他回答：从我年轻时起就碰到怎么使中国的老百姓富裕起来的问题，简单说就是"富民"问题。他年轻的时候追求，包括通过认识乡土中国来研究中国该怎样发展，到了晚年他提出了文化自觉的问题。这个问题他晚年不断地讲，反复地讲，里面的许多深意我们并没有真正地理解。

十多年来，我自己在三类不同的人之间游走，一类是做"三农"问题研究的，基本上只是关心当下中国的"三农"问题，或者主要在政策层面做研究，许多研究做得很具体、很深入、很扎实；第二类就是广义的做文化研究的学者，也包括人类学学者，我们讨论很多价值层面，或是以理论形态来讨论价值层面的问题，包括中国文化、西方文化，乃至多元文化的问题；第三类也很重要，就是做历史研究的，他们可能既有现实观照又有文化视角在里面，但是主要从历史的脉络来理解。我有一个感觉，过去这三类人对话不多——当然有些人是有跨度的。如果我们能打破学科和领域的界限，将这三类人凑到一起来谈问题，可能会更有收获。

## 多元一体，和而不同

我觉得，"乡土中国"不只是一个描述概念，而更是一个分析概念、一个问题意识。如果费老健在，我想他也一定愿意与我们讨论，中国走到今天，甚至在今后很长时间内，中国最大的特性之一是不是仍然还是其乡土性？费老在《乡土中国》里，开篇就讲乡土中国有个特色是不流动的。而我在想，中国的乡土特色是否可能既是乡土的也是流动的？而这个乡土性，并不是说只有农民、农村才是乡土的，今天我们这些在上海、在北京的人身上是不是也充满着乡土气息？这个乡土气息未必就一定是落后的、不好的，要被抛弃掉，当然其中可能还有一些次要的、会被历史无情淘汰或被我们摆脱的成分。

这个问题甚至使我想到20世纪70年代初，提出解决资产阶级法权，毛主席引用列宁的话，说到我们是小资产阶级的汪洋大海。当时我们很年轻，以为小生产者就是农村种自留地的，然后跑到城里来搞买卖，需要"割资本主义尾巴"的对象。后来我接触一些老先生，包括冯友兰先生，也包括地位很高的领导，记得他们都说过：这个小生产者，或者小资产阶级、小农，其实包括我们这些人在内。冯老说包括他自己，我们都是小生产者，实际上不是说它好坏，这就是中国社会本身的乡土性。当然也可以说它是有文化的，比如现在人类学比较关心人际关系，以及一个由我及他的过程。如果乡土性是在这个层面上讲，那它就不是描述曾经有过的一个农村，随着走向现代，它就会被甩掉的问题，而是说它是不是可以成为一种"问题意识"。有了这个"问题意识"，再去讨论一个个的问题，比如说，"三农"问题、农民增收问题、拖欠农民工工资问题、下岗问题，那可能会有一个很不一样的视角。这是问题的一个方面。

另一个方面，即使带着这样一种问题意识，意识到了中国社会的乡土性——当然你还可以说中国还有别的什么特性——也仍然要进而去理解费老讲的文化自觉。我觉得，这个自觉不是简单弘扬自己的传统，然后张扬我们或者西方意义上的自主性，其内涵要丰富得多，也比我们自己现在讲的弘扬民族的优秀传统丰富得多。这个文化自觉又要回到"各美其美，美人之美，美美与共，天下大同"的话题。我记得费老80多岁时，在一次有国外学者参加的场合讲"多元一体，和而不同"，当时翻译好像很困难，而一旦翻译过去以后，很多国外的学者，包括一些很优秀的学者，都觉得有豁然开朗的感觉。

我觉得，"各美其美"如果走到极端会有问题，就是老子天下第一，其他人的都不行；但反过来说，"美人之美"走到极端也会有问题，那就丧失了最基本的自信，什么都是别人的好。其实这两种我们都经历过，认为中国是老子天下第一，只此一家别无分店，我们有过盛唐那样的辉煌，所以后来直到晚清我们都还认为只此一家。但晚清以后这个观念几乎就没有了，于是只剩下"美人之美"了，而且这个"人"好像只剩下西方一个了。其实在这种变成跪在地上、已经连自己的根都没有了的情况下，你也欣赏不了别人，所以费老在晚年提出"美美与共"才能"天下大同"，而且这个"大同"是"和而不同"。

因为我们希望看到的全球化不是同质化，而是"多元一体，和而不同"，那么如果带着文化自觉来处理刚才那个"问题意识"，处理养兔也好，养猪也好，增收也好，现在的城乡一体化协调也好，乃至新农村建设、合作化或新形式的合作也好，包括那种"差序格局"的理念，有没有一种新的可能？而不是出现很多搞农村研究的人所担心的，把新农村建设简单理解为村庄整治、修路，然后搞个什么文化站，再往这个站的墙壁上贴个什么标语的情况。

如果把这样一种问题意识和文化自觉作为一种思考路径，费老当初的努力，晏阳初、梁漱溟、陶行知他们的努力，还有牟宗三、冯友兰的努力，特别是毛泽东等自20世纪二三十年代以来的努力，也可以进入一个脉络里面，包括我们处理所谓的"短期内的将来"，至少有这么一笔丰厚的文化资源在那儿。就像我所在的社会学界，无论讨论什么，每次讨论一定不是韦伯（Max Weber, 1864 – 1920）就是涂尔干（Emile Durkheim, 1858 – 1917，法国社会学家），除此好像就没有任何别的文化资源可以借用、调用了，甚至包括想象也没有了。

我觉得这可能是因为既丧失了问题意识，也丧失了文化自觉。以后就变成了——不只是学术界和广义的文化界，还包括操作或实际的层面——有时候不假思索就认为一定要那样，一定要符合那个曲线、那个模型、那个警戒线。甚至有过一次最可笑的是，听说基尼系数达到 0.4 就不得了，而中国现在才 0.39，很多人认为那就没问题了！

再有，我觉得中国的问题意识或文化自觉的丧失，很容易找到教条主义、本本主义、洋八股、新八股、新新八股和当今的各种八股的影子。现在一开会、一发文章都是八股，包括打开电视。本本主义肯定妨碍了立足本土、从本土生出问题和对问题进行阐述和做出可能的解答，这种本本主义毫无疑问直接妨碍着我们的思想和想象，但是如果看 20 世纪八九十年代直到今天还在困扰我们的问题，其实也和冷战结束是有关系的。

二战结束进入冷战时期，第三世界纷纷从殖民地、宗主国独立出来，重建家园。这些国家的发展，提出了很多不同的思路、经验、问题和对问题可能的解释。实际上在冷战期间及之后，大量这样的东西要么没有进入我们的视野，要么即使翻译出版了，却躺在书架的某个犄角旮旯里。今天去看，不管是商务、是中华、是三联，还是一些完全不知名的小出版社，都有很多这样的东西，有些甚至不断地重印，但是基本上没有成为我们讨论中的一笔资源或可能的经验，哪怕是借鉴。乃至今天有些人在讨论中国问题时，真正的问题并没有进入我们的视野，很大程度上不只是由于我们的教条主义，而是由于有这样一个大背景。即使有一些没有受教条的影响，是不是还受大的冷战和冷战结束的影响，以致我们看不到费先生提出的问题的重要性，也看不到在 1945 年以后亚非拉各个地区的实践、经验、问题和他们从那些问题里生发出来的不同解释。那些基本上在我们的脑袋之外，这是一个很大的问题。

## 发展主义加消费主义陷阱

再一个就是我们现在面临全球化的问题，其中之一是农村问题。即使是就事论事地讨论三农问题，可能也需要换一个思路，也许最重要的问题不是怎么增收，而是怎么减轻农民的开销？另一个最重要的不是怎么解决他们穷的问题，而是怎么组织他们互助，怎么创建互助的农村社群、社区，里面还要有一种亲情、信任和自信？从这样一种思路出发，而不是从技术意义上再增加多少钱，再拨多少款，再去找投资、搞慈善和救济。这样去看"三农"问题也许会走出那个发展主义加消费主义的陷阱。看起来好像只有拼命投资、拼命讲钱才能解决问题，所以有了钱之后就拼命盖房子，不断翻新。当然，从这个看法里面可以深入讨论的不只是西方的消费主义，其实也有一个攀比问题，像浙江现在从修墓到修房子等现象，应该想想我们身上是不是也出了什么问题。下一个问题也一样，就是为什么希望做文化研究的和做历史研究的也参加到当下"三农"问题的讨论，而不要只限于很小的圈子，即所谓的农研圈子里，哪怕他们做得很好。我觉得，如果我们注意一下本期《年度学术》讨论古希腊土地制、私有制起源，讨论英国公田制度，讨论明清以来的中国土地问题，如果我们也有这样的历史视野，对考虑今天安徽的问题、湖南的问题等，可能就会给我们一个新的角度。要讨论今天中国的贫富悬殊、城乡差距问题，如果我们能慢慢把类似南亚经验、拉美经验、非洲经验也作为研究的资源，结论可能会很不一样。或者说，至少是我自己，看了原来的历史经验和先贤的论述，例如宋代的土地问题，或者今天非洲的问题，有时候真是有一种豁然开朗的感觉。

最后回到费老，他晚年去过日本好几次，有一次日本学者问他，你是不是试图重新把中国传统找回来，只不过不用新儒家的办法，而是用人类学的办法把中国传统的资源找回来，以抵御全球化？费老当时一笑，说，其实不是这样简单的……费老当时的意思是说，中日之间可能有不一样，但是真正想处理的是，不管有一天科技如何发展，市场怎么竞争，那个时候最重要的价值我们还能够共存共享，最后能够"美美与共"。对于传统的东西，它其实是生生不息、还在不断延续的。不能说它就在那儿摆着，我们一下子能找回来就完事了。

我们更不是要拣起任何一个所谓的传统来抵抗全球化，而是寻找什么样的一个世界或者未来更符合我们所有人，不管它是哪个学派或哪个国家。我们真正追求的是价值，它就是"美美与共"，就是"和而不同"，这样才有可能"天下大同"。

（原文载《21 世纪经济报道》2006 年 9 月 11 日第 032 版）

# 健康：发展不能超越的底线

## 一 观察与假设

### （一） 观察

1. 本报告建立在如下观察基础之上：

（1） 改革以来的云南藏区社会①，并没有像西方发达社会那样按部就班地沿着"现代化的经典路径"有逻辑地递进，并没有简单重复西方社会在其早期现代化过程中出现过的一些现象：人口急速向城镇聚集并因而出现百万人口以上的大城市，但与人的生活和健康密切相关的基础设施和医疗服务等都跟不上人口的增长和聚集，结果是各种传染疾病增多了，在人口聚居区（特别是在贫困人口聚居区）蔓延得很快，流行病、传染病等夺去了许多人的生命，人们总体的平均寿命在一段时间内不是上升了，而是下降了。

（2） 相比较而言，本报告所依据的实地调查表明：云南藏区的城镇化50年来有所发展，但是还没有在当地出现大中型城市，即使是县城的规模也没有在改革以来的20年间内迅速膨胀，城区人口虽有所增加，但是还没有急速聚集，同时，由于一些相对符合实际的政策和制度安排，云南藏区的疾病控制和医疗服务水平50年来有了很大的提高，人们的身体健康和营养状况有了很大

---

① 本报告中的"云南藏区社会"即云南省迪庆藏族自治州内的中甸和德钦县城内的藏区社会。

的改善。①

（3）但是，由于地处偏远—高寒—贫困地区，适合当地经济—社会—文化的可持续发展机制是什么还不甚清晰，包括投资、贷款、援助、慈善在内的种种诱人"机遇"也很稀少，短期摆脱"补贴财政"和"吃饭财政"，并进而推动社会保障事业，改善社区村民的医疗条件的可能性并不大。②

（4）更有甚者，随着自上而下、自中心而边缘的急速开发进程和普遍存在的追求短平快心态，不但诸如环境生态问题，社会整合（而不只是狭义的"稳定"）问题容易受到严重忽略，疾病控制和医疗服务也可能进一步弱化，部分地区和人群（尤其是偏远地区的社区人群）中可能会出现经济收入有所增加，健康状况反而下降的情况，曾经在一定程度上受到有效控制的常见病、多发病反而又有可能蔓延开来。③

2. 因此，本报告认为，目前云南藏区（以及其他许多偏远贫困农村地区）的常见疾病控制和基本医疗服务问题，不可以简单套用西方发展的"经典路径"来解释，即是说，并不是简单的"工业化→城镇化→人口聚居但医疗服

---

① 朱玲在她关于医疗改革的研究中指出："中华人民共和国成立之时，农村广大地区严重缺医少药，居民健康知识和卫生习惯极为欠缺，地方病、传染病肆虐，人民健康指标属于世界上最低水平的国别组（World Bank，1997）。为了扭转这种局面，政府一方面投资于预防活动，着重预防那些严重危害人民健康的流行性疾病和严重威胁母婴生命的疾病。另一方面，整顿已有的卫生工作队伍，建立基层卫生组织。到1965年，农村绝大多数地区的县、公社和生产大队都已建立起医疗卫生机构，形成了较为完善的三级预防保健网。这其中，公社卫生院的运行在很大程度上依赖于社队财务的支持，大队卫生室则几乎完全靠集体经济维持。卫生室的房屋和器械由大队投资，流动资金和人员经费主要是生产队拨付。这些措施使农村缺医少药的局面大为改观，并最终带来全国人口健康指标的显著提高。仅就1950～1975年而言，中国的婴儿死亡率从195‰降到41‰，人均预期寿命从40岁提高到65岁（UNDP，1997）。这些平均数虽然不免会掩盖城乡和地区之间的差别，但它们的变化趋势毕竟足以反映农村卫生事业的巨大成就。为此，中国曾被国际上许多发展经济学家视为在低收入水平下通过公共支持实现社会发展的典范（Dreeze and Sen，1989）。"（朱玲：《公办村级卫生室对保障基本医疗保健服务供给的作用》，《中国社会科学》2000年第1期。）

朱玲的上述论述，对云南藏区的情况，一般说来，也是适用的。本研究过程中与云南省、州、县、乡、村的医疗系统的公务人员和医务人员的多次访谈、座谈以及有关资料，都印证了上述判断。参见本报告第二部分《迪庆医疗卫生现状》。

② 关于云南藏区财政状况的分析，参见本课题组李实撰写的分报告《创建财政增长与经济发展的互动模式》，王洛林、朱玲主编《后发地区的发展路径选择》，经济管理出版社，2002。

③ 主要是指结核、痢疾、肝炎等。本报告将不涉及各类疑难病，如心脏病、脑血栓、癌症、艾滋病。

务滞后→疾病蔓延健康恶化"的过程。

比较而言，本报告更倾向于从以下角度来看待目前云南藏区在疾病控制和医疗服务方面的问题。

（1）从发展的格局上看，作为后发地区，云南藏区如其他偏远地区一样，面临着巨大的地区、部门（行业）、社区、群体的不平衡，其既表现在机会、资源、路径等方面，也表现在结果、受益方面。例如：该地区的经济发展和社会事业都不仅明显落后于沿海开发地区和内地的城市地带，医疗服务和身体健康方面的改善也落后于边远地区自身经济的增长和技术等方面的改进；目前的西部大开发，旨在改变东西部的地区差异，但东西地区差异的缩小或拉近并不一定意味着必然伴随一个地区内城乡差异/中心边缘关系的改变，"西部大开发"并不必然会使类似云南藏区这样的偏远地区很快直接受益，尤其是不会使偏远地区的弱势群体很快直接受益，而更多的是把前 20 年对东南沿海和大城市的倾斜开始向西部的省会城市和西部其他的大中城市转移，更偏远的山地和农牧区很有可能继续处于不利的地位，甚至还有可能出现西部的大城市开始与东南沿海陆续"接轨"，却把西部的偏远地区甩到更边缘的位置的局面。

（2）从体制上说，到现在为止，可以说，还没有成功摸索出各种适合中国偏远贫困山区具体情境的制度安排或政策框架，各贫困山区和少数民族地区更多的是以沿海或大城市前一段的发展（或更准确地说，大开发）为模式和榜样，而在"模仿"和"追赶"的过程中，常常出现为增长而增长，为发展而发展的盲目开发或破坏性开发；在此过程中，越是边远的贫困山区，越是急于追赶或仿效沿海和大城市的发展速度或模式，就越要付出更高的环境成本、社会成本和健康成本；这些地区虽然并不会很快实现工业化和城镇化，但是在疾病控制和医疗服务等方面确实面临很大的挑战，人们的健康状况也有可能出现起伏或反复，某些曾经得到控制的常见疾病和传染性疾病在部分社区再度延开来的可能性仍然存在。

（3）在发展的思路上，由于新一轮发展势头很猛，在贫困地区又特别强调引资、招商、贷款、开发、旅游（同时也开始往重技术教育乃至改造传统农牧业），但是有可能忙于这些具体领域中的繁重而烦琐的工作，忙于使各项工作达标以确保自己的"政绩"，忙于应付名目繁多的检查和视察，却忽略发展的根本目的并不是各项指标的增长，并不是统计上年度人均收入或人均GDP的增加，而是切实改善人们的生活质量，包括物质生活（财富量只是一个方面，舒适感是更重要的方面）和精神生活（文化活动类型、次数、设施也只是外在的指标，更具有意义的是安全感、信任感、社区成员间的认同程度和整合程度、身心健康状况）的质量；在理论上，引资、招商、贷款、援助、慈善、旅游、教育都不是不可能促进健康保健和提高医疗服务的水平，但是，由于后者在发展思路上是派生性的，其本身在各地的发展过程中并没有体现出重要性，因此也有可能在实际的盲目开发/过度开发过程中带来新的环境污染和疾病蔓延；由于开发和旅游等急速推进，外来人口的急剧增加，各类餐饮、娱乐站点也急遽铺开，防疫检疫都会明显滞后，从而有可能出现新老疫病交错、旧病复发、新病难防的局面，其不只是器械、设备方面的问题，或医疗人员的数量或水平方面的问题，更是发展思路上的问题，在只要是外来的投资（特别是"外商的"投资）就必定有利于当地发展的思路下，健康与疾病问题要么可能被忽略，如健康教育就没有被算作教育，更没有被看作发展的重要环节；要么仅仅作为附带的或仅仅是为发展服务的工具，如社会生活中的人被还原为人口—劳动力，后者又仅仅被看作促进经济增长的要素，人自身的健康和满足感让位于他们为发展—增长贡献了多少产值和利税。

## （二）假设性命题

随着经济的增长和收入的增加，医疗服务水平和健康水平也应有所提高，从总体上说，不应出现收入的增长赶不上医疗方面支出的情况。进一步说，卫生与健康，关涉人民的福祉。改革也好，发展也好，都是为了提高人的生活质量，增进人的幸福感受。人的身心健康状况，既是社会发展的重要指标，也是社会发展不能突破的底线。

本报告基本的假设性命题是：

（1）相对适合偏远山区具体情况的制度安排和发展思路，只能是在经过多年的实践探索之后才可能逐步找到，而经过了20余年的改革和发展，云南藏区的各级干部和群众已经积累了相当丰富的经验，已经有条件开始把经济—

社会—文化—生态的协调作为 21 世纪制度创新的起点。[①]

（2）不论物质条件多么困难，也应该从可持续发展和以人为本的角度来考虑云南藏区（以及其他偏远贫困地区）下一步的战略，发展的思路也应该是多方位的、综合的，虽然在任何一个特定时期内，一个特定地区中，会有所体重，有所舍弃；某一类单项切入（例如从教育入手，或从灌溉开始）也不是不可行的。

（3）大量的不同的研究都从各自的角度表明，先破坏（包括破坏人的身体健康）后修复，先污染（包括使人的身心受污染）后治理，不仅经济成本更高，而且极有可能会导致社会关系的解组和人们生活质量的下降。

（4）基本医疗防疫保健，带有福利的性质，是政府必须要承担的责任，而不是要往商业化方向发展的产业。在偏远贫困山区，即使进行社会保障制度方面的改革，也要着力于社会保障，而不是商业性保险。这是再造农村合作医疗制度时必须注意的关键环节。

（5）云南藏区的医疗卫生工作，在当前和今后一个时期内，主要是如何确保医疗、防疫、保健在现有基础上完善，常见病、多发病如何得到基本控制，医疗服务如何更深入、更持久。而为了这个目标，除了硬件方面的基础建设（医院建房、购置设备）外，更重要的是对基层医疗人员的制度保障和多种形式的业务培训，对社区成员的健康教育和提供必需的防疫免疫的医疗保健。

## 二　迪庆医疗卫生现状

### （一）全省卫生事业状况

云南省 20 世纪 50 年代初期以来医疗卫生事业有了很大改变（见表 1）。人均寿命从 50 年代的 35 岁提高到 1995 年的 66.4 岁。

---

① 所谓创新（Innovations），自从熊彼特以来，主要被理解为去发现已经存在的潜在动力，并在此基础上，探索把这些潜在动力勾连起来从而产生出新机制的可能性，其中，基层组织和干部群众的经验是最重要的参照资源和创新源泉。

表1 云南卫生事业变化情况

| | 医疗机构（个） | 医务人员（人） | 床位（个） | 传染病发病率（10万分比） | 孕妇产死亡率（10万分比） | 婴儿死亡率（百分比） |
|---|---|---|---|---|---|---|
| 20世纪50年代初 | 96 | 991 | 615 | 4109 | 1500 | 30 |
| 1999年底 | 11875 | 148429 | 97197 | 207 | 101 | 3.7 |

资料来源：《云南卫生工作简报》，2000年8月31日，昆明。

## （二）迪庆卫生事业状况

### 1. 迪庆州

根据省卫生部门的资料，全州到1999年底已有各级卫生机构70个，其中28个是乡镇卫生院；全州182个行政村中有174个有村卫生室（靠近乡镇的村不设卫生室），乡村医生227人，卫生员478人，农村接生员365人。

### 2. 中甸县

1911~1949年的38年中，中甸的死亡率很高，人口年均仅增加0.56%。20世纪60年代以后，死亡率下降很快，1965年1.3%，1970年1.0%，1980年0.8%，1990年0.64%。1990年，因病死亡的占20%~35%，婴儿死亡占10%~15%。死亡率从1959年的1.54%降低到1990年的0.646%。中甸的人均预期寿命1990年达到62.8岁。[①] 到1999年，中甸的婴儿死亡率降低到0.3695%，孕产妇死亡率从1990年的0.307%降低到1999年的0.123%。[②]

### 3. 德钦县

1951年全县只有一家医院，5名医务人员。到1998年，已经有卫生技术人员220人，乡级卫生院达到6家（129名医务人员），41个行政村全都有村卫生室（67人），村民小组另有卫生员（137人）和接生员（78人）。全县每千人拥有卫生技术人员3.79人。[③]

### 4. 几个重要因素

云南藏区在医疗卫生方面取得的成就，固然与当地社会经济的发展有密切

① 《中甸县志》，云南民族出版社，1997，第120~142页。

② 《中甸卫生工作情况》，2000年9月，第9页。

③ 《德钦县概况》，德钦县志办，2000，第30、80页。

的关系，但是，云南各级政府所做的各种比较适合当地情况的制度安排，是不可忽视的重要因素。这些安排包括：

（1）云南藏区从 1990 年以来在所有行政村普遍建立或恢复了村卫生所，配备了乡村医生，并由县财政和县卫生部门解决其工资待遇，从各县回销粮中解决其口粮，由村公所提供村卫生所的房屋和乡村医生的住房，目前全州村卫生室普及率达到 100%，基本做到了"人员、房屋、设备、垫本、报酬、制度"六落实。

（2）云南藏区的医疗与防疫、保健没有从体制上截然分开，在每个乡镇的医院都建立了预防与保健组，落实了专职的防保人员，做了大量疾病预防和妇幼保健工作，巩固了预防和免疫成果，农村初保和妇幼卫生保健工作组织落实较好，1999 年底计免四苗覆盖率保持在 90% 以上，全州新法接生率达到 46%，住院分娩率接近 28%。

（3）云南藏区存在着藏医的传统，近年在藏医、中医和西医结合方面做了许多努力，培养和培训了一批藏医和中医，缓解了西医人员、器材和药物不够所造成的紧张。

## 三　调查中的一些发现①

### （一）实地调查中看到的成就和难题

**1. 成就**

改革开放以来，尤其是 20 世纪 90 年代以后，医疗卫生事业有了很大改进，县里自办或委托州办乡村医生职业高中，培养了几百名乡村医生。现在，农村三级医疗—预防—保健网络现已基本形成。这在我国偏远少数民族地区中（特别是藏族地区中）是了不起的成就，是云南各级政府和藏区的干部群众共同努力的结果。

---

① 本次调查得到了省、州、县、乡各级政府和医疗部门的大力支持，也得益于村民委员会和村民自身的大力配合。以下"发现"更多地来自他们的资料或口头叙述，包括对当地 200 余人做的各种形式的访谈，如果其中有任何不准确的地方，一概由本报告执笔人负责。

## 2. 难题

但是，必须看到，迪庆州文化教育水平和基础设施相对滞后，经济社会发展的起点较低。特别是其地处高寒山区，交通极不方便，虽然按照每千人计算的医务人员较多，但实际上平均每个医务人员所覆盖的地区太广、太陡。尤其是一些偏远的村落，村民的物质生活水平很低，卫生意识也很差，卫生事业发展非常缓慢。许多人还处在小病不用看、大病看不起的状态。所谓"小病不用看"，并非以为它们可以自己慢慢好起来，而是或不愿意付钱/付不起钱，或是村卫生室、乡卫生院路途太远；而"大病看不起"不只是因为县医院才有能力看大病，更是因为治疗大病更昂贵。于是常常出现这样的情况，病人一直要拖到实在不行了，再匆忙被抬到县医院，抢救不仅要花掉更大一笔钱，而且也不一定能抢救过来，最后还使家人欠下一大笔债务。结果往往是小病拖成大病，"因贫致病，因病返贫"的恶性循环现象还比较突出。本课题的入户调查资料也显示，社区中的农牧户，要么没有医疗开支，要么医疗开支就特别高，有的可高达总开支的18%，比全国农村的平均医疗开销要高得多！①

另外一个比较值得注意的现象是，传染病及其他一些疾病发病率有上升的趋势。这既包括痢疾、肝炎，也包括结核、性病。有的村几乎人人咳嗽带血，县乡干部望而却步。② 当然，这里有许多具体原因，例如：痢疾和肝炎以及红眼病、皮肤病比较多地发生在寄宿学校和其他人口较密集的地方，饮食和器具习惯也是触发其流行的重要因素，其中痢疾发病率到夏天特别高，红眼病、一般皮肤病则没有在统计之列；结核则与当地奶制品的制作和保存方式有关；麻风是因为1984年以后改变了原来的集中居住治疗办法；而性病（梅毒、淋病）在1950年以前没有普查过，1952年以后开始进行免费治疗，到1964年已基本灭绝，1990年以后再度出现，与旅游业的兴起而基础设施跟不上、观

---

① 没有医疗开支，可以是小病不用看的结果，当然也可以是没有任何疾病所致。医疗开支特别高，反映了小病拖成大病以后再不得已花钱治病的情况。需要注意的是本次调查的户收入在当地是比较高的，离乡医院也比较近。参见魏众撰写的分报告，王洛林、朱玲主编《后发地区的发展路径选择》，经济管理出版社，2002。疾病在许多情况下是返贫的主要原因，但是关于脱贫的统计大都没有反映出这样的问题。

② 有的县的负责文教卫生的主要县级干部也染上了传染病。

念—制度上的漏洞都有关系。[①]

值得注意的是，有些传染病过去控制得比较好，现在不能因为搞活而使它们再度蔓延，或者，应验所谓"财神跟着瘟神走"。即是说，许多时候不到疾病蔓延就没有财力上的投入，而由于基层要完成各种卫生、防疫和保健方面的指标，常常出现漏报或虚报现象，待到发现一旦真有了疫情就可能有上面的专款投入时，又反过来大夸大疫情。

### （二）新的改革势头给当地带来的机遇和顾虑

**1. 机遇**

改革给云南藏区的医疗事业带来了发展的机遇。用人制度和行医方式都比过去活了。有些定向培养的中专毕业生与用人单位实行了签约，例如到村卫生室工作若干年；也有的医院把门诊开到了临街的地方，既方便了病人，也增加了门诊收入。

**2. 顾虑**

本次调查也发现在云南藏区工作的医务人员和干部群众有一些顾虑。主要是：

（1）财政政策要求与实际困难之间的差距较大。

20世纪90年代后期以后，云南藏区的各县乡的医疗单位都被财政上要求进行差额预算，各个医疗单位（实际上落实到每个个人）要自找工资10%～30%（各县有差异），事实上改变了原来贫困地区实行福利型医疗卫生保健的做法。医务人员开始对病人做不必要的检查，开不必要的处方，增加了病人的负担。许多村民小病不看，就是因为看病越来越贵。

而且，这样的安排导致了医务人员在基层的声誉下降，很多病人及其家属认为医务人员是赚钱为主、治病为次。本次被调查/访问的许多医务人员和机构并不愿意看着本来就经济困难的病人再多交钱，更不愿意被看作"赚钱专业户"，就仍然按照原来的价格收取挂号费和门诊费，结果是，几年下来，医务人员自己的工资都降低了10%～30%。

---

① 《中甸县志》，云南民族出版社，1997。

从全省的角度来看，新中国成立初期国家对少数民族地区的医疗费用是实行减免的，现在随着财政切块包干，国家的投入减少了，医疗人员提供的医疗服务面变窄了，普通人看病变得难了。

（2）很难吸引和留住医务方面的人才。

现在，随着经济和人才市场搞活，藏区很难吸引和留住医疗方面的人才，不仅当地人才往外跑，外地人才不愿来，而且，由于县财政困难①，医疗卫生方面即使只是中专毕业生，也分不出去或分不下去。

目前，关于县级机构精简的精神已经传下去了，许多本已签约到乡医院/村医务室工作若干年的中专毕业生担心自己要被首先精简掉，开始动心另谋他途，这也致使县州医疗部门和政府不得不担心医疗队伍会受到冲击，担心已经初步建立起来的三级医疗—预防—保健网络如何才能巩固和提高。按照州卫生局文件的说法，"村级卫生组织的巩固工作直接影响着初级卫生保健工作的正常展开"，既影响看病治病，也影响计划生育。

在云南藏区，特别是一些偏远的乡村，目前还处在缺医少药的状态，对传染病、多发病的控制力度较弱，医疗服务水平很低，乡村医生的待遇本来就很低②，一旦要精简乡村两级的医务人员，就会使病人看病更远、更难，也更贵。

（3）医务人员的业务培训机会更少了。

过去云南藏区是比较注重医务人员的业务培训的，这既与当地人员的业务水平较低有关，也与当地的制度安排使各级医院和医务室有一定能力派人出去学习有关，与上级医疗部门能够安排各种培训和进修有关。州政府过去一直鼓励医务人员就读该一级的医学院校，或赴外进修、请人来培训，而参加过进修或培训的医务人员一般都反映收获大。现在，由于财政状况和财政制度的变化，由省、州提供无偿或低收费培训的可能性反而降低了，北京、上海、昆明等地的医疗机构派人来帮助培训的机会也减少了。③

---

① 封山育林以后，财政上虽然有补贴，但是实际的困难程度无疑是更严重了。

② 这个问题在整个实地调查期间一再听到县、州、省卫生系统的干部和医务人员反映，这些反映者都没有提出自己的待遇问题，也说明他们反映的问题是比较普遍的，反映者并不只是在为自己争待遇。

③ 境外或香港还有一些资助，如由境外的活佛出资、在拉萨兴办的藏医培训班。

（4）从以药养医到医药分开，给乡村医疗机构造成新的压力。

他们担心，这实际上是给药业和药贩带来了牟利的机会，最后还是把负担加在了病人身上，医务人员自己不仅得不到什么好处，反而还会有损声誉，病人的就诊率也会在实际上降低。虽然有的县采取了限制药商、药贩的措施（实际上是一种被迫搞的地方保护），但是前述 10%～30% 的差额并没有因此补上。以药养医的时候，病人对医务人员的抱怨比较多，但是医生还大都知道用药的界限和病人的承受能力。医药分开后，如果药业进入市场，边远地区又没有多大力度打击假冒伪劣，病人自己更难辨别真伪，乡村医务人员自身也不再考虑如何用药的问题，他们给人治病的积极性反而有可能降低。

# 四 分析

## （一）制度

### 1. 社会经济制度

在云南藏区，20 世纪 50 年代以后建立的一系列制度，为后来的经济和社会事业发展设定了一套路径，其中对于卫生医疗，基本上是按照福利原则安排的。虽然从卫生机构和人员数、人均预期寿命、疾病发病率、孕产妇和婴幼儿死亡率等来看，云南藏区原来的基础很差，但是在新的体制下，经过半个世纪的努力、尝试、摸索和曲折发展，现在已经初步具备了制度性条件，使社区一般成员在脱贫过程中开始享受到医疗防疫保健网带来的好处，许多疾病得到了控制。

### 2. 改革和新的制度安排

改革以来，主要是通过放权和体制的调整，以及根据当地的历史和现实情况（偏远、山高、贫困、少数民族）所做的具体考虑，医疗、保健和防疫事业在云南藏区有了长足的发展。其中比较令人注目的特色有两个：①乡医常年在村里为村民提供基本卫生服务，但不给村民增加负担，而由乡政府和乡医院承担其工资或劳务待遇；②云南藏区在基层没有从体制上把医疗、防疫和保健截然分开，同时还越来越重视藏医、中医和西医的结合，注重为当地培养和培训村医，并开始探寻、再造农村合作医疗的路子。

### 3. 财政体制、医疗体制和机构设置

从 20 世纪 90 年代后期开始，医疗系统从业人员的工资不再是财政上的全额拨款，现在改革更进入了精简县乡机构的阶段，医疗系统开始准备要医药分开。在这种情况下，原有的优势如何发挥，原来的基础如何巩固，都成了新的难题。现在，赤脚医生从体制上已经不存在了，他们要么回家务农/牧去了，要么成了私营诊所的从业人员/自雇人员。如果乡医（特别是驻扎在村子里的乡村医生）的待遇和编制出现大的变化，势必影响整个基层社区的医疗—防疫—保健网络。简单指望带有太浓商业色彩的医疗保险，或靠村民自己出钱办合作医疗，在偏远的少数民族山区是很不现实的：要么保险或合作金额太少而解决不了什么问题，要么给农牧区群众再增加一块负担，实际上他们也还是负担不起。① 这里的问题在于，基本卫生（医疗—防疫—保健）不能当作一种靠市场运作的产业，也不能指望都单靠合作医疗或商业保险。基本医疗和防疫、保健作为公共产品，至少在偏远贫困地区，主要还是社会福利性和社会保障性的。

### 4. 制度上的选择

目前在吃饭问题得到基本解决的情况下，当地各级政府开始考虑以旅游为龙头带动农牧业和其他行业。这在当地是经过多年思考和实践后做出的选择。需要注意的问题是，旅游业并不必然（更不马上就会）导致卫生条件的改善，反而还有可能出现新的疫情和病原（HIV 只是一例），例如餐饮业和旅馆业快速发展起来，但是其卫生条件既不尽如人意也不符合卫生检疫标

---

① 如朱玲所指出的那样：经济改革以来，全国县乡卫生机构的资金来源中财政拨款所占的份额逐渐下降，这些机构的运行越来越多地依赖于收费。农业集体生产组织解体之后，保留村级卫生室所需要的资金来源就成了问题。卫生室服务的人群一般规模不大，服务收费所得不足以维持其正常运行。绝大多数中低收入水平的村庄，仅仅是为了维持本村行政管理，就不得不从一个个农户那里去索取必需的资金。对这些村委会而言，这种筹资方式与生产队收入分配时的提前扣除法相比，组织费用要高得多，即便是出于节约交易成本的考虑，也会促使它们放弃为卫生室筹资。在这种情况下，全国 50% 左右的村卫生室变成了个体医疗点（卫生年鉴编委会，1999）。还有一些卫生室在形式上承包给了卫生员，但实质上由于村委会放弃了管理而与个体医疗点没有什么区别。据此可以判断，农村集体经济组织的解体导致了基层卫生机构规模巨大的私有化。这意味着原有预防保健服务体系组织结构发生巨变，它无疑会对基本医疗保健服务的可及性和可得性产生强烈影响（朱玲：《公办村级卫生室对保障基本医疗保健服务供给的作用》）。

准，再如黄、赌、毒的出现，在这两种情况下都会带来健康和疾病方面的严重后果。

### （二）社会

#### 1. 发展指标

按照 UNDP 的有关社会指标，如人均寿命、人均识字率，目前云南藏区的社会事业发展在整个藏区中是比较高的，但比起其他地区来并不算高。如果把人际信任感、社区中的安全感、社会的互助和支持系统的有效性等也都考虑在内，云南藏区又有很好的社会发展基础，这是其他许多地区所不及的。还应该看到，云南藏区人的素质并不低，尤其是他们没有严重的性别歧视，在生育上也不重男轻女，这本身是很重要的社会资源。

#### 2. 几个关系

现在云南藏区的总体发展势头给人留下了很深的印象，从州到县，从县到镇，上上下下都有一股劲头，要在 21 世纪前期有所为。同时，外界对云南藏区也开始有了特别的关注。"藏区"本身就是一个热点，"香格里拉旅游"又是一个新的热点。但是，这里也与其他藏区或少数民族地区一样，面临着如何处理好一系列关系的问题，如：经济增长与社会失范的关系、短期经济效果与长远社会利益的关系、本地发展与周边地区的开发和破坏的关系、外来经济文化标准与本地传统宗教的关系，等等。这些关系，主要涉及新的利益关系格局的调整，而不只是认识上、观念上跟得上跟不上的问题。其中特别重要的是，既要把握趋势、潮流，更要考虑多数人在这个过程中受益与否、受益多少。而所谓"受益"，一个很重要但常常被忽视的内涵，是指人们在身心健康上的状态和有疾病的时候所获得的医疗服务水平。

### （三）文化

#### 1. 藏族文化如何看待生活

云南藏区的文化中有景仰自然、崇尚美德的传统，即使是在高寒山区，他们也把生活理解得比活命和挣钱要丰富得多。藏传佛教和民间宗教都有与自然及其生灵和睦相处或拜之为神的传统，藏医也在民间流传至今。20 世纪 80 年代以后，云南藏区建立了自己的藏医院，这些年陆续定向培养了许多藏医。①民间也有转经/转山的风俗，除了有信仰因素外，客观上既是一种锻炼（包括转山中的天然药浴），也是某种心理调节。

**2. 云南藏区的疾病与生活方式**

必须看到，由于种种历史的、经济的和文化的原因，有些疾病也与云南藏区的生活方式有关系。结核菌在奶制品中滋生和残留只是一个例子。控制和治疗常见的疾病（包括肠道传染病），既与如何提高经济水平和生活质量有关，也与如何改变某些传统生活方式/观念相关。这些年在推广疫苗接种方面云南藏区做了很多有益的推广，新法接生也在逐渐改变人们的观念和习惯。但是诸如妇科疾病、婴儿肠道、呼吸道和皮肤疾病等，很多与此有关的习惯仍有待调适或改变。

# 五　几个方面的设想

指导思想：以基层农牧区为重点，以预防为主，藏、中、西医结合，防、保、医并重，增强疾病控制力度，提高医疗服务水平。

云南藏区发展到今天，已经有了一批既有管理能力也懂当地实际的人才，但医疗防疫保健方面，至今没有一项适合偏远少数民族地区的医疗卫生政策出台，而是按照统一的指标去衡量和验收，而在实践中，由于指标太多，反而流于形式。特别是，这些指标很多是从外在角度去衡量的（例如人均医生或床位拥有量），即使是考虑到生活质量，也对死亡率计算多（如人均寿命或孕产妇及婴幼儿死亡率），对日常生活中的病痛衡量少。

但是，这样的问题不是云南藏区自己能够解决的，省里也只能在全省范围内做文章，如果能够把偏远少数民族地区的卫生健康事业再做通盘考虑，就有希望改变"一刀切"的现象。现在，云南已经决定在边境乡村免去学生的全部学杂费，基础医疗保健方面如能有比较大的制度调整，也会有利于提高当地

---

① 遗憾的是，藏药却越来越贵，或越来越难采；许多专门培养的藏医人员不得不转而从事中医或西医。

民众的生活质量和健康水平。

偏远贫困地区基层的基础医疗防疫保健是需要由政府提供的公共服务，带有社会福利和社会保障的性质。本报告所涉及的主要是在这个限度内的问题，而没有讨论疑难症或大手术之类。本报告主张，社区成员的基本医疗、防疫和保健，应做到在乡村两级的卫生院和医疗点解决。为了做到这一点，就要考虑以下几方面。

### （一）体制方面

（1）继续坚持在制度上把基层社区的医疗、防疫和保健工作为一个整体来安排，防止出现重医轻防、重药轻医的趋势，不搞以药养医、医药分开。

（2）合作医疗试点，需要考虑藏区的实际，如何结合藏、中、西医，调动政府、集体、个人几方面的资源，而不是简单地朝着"老百姓出资"的方向走，因为靠老百姓自己出资搞合作或保险，就意味着越穷就越没有条件。①

（3）基础医疗防疫保健网立足解决常见病，不从体制上安排基层卫生系统解决重大病症和疑难病症，但是乡医院可以考虑逐步提高医疗服务的水平，特别是软件服务水平。

---

① 朱玲在其他地区的研究表明，农村医疗保险面临着一系列两难：首先，如果将规模微小的基金仅用于补偿经济风险较高的疾病治疗费用，则因受益面太小而难以保持较高的缴款率。如果将补偿重点置于发生频率较高但治疗费用较低的疾病上，受益面虽然较大可是并不经济，因为它既导致较高的管理成本，又增加患者的交易费用。其次，无论在哪里，都是高危人群拥护建立合作医疗基金，健康人群却不愿参加。最后，患病人群和低收入人群不相重合，在按人头平均收费和只报销部分医药费用的情况下，即使对低收入人群设定较低的报销起点和较高的补偿封顶线，由于收入较高的人群一般比低收入人群更多地利用卫生资源，还是可能受到低收入人群的补贴。可是，倘若根据收入水平缴款，一方面由于必须确认居民户的收入而增加村委会的筹资成本，另一方面还会因此引发农户和村委会之间的纠纷。而如果放弃部分补偿医药费的原则，那就无法防止患者的过度消费行为。朱玲认为："这些两难的问题在目前推行的合作医疗保险制度框架内是无法解决的。多数从事制度试验的人已经意识到，实行强制性的社会医疗保险将不失为一条出路。但是那只可能在乡村工业化程度高、居民普遍于全国农村最高收入组的县域内起步。至于占全国农村大多数的中等和欠发达县，则需要通过调整供给组织、规范医药市场和加强社会救助等干预手段来改善基本医疗保健服务的可及性与可得性。可见，在一个县域内推行社会医疗保险既要以较高的工业化程度和农业人口较高的收入水平为前提，又需要具备地方法律的强制、行政组织的配合和专业化的保险管理等条件。"（朱玲：《乡村医疗保险和医疗救助》）

## （二）财政政策方面

（1）从县财政或省财政全额保证偏远乡村的医疗系统业务人员的工资和福利费，不要他们自己搞"创收"，也不在基层医疗系统搞"财政包干，节余归己"。

（2）对基层卫生事业的投入，房屋建设和设备购置在其次，更主要的是加强农村防疫保健以及改水改厕、健康教育等方面的投入。

（3）在村医疗点上，基本医疗和常用药品对边疆地区和偏远山区的病人实行减免，其他地区和人群可以搞政府或非政府医疗救济基金。[①]

## （三）业务方面

（1）加强对乡村卫生（医疗防疫和保健）人员的经常性、实质性培训，培训的地点也可以在现场，而不必每次都要他们到县、地、省里的"培训中心"去。

（2）继续在中专卫校为基层社区定向培养乡村医生，卫校和医学院对边疆民族地区定向招收学生，降低录取分数线，减免学费。

（3）与教育系统合作，把以行为改变为主导、生动图片为形式的健康教育作为农牧区小学卫生—健康课的基本内容，课程要有作业，有成绩。

## （四）人事方面

（1）对乡村医生的考核主要看出诊率、治愈率和防疫接种面，而不是卖了多少药、盈了多少利。

---

[①]  朱琦曾提出：建设有效运行的公共卫生服务体系，推行预防为主和采用低成本高效益医疗技术的方针，有可能保证人人享有基本医疗保健服务，然而却不可能完全防止因病致贫、因病返贫的现象发生，因为这些干预供给的手段不具备分散风险的功能。具有这种功能的是商业健康保险和社会医疗保险。然而前者排斥健康状况不良的人群参保，后者需要具有较高收入水平的大规模参保人群、国家或地方法律强制、法定保险公司具有较高的基金管理水平和良好的信誉等前提条件。这些条件在我国绝大多数乡村地区尚不具备。相形之下，直接设立政府或非政府医疗救济基金来扶助贫困人群，才是更为经济可行的办法。

（2）乡村医生由县卫生系统管理，坚持和完善把乡医派驻到行政村的制度，不能把基层的医防保人员完全精简掉，对乡村医生的人员精简不应低于一（行政）村一（编制）人，并继续由乡村医生负责日常的医疗、防疫、保健和计划生育，基层的医疗人员/机构不宜私有化，不搞成个体户、"赚钱户"。

# 六　简短的结语

本报告由于是以实地的个案调查为基础写成的，对于前面提出的几个基本的假设性命题，不是用大量数据去验证，而是要在整个调查中考虑它们的适用性，并在此基础上为今后的进一步研究做出思路性的框架。

现在，可以说，对于云南藏区的防疫—医疗—保健工作，主要应立足于普通社区成员的健康，而不是他们的财富增长和他们所在社区的经济开发。从以人为本的角度出发：

首先，已经有可能把经济—社会—文化—健康—生态的协调作为 21 世纪当地医疗制度创新和医疗—保健—防疫服务的起点。

其次，由此出发，思路完全可以是多方位的、综合的，从长远来看也是可持续的，而不是重蹈先破坏后修复、先污染后治理的覆辙，从而保证社区关系的逐渐改善和人们生活质量的稳步提高。

再次，云南藏区（进而偏远贫困山区）的基本的医疗—防疫—保健，在一个很长时期内仍然会带有公共产品和社会福利的性质，也是各级政府必须要承担的责任，当然可以在局部范围内辅之以合作医疗和医疗保险的试点，但是更重要的是应开始在有条件的地方培育多种形式的医疗救济基金。

最后，所有这些，都是立足在确保医疗、防疫、保健在现有基础上完善，常见病、多发病如何得到基本控制，医疗服务如何更深入、更持久。而为了这个目标，除了硬件方面的基础建设（医院建房、购置设备）外，更重要的是对基层医务人员的制度保障和多种形式的业务培训，对社区成员的健康教育提供必需的防疫免疫和必要的医疗保健。

# 附录　访谈个案

### 访谈个案一：某乡村医生（男，藏族）

先说村里的大概情况吧。这个村全村有 350 多户，分为 15 个村民小组，2000 多人。生活主要靠农牧业，1996 年开始搞旅游，到 2000 年有 9 个小组的人参加了。说是旅游，也就两件事：一是布置自家的花园让游客拍照，二是给游客牵马。收入上有很大提高，1996 年以前人均也就 400 来元，这几年有 500～600 元了。当然，差距也大，多的一家有 4 万～5 万元，少的只有 1000～2000 元（五保户不算在内）。

我本人编制上属于镇的卫生员，到村里来"蹲点"三年了，原来在州卫校毕业，又到拉萨实习过一年。在州卫校和拉萨都是学的藏医。1994 年一起考上的一共有 40 人，每县各 20 名，就是学藏医。现在工作是中—西—藏医结合。（笑）

村里来看肠胃病的比较多，胃溃疡、十二指肠溃疡都有。风湿也多，但风湿都去州的藏医院去看，藏药比较有效，但也难治愈。30 岁以上的也有高血压，另外这里气候干，风大，打青稞灰尘也大，沙眼多。去年还有一次痢疾，小学里 9～12 岁的学生都染上了，70～80 人吧，我到学校去给治的，一个星期下来才治好。

产妇一般在家里分娩，这几年住院的多起来了，主要是离医院近的来，（不来的除了因为远）观念上也保守。妇科病太多，她们去县医院，个人卫生上觉得不好意思，习惯上也有问题，不洗手。供水没有问题，但是多数没有厕所，有也不卫生。妇女主任受过点教育，知道洗手等。不过我来了三年，还没有产妇死亡的，去年婴儿死亡有两例，但不是生产的时候，一个是肺炎，还有一个不清楚。

我主要给病人开西药，我给院长提过藏药，院长没有同意，（因为）没有资金买设备，一套需要 7000～8000 元。一般药品是够的，有些药没有，我就开单子，病人自己去镇医院拿。我也做缝合、打针、输液、包扎。

现在一天平均有三四个人来看病，一般两天中就有一个人要送到州医院去。感冒的时候也来看，光吃药十几元就够了，输液就要20多元。有些人看了病没有钱，先欠着，去年就欠了500多元，年底都补上了，藏族人都比较守信用，当然去年我还是垫了40~50元。今年3月以来还有300多元没有付。村民看病吃药是一笔比较大的开支，有些也就不看病了，40%多吧，先拖着，到了不行了再来看，已经是晚期了。

传统上病人要先去找寺庙算一算要不要看病（再决定来不来找医院），现在也有先去寺庙的，越来越少了。

总的卫生条件太差，没有达到2000年人人享有医疗保健的标准，饮食上不卫生。习惯上，80%的男人要抽烟喝酒，近年妇女抽鼻烟发展很快。

全村仅我一名医务人员，最远的自然村有20多公里，有些农民生了病，叫我出诊，而一旦出诊，其他病人又找不到我，印象又不好了，来回一耽误，再输个液，半天就过去了。

我过去的收入是领工资，镇医院发50%，镇政府发50%，卖药的收入一个月300多元都上缴。1999年5月以后镇政府只发30%了，剩下的20%要自己从卖药的收入里提成，按5%提，如一个月能销1500~2000元，就可以补上那20%。所以说，工资说是1050元一个月，扣除了20%，只有800元。

对了，我还要给0~5岁的娃儿搞疫苗接种。防疫接种明显提高了儿童的健康，出麻疹的3年来没有见过，过去几乎人人都要出，有的家长还认为孩子都要出麻疹。经过镇、村、社里做工作，都注射了。防疫本来不是我的分内工作，去年95%接种，达到标准了，今年我打算告诉镇医院不干了，太费事，几乎每周要跑，又没有交通工具，一次就要10天才能打完，这样20%的门诊收入就没有了。

**访谈个案二：某村孩子（女，藏族）**

我17岁，读过四年小学，15岁回来干活。有一个妹妹在上六年级，一个姐姐在干活，爸爸也在干活。家里共有8个人。家里种粮食，养牛5头、绵羊5只，有3匹马。经费从给游客牵马来，男女都去牵。两匹马来回一趟100元，一个月2~3次，有200~300元。去年好，今年不行了。我们也采菌子、松茸。30%左右靠松茸。伐木不允许（父亲说1997年以前伐木占到收入的

80%，现在有指标，也有干部伐木的，我们不敢）。总收入减少了。连牵马也不行，全村 90 多家，每家两匹马。

去年以来我肚子痛，到县医院去输液十几天，也不知道是什么病。爸爸说去年我看病花了 1000 多元。妈妈去年得胆囊炎在州医院住十来天也花了 1500 多元。感冒在村里医生就可以看，要花十来元看一次，一般都拖着。感冒主要看季节，采松茸、牵马的时候就不看。爸爸有风湿，七八年了，经常要吃药，到处去寻医，中、藏、西医，转着看。钱不够就找人借。奶奶得过白内障，动过手术，那是很多年前的事了。

村医生来以前我们到县医院去看病，不算感冒和腰酸背痛，差不多 10 个人中有一个人得病，风湿、高血压、肾结石、肠梗阻等。现在医院看病费用高，也不能根治。看村医有 9 公里，我们搭车去。也吃藏药，别人送的，不花钱，西药当然更有效，看村医比较便宜。最花钱的还是吃药，第二是上学。

藏药以前没有发挥多少作用，缺乏了解。最近的喇嘛寺有 20 公里。

### 访谈个案三：某乡村医生（女，纳西族）

我在州卫校学了四年，1997 年毕业后分配在镇医院工作了半年，1998 年派到这个村来，签了 20 年合同。去年这里还有个藏医，现在回到镇上去了。再早还有个村医（赤脚医生），1995 年乡政府一次性补偿，就回去当农民了。

我这里一般每天有十来个人来就诊，主要是感冒、腹泻、头痛、咳嗽，差不多一半都要输液，根据病情决定，也有的病人要求输液。他们一般刚刚发病不来看，只要还能吃饭走路就不来。拖几天才来，就得输液。传染病主要是痢疾多。卫生意识不行，闹肚子后以为是食物有问题，其实常常是没有注意饭前洗手，有的人家不洗碗，一年也不洗一回。个别的也有得结核、肝炎的，但是没有检查手段，不知道是不是传染病。

老百姓得病后也有去喇嘛寺的，还比较多，找喇嘛、尼姑，念经或者到外面去转经，寺里也有个藏医。

一个人一般一年下来要看病 3～4 次，小病十来元，重一点 60～70 元。还有些人干脆就不看，重一点的就去镇医院，或者直接去县、州的医院。这几天农忙，有病也不来看。

近年来老百姓健康知识多了些。以前打防疫针很费力，他们对卫生保健不以为然。这几年通过宣传都接受打防疫针了。我每两个月下乡一次，打防疫针，做体格检查。由于防疫搞好了，得病的人少了，来看病的人少了，医院的收入也就少了！

三年来孕产妇没有死亡的，1997年婴儿死亡多一点，主要是腹泻。1998年有5个婴儿死于肺炎，1999年3个，1999年还有3人是接生窒息的，1998年一个。村里用新法接生的太少，每10人中有2人。（见表2）

我觉得知识不够用，几年来只有1999年培训了一次，是关于防疫保健方面的，一共3天，县政府组织的，收获很大，原来在学校没有学过防疫保健，现在比较熟了。但是我不会拔牙和缝合，没有训练过。很多事不会处理。一年能培训一次就好了。

现在是农忙，就我在村里值班。治安比较好，没有感到有什么害怕。但是一个人行医有点难。白天黑夜，有两个人就好商量。现在事情太多，忙不过来。待遇也不行，想吃吃不上，想买买不起。听说以后还要精简？

**表2　某村孕产妇与婴幼儿存活情况**

单位：人

| 年份 | 接生 | 新法 | 住院 | 活产 | 0～28天死亡 | 0～3岁死亡 | 0～4岁死亡 |
|------|------|------|------|------|------------|-----------|-----------|
| 1995 | 37 | 12 | 0 | 37 | 1 | 2 | 2 |
| 1996 | 50 | 20 | 3 | 50 | 0 | 3 | 4 |
| 1997 | 43 | 22 | 5 | 43 | 0 | 1 | 1 |
| 1998 | 54 | 23 | 9 | 54 | 1 | 5 | 6 |
| 1999 | 69 | 12 | 12 | 69 | 3 | 1 | 4 |

资料来源：2000年9月6日访谈个案三乡村医生。

### 访谈个案四：前赤脚医生（男，藏族）

我不是本村人，结婚过来的。15岁大串联还从家里走到县城，再到昆明，到上海，最后到了北京，参加过毛主席第七次接见。

我原来是跟一个江湖医生学的，1988年又进修了2年，在村公所行医一共18年，1995年下放到村。原来当赤脚医生每月有25元，1995年就没有了。算是退休，给了1000元退休费。

现在村里还有个乡村医生，1998年从县卫校毕业来的，每月有120元。但是80%的人还是来我这里看病，那一个刚毕业，经验少。不是吹牛，我的技术要高些。当然，我要看不了就去县医院，再不行到州医院。前几天就有个小伙子从山上抬下来，拣菌子从高山上滑下，肋骨断了。

来找我的比较多的是感冒、拉肚子、胃痛、黄疸。我也管接生，用新法接，过一会儿就要去给一个产妇打针。我学过，1989年县卫生局办了一个月的培训。老百姓欢迎新法接生，以前因为没有医生才用老法，有死亡的，现在都用新法了，搞得我很忙，有时候一夜搞到天亮。全村300多人，一年有5~10个婴儿出生。没有超生的，也没有重男轻女的，女儿男儿都是自己身上的一块肉。超生要罚款，这里的老百姓遵纪守法，也信活佛，我们村就有一个活佛，他也开车搞副业，不知道他究竟是不是活佛。老百姓生病不找他，但临死时要找活佛给指路。

现在人的身体比以前好了，吃得好了，以前靠工分，多劳多得。现在看病的人多了，钱有一点，主要是拣菌子、打工、给人冲墙、砍木料，现在也不砍了，那是神山呀。当然，如果造房子还是要砍。

看个病开个药一个月可以有150~300元，一年有2000元吧。但也有欠钱的，2年、3年才还。赖掉的少。他不交药费我也没有办法，人道主义，社会主义嘛，医生也难做，这样病那样病，你不看也不行。世界上的事情说不清楚，各有各的打算。

我也种种地，6口人5亩地，还种核桃，用来榨油、换米。我们分地是全县最早的，搞试点。现在主要靠给游人牵马，牵马收入比看病高一点，平均15天有2次，每次78元。

我是外来人，连烟也不敢抽，好不容易存了5000元，被一个亲戚偷了，就是刚才路上给你吃仙人果的那个人，我都不给他说话了。就一个村子里，都知道是他偷的，我找来了公安局也没有用，后来就去山上求拜，咒他，咒了几次，他哥哥就死了，后来再去咒，他母亲也死了，都活不长。

现在乡村医疗最重要的是要解决卫生习惯问题。老百姓不讲卫生，说不通。现在是你不求我我不求你的时代到了，分田以后就各顾各，闹矛盾，一点小事就闹。我让他们讲卫生，他们还为我在赚钱。我连挂号费也不收。有些人不洗碗，一年也不洗，不警觉，不懂讲究卫生就能减少疾病。风湿多，鞋湿了还继续穿。

第二重要的是药。现在的药假的多，没有效。老百姓吃西药，相当贵，藏药也不便宜，同样是感冒，吃西药便宜些。因为藏药要从西藏买过来，以前我还可以自己采藏药，现在我人老了，51 岁了，爬不动雪山了。

### 访谈个案五：某乡医院副院长，医生（女，藏族）

我原来在县卫生局，来这里有十多年了，因为我爱人有病，就回来了。我们医院 1956 年就建了，那个时候听说只有 3 个人，借的老百姓的房子。现在人多了，有 31 人，卫生人员 26 人，没有严格的医生/护士之分，但内、外、妇产科都有，也有个计生处。常见病可以治疗。下面的 5 个行政村也都有卫生室，有 7 个乡村医生，他们一个月只有 120 元，待遇太低，他们都是卫校毕业的，卫生局出钱培养了三年，但不包分配，哪里来哪里去。

现在一天有 30~40 人来看病，最多的是外伤，第二是小儿的肺炎、腹泻，另外结核病发病率较高，住院的不多，一般在家里。肝炎很少来看，除非有明显症状，才推到州县的医院去。

再就是计生的多。现在新法接生占 50%，只生两个，比较珍贵嘛。婴儿死于肺炎、痢疾等，而不是因为接生。

老百姓看病主要是交通不便，要走好几天，最近也要走一天，最远的要走四天。最大障碍是交通。

第二是费用高，我们只能开老百姓付得起的药，一般有病得不到治疗，抬过来已经不行了。几乎都是自费呀。农村人口每人每年免 5 角，现在有一个村在搞合作医疗试点，每人交 2 元，乡里出 2 元，县里出 1 元。

宗教信仰也是个问题，老百姓先去找活佛，问清楚是否要看医生，看西医还是看中医。活佛的说法是，不能打针，金属的东西不能接触人体，本来已经不行了，医生再打针，又没有治好，活佛就更有理由了。很多时候我们去出诊却不让打针。

再有条件也差，医生素质也差。我们每年派一二个人去县、州、省学习，由我们医院自己出钱。过去出去读书，省、州、县各出20%，现在没有了。技术服务差，发展不快，剖腹产就要转到州医院去（县医院更远，要翻雪山）。医务人员现在要自筹工资的10%，压力大，我们只好要病人先缴押金，不缴就不给治。但是这里地广人稀，来的人少，来了也没有多少钱。今年还不如去年。老百姓主要靠松茸，今年才120元一公斤。所以10%很难解决。

现在也不敢要人，只能送现有人员出去进修。进修效果好，前年一人去昆明6个月，回来很受欢迎。6个月就很有用，麻醉、拔牙、X光，6个月就行。以后派人出去就困难了，不可能派人出去学习了，只能短期开个会就不错。

藏医受欢迎，但比起西医来还是少数。老百姓过去对中医不大理解，最近几年越来越受欢迎，服药后见效呀。

我们一年有三次下去，冬天封山不能去，其他一个季度一次，一次一周左右。送疫苗，或自己去搞疫苗注射。上面每年定指标，防疫、妇幼、保健都有指标，与我们订合同，年底交叉检查、验收。计划生育超生的不多，藏族生儿生女都一样。也有生一个的。

其实医疗比教育还困难，教育层层重视，工资有保障，师范毕业全部分配。卫校毕业就不管。当然教育上人员缺，医疗上编制满了。但实际上很需要，比例好像不低了，但每人承担的地域太大，我们不敢下乡，四五个人下去看一两个病人，不如不走，还可以节约补助。去年一个人下去15天，回来只收到15元，加上补助，他自己吃饭，住宿也难，还不如老百姓来。考虑到效益当然应该下去送医送药。现在医院靠老百姓看病缴费，老百姓收入低又看不起病，所以很难。住院标准收5元，我们只收3元。挂号也是，高职收1元，中职6角，低职3角，搞了几个月就搞不下去，只好恢复收3角。收费标准低，政策上可以提高，但老百姓穷，我们没有办法提高。药也是一样，新药、好药用不上，不敢用。有钱人想用，我们要考虑大多数，有钱人也就1%～2%，最多3%。

我要退休了，30 年工龄，可以领 100%。我们这里年轻人多，他们业务上不错，也没有要求调走。就是房子太差，我这个房子 1964 年盖的，只有这一间，电器也没有，来了人不好意思领到家里。医院地盘不小，就是没有钱，光是解决 10% 的工资就很难了。

（原文载《视界》，2003 年第 8 辑，河北教育出版社）

# 生活方式与消费文化：
## 一个问题、一种思路 *

　　生活方式这个话题其实是社会学很早就关注的。马克思早在年轻的时候就强调：人们是什么样的，与他们的生产是一致的，既与他们生产什么一致，也与他们怎样生产一致。19世纪50年代他又进一步阐述生产决定消费、消费制约生产的辩证法。这个思路直到今天还是有效的，即人们首先要衣食住行，然后才能从事政治、文化、艺术和科学。但这几年来，我们反倒不太注意马克思的理论在社会学领域里的意义和在整个社会研究领域内的贡献了。

　　我记得恩格斯曾在《共产党宣言》的序言中有一段话：每一时代的经济生产以及必然由此产生的社会结构，是该时代政治的精神的历史的基础。我觉得这样一个思路应该是今天我们研究生活方式变迁、研究消费文化的一个重要理论前提，或者说一个重要的方法论。当然，社会学研究和生活方式研究也不止马克思这一个路子。这些年我们比较强调韦伯的传统，甚至有点过分强调他的理论的作用，大概是因为以前我们对韦伯了解很少的原因吧。韦伯的理论当然是我们社会学的一个重要理论和脉络。特别是他提出的一个假说性的命题，即资本主义社会的产生与资本主义精神有关，而资本主义精神又是与当时的宗教改革、新教伦理有关。而这样一个假说，如果按照今天我们社会学所说的实证研究来说，韦伯当时实际上并没有做大量的实地考察和调研，也没有大量的数据，特别是各个国家的数据。这很大程度上是一个思想，是对社会和经济变迁方面的假说（直到今天，很多西方社会学家还是把他放在一个经济学家甚至是历史学家的位置上）。他这个理论是说新教伦理培养出资本主义精神，然后才有我们现在说的资本主义社会和理性化、科层化。新教伦理强调勤俭节约

*　2003年1月在哈尔滨工业大学社会学系"生活方式研讨会"上的发言。

的品质，这种品质培养出小企业家、小手工作坊主，产生出这样的小企业家文化。这种文化经过几个世纪的时间，滋润了后来的"现代社会"（英国式的资本主义社会）。其实，韦伯做研究用的是"理想型"的范式，尤其是隐含了对他自己所处的社会的极度的失望；甚至也隐含了对理性化尤其是过于工具理性——其特殊表现就是科层制——的警惕。

但我们在研究韦伯的时候，在很大程度上忽略了两点。第一个忽略是，韦伯早期所做的研究，至少主观上并不是对马克思的研究的否定，不过是研究他还没研究的、逻辑上在资本原始积累、阶级冲突与转化之前，宗教、精神、伦理的东西怎样构成了资本主义的起点，这也可以是对马克思研究的一个补充，是因为马克思还没有研究到这一块来。这里之所以产生"用韦伯反对马克思"的现象，部分是因为，20世纪80年代，我们引进的社会学主要是来自北美当时的社会学，以实证主义、经验主义、功能主义为特点（其背后，例如，对韦伯的理解，主要是根据帕森斯的翻译和解释），今天看来，这里有一种非历史的方法、非阐释的方法，也就是说，正好不是韦伯本人的方法。帕森斯研究韦伯是从结构—功能的角度出发的，我们看不到一种历史的和意义的脉络。在那里，韦伯经济社会学家、历史社会学家的角色淡出了，突现的是一套功能主义的东西。

第二个忽略，是对和韦伯同时代的桑巴特的忽略。桑巴特是站在资本主义对立面的、守旧的，他看不惯资本主义的这一套东西。但他在《奢侈与资本主义》一书中发现，韦伯只注意新教伦理提倡的勤俭节约是不够的。资本主义为什么能发展起来？桑巴特认为，这是与法国和英国的贵族，特别是那些贵妇人的存在有关，她们对香水、首饰、项链、服装无休止的追求，是勤俭节约的小企业家和资本家们不断生产、其商品能不断卖出去的一个基本前提。如果生产出来的东西卖不出去，资本主义是很难发展起来的。确实，在中世纪的那个社会，祷告啊念经啊，培养不出一些经营者、管理者，新教改革后，生产劳作甚至赚钱谋利，不再被看成是对上帝的不敬了，这样一来生产活动的规模和范围慢慢扩大了，但是，如果没有贵族、贵妇人这样的群体，生产的东西卖不出去，也产生不了我们所说的资本主义。所以理解桑巴特，对理解我们今天的生活方式、消费方式还是有参考价值的。他的大部头著作《奢侈与资本主义》，其实商务印书馆早就有中译本，我们大家不注意而已。

另一个重要脉络，我们也注意得不够。第二次世界大战前后，在西方有一批又一批的学者，被称为批判学派，其中许多人自称沿袭的是马克思的批判资本主义的脉络，而他们的一个重要贡献就是对文化的分析和对文化生产以及它所蔓延的生活方式（包括消费方式）的批判。他们的很多东西也被介绍到中国来，尤其是在20世纪50~70年代，当时被作为我们的批判对象。他们对生活方式的批判、对日常生活的多样性的分析、对资本主义文化的形成和取得支配地位的过程的分析，是很厉害的。我们社会学一般不注意这些东西，总以为社会学就是搞点问卷调查、做点统计图表。

这些人讲的文化不是经典和古籍，而是在我们的日常生活中，老百姓怎么吃、怎么喝、怎么休闲、怎么打发时光，他们对资本主义文化如何取得支配地位的洞见，并不亚于韦伯。特别是他们提到了资本主义制度形成过程中作为文化的主导性这样一个问题，马克思所讲的经济生产关系，韦伯所讲的新教伦理和资本主义精神，桑巴特所讲的消费者、贵妇人群体之外，是在大量的不知不觉的日常生活中建立起来的文化和价值的合法性。于是，我们在日常生活中，看电视、看演出、看比赛，自觉不自觉地认同了这样一套文化规则，这是延续某种文化的意识形态基础。

上面提到的这些研究，与马克思、韦伯、桑巴特的研究，表面上看似乎没有什么联系，但是我们经过梳理，可以看到这两者之间的关联。其中有一个人的研究很有意思，他就是本雅明。他对20世纪30年代的消费文化，街道、拱形门，以及拱形门下产生的文化空间、人的欲望、符号、性的流动、消费的观察，对后来的哈贝马斯、布迪厄等的影响都是非常大的。换句话说，资本主义，除了那些结构的、功能的、经济的、政治的东西之外，文化和承载文化的符号、意义和对意义的消费（在这个意义上，吃、喝、玩、乐都绝不只是物质或经济的消耗或消费），都是必不可少、不可或缺的。

今天，我们想套用任何一种西方的理论去做实际的社会变迁的研究，都很可能是肤浅的。因此，我们今天谈到社会变迁、社会改革、社会转型、社会发展，当然可以看人均GDP、收入水平、工业占多大比重有多少人、农业又占多大比重有多少人……但是，另外也必须看生活方式的变化，消费文化的形成，它们的意义和作用，等等。

提到对消费文化的研究，首先对我来说，这是个研究方法或思路。我在十多年前，斗胆——其实也只是对自己而言——修改了马克思的命题：人们是什么样的，与他们的消费是一致的，既与他们消费什么一致，也与他们怎样消费一致。这只是一个方法（或者，观察问题的视角）上的假设，不是从因果关系上说的。

这十几年，我在对北京、上海、深圳和广大农村所做的一些点上的研究中，想到值得关注几个问题。例如，像深圳在这么短时间内从一个渔村发展到今天，当然有制度的作用、政策的作用，也有其他许多可以研究、比较的地方。在深圳之前，就已经有了墨西哥、巴西、埃及等，它们也搞经济特区。我们想对此做一个比较，并开始进入消费领域—消费文化中。一讲消费，我们中国人喜欢把它纳入经济中，生产、流通、交换、消费。我这里讲的消费是在文化领域，更多的是通过消费来看恩格斯说的那句话：每一时代的经济生产以及必然由此产生的社会结构，是该时代政治的精神的历史的基础。为什么是这样？理解文化对一个时代一个制度的合法性为什么这么重要？意大利马克思主义者葛兰西认为，和资本主义做斗争，夺取政权也好，改变经济关系也好，如果没有文化的正当性，这个变革会是短命的，因为大家要在日常生活中不知不觉地去遵从、认同一套东西。不认同它们，就没有正当性。美国哈佛大学肯尼迪学院的院长约瑟夫·奈，正式提出一个"软权力"的概念，它包括了吃喝拉撒睡，如可口可乐、麦当劳、好莱坞的大片、体育比赛（尤其是奥林匹克），这是一个日常生活的脉络，也是很重要的文化领域。换句话说，社会学应该关注社会生活，关注普通人的日常生活，包括他们在日常生活中怎样消费意义和符号。

第三点，这些年受北美结构功能学派的影响，我们也有点忽略了另一个传统，那就是历史的传统。其实社会科学最大的一个学科就是历史学，马克思曾经极而言之，说只有一门社会科学，那就是历史学。其实，社会学也首先是历史的。马克思、韦伯都是社会历史学家，他们把社会变迁纳入一个很广的历史视野去考察。而现在我们的研究，就事论事的多，当下谈当下的多，而追溯性地或纵向地看问题的就比较少。今天一个人似乎已不可能完全融汇古今、学贯中西，但是我们研究社会学不应该不关注历史，至少不应该没有历史的视野，如果社会学都是只去谈平面，那就很浅薄了。过于平面的东西，很可能就是谁都知道的"常识"，如果不从历史的视野层面，就很难看到为什么是这样的。

第四，我们的研究还要有一个横向的维度，这也是我们缺少的。尽管有时我们横向也看，但基本是看所谓成功多，并且，这个"成功"，还是要打上引号的。其实，不管是成功还是不成功，我们只看西欧、北美、日本是不够的。我们还要看大量的第三世界，看和我们国情差不多的发展中国家。比如印度，无论从国情还是其他方面，印度和我们有非常相似的一面。我们讲中国的发展、中国的社会变迁、中国的改革，但是我们很少去借鉴印度，更不用说巴西，还有印尼和大量的第三世界国家，他们的经验，包括失败和挫折，很少受到我们的关注。另外，我们即使看成功的，也很少看它们是如何成功的，很少看它们实际的历史变迁过程。比如看西欧、北美，我们很少看它们在过去几百年里的历史，包括殖民、扩张和战争、贩奴。应该说，所有的"成功的"现代化国家，都没有离开过战争和暴力，它们都是经历过残酷的战争，经历了长时间的对外侵略和殖民，经历过长期的种族歧视和性别歧视，才逐渐发展到今天的。如北美一开始对印第安人的杀戮、对黑人的贩运、对亚裔劳工在法律上的排斥和后来文化上对其他有色人甚至女性的歧视，以及至今还严重存在的贸易上与发展中国家的极度不平等，撇开这些去谈"发展""理性"，既是非历史的，也是没有横向比较的。

在这样的文化、历史视野（包括横向的视野）下，来谈消费文化，才有一个理论和方法的起点。我所说的消费文化，更准确地说是"消费主义文化"（culture of consumerism），它不同于经济意义上对物品的消耗。而消费主义是指这样一种生活方式：消费的目的不是为了实际需要的满足，而是在不断追求被制造出来、被刺激起来的欲望的满足。换句话说，人们所消费的，不是商品和服务的使用价值，而是它们的符号象征意义。消费主义的"需求"（其实就是本雅明等说的欲望）是被创造出来的，并在无形中把越来越多的普通人都卷入其中的生活方式和价值观念，它使人们总是处在一种"欲购情结"（buying mood）之中，从而无止境地追求高档商品符号所代表的生活方式，这本身又构成了现代消费社会中社会关系再生产的条件。消费文化在这里甚至并不需要人们真正地去"购买"，而是对符号和由符号所代表的意义的"消费"，例如所谓的"逛街"以及在此过程中对橱窗所展示的商品的"大饱眼福"（window shopping）。从而，"消费"也成为人自我表达和暴露的主要形式和意义来源，对符号之意义的消费过程在不知不觉之中建构了新型的社会关系与社会生活的方式。

根据这个思路，我想谈三个假设。第一，随着对外开放的不断拓宽，消费主义文化特色的生活方式已经开始进入中国人的日常生活中。第二，这个"进入"，是从大城市向中小城市再向农村逐渐推进的，由有教养有资产的社会阶层向其他社会阶层逐渐推进。第三，中国仍然是多种生活方式并存、新老生活方式并存的社会。

假设我们是在这样一个多种生活方式并存的情况下，中国和西方的消费主义文化就有一个很大的不同。西方一些国家的生活方式在科学技术上是以挥霍、污染，以大量的耗能为前提的，其甚至是不合新教伦理的。而在中国又多了一层挑战，那就是按照马克思说的思路，我们的生产方式还没有孕育出一个与它相匹配的生活方式。西方的经济基础、物质基础雄厚，还有这个"实力"高消费。我们是在并没有一个那样的物质基础的情况下，就产生了这样一种消费主义、消费欲望，要过上"美好生活"，因此出现震荡、脱节、焦虑，一个双重的自我矛盾。

再一个方法上的意义是，在当下这个时代，看消费文化可能看出其他领域的变化。不是看它具体怎么耗能，而是看它在思想上怎么理解（所谓"解码"）。这里的一个假设是，随着"后现代文化"（例如"碎片化"）的出现，生活方式、消费观念是向其他阶层扩散的，它不受哪个阶层的边界限制。在西方社会内部有一个所谓的主导文化，也是向各个阶级渗透的。所以在西方社会确实有一个后现代文化的现象、碎片化的社会文化的现象。十多年以前，我开始想就这个问题做研究的时候，当时的一个假设是，对中国这样的第三世界社会，消费主义文化如果也在蔓延，那就更是时间和空间上的累加和不协调，它可以不管你的经济基础是什么样的，不管你还是处在这样一个发展中的社会，也随着电视、广告以及它们带来的信息，随着体育和演出等，开始蔓延。因此出现了一个在很广大的第三世界都存在的矛盾现象，人还在地球上，心却跑到月亮上去了。

这个"月亮"，即使在西方也是有问题的，即使在科学技术的意义上也是不可持续的。而如果一个生活方式连在科学技术意义上都不可持续，那它在社会公正和伦理意义上，怎么会是可接受的呢？这又是一个问题。

这十多年来，我所做的观察中，有这个意义上的"文化趋同"现象，打破了传统意义上的中国文化、印度文化，甚至也打破了经典意义上的法国文化、英国文化。虽然这样说，它又不是一个完全的所谓"后现代宣言"，并不是社会的差别没有了，历史的差别没有了，中国和印度还有很明显的差别，中国国内、印度国内也还有明显的城乡差别，知识阶层和劳工之间的差别也很明显，更不用说发达国家和发展中国家之间的差别。"消费"作为一种文化，它以重构我们今天普通人的日常生活为特点，我觉得简直是要命的。我们的传统学科的研究方法，对它没有足够的重视。现在我们一讲社会变迁、结构变迁，就谈什么产业结构，税收完善不完善，基层民主不民主，而对日常生活、生活方式，对消费领域的变迁关注甚少。

再下一个问题是，怎样关注？我的一个想法是，我们一讲发展，还是老一套，城乡结构、产业结构，还有什么进出口额、人均收入，当然这些都是很重要的，但是，我们很少讲消费方式、消费文化对生活方式和生产方式的影响。我不是说看他真正用了多少、花了多少，你去看他的工资，并没有真正花多少。如我的工资是2000元，可能花在休闲方面只有5%，这个变化不是很大。社会学在这方面的研究，也许可以在这里面做出很多有新意的东西。社会学所看重的是，同样花了5%的收入，你是泡一杯茶，还是喝可口可乐？是吃麦当劳、肯德基，还是吃面条、饺子？即使你没有真正地花在这些东西上，但你有没有这个消费欲望？你的消费情结是什么？前面说的 window shopping，你是去看，不是真正地买，而是去逛，去从心理上过瘾，满足想消费的欲望。虽然我还是穷学生，虽然我还地处偏远的山区，或至少不是在深圳、上海、北京，但是也有这个"购物情结"（buying mood），想买东西的那个欲望是在心里有的，想着哪天我要买大屏彩电。当然能不能买回家和经济实力是有关的。但为什么会有这种文化情结？这是重要的问题意识（Problematic）。你个人，你的家庭，一个国家也好，一个个人也好，这个国家、这个人还是所谓低水平的、初级阶段的，不知道还需要多少年才能"接轨"（有人甚至说是"接鬼"），但是由于有了这个价值选择和文化倾向，生活方式上就会重新安排自己的财产、安排自己的收入，安排自己存多少用多少、下一步的规划，本来你可以一个月存50元钱去买书，是买计算机的书，还是去买卡通，买动画片？国家也是这样的，你的国民预算，是拿出多少来做世界公园，做东方的迪斯尼乐园；还是投资于农村教育，投资到公共医疗和防疫，那结果会是很不一样的。我们的财政能力可还是低水平、初级阶段，还是初级小康，农村还是温饱，但是在你实际上重新组织自己的日常生活的时候，生活方式和观念上的变化，就要影响你如何花钱，个人也好，社会也好，都要受影响。这样一种变化，是静悄悄的文化意义上的"革命"（实际上是静悄悄的文化反"革命"），它不发宣言，不搞暴力，也不是《政府工作报告》和《新闻联播》，而是在我们日常的交往里，在吃喝拉撒睡里，在人际交往里，在休闲时光的打发里，实际上就慢慢地改变了我们的社会关系、人际关系。

举个例子来说，传统中国，人际关系很多反映在亲情、尊老上。现在的消费主义文化使我们年轻人去蹦迪了，高价去买演唱会的票，和老人在一起的时间也许变得很少。虽然这种变化似乎很难去做定量研究，但是不是不可以做。特别是不用问卷，而是长时间的观察、思考，当时也没有任何先进技术设备，没有电脑，什么也没有，但是他们深入地把日常生活中细小的、琐碎的、不被人注意的东西重新纳入自己的研究范围，然后重新去梳理里面复杂的关系，细致地把日常生活纳入研究的领域，去寻找它们之间可能的关系。这样的研究也许得不到经费，也许5年发表不了成果，也许发表了别人也不知道你在说什么，可是，这对研究当代青年和当代社会变迁，是很重要的。现在的青年是一个很大的群体，一个社会里青年如何看社会、看未来，关系到社会和未来。他们怎么想，怎么过，怎么交往，怎么打发时光，如何吃喝，是很重要的。这一切，都可以去想，可以去做，可以去观察、去测量。

最后一点，就是所谓欲望和激情不是天然的、自然的。现在全世界的人包括劳苦人民还是想过上好的生活，这没有任何问题，更没有理由去指责。但是有两个重要的结合是消费主义文化向社会各个阶层蔓延的前提，一个是大商人、商业集团和包装他们的广告业的结合，另一个是广告业和媒体的结合。他们不断制造出种种诱人的生活方式和欲望。一个人要活下去，要活得舒服，身心健康，其实本来是不需要很多东西的，你何必需要那些带有符号性的象征着巴黎、象征着美国的东西呢？那些东西也未必真的能带来身心健康和舒适，可是让我们广告商和媒体这么一结合，好像如果我们没有，我们就落伍了，就跟不上时代了。这样一种欲望是由两个东西的结合制造出来的。我有个朋友，是国外一所名牌大学的主任教授，他假期冒充一个普通员工来北京应聘，给一家广告公司打工。他想了解广告公司的运作，几年下来，他发现广告是精密策划出来的，也许在电视上放出来是 15 秒，或者有时是更长一段时间，给人的感觉是这么自然，觉得是天然应该如此，可是制作过程相当复杂。这种东西，为什么我觉得在中国要命，那就是人均自然资源或可利用的自然资源的稀缺。

在可见的将来，我们不要盲目地乐观，总以为能源耗尽了就有可替代的能源出现。我们过去的增长，其代价是高耗能、高污染、高投入。高耗能，不是说总耗能量，而是说每单位能源的利用率并没有大的改进。发展同时产生出高污染，这样一种生产方式如何支撑挥霍奢侈？西方国家讲的可持续发展，主要讲的是未来子孙后代的发展问题以及珍稀动植物的保护等。而现在对我们来说，可持续发展更具有直接的紧迫性。现在对自己都造成了危害，由污染产生的各种疾病正威胁着我们的健康，如果再不讲可持续发展、以人为本的发展、经济—社会—文化协调发展，那就要受惩罚。我们的卫生部门有数据表明，由于片面追求增长带来的水污染、空气污染和食品污染，它们已经给人民带来了很大的危害，该花在这方面的资金、人力、技术、资源是巨大的，却花到了不该花的地方。现在农村还有大量的常见病，结核、肝炎等，收入提高了，疾病发病率本来应该是下降的。有许多乡村，医疗和防疫分开，结果是防疫系统垮了，医药再分开，药业先商业化，医生成了药商赚取病人的钱的中间环节，病人不了解，只能骂医生。我们的城市情况也一样，各种疾病都有，什么脑血管病、脂肪肝、心血管病，还有许多其他的疾病，包括什么艾滋病、乙肝。这样一种片面发展与追求奢侈的生活—消费方式，究竟能支撑多久？

社会的发展与进步反映在生态意义上、环境意义上和我们生活的质量上，我们每一个人生活幸福与否，不是你有多少钱，而是真正的实际上我们的安全感和幸福感，这和消费并没有正相关的关系，更没有因果关系。我们测量社会发展，很多时候只看 GDP 和收入，比较或严重忽略社会与文化（包括健康）指标，至少说忽略带有文化和日常生活的指标。一个社会除了物质富裕、精神充实、制度和政治文明，还有亲戚、邻里、同事间基本的信任安全互助，人们的身心健康、身心状态，这不只是一个简单的道德伦理问题，也是在很技术的层面上是否可持续的问题。

我们面临的一个挑战，不仅是传统意义上的东西冲突或说越来越"西方化"、中国传统还要不要的问题。这样一种消费主义文化、财团和媒体的结合，对西方来说也是一个新东西，对各个国家来说，也构成了一个挑战。法国在有意识地抵制美国的快餐文化，英国也遇到了传统文化如何延续的问题。只不过中国（和其他发展中国家）还要多一层，既有中外、中西文化碰撞问题，也有如何处理消费主义文化的问题，是双重的文化挑战。

刚才我讲可持续发展，第一是因为要生物多样性，第二是因为要文化多样性。生活方式，还要不要多种多样？在生活方式和消费文化面前，我们还有没有选择？有些人认为你在怨天尤人，这还能阻挡吗？这是潮流吧？不过我觉得我们可以非常冷静地分析。中国纳入现代甚至是"后现代"的消费文化的可能性有多大？按照现在乐观的估计，我国全面达到小康时人口（以现在的增长速度）会达到 16 亿，最快的城市化水平也就 50%，就是说，到时候还有 8 亿人在农村。我们多少年来是人多地少，还有很多是盐碱地，森林也不多，人均淡水本来就少，污染也很严重。这是很现实的，我们在这里完全不必谈道德、正义、理想，而是应想想我们下面能走的步子的基础是什么？我们和先发国家的重大区别是什么？中国以及印度、巴西等人多地少的发展中大国，与先发国家的主要区别是：我们的矛盾主要靠自己内部消化；而先发的国家，基本是内部矛盾向外转移。通过殖民主义扩张、不平等贸易，还有战争，直到现在大英帝国还在享受殖民地带来的便利。而我们是要把内部矛盾自己消化，而不是向外扩展。这是冷酷的，不是什么理想主义者对社会不公的批判，更不是遗老遗少的怀旧。

更有甚者，随着全球化、加入 WTO，大量的外部矛盾也要我们来消化。你在国际关系、国际贸易里面是弱者，你又要参与、要"接轨"，在相当时间内，在竞争中会处于劣势，在竞争中要把外部矛盾转移成内部的问题，再来自己消化。如大量的夕阳产业向你这里转移，使这里变成了垃圾场、污染厂。在这种情况下，中国只能提倡可持续发展。这绝不是什么保守派，甚至也不是什么批判学派，而是一个实实在在的问题，一个现实得不能再现实的问题了。

社会学研究不一定非要像法兰克福学派那样，总是处于批判位置或采取批判的姿态。我们如果能有大量的、长期的观察和研究，能把困难和难题显现出来，能把里面的制约的因素揭示出来，那贡献就是不小的了。

而批判，更是一个要走向健康的发展所不可缺少的。

（原文载黄平等著《西部经验：对西部农村的调查与思索》，社会科学文献出版社，2006）

# 性别研究的几个"陷阱"

中国妇女研究会安排了这个讲座①的"任务",我感觉很有意义,也就贸然答应了,今天主要是把自己这些年在性别研究中遇到的一些问题与大家交流一下。用了一个比较醒目的题目,叫作"陷阱",其实就是说性别研究里面存在的一些问题。

我一直到 20 世纪 80 年代中期到国外学习时才第一次接触性别研究,实际上,那个时候性别研究在欧洲也刚刚兴起不久,或者说刚刚变成一种比较热的研究方法和视角。我刚去的时候也不明白性别研究(gender studies)这个词究竟是什么意思,通过一个学期的听课、阅读、讨论,大致弄明白了这个 gender studies 作为一种方法指的是什么。它不是说只要由女性学者来做的研究就一定是性别研究,更不是说只有由女性学者来做的研究才是性别研究,而是说我们看世界,要有一个 gender 的视角。gender 一词,我觉得应该翻译成"(男女)社会性别"。换句话说:社会性别问题,并不一定要由女性来研究;而女性研究的,也不一定就具有社会性别的视角。另一个概念 feminist 也是这样。当然许多做性别研究的人是 feminists,我们在中文里把它翻译成"女性主义者",甚至一开始还把它译作"女权主义者",但我 80 年代去欧洲学习的时候发现有些男性教授也自称是 feminist,或者说是从 feminist 的角度去研究社会性别,也用社会性别的视角去研究社会问题和社会变迁。也许 feminist 这个词翻译成"(男女)性别平等主义者"更准确。

我们知道,社会学传统的研究方法是阶级分析,它把工业社会以来的社会基本结构看作是一个阶级关系的结构,其中最经典的当然是马克思的分析。但实际上,即使是其他流派,不属于马克思主义的流派也好,甚至不用阶级而用阶层分析也好,他们也是根据经济地位,或者根据收入,或者根据职业来做社

---

① 这是在中国妇女研究会专题研讨班上的讲话。

会关系和社会变迁的分析的，他们的分歧是用阶级还是用阶层的方法看问题。

除了阶级分析和阶层分析的方法，西方社会（部分的是欧洲，更重要的是美国）在 20 世纪 60 年代以后引进的另一个方法就是"族群"。这是一个涉及种族关系的概念，不同的族群之间，如美国白人、黑人之间的关系和矛盾。欧洲当然也有，甚至更早，宗主国和殖民地之间的矛盾由来已久。二战以后，很多殖民地先后独立，但是那些殖民地的贵族和上层，在独立前后移民或者是搬迁至欧洲，所以欧洲很多社会也成了不那么"纯"白人的社会。例如英国，原来在非洲、亚洲有很多殖民地，到了 20 世纪 60~80 年代，还有很多社区住的大多是巴基斯坦、印度、孟加拉国和非洲这些前殖民地来的移民及其后裔。这就在原来的社会学经典的阶级、阶层的方法基础上，在二战结束时的 1945 年和 60 年代美国的民权运动后，族群的分析方法也进入社会科学领域。就是说，一个社会不只是由阶级构成的。从阶级的角度，我们可以说有穷人、富人，还有中间层，按照马克思主义的分析，有剥削与被剥削、压迫与被压迫等，而按照族群的方法来看问题的时候，就发现还有白人、黑人和其他有色人。当然白人内部也有贫富差别，阶层、阶级的分析也适用，但是其实还有一个东西就是族群。第一批殖民地独立以后，有能力（包括政治能力和经济能力）而且能够移民到欧洲去的很多人都是原来非洲和亚洲的富人，甚至是贵族和皇室的后代，但是他们进入欧洲社会以后，就发现他们在欧洲的社会地位（social status，不是用财富或收入来衡量的经济地位）也许比欧洲贫穷的白人还要低。这样，社会结构就变成有两个维度了，一个角度就是从阶级的维度来看，是社会财富、经济地位、收入多少造成的差异，另一个就是从族群（或者说叫"种族"）的角度来看，哪怕外来有色人种很有钱，甚至也受过良好教育，但是因为他们的肤色，他们的社会地位是很低下的。

这不仅是一个社会地位和文化认同问题，也包括法律上的问题，比如说移民刚刚来到欧洲的时候，即使允许他们移民了，允许他们居留了，甚至也有了一些社会权利，例如上学和就医，欧洲社会福利是比较高的，战后慢慢发展出一个比较完善的福利体制，他们甚至也能得到一些救济和保障，但是，至少在很长一段时间内，他们是没有选举权和被选举权的，在这个意义上，他们和当地那些贫穷的白人的政治—法律—社会地位就很不一样。

所以，阶级（以及阶层）是一个基本维度，而族群是第二个看社会关系和社会变迁的维度，第三个就是性别维度。这是第三个观察社会的维度，就是说不管是穷人还是富人，白人还是黑人，还会有一个社会性别上的差异。性别差异在白人社会内部也有，比如说政治参与、选举和被选举的权利，那么即使在欧洲，很多国家是在第一次世界大战以后，妇女才获得选举和被选举权的，有些甚至是在二战之前才有的。哪怕是有钱的甚至是贵族的妇女，在很长一段时间内也是没有选举权和被选举权的。

这就像切一个西瓜，我们可以从三个不同的角度来切。第一刀切下去是按照阶级的方法，第二刀切下去是按照族群的方法，第三刀是按照性别的方法。如前面说的，为什么一些男性学者也宣称自己是 feminist，就是说他们看这个世界也有社会性别这个角度，也主张男女平等。如果从男女平等（或男女不平等）这个社会性别角度去看世界，就会发现，这个世界和我们原来理解的是不完全一样的。即使是历史上经典的著作，比如说《论人类不平等的起源》《人权宣言》，莎士比亚的剧本，乃至古希腊那些优秀的文学、艺术、哲学著作等，在很长一段时期内都是男权的或者男性占支配地位的，就是说没有女性的地位，包括它们的用词，比如讲人、人权，它用的是 man，直接意思是男人。当然也不是所有男人都有，像政治权利一开始的时候是贵族（和平民）的，奴隶就没有。在相当大的范围内，包括整个的基本的叙述，从社会科学到文学艺术，叙述里都缺乏性别的视角，所以我们看不到这个世界的另一半，或者说我们看到的还是一个不完整的世界。

性别或者被忽略，或者被轻视，或者被边缘化，不只是在第一个层面，如经验层面、事实层面，而且在科学本身最基本的甚至像科学程度最高的物理学里，也是由男性的话语构筑成的。包括牛顿，也包括达尔文。达尔文在讲到进化，讲到动物和人的关系时，同样缺乏性别的视角。物理学三大定律、化学、生物学，甚至心理学、社会学，早期都没有性别的视角。

社会学一开始，是孔德想建立"关于社会的（自然）科学"。他是说我们认识社会就要像牛顿认识自然界那样，这样来构筑社会学的概念、理论、框架，但是那个时候看问题的角度和方法并不包括性别。这实际上是比一般层面上讨论的问题（如女性究竟有多少选举权，有多高的地位，有多少百分比能够走到社会的中层、上层）更大的问题，就是说，如果我们看社会的时候少了性别的维度，也就是切西瓜时，没有了那第三刀，那么社会会失去很多东西。最"硬"的科学是排斥情感的，它是最理性的，也是最冷酷的，所谓硬指标也好，理性也好，都是排斥了情感以后，去认识社会，也包括认识生物界、认识自然界，当把情感的东西和心理的东西排斥在科学之外，认为那个无非是情绪的，是文学艺术描述的，再去解释人的行为，就会发现那其实是很难的，或者说是很不完整的。而如果对人的行为的解释少了情感与心理这一部分之后，要"科学地"解释由人自己建立起来的社会制度，以及人与人之间的最基本的社会关系，那都是很成问题的。其实古典的社会学要处理的，一个是社会关系，一个是社会制度，但是如果看不见社会关系和社会制度里面活生生的人［现在社会科学里叫"行动主体"（agent）或者"行动者"（actor）］，不能解释人的行为（人的行为相当一部分和他的情绪、情感、心理有关系），那么社会科学就变成了一个机械论的解释，变成了简单化的解释，或者是千篇一律（所谓"可重复性"）的解释。它至少是把性别部分给忽略了，认为那不是科学，不需要处理。

20 世纪 30～60 年代以来，原来的社会科学暴露出它的不完整性，它这个不完整不只是说在原有的脉络里头，比如说在阶级分析里面，还可以加上阶层分析，或者阶级分析还要/可以进一步细化，以及阶级关系里头除了冲突还有合作、协调、妥协的一面，等等，那都是怎么在同一视角下深化研究的问题。但是，30～60 年代以来，社会科学还有一个重大发现，就是发现了另外两个维度：一个是族群的角度，另一个是性别的角度。当我们把这两个角度引进来，再重新看我们生活的世界的时候，发现这个世界其实和 18 世纪、19 世纪那个经典的大师们所阐释的世界至少在相当程度上是不完全一样的。

## 一 过分强调性别的"陷阱"

具有讽刺意味的是，这恰恰是第一个问题，或者说第一个"陷阱"。为什么会是一个"陷阱"呢？因为当我们刚刚发现一个新的方法、一种新的视角，我们会有豁然开朗、耳目一新的感觉，这个时候很容易因此而特别强调它，乃至过分强调它。比如说有一些 feminist 的性别研究学者，包括男性的和女性的学者，这个时候就容易觉得阶级的分析完全是不行的，因为他们认为阶级分析基本上是男性至上的，或者说是缺乏性别维度的。族群分析在他们看来可能要好一点，因为它和性别的视角前后被引入，多多少少是对男权话语的一种挑战。族群的挑战来自亚非拉，也就是前殖民地国家，而性别的挑战则来自历史上的另一半"弱者"。它们都是对原来占支配地位的男性话语的挑战，因此，族群话语多多少少还好一点。在很大程度上，用性别主义的方法来研究社会的时候，走得比较远一点就觉得阶级分析基本是不够的，甚至是不行的。因为传统的阶级理论确实存在"硬"的一面，只看制度，只看所谓社会关系，不看人，不看人的活动，更不看情绪。特别是当我们把它庸俗化的时候，就容易成为一个所谓"科学"的机械论，有些对庸俗化的阶级分析的批评也批评它是机械决定论，或者叫机械的经济决定论。

但为什么说过分强调性别主义的方法会是一个"陷阱"呢？一直到20世纪80年代，性别研究特别是其中的男女平等视角的研究，还是一个新兴的话语和弱势的话语，弱者为了张扬自己的正当性故意把话说得很猛，甚至很极端。那会儿的年轻人，接触这个话语就容易以为仅此一家，别无分店，或者说只有这个才是对的。比如说阶级的分析，关于阶级分析有那么多叙述，从马克思的叙述到韦伯的叙述，再到张三李四的叙述，都变得不那么重要了，只去看性别主义的分析。这是第一个"陷阱"，现在又过了20年，其实应该看到阶级、族群、性别几个维度都是需要的，都是很重要的。

## 二 撇开社会背景看性别平等的"陷阱"

第二个"陷阱"要从西方性别主义的兴起说起。性别主义有一个社会背景，它不是一个纯粹的智力活动/知识生产的产物，不是由一些聪明的天才凭空制造的，不是从所谓的学术脉络里自动产生的。它是由社会运动特别是妇女运动的兴起导致的，实际上是和两次世界大战以及战后整个世界格局的变化有关系。第二次世界大战以后第一个最大的运动其实是亚非拉的民族解放运动，万隆会议前后叫作不结盟运动，后来叫第三世界的反帝反殖运动。这些社会运动使得全世界在 20 世纪 60 年代有点风起云涌的架势，包括前面说的那个族群视角，就是黑人的民权运动和亚非拉的民族解放运动兴起的产物。这些运动慢慢影响到了大学的校园，影响到了学生和学者，影响到了社会科学的研究和方法。有一些如今很著名的学者那时候还是学生，是学校里的社会运动的积极分子，有的就是在亚非拉第一线参与到反帝反殖的运动里去了。等他们后来成为大学教授，他们就把当年的那些活动理论化，抽象出如族群、性别这样的理论和方法。

所以，二战结束以后，一个很重要的社会现象就是第三世界或者前殖民地国家走向反帝反殖和民族独立，而由于反帝反殖和民族独立，一些黑人进入白人世界，他们发现这个世界有很大的族群反差。这时候的种族主义和二战前包括二战期间希特勒时期的种族主义还不一样。第一，它涉及的面非常宽，整个亚非拉都卷进来了；第二，它不是炮制的或者杜撰的所谓"雅利安人"，而是几千年来就存在的不同族群，是和他们从政治—经济—社会中寻求独立、翻身解放有关，是涉及面更大的一场社会运动。

与这个社会运动相伴随的，甚至比它还早，是一战以后，欧洲的白人妇女就开始陆续获得了选举权，她们开始进入社会政治和文化领域，以前当然也有个别的淑女成为女作家、女艺术家，但她们大多是贵族，她们是很有钱和很有地位的人。但是一战以后，在欧洲，主要是西欧，妇女开始获得了选举权，她们已经开始卷入社会的变革当中。二战以后，一方面是民族解放运动，一方面是欧洲社会的女性越来越成为完整意义上的公民，有了政治权利。这就是女性平等或者妇女解放运动的兴起，也是性别研究作为一种视角或维度被引入社会科学的社会根源。

但这个视角也有一个所谓"陷阱"，就是忽略它产生的社会根源。这里面其实有两场妇女运动，一个是白人妇女怎么样争取到和白人男性一样的或差不多的社会政治权利的运动，这个运动没有那么急风暴雨，它通过改良一步一步地扩大，逐渐由一个个国家走向整个欧洲和美国，它确实和整个社会的经济、政治、文化、教育甚至包括医疗健康条件的改善有关。女性参与政治的限制，除了男性的偏见和古希腊以来男权的话语影响之外，确实也和当时的卫生健康条件、保健营养条件（孕产妇和婴幼儿的死亡率的下降）等有关系。以前包括贵族在内的大多数女性都不工作，连职业也没有，参政就更别提了，那么随着经济、社会、文化的发展，健康、教育条件的改善，参政就有了可能。所以西方的妇女运动更多的是一个改良运动，有点水到渠成的味道。20世纪30～50年代，女性慢慢走出家庭，进入社会，有了自己应有的社会和政治地位。当然还有一个"负面"的原因，但是也在客观上提高了女性的地位，那就是1929～1933年的大萧条。由于大萧条，一个男人的工资养活不了整个家庭了，就迫使很多女性包括白人女性也要工作，有些妇女带着孩子甚至是背着孩子去上班，她们参加工作了，客观上使她们的社会地位和家庭地位都得到了提高。

所以说20世纪60年代的妇女运动是第一场妇女解放过程，西方社会内部的白人妇女一步一步获得社会、政治、经济、文化地位。但还有另外一场妇女运动，它是与第三世界的亚非拉民族解放运动、反帝反殖运动相联系的，这其中有些是急风暴雨式的，有些是革命的形式，比如说中国的革命，还有很多非洲、亚洲国家是通过反贫困的方式。开始时是妇女大量死亡，由于疾病、暴力，或者其他的原因。到了20世纪60年代，妇女解放运动随着民族解放运动的兴起而兴起（民族解放运动和民权运动最极端的例子就是马丁·路德·金和他领导的美国黑人运动，以他为代表或象征的美国黑人改变了一百多年来被奴役、被歧视、被忽略的地位）。亚非拉的妇女解放运动是以更加急风暴雨般的形式展开的，是伴随着追求民族独立和解放的运动进行的，是第三世界开展的反帝反殖运动的一部分，所以它是第二场妇女解放运动，或者说是和白人的那个妇女解放不完全一样又前后相随、彼此影响的一个运动。它不仅反映在时间上和地域上，而且体现在性质上，它和阶级的解放和民族的解放一样，也是一个解放的过程。而且这个解放确实更激烈，像我们中国走的道路是很激烈的，有女红军，有女八路，她们真是到了战争的第一线。在印度，包括在非洲很多地方，也是通过那种大规模的社会运动、群众运动、反抗运动来逐渐改善妇女地位的，虽然直到现在第三世界或者发展中国家妇女解放运动还远远没有完成，虽然现在社会运动变得好像不如当年那么风起云涌，但是这一运动一直在持续，从来就没有停止过。

20世纪60年代其实还有一个运动，但基本上没有形成一个新的视角，就是由于美国侵略越南导致的反战运动。这个反战运动，更多的是和学生运动联系在一起的，是从校园里和年轻的学生开始的，主要是在美国，当然在欧洲也很激烈。那时候美国还要义务征兵，读完大学不是去就业，而是去越南打仗，所以刚毕业的大学生并不是考虑应不应该打越南，这场战争是不是正义的战争，他们是根本不想去打仗、不想去当炮灰，因为美国侵略越南的战争和后来的第一次海湾战争、科索沃战争很不一样，这场战争伤亡惨重。这个反战运动其实是白人大学生（和他们的白人家长）为了抵制服兵役开始的，但是这样一个学生运动后来很快就发展成整个社会的反战运动。媒体把越战的很多真实情况揭露出来，揭露了美国侵略越南战争的残酷性和非正义性，甚至有人说那是美国的媒体第一次起到了这样的作用。人类历史上第一次有那么多记者在前线及时地把第一手资料用图片和文字的形式反馈回来，反映在报纸上，反映在电视上，人们看到一个村一个村被地毯式地轰炸，孩子们、妇女们一片一片地死亡，这使人们认清了战争的非法性。这次反战运动虽然没有像性别运动和种族运动那样变成一个看问题的视角，但是反战的学生运动，加上民族解放运动和妇女运动，都是当时主要的社会运动，同时也是影响深远的社会运动。

用性别平等主义来研究社会性别，不只是一种智力推演，也是社会的运动或实践，它是轰轰烈烈的社会运动，甚至有混乱的场景。当时美国的纽约、芝加哥、旧金山，包括中部的很多城市，还有欧洲的大城市，都出现了类似骚乱的现象，比如，群众游行，向市政府官员和议会议员扔鸡蛋、西红柿甚至砖头，当地政府出动了军队和警察，甚至开了枪。民族解放运动不只出现在发达国家，也出现在第三世界。第三世界的民族解放运动一开始是针对当地政府的，为的是认清这些从殖民地独立出来的政府究竟是买办的政府还是主权独立的政府。要是没有那些轰轰烈烈的，而且是交集、交叉发生的运动，性别、族群都不会积淀下来成为一种学术方法。当然，学生运动、反战运动没有积淀成一种很独特的方法，但是至少对于形成包括性别平等主义在内的新视角也起到了一定的作用。这几场运动几乎是同时在各国展开的，我国此时也正在进行"文化大革命"，当然事后看也好，当时感觉也好，"文化大革命"对我们自己来说是灾难、是浩劫，但是它对西方、对第三世界，似乎也是那些社会运动中的一部分。像第一代推动中美关系发展的那些人，有些是破冰而来，冒险而来，冒着失去回美国的护照的危险，最早的一批人在基辛格、尼克松访华以前就来了，也有些就是随着基辛格他们来的。他们很多就是 20 世纪 60 年代参与反战的人，是参与学生运动、妇女运动、民族解放运动的人。

我觉得做学术研究，一旦形成一种理论和一种方法，就容易只看这个理论有多精巧、多完整，然后把它作为分析的模型，使它在统计学上更精确，但是对它的来源和背景却容易忽略。其实阶级的这个维度能够进入社会科学，成为社会科学最主要的范式，也是和 18～19 世纪，就是资本主义初期、工业社会初期的原始积累、贫富悬殊分不开的。就像狄更斯写的《雾都孤儿》或者恩格斯写的《英国工人阶级状况》，要是当时没有那样的贫富悬殊，就不会产生这样一个重要或者最重要的观察社会的理论和方法，直到现在它仍然是最重要的方法。这是我们后来人再去研究性别平等主义时特别应该注意的。现在，性别平等主义在美国的大学里、在欧洲的讲堂上显得很精巧、很优雅，像著名的斯皮瓦克，她是位印度裔的学者，现在在美国教书，她也是位很有名的性别平等主义的文化研究者。她讲话很优雅，很得体，很有教养，很有风度，甚至永远都不会提高嗓门。但实际上她和一批印度裔学者的学术背景一样，和印度 20 世纪五六十年代尼赫鲁领导的不结盟运动，乃至早期甘地的非暴力运动以及印度的民族解放都有密切关系。印度还有一个很有名的学者帕萨·查特吉，专门研究底层社会。他研究印度的"贱民"，或者所谓的"下等人"。印度有个很庞大的贱民阶层，他们不只是穷，而且是"下贱"，就是没有社会地位。他们这类研究其实就和印度的独立、解放，以及 20 世纪 50 年代的不结盟运动有关。那个时候的"第三世界"（后来才被叫作"发展中国家"）最有影响的一个是中国，一个是印度，和平共处五项原则就是周总理访问印度和缅甸时提出来的。而印度的甘地其实就是有色人种，他在英国牛津受过正规的教育，是印度的贵族，他从牛津毕业后到南非去工作，买了头等舱的火车票，南非当时是英国人统治的殖民地。上火车时不让他进头等舱，就因为他是有色人种，就没有资格坐头等舱。而他在 20 世纪 20 年代的时候其实已经很英国化了，穿着西装，打着领带，说着标准的英语。后来他回到印度把自己打扮成一个完全的贫民，披着一块很朴素的布，赤着脚，而且一辈子不结婚。他身体力行，极力推动一种哲学信仰和运动，来促使印度改变被殖民和被奴役的状况。

20 世纪 80 年代以后性别平等主义或女性主义进入了课堂，很多西方女性主义的叙述是很文静的、很优雅的、很温情的,但是其实 20 世纪 60 年代的时候他们是非常有激情的,具有强烈的批判性,甚至是非常极端的,是和社会运动密切相关的。这是第二个特别重要的特点。如果不注意,只看到其优雅的一面,而忽略其社会背景,就可能掉进认识的"陷阱"。

## 三 对中国实践缺乏理论梳理的"陷阱"

第三个"陷阱"也是相当重要的,那就是对我们来说,在中国这样一个语境下,怎么来看女性主义这样一个认识问题的方法。我们这一代人在 20 世纪 70 年代末考进大学,正赶上对外开放,我们接触了很多新的理论、新的方法,而且确实有点如饥似渴、饥不择食,确实称得上是一次思想解放。那个时候,缺乏选择、鉴别和分析,我们几乎是全盘接受了西方的理论和方法,囫囵吞枣,甚至是有点盲目,怀着一种部分是崇敬、部分是敬畏的心情,甚至还有几分迷信的态度来介绍和学习西方理论。但是经过这么多年,我觉得现在应该有所改变了,我们中国的研究者应该比较客观和冷静地来看待西方的理论和方法。我们中国的妇女解放运动,从秋瑾她们那一代开始,经过一代又一代的努力才走到今天,中国近代以来的民族解放历史和社会发展历史一开始就和女性解放有关。像辛亥革命,一开始有个很重要的问题就是妇女的缠足问题。"五四"以后,不但是解开了足,而且很快,女性也可以穿裙子了,可以上学了,至少在大城市中的知识女性和比较有地位的家庭中的女孩子是这样,她们甚至也可以参与政治,这在所谓的"发展中国家"几乎是独一无二的。中国是一个有几千年历史的男权—父权—夫权的社会,其实女性是被压迫得最深的,因此妇女解放运动从一开始起就是一个非常独特的反抗形式,妇女通过革命的形式,甚至参军的形式,用一种暴力革命的形式来解放自己。我们中国近代这段历史和妇女通过参加革命来获得解放的运动,本来应该作为世界阐释 20 世纪的整个女性主义或者性别平等主义的一个很重要的历史和理论资源,但这样一个资源直到现在我觉得还基本没有进入社会科学的基本叙述里,这是非常可惜的。斯皮瓦克她们其实是把印度的那些资源介绍到西方主流的社会科学叙述里,所以她不但自己变成了西方意义上的一位知名教授,而且她能够把印度的经验介绍给世界。但是中国的民族解放和妇女解放也有 100 多年了，这么一个轰轰烈烈的社会革命，给千百万妇女带来了这么大变化（在持续的变革过程中也经历了无数的曲折）的解放运动，基本上没有进入社会科学的叙述里，如果有也是少之又少，充其量是一些事实和个案，而没有成为推动社会科学发展的动力，没有形成相应的范式和概念。在各种各样的国际社会科学会议和论坛上，中国的经验没有被介绍和推广，而对于这样一种现状，我们社会科学研究者是有很大责任的，但我们自己身在其中却不觉察。

不觉察的原因是身在福中不知福。我曾经教过韩国和日本的女留学生，她们离开中国时恨不得是哭着回去的，因为她们一旦回到韩国和日本就再也不能像在中国这么从容、平等、欢天喜地、嘻嘻哈哈，再也不能和老师，和男性的同事、同学自由和自然地交流了。日本和韩国经济比我们发达得多，但是他们的男女平等却比我们差得多，因此我们是身在福中不知福。中国的男女平等是世界上许多国家达不到的，是社会意义上的，比如说女性的就业程度、受教育程度，甚至是健康意义上的。20 世纪 50 年代以后，我们最大的成就之一就是通过全民的保健和防疫，把孕产妇和婴幼儿的死亡率降下来了。而这样一个成就其实我们自己长时间是感觉不到的。我们以前花了很多精力来做这方面的工作，而且是用最低的成本，那个时候基本上不是靠钱，而是靠爱国卫生运动、扫盲运动，还有全民体育运动、健身运动。我们用了不到 30 年的时间，使人均预期寿命翻了差不多一番，从 1950 年的 30 多岁到了 1980 年的 60 多岁接近70 岁，摆脱了"东亚病夫"的称号。婴幼儿死亡率大幅度降低，各种疾病，从霍乱、天花、麻风，到结核、血吸虫、疟疾、性病，直到日常的感冒、发烧、闹肚子，都得到了控制，有的基本上被消灭了。这使得整个中国人，用了很短的时间，30 年一代人的时间吧，就变了一个样，但是我们自己身在其中没感觉。甚至成天抱怨怎么把人口搞上去了，殊不知人口提高也和防疫、保健、医疗的改善和全民体育健身运动的提倡，还有高就业、大范围的社会福利和保障等社会进步和社会发展有关。当然我们也有过特别困难的时期，三年困难时期饿肚子，"文化大革命"时也食品短缺，凭票供应，发展中有很大的起伏，也走了许多弯路。

根据阿玛蒂亚·森的叙述，印度虽然不会有"大跃进"这样的事情，但是整个印度的发展，拉开了看的话，每过 5～10 年印度的非正常死亡的总和就与我们一次"大跃进"的非正常死亡数差不多，所以直到现在，印度的人均预期寿命仍比我们的要低得多。

我去印度时发现，印度的非正常死亡人口很多都是农村的女性。而这个死亡既包括保健、防疫、医疗不及时带来的，也包括家庭暴力带来的。所以直到今天，也弄不清印度一年被丈夫们杀死的新婚妻子有多少，有些年要高一些，有些年要低一些，有些邦统计得实一些，有些邦根本不怎么统计或无法统计。印度的农村妇女大多数不会、不可能用法律的手段保护自己。1947 年印度就独立了，建立的是议会民主制，但是直到现在，它的文字是不统一的，印度国家的文字有 30 多种，事实上的语言有 500 多种，这 30 多种不同的方言互不相通，因此在议会、法院里，经常只能说英语。印度的人口很多，真正能说英语的人不到 5%。对印度农村妇女来说，法院不只是有理没钱别进来，而且也有文化上、语言上的限制。

我们 20 世纪 50 年代以后的近 60 年间，其实有一个很重要的资源，就是中国的历史和实践经验。我们走的道路和西方是很不一样的，但这个资源基本没有经过理论梳理，没有经过整理、吸纳，没有把它变成社会科学理论，所以这是第三个"陷阱"。

李小江最近写了几篇这方面的文章，反省自己怎么从介绍西方的女性主义到又回过头来看中国自己的历史和实践。我们其实很容易身在其中而感觉不到我们的资源，"不识庐山真面目，只缘身在此山中"。这个连世界银行也承认，世界银行从 20 世纪 80 年代进入中国，从那时起世界银行一直把中国视为发展中国家的楷模，一个很重要的原因就是我们中国从 20 世纪 50～70 年代，在健康（防疫、保健、医疗），教育（包括全民扫盲、农村妇女扫盲）和基础设施（灌溉、农田水利等）这三个领域中，是发展中国家中做得最好的，而且直到现在我们还在享受着这个成就。后来我们改革开放的成就归功于政策对头、路线对头等，当然都对，但其实也还因为有一批具有健康体魄的劳动者。如果没有健康的劳动者，如果我们还是"东亚病夫"；如果没有那些基础设施，没有那些最基本的教育，是不可能发展得这么快的。现在，在珠江三角洲等地，到城里打工的那些农村女孩所受的正规教育并不多，有些人甚至初中还没念完，但是她们心灵手巧，很快就能够生产出包括电脑、高级照相机在内的高科技产品。她们没有经过太长时间的培训，有的人一个星期就上岗了，但她们组装的远销世界的产品早就不是旅游鞋、玩具和袜子了。就是说那里有一支很强的劳动者队伍，这支队伍是在这一过程当中培养出来的，包括一整套的制度和实际运作。这是我要讲的第三个比较重要的东西，就是讲到性别主义作为一种理论、一种方法、一种看世界的角度的时候，其实还有一个自己的实践，我们不应该把它忘记了，至少还有待于我们社会科学工作者来努力，努力把这些实践也总结成社会科学的理论、方法，哪怕是一些概念、新的看世界的角度。比如说我们看发展可能就不只是 GDP，不只是收入。像联合国开发计划署多年来做的那样，已经不只看 GDP 和收入，而是把人均预期寿命、识字或者教育都考虑进来了，这样就有一个人文发展指数，这样看世界至少要全面得多。我们自己现在提倡的科学发展观，也是要走一条更全面协调可持续的发展道路，其中很重要的，就是看发展要以人为本，而不只是看 GDP，看平均增长率。

把中国的很多活生生的实践纳入性别主义的研究是很有意义的。现在主流的叙述其实是西方的白种男人主宰的，而性别主义基本是在西方的白种女性争地位、争权益的过程中形成的理论。不只是中国的妇女解放运动，广大的亚非拉女性和她们的实践也还基本没有进入社会科学的叙述里面。人民文学出版社出过一套叫"另类发展"的丛书，其中有一本叫《沉默的另一半》，是叙述南亚的妇女怎么被压迫、被剥削，怎么求解放的。拉美也有很多著名的学者在做这方面的努力，例如同一套丛书中的《拉丁美洲：被切开的血管》。但是这些经验基本上还是没有进入主流的叙述里面，这确实有待我们努力。虽然已有很多人在努力，甚至直到现在还有人孜孜不倦，试图把中国几千年的汉学应用到社会科学中，比如说我认识的一位社会学者，他带博士就不用西方的任何概念，而让学生用《三国演义》《水浒传》《史记》《汉书》里的那些概念来写。当然也有搞文学、历史、哲学的人试图振兴国学，中国人民大学成立了国学院，那也是一种努力。整个第三世界的实践是曲折的，20 世纪 60 年代社会运动蓬勃兴起的时候，我们在搞"文化大革命"。我自己直到 70 年代才读到第一本关于第三世界的书，叫《第三世界：苦难、曲折和希望》。它是讲亚非拉的看不见的生命力、创造力的，讲亚非拉世界的人民如何在苦难里孕育求解放的动力，而不是等着被解放、被启蒙、被教化，我觉得这可能是特别重要的。要说性别，feminism 准确的翻译应该是男女平等的视角或者是性别平等的视角，这就使得女性变成具有自主性的一种人，至少和男性是平等的。现在发展中国家的社会科学也好，社会发展也好，基本上还是等着被指导、被教化、被启蒙。

发展中国家当然也试图参与到国际事务的讨论、争论中去，而且在这个争论中也能有自己的一点声音。联合国教科文组织是一个平台，当然它本身是1945 年战争结束以后，为了防止战争和促进和平，作为联合国系统唯一以教育、科学、文化为名目的组织。虽然它的欧洲色彩很重，但从一开始起"第三世界"进入的也不少，里面是多元的，从它成立的第一天起，它的宪章里就宣扬文化的多样性。直到 2007 年底，《文化多样性公约》诞生，我们国家也起了很大作用，全世界除了一两个国家反对外，基本上全票通过了这个公约。现在该组织正在起草一份论述世界文化多样性的报告，这至少是一个尝试，虽然直到现在还不是很成功。中国社会科学院的中国社会科学杂志社一直出版中文版的《国际社会科学杂志》，这个杂志就是教科文组织的杂志，上面登的文章很多是非西方中心论的，是世界各国专家、学者写的，还有女性学者写的，但那样一种叙述直到现在还是非常边缘的。我们中国现在讲和平发展、和谐世界、在科学发展观指导下走全面协调可持续发展之路，而中国怎样进入世界，别人怎么看我们，确实都很重要。它不是个面子问题，不是说我们应该适应别人，照着别人说过的话去说，而是我们要有自己的一套说法。这方面，虽然印度的社会发展好像比我们落后得多，贫富悬殊比我们严重，人均预期寿命、识字率比我们差，基础设施比我们差，但是因为印度确实培养了一批人数很少的"知识精英"，这批人知道怎么向世界展示自己的国家，从甘地到斯皮瓦克、阿玛蒂亚·森这些人，还有一些在印度本土，从来不出国的，但是他们知道怎么说，怎么表达自己，既用别人能明白的方式，又能保持自己的自主性。反观我们自己，有时候就有点自说自话，然后把它机械地、一字对一字地翻译成外语给外国人听，根本不管人家是否能听懂。这不但关系到我们的形象，还关系到我们实际上做了什么和怎样做。我们并没有很好地认识到我们所做的事情的价值，说得极端一点，1980 年以后，许多知识分子看待我们自己的实践就像倒洗澡水把孩子倒掉了一样，把好的和不好的一起否定了。本来我们是有一个历史性转折的，放弃"以阶级斗争为纲"，转为以经济建设为中心，坚持改革开放，这些毫无疑问都是正确而及时的。但是我们过去做过的事，也不只是阶级斗争，也包括提高识字率，增强全民体质，降低婴幼儿、孕产妇的死亡率，降低各种疾病的发生率，改变了"东亚病夫"的形象，这些都是花小钱办的大事，是很有价值的实践经验。如果什么都认钱，没钱就干不成事，那也是不行的。有许多时候投下去的钱也不知道都做了什么，我们总不能就只剩钱这么一种手段了。而我们以前动员群众，从爱国卫生运动到全民健身运动，从大规模的基础设施建设到扫盲和普及义务教育，其实是最典型的花小钱办大事，是不应被轻易抛掉的。

社会实践进入社会科学领域当然也有一个很艰苦的过程，可能需要多少代学者的努力，甚至是耐着寂寞的长期研究，现在的研究是有点太急、太快，大都是以带资金的项目为驱动。项目有它好的一面，就是任务明确、目标明确，然后就操作。但是缺点就是它有点像卓别林的《摩登时代》，很机械，变成好像生产袜子、皮鞋、纽扣，人好像仅仅是工具，一切都是按照既定的程序执行。科学要酝酿好多年、好多代，经过无数次试验和失败，社会科学虽然不像实验室里的实验，但你必须允许它失败，允许它多少年不出"成果"，它需要不断地实践，不断地探索。而我们现在，就好像一定要马到成功，结果大多是短平快的东西。实际上，我们自己的实践（不只是性别平等，也包括其他领域）是如此丰富，但是我们的理论却是如此苍白！这是当前社会科学的大问题：第一是急功近利、短平快和项目化，成了与生产皮鞋、袜子和纽扣一样的过程；第二是因为比较商业化，由于金钱的驱动，但没有形成自己的概念、理论、方法，就只好鹦鹉学舌，照猫画虎。我们现在出版的著作很多，课题也很多，好的作品却很少。过去没有既定的课题，老先生们的那些著作都是很有分量的，好的研究理论确实不是单靠钱就能堆出来的。

我们当然有马克思列宁主义、毛泽东思想、邓小平理论、"三个代表"重要思想，但是在学科上，经济学、社会学、法学、政治学、人类学、心理学等学科领域，自己的概念、理论、方法并不多。

# 四　不能与时俱进的"陷阱"

第四个"陷阱"和第三个有点关系，就是性别主义的视角和研究也必须向前看，现在全世界性别主义的研究都有点走不下去了，该说的都说了，该"骂"的都"骂"了，一开始很激进，以批评的姿态出现。20 世纪 80 年代的时候我们还没有性别主义的研究，由北美回到台湾地区的那些学者主要就是"骂"（批评），但是"骂"完了之后，下一步怎么走？其实整个社会科学现在有点失语了，对下一步的社会怎么走比较茫然。一些聪明的社会学家知道这种情况，不聪明的还不知道。约翰·加尔布雷斯是美国著名的经济学家，他晚年曾说过："世界上有两种人，一种人是知道自己不知道，还有一种人是不知道自己不知道。"他说他自己很幸运，知道自己不知道。这其实就跟孔子说的"知之为知之，不知为不知，是知也"，老子说的"知者不言"一样，苏格拉底也称自己只知自己的无知。先哲们说的都是一个意思。而现在整个社会科学界有点不知道该怎么说，这个当然不是咱们不努力、不用功，甚至也不是没有钱的问题，可能是社会变化太快。连美国这么强大的政治、经济、科技、文化、军事大国，在反恐的道路上走得也如此不顺，其实就是源于它的制度设计、体制适应不了新的形势。它这套制度设计安排是在 18 世纪以后。二战以后，遍及全世界的模式就是以"民族国家"为单位来组织经济、政治、社会、军事、教育、文化、科技乃至健康和营养，但是恐怖主义者不是来自哪一个国家，不是阿富汗，不是伊拉克，也不是哪一群"流氓国家"，恐怖主义者是散兵游勇，散布在世界各地，其中相当多的就在欧美。有人说欧洲多一点，有人说美国多一点，不管怎么说就在欧美。他们也许是有色人种，其中有宗教背景的人多一些，有很多是宗教极端主义者。但是至少恐怖主义不是以国家形式来挑战的，不像德法战争，或者德意日挑战英法美，甚至我们自己有过的，比如说冷战时期的朝鲜战争、越南战争，都是国家对国家的冲突，而所谓的"反恐战"完全不是这么回事，而美国却用了传统的国家对国家的办法，当然不可能成功。

现在的全球化形成了一些非国家或跨国家的力量和现象，这使原有的以国家为单位的社会科学界也不知道该怎么对付。其实 18～19 世纪以来，社会科学一直是国家建设的一个产物和国家合法性的一个阐释，现代社会科学和国家建设是同一个过程，它既是现代国家的产物，又是使现代国家合理化的依据，这些社会科学负责解释并合理化国民经济、国家防务、国家文化、国家建设。而非国家的东西（恐怖主义只是其中一个极端，还有就是疾病，比如艾滋病、禽流感、"非典"，以及现在谈得越来越多的气候变化等）是不以国家为边界的。还有比如金融风暴，资本的频繁、快速的全世界流动，它也不是以国家为单位的，相当一部分资本不在国家手上。20 世纪 80 年代中期，我开始研究所谓的"全球化"，我一看当时的前十个跨国公司所拥有的资产超过了 100 个发展中国家资产的总和。那还是 20 世纪 80 年代，最近这 20 年就更快了，就是有相当多的经济不在亚当·斯密讲的那个"国富论"范围内，"国富论"叫作国民经济研究，"国民财富"其实是 national economy 的翻译，就是国家经济的研究，但现在这个全球化是跨国公司主导的。而整个社会科学现在从所谓最硬的、最成熟的和最科学的经济学到其他很多学科，基本还是以国家为基本单位的。国家当然还很重要，直到现在国家仍然是最大的组织和制度体，最有力量的利益代表，但另一方面，也确实有个与时俱进的问题，现在有很多东西是原有的概念、范式解释不了的。性别主义现在也有这个问题，原有的理论不能解释西方白人妇女怎么争取权益，获得和男性一样的地位，这是一种由社会运动进入学术视角的过程，它的一个"陷阱"是因为没有把其他地区、其他非西方社会的实践纳进去。为什么现在不能往前走了？不能往前看呢？现在，西方的妇女在教育、就业和社会地位方面好像跟男性越来越平等了，在法理上越来越平等了，但事实上还有很多问题，或者说身在西方的她会觉得有无数的、无形的排斥、压迫和偏见，为什么不能往下走也是这个问题。西方人如把眼光打开一点，看到非西方的世界，那马上就是一个新天地，然后马上就会有很多新思路，可以使学术往前推进。

这个障碍似乎很难被西方人自己克服，这使性别主义研究很容易就变成了女性的研究，就是说男性很难跨出那个男权、父权的框子，按照男女平等的眼光来看世界，因为他一直享受着这个不平等的好处。其实这是一样的道理。让西方人获取非西方人的视野是很难的。还有一个困难就是我们这些非西方的人受到了西方的教育，一代又一代的，从严复开始，乃至我们所谓最闭关的时候，最讲阶级斗争、最革命的时候，也是在学古罗马、古希腊，学卢梭、孟德斯鸠、亚里士多德、莎士比亚、狄更斯，等等，就是说我们看世界也是用西方的眼光，也学着用西方世界的眼光来看自己，也就越看越不顺眼，也不会实实在在去看自己有过的、直到现在还继续有的那些丰富的实践经验，更不会从中总结、提炼自己的理论。

现在世界确实变得太快，由于科技、信息、各种各样的流动，当然流动现在还没有真正放开，我觉得如果彻底放开，全世界的人应该是平等的，回到最原生的那个概念。我们对资源的关系、对淡水的关系、对森林的关系等关系也应该是平等的，但事实上现在还是以国家为单位划分，什么都能自由流动，人是不能自由流动的。

现有的制度设计怎么才能和流动的时代相符？如果信息、商品、资金都越来越跨国地流动，那么怎么整合？美国现在最大的政治问题是移民问题，它既是国内政策，也是国际关系。包括在总统选举上，可能比伊拉克问题还要严重，因为伊拉克毕竟是局部战争，对美国人是小菜一碟，能够真正上前线的人也是少数，死亡也还不多，不像越南战争，但是移民政策和美国人息息相关，能够决定谁当选、谁不当选，是最重要的问题之一。更不要说加拿大、北欧了，它们的调子特别高，自由、平等、博爱、民主、人权、法治，还有生态，其实它们那儿特别奢侈，一个人可以占有很多的耕地、淡水、森林等，但是别的国家的人要大批移民几乎是不可能的。现在，社会科学基本上还是按照原来的设计，没有把全球化的人口流动作为主要的议题，还停留在那些传统的议题上，如社会关系、社会结构、家庭、环境，而流动问题好像只是年轻人会遇到的问题，人们一旦有了稳定的工作，结婚成家，似乎就固定了。性别问题其实也是这个问题，以前争取的各种权利，至少在狭义的西方概念上好像都有了，下一步的发展方向并没有解决。

除了实际的社会层面的发展方向，还有一个价值层面的发展方向，比如说我们讲自由、平等、博爱、民主、法治、人权，现在加上一个生态，对于广大女性来说还有什么？其实也是对所有的人来说，还有什么？我们还能提什么？其实和谐不失为一个很可能的、新的社会科学的范式，或者是一个理想目标和理念，它可能成为一种新的范式，因为自由、平等、博爱、民主、法治、人权，加上生态，有些讲的是政治权利，有些讲的是言论自由，有些讲的是社会权利，比如就业问题、贫困问题。但是和谐讲的是一个境界，是方方面面都解决了之后所面临的问题。比如吃饭问题解决了，穿衣解决了，住的问题解决了，就业解决了，甚至假设养老金也解决了，都有了之后，就像那些发达国家的中产阶级，什么都有了，之后是孤独、失望和绝望，有些人就在艺术上搞荒诞和恶心。其实应该把和谐变成人的下一个追求目标，就是说我们应该生活在一种身心健康的状态之中，而不是简单地孤独等死。虽然条件很好，但精神空虚。现在西方有的人，包括日本人，提出一种新的理念，就是如果在和谐理念下用一套理论、概念甚至是方法和计量，把幸福指数、生活质量、身心健康以及人际关系中的互助亲情都引进来，那这个所谓的向前看就有目标了。当然，生态是一个很重要的打开我们思路的社会科学视角，它不是一个技术和自然科学的概念。现在有个生态性别主义，或是叫性别的生态主义，甚至还有生态的宗教学、生态的政治学，这些新视角都具有能打开很大局面的可能性。其实在咱们传统的资源里，也有很多好东西。

虽然不是简单地回到过去，但过去的东西要认真对待，好好消化。而生态视角肯定是一把打开往前看的门的钥匙。但对此也有争论，有人说不应该是以人至上，就是18世纪那个人道主义，它是人定胜天，人是主人，所以我们要征服自然、战胜自然。按照生态学说呢，人是自然的一部分，我们和大自然的其他部分共处、共赢，是在同一个系统里头，如果有一个系统被破坏了，哪怕苍蝇灭绝了，那整个生态链就会断掉。还有很多争论。我觉得可能会无限争论下去，但是和谐这个概念比较好，因为它把原来传统意义上的自由、平等、博爱、民主、人权、法治等概念发展了。人权这个概念没有生态也能发展，发展到我们全人类来共享这一个地球。西方的历史，其实很大程度上是不断地把矛盾从内向外转移，向外殖民、移民乃至侵略、扩张。那是一个角度，就是把人权真正地往前发展，发展到极致。现在即将进行第二轮中美经济战略对话，这个对话将面临一个很大的难题。对我们来说，一方面我们确实面临着汇率、进出口不平衡，但实际上这里面还有一个很大的问题，人民币越调整，我们的出口越缩减，越会直接损害广大农民和穷人的利益，如果损害了农民和穷人的利益，我们就会在另一个意义上被指责，有人会说我们在劳工权利、人权等方面存在问题。当然，也可以说这不是学术上的难题，而是比较政治化的难题。按照市场经济，我们当然不应套在一种货币上，比如美元，而且汇率当然是随着市场而波动，也应该实事求是地去测量究竟我们的汇率是多少。另一方面来说，现在中国面临着这么大的就业压力，一点点调整可能就会使很多人就业困难。进出口也是，稍微调整，别说调整，就是没有大调整的情况下好多东西都受影响。农民工工资被拖欠，除了都知道的原因外，是因为那些加工的东西不能及时到岸，到了岸不能及时交付，可能已经到岸了，他不接收说你违犯了环保，违犯了人权，违犯了劳工最低工资，一船一船的旅游鞋到了美国西海岸上不了岸，不上岸还被罚款，许多加工企业都是这样的，它得交货才能拿到最后一笔钱，拿到这笔钱才能支付给农民工最后一笔工资。所以一个加工企业其实是国际环境中的一个链条，但是看不到这个链条的时候好像就变成只是一个包工头黑心的问题了。

另一个可能打开的就是生态的概念。撇开狭义的社会科学，而把生态引进来，我们甚至可以有生态的经济学，有人试图计算绿色 GDP 和绿色预算，把绿色的生态一旦算进去，那投入产出、效益成本，整个经济学最基本的认识可能都会不一样。如果有生态的政治学、生态的社会学等也会很不一样。比如说法学，我国法治建设要加快，要完善等，但是至少有一个，如果是生态法学，而不是现在这个法学，那会很不一样。比如说美国的法院，每年打官司所用掉的纸张，以及木材造纸带来的污染，光是这一个成本算进去，至少我们的县法院、市法院、省法院根本就用不起。我们现在光是为了保证小学生或者中小学生上课用的纸张，就是作业本，整个淮河流域，造纸厂造成的污染都很严重。那些厂生产的纸张就是给安徽、河南农村的中小学学校孩子们做比较低价的作业本。

这又是一个挑战。当时我参加过一个治理工程，基本上没有成功。有一次领导去检查工作，当地人说，对不起，不能给中央领导同志喝水，因为当地的水已经被污染了，淮河流域已经臭得不行了。20 世纪 80 年代，我们发现当地有大量的富余劳动力，有大量的原材料（麦秆），然后又有需求，就是中小学需要低价的作业本。如果不是乡镇企业造的纸，而是国家轻工业部的厂造的那些纸，会特别贵，农村孩子买不起。你看三样东西都有了，劳动力有了、原材料有了、需求有了，就鼓励发展乡镇企业，搞小造纸厂，最后造成了那么大的污染，再强行关闭。如果提前考虑到生态问题，就会使我们的整个社会科学有一个豁然开朗的感觉。从这个意义上说，性别的视角又远远不是该说的都说了，该做的都做了。比如说性别的政治学、性别的法学乃至性别的经济学，一些硬性的科学，像经济学、法学、社会学、人类学、心理学，越硬的越没有性别视角。文学评论里面比较有性别视角。但是社会学里也分两派，比如社会学里玩模型的、玩数据的，基本上就没有性别这个视角。全球化的挑战使得原来国家的制度、体制面临着一些非国家力量的挑战，从负面影响的疾病、恐怖主义、全球变暖，到无所谓正负面影响的金融、资本、商品信息到人的流动，我们要向前看，要让整个社会科学有一个生态的视角。搞性别研究的，该骂的都骂了，有的极端的性别主义者把莎士比亚、达·芬奇都骂到了，一直骂到孔夫子，当然还可以继续批评，但反过来说呢，就是缺乏建设性思想，而建设性思想的前提就是必须向前看，只要向前看，性别主义视角还是大有文章可做的，理论创新也是大有文章可做的。

国家要走和谐社会的道路，世界要和平，就必须关注身心健康、幸福指数、亲情互助等概念。和谐概念本身也至少有三个层面，我们现在可能讲第三个层面讲得比较多，也就是人际关系，但是社会科学研究更应该关注第一个层面，那就是我们对世界、人类和我们未来的一种理想，或者说是一个伟大的理念。比如古希腊讲自由，我们古代哲学讲天下为公，就是那个层面的理念，它要回答这个世界应该是个什么样的问题。第二个层面应该是在这个理念之下，应该有什么样的制度，以确保人民受教育，确保女孩子、农村的女孩子、少数民族的女孩子受教育，或者是老有所养，病有所治，我们应该有一套完整的制度。养老的、教育的、医疗的、就业的等符合和谐发展的制度设计。第三个层面才是人际关系，而且人际关系里也不应该是旧的伦理关系，而应该是一种新的伦理关系。这样不但能处理我们的人际关系、社会关系乃至国与国之间的关系，而且把它变成社会科学里的一种范式，一种基本的概念，就像经济学的投入、产出，政治学讲的国家制度，社会学讲的社会关系一样，能使我们的社会科学面目一新。现在国际社会科学理事会正在酝酿《世界社会科学报告》，这以前只做过一次，也许要做十年，报告罗列了一系列人类面向 21 世纪、面向未来将要遇到的问题，第一个是世纪的贫困问题，第二个是可持续发展问题，第三个是治理，现在也叫良治或善治，第四个是多元文化、文明共处、文明对话。现在有人觉得文明对话这个词不大好，应该说是文化多样性。就是各种不同的文化怎么分享平等的地位，而不是说强势、弱势、边缘、主流那种关系。最后就发现横穿这四个问题的都有一个性别视角的问题，就是说，性别视角不是跟这四个问题并列的问题。国内总把性别问题当成妇女问题，和就业问题、青少年问题、养老问题、住房问题并列，其实这不是一个层面的问题，是所有那些问题里都得有一个性别的视角。

如果人类 21 世纪都面临那四个问题的话，那么，就必须用性别主义的视角来看可持续发展、贫困、治理和文化的多样性。这和把它并列为众多的问题之一是完全不一样的。

## 五 遭遇现实政治时的“陷阱”

第五个问题其实是不得不说，虽然我们还很难明确要怎么做。任何一个社会学科，任何一种看问题的方法，任何一种概念，都不是纯而又纯的科学和学术，都是非常政治化的。妇女运动、社会运动、民族解放运动、黑人运动、学生运动、反战运动，都是经过演变、积淀、提升为好像是很学术的概念、范式、方法甚至模式、数据，但事实上它不是那种纯而又纯的东西，它永远是在现实中，包括现实的实践、现实的利益冲突、现实的政治较量。意思讲得再透点，就是说，像自由、平等、博爱、民主、法治、人权，包括生态，我们有大量的工作要完善、要做，我们的环境还很差，我们的法治也不健全，连教育、医疗这些指标，在许多方面都还要继续努力。毫无疑问，这些领域有无数的地方令人不满意，令人着急，不管是学者还是普通人，不管是当事者还是领导人，都清楚这一点。我觉得李小江最近写了不少好文章，反映了很多现实中存在的问题。我也参加过很多学术的、半学术的研讨会、对话，就像我刚才举的那个例子，汇率和劳工权益，其实我们有点两难，道理是一样的。就事论事，汇率确实有待调整；就劳工标准而言，我们当然还很低，甚至还有拖欠工资的现象。倒不是说因为鱼和熊掌的关系我们就只好舍弃，而是说必须摆平二者的关系，必须稳步前进。但是在性别主义这个问题上，确实有很强的政治性，因为它涉及男女的地位怎么能够更平等，或者说更合理些。

在政治上，就性别平等而言，20世纪50年代我们解决得还不错，当然也存在一些问题。从20世纪50年代到70年代，又有更多的问题暴露出来，但我们在男女平等的问题上取得了很大的成绩，即使这个成绩也有不尽如人意之处。1949～1979年这30年间在性别问题上的缺憾，与其归咎于急风暴雨的革命，还不如归咎于几千年的父权、夫权、男权，几千年的男女不平等，想通过30年的革命就把它彻底改变，怎么可能呢？不能因为30年没有彻底改变，就说革命是虚伪的，说妇女都被愚弄、被欺骗了，就宣布整个都搞错了，然后又回到把女性商品化的状态，好像也使女性有了一种"地位"，但这个地位其实是非常屈辱的。当女性被商品化时，表面上她被人欣赏着，其实是对女性的侮辱。不但是倒洗澡水把孩子倒掉了，甚至是一种背叛。虽然说铁娘子、铁姑娘等形象把女性搞得不男不女，但那是一种对几千年压迫的反抗，通过那种反抗，包括所谓女性男性化也好，中性化也好，其实是把女性的地位提升了。

2006年中国文化论坛搞了一个关于大学通识教育的研讨会，请了杨振宁先生来讲话，其中有一些话讲得很有道理，是我们身在其中感觉不到的问题。他说他自己1949年离开北京，去了美国，1972年又回来。他说他1949年离开北京的时候满大街都是垃圾、流浪汉、妓女和乞丐，老百姓一出口就是脏话，但他1972年回到北京时这些都没了。他说，不到30年的时间，新中国把一个旧的社会给改变了。所谓非常政治化，就是说它确实不是那种简单的学术问题和概念问题，它里面包含着我们对最基本的事态也好、发展也好、变化也好的一个判断，有一个价值，价值之间可能有冲突，这些冲突可能会反映在WTO谈判、人权对话上。上次我们开世界妇女大会，就遇到过类似的价值冲突，现在要开奥运会，估计也会有相同的情况。其实在性别平等这个领域里面，就像在人权领域里面一样，一方面要完善自己，就是男女平等方面也有无数的工作要做，从学术到实际工作；但另一方面，也要有一个政治头脑，否则又是一个"陷阱"。别说是白人，就是斯皮瓦克那种人来批评中国，也太容易了。站在北京去批评贵州，站在贵阳市去批评六盘水，站在六盘水去批评某个村村长怎么乱整，这个太容易了。

但是我刚才说杨振宁谈的这种现象，倒不是因此咱们就自以为得意得不得了，但我觉得中国确实是学习型、开放型的国度，现在当然还在倡导创新。别说创新，先说学习吧，但学习的前提是开放，是以人之长来补己之短。我们容易看到自己的不足并加以改进，同时也善于学习别人的长处。这本来是很好的。但另一方面，由于现实和理想之间的差距，由于价值层面的不同，也会产生冲突。因为有轻重缓急，就像我说的劳工权益以及妇女的问题，确实有一个如何平衡不同的价值之间的轻重缓急的问题，这个意义上的政治就包括如何看待农村妇女的问题，如何看待农民工的问题，如何看待女性、儿童的问题，以及所谓的发展和 GDP 之间的关系问题。我们国家正在调整发展思路，不再片面追求 GDP 增长，不再只是看沿海和大城市的经济发展，而是越来越注重人文的、生态的因素，也越来越注意边远、贫困和少数民族地区和农村地区的经济发展，充分体现出不同的时期、不同的时代和不同的地区关注点的不一致。比如说现在中央强调比较多的是全面协调可持续发展，强调科学发展和以人为本，强调新农村建设，但有些基层、地方还没有充分领会中央精神，对破坏生态环境的现象重视不够。我觉得这不是一个简单的阶段论，我不同意中国现在首先要发展生产力，可以不考虑环境保护的说法。更不同意中国男女平等太早了的说法，咱们不能只有一个道德高姿态，这个道德高姿态是最容易的，但是由于道德高姿态，反而看不到实际工作中的困难，比如有的学生是在城里长大的，他做调研时就很难去尊重基层的农民工甚至基层的干部，不尊重他们，那就很难了解他们的需求、他们的难处。那些最不计较工资低、最不怕挣"血汗工资"、最敢下矿井、最不在乎明天会不会爆炸的可能就是农民工自己。难就难在这里！不是说哪个乡长、县长有坏心，当然这种情况也是有的，或者不注意法制，不注意生态，但是有时候情况就是：家里有生病的老爹，爷爷去世了，外债还没还上，妹妹还要上学，所以才会有 15 岁就弃学下煤窑的小矿工，就因为一天能挣 5 块钱。

下煤窑的这个小男孩，他受到的待遇是最不公平的，但他又不得不下煤窑。比如祥林嫂，她是受男权、父权、夫权压迫最深的，但她又自觉遵从这些。这是人类面临的一个很大难题。被压迫者本人没有感到压迫，他/她似乎还很认同。其实男女不平等，最难处理的也是这个问题，不是能不能就业，有没有受教育权力，能不能参政，多少人当了什么委员，这些还是外在的，真正难的是政治文化心理学这个层面。身为受害者，自己无意识或者说还认同让他/她受害的东西，心甘情愿，认为就应该这样，这也是最可悲的。农村的小媳妇受了一辈子婆婆的压迫，她当婆婆的时候，她就欺负自己的儿媳妇，形成一个怪圈。其实不仅是女性，几乎所有被压迫者都是这样，就像鲁迅讲的，站惯了的人不知道自己应该坐下。全世界都面临这样一种困境，弱者之间形成了一种恶性的竞争。发展中国家跟发展中国家打，劳动者与劳动者争夺工作资源，农民工跟下岗工人争夺上岗机会。从性别这个角度，也可以找出类似的个案，就像祥林嫂、九斤老太等，当她们被压迫时有时候还是无意识的，当她们被商品化、被包装、被欣赏的时候，她们可能还很骄傲、很得意，很认同这种状态。而为了砸碎这种枷锁，可能会过犹不及、矫枉过正。比如说，很多女战士，像红色娘子军，就干脆上前线。但是西方女性主义者就觉得这简直不可理喻，"女人怎么能去打仗?!"

西路军中的女战士，有一些是出身贵胄之家的，因为看不惯晚清以后中国任人宰割的局面，毅然投身革命，变成了女红军，然后爬雪山，过草地。其实我们妇联最早的那批干部也是这样。这样一些个案，社会科学界应该好好进行总结。像谢晋的电影，除了艺术上比较感人，20 世纪 50 年代一直到 80 年代，他的每部电影几乎都是以女性、以被压迫的女性、以作为弱者的女性为主要题材的，《红色娘子军》《舞台姐妹》《天云山传奇》《芙蓉镇》，几乎全是。这当然有他作为艺术家对那个年代的理解，但不可否认其中的性别视角。现在成功的女性也不少，但对她们的宣传相当多是没有性别主义视角的，没有谢晋电影的视角，或者没有鲁迅写祥林嫂或者九斤老太那样的视角，我们只看到她们作为科学家或企业家是成功的，但是没有关注她们究竟在性别意义上怎样使得整个企业经营有所不同，这个视角其实是缺失的。还有一个更大的讽刺，现在性别主义的话语进到我们的理论界、文化界、媒体、学界，女性学者和女性学生很多，但事实上，现在女性的地位又如何呢? 农村女童失学的仍然非常多，山区比其他地区更厉害。女性被商品化，甚至原来被禁绝了的一些现象，现在反而更厉害了。

现在有绿色 GDP，如果换一种思路，再有个性别 GDP，也会是一个新的视角。一方面经济增长、社会发展、楼层变高，教育部有时候讲我们现在新建多少大学，新招多少研究生，每一年毕业博士生多少；而另一方面，如果加进男女平等的视角，我们会看到，越往高端走，女性的比例越低。孟加拉倡导给农村妇女提供小额信贷，而且去年还因此得了和平奖，但到孟加拉实地去看看，说实在的，农村妇女的处境仍然非常悲惨。孟加拉与印度相比差别非常大，老实说是惨不忍睹。而且跟我们不一样，孟加拉面临一个更重要的问题，就是解放妇女，让女性参加劳动，就是通过小额信贷使女性参加农业生产，而以前女性是不参加劳动的。我们这儿不一样，我在贵州、云南遇到过这种事，很多 NGO，包括海外的 NGO，去那里扶贫、救灾，帮助当地妇女引进小额信贷，他们不知道我们南方的妇女本来就是一直参加劳动生产的，南方还在上学的女孩子，从少女时代就开始帮着母亲带妹妹、劈柴、喂猪、做饭，再长大一些就开始下地。她们本来就在农业生产第一线，小额信贷让她们更累了，早上4 点起床，每个星期都要还利息。我国南方农村山区的劳动妇女劳动强度非常大，女性从小就参加劳动生产，已经有点过劳了，还向她们提供小额贷款，就不是很合适了。

新中国刚成立时，四川省妇联里有很多老红军，她们很多是大家闺秀，以前是城里的，新中国成立以后做了很多好事，但是有一件事值得一提。从明朝起四川农村就有把姑娘嫁到河北、山东、山西乃至内蒙古的习俗，一代一代延续至今。其实即使不远嫁，当地婚姻也很难说得上自主，新中国成立以前一直是包办。新中国成立以后当地妇联觉得远嫁是拐卖，既是包办又是拐卖，就应该打击，但意想不到的结果是被解救回来的女人又偷偷回去了。20 世纪 80 年代以后，好像妇联的一个重要工作就是把农村山区的妇女从山西、山东、河南救回来，但救回来后她们又跑回去了。妇联的工作人员就想不明白，四川姑娘生得漂亮，家乡又山清水秀，河南、山西等地则又穷又荒凉，干吗一个劲儿往那边跑？一定有坏人在欺骗、拐卖、赚大钱。当然那种情况肯定是有，但其实还有个很重要的原因，就是四川、贵州、云南的女性劳动生产强度太大，劈柴、做饭、带孩子，自留地里的事、生产队的事都是她们承担，可是一嫁到北方就歇着了，一个冬天都猫在炕上，养得白白胖胖的。一传十，十传百的，形成了这个传统，只要嫁过去，就至少一个冬天都歇着了。即使不是冬天，北方女性也很少下地。我觉得印巴次大陆的习俗是女人不干活，给她们提供小额信贷，给她们提供生产机会，让她们变成生产者，就不再是男人的附庸了。但简单地把这种机制套用到贵州和四川，那真是很荒唐。更有甚者，我们南方的农村女性本来就在喂猪了，拿了小额信贷再多喂几头猪，劳动量增大了很多。猪长大了，可以卖钱了，但把猪赶到集上去卖的是男的，卖完了，男的就把钱揣自己兜里了。

## 六　研究话语与社会现实背离的"陷阱"

最后我想说，真正难做的是建立话语权。其实不叫话语权，是在话语层面怎样建立起自己的理论、概念、分析方法，说到最后，得有一套对这些问题的说法，而说法的背后是对这套东西有一个认同。比如说 $1+1=2$，如果认为它是个颠扑不破的真理，这个认同就使我们在心理上、价值观上和态度上，包括政治上都认同它。讲到话语权，其实外语上没有这么个对应的词，但有个相关的词，叫"文化霸权"，这个翻译其实也是不对的，应该是文化领导权，它真正的含义是人民群众自觉地认同与遵从一种价值体系和由这种价值体系产生的制度，有点像我们过去的"王道"。我觉得，历史上的三纲五常就是这样，可以说它很高明。某种意义上，自由、平等、博爱、民主、法治、人权，是现在西方的文化霸权。我们过去的君臣父子观念也是这样，它变成了一个连弱者、被压迫者都认同的理念。对社会科学来说，这是最难处理的。

我们过去比较多的是引进、介绍、模仿，参照一个模式去做调研，然后找几个数据证明一下，包括写文章要不要注释，还有第一部分、第二部分是怎样的格式，那是比较容易的。最难的既在社会层面，也在研究层面，就是叙述背后的话语，以及话语反映的价值和价值体系，缺乏一个必要的警觉和批判，然后就自觉不自觉地遵从它。从某种意义上说，那也是任何一个时代（治理也好，治国也好）所必需的。孔夫子那一套，一管就管了那么多年，今天看来当然有很多问题，但它确实就做到了。特别是经过董仲舒以后，不但是士大夫用这个来治国平天下，而且劳苦大众也用它来指导自己的日常生活，处理人际关系，甚至家庭妇女也用它来衡量儿媳妇是不是孝顺、贤惠。

女性主义认为西方古希腊以来一直到启蒙运动，包括文艺复兴运动，最基本的叙述都是不合理的，是男权的，要去挑战，而我们在这一点上认识不够。我们在很大程度上是后发的、发展中的、要迎头赶上的状况，我们还没有从性别主义的角度对最基本的叙述发起挑战。那个挑战认为，连牛顿的科学、达·芬奇的绘画在内，许多被大家公认的东西里面没有性别的或者男女平等的视角，缺乏对女性生活、行为和行为背后的心理、情感的关注。这倒不是说要用情感的方式来处理情感，而是说应该用科学的、理性的方式把情感作为研究对象。人为什么会冲动？为什么会失去理性？这是应该研究的，而不能因为是不科学的就不管它。其实人不只是经济学假设的理性人，也不只是经济人，他也是社会人、文化人，还是心理人、情感人，当然也还是大自然的一部分——动物，这样他日常生活不只是算经济账，就像算投入产出、成本效益。多数女性可能不这么算，算投入产出的话，化妆品那些东西是不划算的，农村妇女让孩子早早下地也是不划算的。

我们的江南孕育了几个世纪的发达社会，所谓"上有天堂，下有苏杭"，但是按照经济学的投入产出、效益成本，江南那种生产方式是不划算的，也不会成为今天的江南。江南是个人多地少的地方，但江南的文化还是农耕文明，至少直到费孝通研究的时候，直到 20 世纪 30 年代，它还是农耕文明支撑的，所以使刺绣、雕刻这些东西得以发展。农耕文明以农业生产为基本支撑，江南的农业生产是最典型的边际效益递减，人越来越多，地越来越少；单位面积投入越来越多，边际效益越来越低。比如说一家有三个男孩，投入一个男孩，一年平均亩产 500 斤，投入两个男孩可能一年平均亩产 700 斤，投入三个男孩一年平均亩产 800 斤，这是不划算的，起码也应该是一个人 500 斤、两个人 1000 斤、三个人 1500 斤才能持平，略微划算就是一个 500 斤、两个 1100 斤、三个 1700 斤，边际效益递增。但是父母尤其是母亲不会这么想，她会让女儿去打猪草，去搞副业。说它是封闭也好，内循环也好，这种生产方式孕育出一个江南文明。为什么？它就在于，比如说做母亲的，她算经济效益不是以个人为单位，而是以全家为单位，我全家七口人，三个儿子干一年就有 1000 斤粮食，那就是划算的。做母亲的是按照三从四德，想着全家祥和，她想让一家人融融洽洽，欢欢喜喜，她是这么来安排最基本的家庭经济制度的。那换一种方式说，中国意义的经济生产是带有人情味的，是个很强的人情化的东西，不只在经济生活中，包括日常交往中，它的人情的一面是它日常生活中必不可少的东西。从这个意义上说，所谓最硬的那个经济学，至少从亚当·斯密以来，只按投入产出效益成本来测量经济是片面的。

女性主义也好，性别主义也好，性别平等也好，实际上构成了对西方整个文明、从古希腊到启蒙运动的一种挑战。我们这个世界不只是那个线性的、进步的、阶段的、男性支配的和男性叙述为主的，不只是那么一个越来越科学化和理性化的世界。这对我们寻求科学发展，提倡和谐发展观，是很有启发的。西方的女性主义叙述和今天的生态叙述对社会科学构成了两个最重要的挑战，这也是国际社会科学理事会要做的《世界社会科学报告》的一个最大的难处，做这个报告的人都是杰出的人，所谓杰出的人往往就是20世纪训练出来的人，20世纪基本上是那套老的话语，讲的还是那套老的概念，那么就有一个怎么样面对未来的问题。现在中国讲按照科学发展观走可持续发展之路和建设和谐社会，我觉得一点都不晚，至少有一点引领式的、讨论的可能性，不但对我们有意义，对社会科学有意义，它甚至可以改变我们的话语世界。

讲了这么多，不妥之处一定不少，请大家批评指正，谢谢大家。

（原文载谭琳、孟宪范主编《他们眼中的性别问题：妇女、性别研究的多学科视野》，社会科学文献出版社，2009）

# 第二部分
# 全球化与现代性问题

## 全球化：一个新的问题与方法

当代的社会科学奠基于19世纪，从产生的第一天起，就为我们今天赖以生存的制度框架提供依据和合法性，这个框架就是民族国家——它其实是18世纪末19世纪初才从欧洲奠定并逐渐发展起来的，而直到二战以后世界上几乎所有的地区才陆陆续续被组织进这样一个框架里面来。经济当然是被组织到民族国家的框架里面，所以我们有了国民经济，政治、法律乃至于艺术文化再生产包括教育，也成为民族国家建设中一个有机的部分。

其实，社会科学是这样一个有机体当中一根重要的链条，它提供了民族国家赖以立国的合法性和知识性源泉。知识的再生产不只是传授技术、知识和放之四海而皆准的理论。这样一来，就有了以国家为基本分析单位的各类社会科学。开始，一些人怀着真诚的、虔诚的想法，要像认识自然世界那样来认识社会。但是这个理念除了有这样真诚执着的追求之外，还有一个很重要的过程与之相随，那就是社会生活的组织过程本身，也包括知识的再生产过程本身。知识的再生产，除了传授如何像认识自然那样来认识社会之外，同时也不断把社会生活组织到我们的知识体系中来，并且让它合法化，在我们不知不觉之中变成理所当然的东西。

现代社会科学遇到的第一个比较大的危机是 20 世纪 20 年代末的经济危机。大萧条给社会科学提出了一个很大的挑战，但也促成了某些社会科学的成熟和合法化，首先是经济学，此外还有政治学和社会学。大萧条及世界大战使这三个学科在发达国家——主要是西欧和北美——的社会科学中形成三足鼎立之势。第二次挑战是 20 世纪 60 年代兴起的社会运动。这些运动，如黑人运动、反越战运动、女权运动等，对社会科学的基本建制和基本理念提出了挑战。社会科学家发现社会科学不那么简单、纯粹而中立，那些我们以为具有普遍意义的科学范式，可能是在很特殊的社会情景下总结出来的，它们是否真正具有普遍性，也遭到了严重的挑战。第三次挑战是冷战结束后，整个社会科学被迫要重新界定自己和社会生活。冷战后，人们迎来了一个全球化的时代，社会科学原有的范式、说辞、方法、假说和理论几乎都遇到了挑战。对于"全球化"，目前还没有很清楚的说法，但至少可以说，全球化不是哪个学科专门研究的对象，但又是每个学科都要遇到的问题。对于全球化的一个主要批评是说它不过是一种说法，这有一定的道理。不过，冷战结束给我们提出的一个最大问题是民族国家的组织形式是不是真正遇到了挑战。这种挑战不是来自某一个国家，而是一个甚至是一组跨国的东西。社会生活不再像过去那样来组织、形成和实现，它们越来越具有"跨国"（transnational，而非 international）特色。更重要的是，全球化不只是一种现象，它还是我们重新组织社会生活的空间。因此，全球化是否也可以发展成为一种分析性概念，成为我们认识社会变迁的尺度、视角和方法，而不仅仅是一种描述？

过去的社会科学是民族国家建制的产物，同时为民族国家提供最基本的精神源泉和合法性。现在，国家当然还是最基本的制度框架和最重要的社会单位，但同时也的确有很多现象不再在民族国家的范围内发生了，它们成了跨国的现象。

回到社会学领域，以前我们一致认为社会的两个基本概念是社会流动和社会结构，社会流动被看成是完成社会结构或是社会结构转型时的中间环节。那时候，三十而立、四十不惑，人们通过找到工作、建立家庭，逐渐确立自己的身份。剩下的无非是地位里面有一定的结构，这个结构很清楚，流动本身是为了完成结构内地位的确立。在此背后有个假设，即社会不管怎么变，万变不离其宗，都是要变到一个相对静态相对结构化的系统中。但是，我认为，对社会学最大的挑战是：当流动本身成为一种常态，结构性建制本身也成了变化不定的东西。

全球化带来了经济本身的跨国特色和社会生活的不确定性，同时也带来了国家治理的问题。19 世纪开始以国家的形式组织生产，所以今天的经济叫国民经济。但现在有大量的跨国经济，它们不再是以国家的形式组织，这使得一个基本的政治假说受到挑战。此假说认为，随着现代经济的确立，会有一批现代企业家，或者具有现代企业家精神的人，构成所谓的"中产阶级"，随着他们的壮大，国家的政治体制就有了基础。但如果这些企业不再从属于国民经济，这些人就成了跨国的中产阶级、跨国的管理者阶级，出现了人们在身份上的多重性和多重认同，这与政治学、经济学、社会学对政治结构的早期认定发生了矛盾。换句话说，全球化挑战的不仅是 1997 年受到金融风暴冲击的国家，也挑战着发达国家和民族国家建制本身。

另外一个大的挑战是全球化的文化挑战。费正清等提出中国面临的是挑战与回应范式，但现在问题已经变了。后发国家面对的不仅仅是西方某国文化的挑战，而是全球文化的冲击。所有的民族国家都遇到了与全球化的关系。在发展中国家，面对全球文化，人们更愿意将其理解为西方文化或美国文化并加以抵制。这当然还是一个严重的问题，但是也可能会造成认识上的偏差，会漏掉一个很重要的东西，就是全球文化。当然，强国面临的全球化挑战与弱国还很不同，强国还可以利用自己的强势去"化全球"。弱国却主要是如何在不被全球（而不只是强国！）"化"掉的情况下去发展、去实现国家框架内的现代化，这是双重挑战。

可以说，世界正在发生变化，如果我们还是以从前的方式考虑问题，就可能陷入自说自话的境地，或者离现实社会变迁很远。这不是说要以功利主义的方式处理知识的再生产，不是要学者、教授马上去研究商人、民工等问题，因为对有些问题的研究就是要有相对距离，也必须要考究经典。但是如果仅仅因为一些学院制度而每年不得不交几篇论文，论文却与现实生活毫不相干，那也别怪社会不重视我们。因为我们研究的成果、提供的信息，远没有达到社会的期望。如果社会科学不能为我们现在的生活提供一个合理的阐释，社会科学家也就失去了安身立命的基础。现在的问题是，学科内部的交流越来越少，学科之间的交流就更少。然而一些问题是综合性的，比如说全球化、贫困等问题，又需要各方面的对话与合作。我们更缺乏师生之间、学科内部各流派之间的交流。社会科学发展要跳出各种框框，敢于迎接挑战，不能绕道走。一个真正严肃思考的人不应该回避任何意义上的挑战，更不能为回避找借口。我们的研究可能会引起非议，可能不合潮流，但我们必须把时代的需要纳入思考和研究的背景中，这样才能将研究做得更加深入、更加深厚，也更具有时代特色。

（原文载《中国社会科学》2003 年第 2 期）

# 从现代性到"第三条道路"

　　吉登斯对现代性和第三条道路的论述，是建立在他对于自启蒙以来学术主流话语中"主体与客体""个体与整体""社会与自然""个人与社会"等二元叙事的批评基础之上的；也是基于他对启蒙话语中关于社会的进化（或"进步"，即社会内部所发生的分阶段的自然演化和递进）理论的批评性论述之上的。和当代许多社会理论家的努力一样，吉登斯看到了二元论和进化论的困境，揭示了它们所造成的遮蔽，他力图要超越这种在二元间的简单对立和进化论的"自然进步"，试图要展现被二元论、进化论所忽略的"巨变"（great transformation）的复杂特性和多维向度。

　　但是，吉登斯对现代性的理解，仍然带着浓厚的一元论和欧洲中心论色彩。比如，在他的叙述中，只有一个"现代性"（the Modernity，而不是 modernities），其"大约在 17 世纪出现在欧洲，并且在后来的岁月里，程度不同地在世界范围内产生着影响"。[①] 他对现代性的这种一元论、欧洲中心论的理解，使他很难看到欧洲以外的发展和变迁，甚至包括欧洲以外如何受到欧洲的现代性影响，并如何对欧洲的现代性进行富有意义的反映（接受、融合、怀疑、反抗等）。所以尽管近 30 年来，吉登斯一直致力于摆脱自启蒙以来的二元论和进化论的阴影，却又不断地在他的理论中看到它们的影子。

## 现代性的反思性

　　与如今某些人热衷于用令人目眩的概念（如"信息社会""消费社会""后工业社会""后资本主义"等）去描述我们所处的时代明显不同，吉登斯主张，与其宽泛地谈论和使用这种种新概念，还不如努力去探索和说明：我们

---

① Giddens, A., *The Consequences of Modernity*, Cambridge: Polity Press, 1990.

为什么会对自身越来越迷惘，从而也越来越怀疑我们获得关于社会组织的系统性知识的可能性？为什么大多数人都被我们至今还无法完全理解，甚至基本上都还在我们的控制之外的无数事件和现象所纠缠？吉登斯的立场很明确："为了分析这种状况是怎样形成的，仅仅发明一些诸如后现代性和其他新概念是不够的；相反，我们必须重新审视现代性本身的特性。"①

这里，吉登斯的路径还是某种变了形的"现代化"思路：一方面，他极力反对进化论（以及必然由此产生的阶段论），认为现代性是对于原有秩序的"断裂"（Discontinuity），即现代的社会制度在一些基本方面是独一无二的，其在形式上迥异于所有类型的传统秩序，其所产生的生活形态以前所未有的方式，把我们抛离了所有的社会秩序的原来的轨道；但是另一方面，他又把现代性看作是唯一的、由低向高演变着的对各种传统秩序的"超越"。关于"阶段论"问题，吉登斯特别强调现代性与过去所有形式的社会生活类型之间的"断裂"或非连续性，他也明确地将自己对现代性的理解区别于那种认为社会的变迁在于其内部所发生的一个阶段一个阶段的自然演化。但是他又费力地区分低级的与高级的现代性。

这里的问题就不在于现代性是不是有低级与高级之分，而在于评价它们的标准是什么：经济的还是也可能还有别的维度？欧洲型的还是也可以是非欧洲型的？历史变革，如果不是按部就班地分阶段走，是否也是可以区分出类型的（例如吉登斯就区分过农业帝国与民族—国家）？如果可以，那么现代性是不是也可以（或可能）有类型？如果可能，它们只是欧洲现代性的变形，还是有源自非欧洲的变迁因子？

16～17世纪到今天的三四百年，只是历史长河中的一瞬间，虽然在传统和现代之间还存在着某种形式的延续，"但是，这几百年来出现的巨大转变如此具有戏剧性，其影响又是如此广泛而深远，以至于当我们试图从这些转变以前的知识中获取理解它们的钥匙时，我们只能得到十分有限的帮助。"②

吉登斯的这个论断，和我们传统的知识论明显地有所不同：今天的知识难

---

① Giddens, A. , *The Consequences of Modernity*, Cambridge：Polity Press, 1990.

② Giddens, A. , *The Consequences of Modernity*, Cambridge：Polity Press, 1990.

道不是在过去几千年基础上一点一点积累起来的吗？人类社会的变迁（如果我们不再用"进步"这个概念的话）不是一步一步走过来的吗？是什么东西把我们推到了这样一个境地，在这里过去的知识对于我们理解今天充其量只能给我们十分有限的帮助？

吉登斯的问题正好相反：为什么现代性的非延续性这么长时间以来居然并未受到社会科学应有的重视？为什么我们一直还以为过去的知识仍然十分有助于我们理解今天的处境？

这里，究竟是吉登斯太看轻了人类几千年（如果不是几万年、几百万年）的知识积累，还是我们太看重了传统的魔力？连极力主张与传统观念实现彻底决裂的马克思不是也说，"一切已死的先辈们的传统，像噩梦一样纠缠着活人们的头脑"吗？如果过往的知识只能给我们十分有限的帮助，那么历史学（甚至，按照马克思的说法，"只有一门学科，那就是历史学"），对于我们理解今天和今后，还有多大意义？

马克思的理论本身也强调断裂或变革之重要性。但是长久以来，整个社会理论就一直存在着进化论的影响，连马克思也把人类历史看作是有一个总的发展方向并受着某种具有普遍性的动力原则所支配的"自然历史过程"。社会科学中的进化论的确表述了这种"宏大叙事"。根据这种进化论的观点，历史的演变背后有一条"故事主线"，其把人类活动的变迁框定在一幅井然有序、前后相连的不间断的画面之中：历史的"开端"是弱小而孤立的狩猎和采集文化，然后进入种植与畜牧社区的发展（从这里产生出了农业国家，包括强大的农业帝国），最后以现代社会在西方的出现为其终点。这样，剩下来的问题无非是"最高形态"的社会向世界其他地区的伸延，无论是以殖民—战争的形式扩张，还是以其他更温和、更文明的形式扩展。

毫无疑问，如果想要解构社会进化论，就不能把历史看成是一个统一体，或者，不应认为它体现了某种组织与变革的统一性或普遍性原则。但是，这是不是说，世界万事万物都处于混乱或混沌之中，我们不但根本就无法认识它们，甚至产生认识它们的企图也是不切实际的"理性的狂妄"？或者，人们是否能够任意书写、建构完全特异的所谓"历史"？

现在，我们对标识为"后现代"的理论的种种质疑，大都要么是坚持进化论的基本立场，坚信人类确有"某种组织与变革的统一性原则"（只不过不再是马克思所说的共产主义原则罢了，而是诸如理性原则、市场原则、法制原则等），并且，坚信这种原则的确是按照进化的程序，一步一步演变而来，既不可能在朝夕之间便得以实现，却又最终不可抗拒；或者，同时也固守连续性的原则，认为对过去的认识一定能够使我们弄清今天并使我们通向确定性的未来。后现代理论的种种说辞，不过是在玩弄时髦辞藻的背后掩盖自己的虚无或空虚而已！

吉登斯当然比这两者都更具有"理性的狡猾"：他认为确实存在着历史变革的一些确定性事件和制度，人们能够辨认其特性并对其加以概括。

生活在20世纪末的人都能看见，现代性是一把双刃剑。"同前现代的任何一种体系相比较，现代社会制度的发展以及它们在全球范围的扩张，为人们创造了数不胜数的享受安全和生活的机会。"（《后果》）吉登斯在他几乎所有的著作和演讲、谈话中，虽然都明确承认但却很少具体展示，能够享受这数不胜数的享受安全和生活的机会的人，在经济—政治乃至地缘—种族的意义上，是极不均衡的。换句话说，他虽然承认，却比较不那么看重现代性造成的全球范围的区域、集团、性别和个人的不平等，而更倾向于乐观地假定，随着现代性的扩张，全球化时代的到来，初级现代性所包含的不平等会在高度现代性过程中得到解决。

吉登斯也重视现代性的阴暗面，但那是另一种意义上的：不论你生活在哪里，都不能逃避现代性所带来的风险，其中特别是战争，这在20世纪变得尤为明显。即使在冷战结束后的今天，吉登斯对现代性的"阴暗面"的论述仍然是十分醒目的。下面这三个段落几乎完全援引自《现代性的后果》。

从总体上说，古典社会学的缔造者马克思、涂尔干和韦伯都极为重视现代性所提供的"机会"，都相信由现代所开辟的、使人获益的可能性超过了它的负面效应。举例来说，他们三位都看到了现代工业对人的不良后果，它迫使人服从那索然无味的纪律和重复性的甚至是使人变得愚蠢的劳作。但是他们都没有预见到，"生产力"的拓展所具有的毁灭物质环境的潜力竟有那么大。在社会学的理论传统中，环境—生态问题完全就没有被融入自己的视野之中。另一个例子是强力行使政治权力。对社会学的创始人来说，权力的专断似乎只是过去的岁月里才有的事情，"专制主义"似乎只是前现代国家才有的特征。但透过法西斯主义的兴起，对犹太人的大屠杀，极权主义，斯大林主义以及20世纪的其他事件，人们才恍然大悟，极权专断的可能性就包含在现代性的制度之中。极权统治以更为集中的形式把政治、军事和意识形态权力连为一体，权力如此紧密和高度的结合形式在民族—国家产生之前几乎简直就是无法想象的。

另一个更清楚的例子是暴力的扩张。没有任何社会学的创始人对"战争的工业化"（Industrialization of War）现象给予过系统性的关注。当然，生活在19世纪末和20世纪初的社会思想家，不可能预见到原子弹的发明及其后果，而工业创新与工业组织和军事力量的结合也会有一个过程。社会学基本上没有对这一过程加以分析，而是坚定地相信，同以前的时代相比，新的现代性秩序将主要是和平！

但是，实际情况却是，人们所面临的不仅是原子弹威胁，而且还有实际的军事冲突，这两者构成了现代性在20世纪的主要的"阴暗面"。实际上可以说，20世纪是战争的世纪。20世纪到目前为止，已经有一亿以上的人在战争中遭到了屠杀。假设发生一场有限的核战争的话，生命的丧失将会更令人惊恐，一次超级大国的全面核冲突完全可能毁灭掉整个人类。我们今天生活于其中的世界是一个可怕而危险的世界。这足以使我们去做更多的事情，而不是麻木不仁，更不是一定要去证明这样一种假设：现代性将会导向一种更幸福更安全的社会秩序。

关于战争，过去的社会学家谈得太少，主要的原因之一，是在旧的学术分科的体系内，战争似乎应该是历史学、军事学以及政治学研究的领域。在战后成长起来的社会学家中间，吉登斯是首批将战争（与暴力）纳入社会学的基本分析框架的人之一。他不仅提出了战争与工业化、民族—国家之间的密切关联，而且把战争看作是现代性风险与不确定性的主要根源和基本形式。指出战争与现代性这种关联，恰好意味着现代性绝不只是理性化的过程，或者说，在理性化的名义下也充满了流血的战争史，只不过有了理性化（或文明、进步）的旗帜，战争就可以（被进步论者）正当化和合法化。

不过，吉登斯仍然是在抽象层面谈论战争的，我们是不是还应该区分现代性过程中的对外殖民的战争与抵抗这种殖民化的民族解放运动？区分帝国主义的侵略战争和反对帝国主义的反侵略战争？正如我们谈到民族主义的时候，是否还要区分宗主国的民族主义和殖民地的民族主义、来自国家的民族主义和源自民众的民族主义？

现在，冷战已经结束了。吉登斯自己也开始变得乐观起来，他甚至提出假设：人类第一次有可能进入了"没有敌人"的时代！① 然而，就在《第三条道路》出版不到一年时间内，北约对南斯拉夫实施了轰炸"手术"，在几乎所有的报纸杂志电台电视上，不论其立场是什么，"战争"（War）都是一个经常用来描述北约轰炸的关键词。吉登斯可以说是社会学理论工作者中，最注重战争与现代性关系的人之一，他的《民族—国家与暴力》，是当代社会学研究者的必读书，然而即使是他，竟也对冷战后的世界格局有过如此乐观的认识！

说到认识，不仅又使我们回到了前面关于对过去的知识在多大意义上是有所帮助的问题，而且还涉及如何认识的问题。有两种不同的观点：一种观点认为社会学所提供的关于社会生活的信息，使我们能够对社会制度具有某种控制能力，就像物理科学在自然领域所做的那样；包括马克思在内的其他学者则提出了另一个问题：怎样"用历史来创造历史"？

吉登斯认为，后一问题比前一观点更为深刻，但是它仍然是不充分的。"用历史来创造历史"，实质上只是一种现代性现象，而不是一个可以适用于一切时代的普遍原则，它体现的，是现代性的反思特性（Reflexivity）。社会学与其所对应的主题（现代性条件下的人类行为）之间的关系，必须用"双重诠释"（double hermeneutics）才能加以理解：一方面，社会学知识的发展有赖于作为所谓"外行人"（Laymen）的主体行动者们（Agents）自己的概念；另一方面，那些在社会科学的抽象化语言中被创造出来的概念，又不断地重新返回到、嵌入到它们最初由之提取出来、并对其进行描述和解释的活动范围中

---

① Giddens, A., *The Third Way*, Cambridge：Polity Press, 1998.

去。社会学的知识或明或暗地、或强或弱地作用于社会生活的各个范围，在这个“反馈”过程中，既重构着社会学知识自身，也重构着作为该过程整体的一个部分的社会生活领域本身。

这是一种反思性的模式，而绝不是像传统的社会学认识论所主张的那样，一方面是我们关于“社会”的知识的日积月累；另一方面，是铁一般坚硬并普世化地控制着社会发展的规律。社会学（以及其他同现存人类打交道的社会科学）并没有按照人们所说的自然科学那种方式来积累知识。从根本上说，所有人类活动都包含着反思性。不论具体做的是什么，人们总是与他们所做的事情彼此“纠缠不清”，这样，人作为主体行动者本身就构成了他们所做的事情的内在因素。

在《社会的构成》中，吉登斯有一段著名的话：

> 主体与结构的建构并不是一种二元论的关于两种全然独立的既定现象的组合，而是一种二重化的过程。根据结构二重性的原理，社会系统的结构性特征，既是其不断组织的实践的条件，又是这些实践的结果。结构并不是外在于个人的……它不应被简单等同于对主体的外在制约，恰恰相反，它既有制约性又同时赋予行动者以主动性。①

人作为行动主体对现代社会生活的反思存在于这样的事实之中，即社会实践在检验和改造各种关于它们的认识的同时，也总是不断地受到关于这些实践本身的新认识的检验和改造，从而又不断改变着自己。所有的社会生活形式，至少部分地正是由它的主体行动者们对社会生活的知识构成的。如维特根斯坦（Ludwig Wittgenstein）所阐明的那样，人们总是知道自己是该“如何继续行动”的，虽然作为当事人或“外行”，他们并不一定能够清晰地表述出来。在所有的文化中，由于不断展现的认识上的新发现，社会实践日复一日地变化着，并且这些认识上的新发现，又总是不断地反馈（“嵌入”）到社会实践中去。

① Giddens, A., *Constitution of Society*, Cambridge: Polity Press, 1984, p. 25.

但是，只是在现代性的时代，我们的习俗才能如此严重地受到改变和再造，由此才被如此明显地体现在社会生活的各个方面，包括从技术上对物理世界的粗暴干预。人们常常说现代性以对新事物的欲求为标志，但现代性并不是为新事物而接受新事物，而是对整个反思的设定，它甚至也包括对反思性本身的反思。

也许只是到了 20 世纪的末期，我们才刚刚开始意识到这种反思性的前景其实是多么不确定。在这个通过反思性地运用知识而建构起来的现代性世界中，我们似乎是无处不在的。但是同时，我们却永远也不敢肯定，在这样一个世界上，这些知识的任何一种特定要素不会被修正。卡尔·波普说过："所有的科学都建立在漂移不定的沙滩之上。"① 用吉登斯的话说，在似乎是绝对不容怀疑的科学的心脏，现代性是漂移不定的。

另外，特别重要的是，在社会科学中，所有建立在经验之上的知识的不确定性还必须加上"破坏性"（甚至"毁灭性"）这一条，其根源在于：社会科学的话语都要重新再嵌入（re-embedding）它所分析的情境中去。由于启蒙运动和推崇理性之间的密切关联，人们通常认为，自然科学在把现代观念与过去的精神状态区别开来方面做出了令人瞩目的伟大成就。即使那些偏爱诠释型社会学而非科学型社会学的人，也常常把社会科学看成是自然科学的可怜巴巴的副产品。但是，社会科学实际上比自然科学更深地嵌入在现代性之中，因为对社会实践的不断修正的依据，恰恰是关于这些实践的知识，而这正是现代性制度的关键之所在。②

进一步说，所有其他的社会科学学科也都参与了现代性的反思过程。以经济学为例，诸如"资本""市场""价格""投资"等许多概念现在所具有的意义，构筑了"现代经济生活"的内在不可分割的部分。如果不是所谓的"外行人"事实上也按他们自己的理解掌握了上述这些概念（以及其他许多概念），现代经济生活就不可能是今天这个样子。如今我们许多人都在批评甚至抱怨"不规范的市场""黑市""假货"，却很少意识到，"完全的市场"只存

① Popper, K., *Conjectures and Refutations*, London: Routledge, 1962, p. 34.

② Giddens, A., *Constitution of Society*, Chapter 7.

在于某些经济学学派的理想的模型之中。这里所涉及的，还有话语实践和意识形态的问题。没有这些雷蒙·威廉斯所说的"关键词"，没有千千万万作为"外行"的行动主体的人对诸如"资本""市场""劳动"等这些关键词的理解（不管这些理解是否"准确"），就不会有今天的市场；而今天的市场是什么样的，在很大程度上，是与作为外行的行动主体的人们对它的接受、理解一致的，既与他们是否接受、理解"市场"一致，也与他们怎样接受、理解"市场"一致。

在各门社会科学学科中，社会学也许在反思现代性的过程中处于关键的地位，这部分地源于它用最大众化的方式去反思现代的社会生活。例如，由政府公布的关于人口、婚姻、犯罪等官方统计数据，似乎提供了某种精确研究社会生活的路径。对科学型社会学的先驱们来说，这些统计数据代表着硬性资料，凭借它们，现代社会的相关方面就能得到（比起缺乏这类数据的方面来说）更为准确的分析。然而，统计数据并不只有测定社会生活的意义，而且它们也会制度性地反馈到它们得以被收集并由它们所测量或描绘的社会生活领域中去。自有统计之日起，核对数据本身就成了国家权力和许多其他社会组织模式的建构因素。现代政府的行政管理，与对这些"官方数据"的每日每月的统计，是密不可分的。

我们比较熟悉今天各级都往统计数字里"掺水"，却没有怎么意识到这里其实不仅是所谓"弄虚作假"的问题。再认真的统计员，也有他们自己对于统计指标的理解，再严肃的被统计者（"外行"），都有自己的千差万别的对于被问概念的"诠释"，而作为这个过程的结果的统计数字，每被使用一次，就会被其使用者再"创造性地转换"一次。现代社会（民族—国家）的变迁，在很大程度上，不仅是被统计数字体现出来的，而且也是由于统计数字的嵌入而被建构起来的，在这个建构的过程中，"双重诠释"从来就没有停止过；但是，占支配地位的统计数据，背后也隐藏着占压倒优势的诠释理论，而当人们用占压倒优势的诠释理论再去"说明"统计数据时，这些数据本身也就又一次被"反思性地"再编织起来了。

因此，我们不能简单地按照启蒙理性所确立的原则就坚信，人们对社会生活的知识（其实往往仅仅是得到了部分经验支持的知识）了解得越多，就越能更好地控制自己的命运。这里，除了权力、价值的作用外，"未期望之后果"（unintended consequences）是一个关键。① 人们所积累的关于社会的知识再多，也不能完全涵盖它的对象的各种情况和可能。问题的关键，不在于是否存在着稳定的社会世界、它可否让我们去认识以及我们的认识是否"准确"，而在于对这个世界的认识本身，就会使得这个世界不断发生变化。

但是，我们又不应该因此就认为：既然关于人类行动和社会运动趋势的系统性知识是不可能的，因此这种可能性也就不值得认真地思考。如果持这种观点，那么人们唯一可以做的就是完全拒绝任何智力活动，包括拒绝"游戏式的解构"，剩下的只是从事健身、养身之类的活动（如果不是纵情声色或赌博之类的活动的话）。解构启蒙话语，绝非否定任何认识活动的意义，而是试图揭示由于启蒙式的"宏大叙事"（如把历史看作是进化的、阶段的、整体的、被统一性所支配的，却没有作为"外行"的主体行动者不断卷入并不断反思的过程）所造成的可能的智力遮蔽和"理性狂妄"。严格地说，把"Post-ism"译作"后××主义"本身就是误导性的。"后"在中文里所隐含的，正是当代这些理论〔既包括吉登斯等人所试图坚持并阐发的现代性理论，也包括李欧塔（Jean-Francois Lyotard）等人想解构的"现代性叙事"〕所批评的阶段论。

也许，具有讽刺意味的是，正是逻辑实证主义者，其长期以来致力于从理性化思想中清除所有传统和教义中的"废物"的结果，最直接地发现了现代性是不确定的。现代性，就其核心而论，是令人迷惑不解的，而且，似乎也没有什么办法使我们能够"解除"这种迷惑。我们在曾经似乎有过明确答案的地方又不断遇到新困扰和新难题，而且，对这种困扰和难题层出不穷的现象的普遍意识慢慢地逼迫着每一个人进行反思，它渗透进人们对现代性的忧虑之中。

这种忧虑的体现之一，就是欧洲和西方霸权日渐衰落。确实，自 19 世纪

---

① 也可译作"与初衷不符的结果"或"始料未及的结果"，这个概念是美国社会学家默顿（Robert Merton）提出来的，但是他却（几乎是徒劳而自相矛盾地）试图在传统的功能主义框架下解释为什么会有这种现象。吉登斯把反思性引入分析，才（继现象学与阐释学之后）在社会学理论中比较清晰地阐述了为什么人类的社会活动总是会产生未期望之结果，并且这种结果又总是会反过来成为主体行动的未被意识到的条件。

后半期以来，"西方的衰落"一直是欧美许多思想家重点关注的课题。但是，吉登斯辩证地看到了西方对世界其他地区的控制的日渐减弱，恰恰是它们全球性扩张的结果。"西方的衰落"只是事情的一方面，另一方面则是现代组织制度在世界范围内的不断扩张！这里的问题在于：在欧洲的现代性之外，也许还有别的现代性？或许，还有超越—突破西方现代性的可能？

## 现代性的制度性分析

古典社会学的观点或理论倾向，是寻求对现代社会作某种单一的、占主导地位的制度性阐释：如现代性究竟是资本主义的（马克思），还是工业化的（涂尔干），抑或是理性化的（韦伯）？这种分析和争论的前提是有问题的，因为，它都包含了一种化约论和还原论。吉登斯试图做的，是综合各家之长，再填补各家之短。他建立了一种分析现代性制度的四维模式：资本主义，工业主义，国家的监督和对信息的控制，以及绝非不重要的军事力量、暴力和战争的工业化（参见附图）。正是这四个维度的彼此关联和相互作用，才有了我们所说的现代性，也才有了我们熟悉而又不甚了然的现代社会。

吉登斯十分注意马克思的论点：在把现代社会生活从传统世界的制度方面分离开来的过程中，资本主义的企业扮演了十分关键的角色。按照马克思的诊断，资本主义所有的再生产都是"扩大再生产"。资本主义的经济，无论是在其外部还是在其内部，无论是在民族—国家范围的内部还是在民族—国家范围之外，就其本性来说，都是扩张性的，其经济秩序不可能像存在于过去大多数传统体系中的情形那样，维系在一种静态的平衡和地域性范围之中。

在1998年吉登斯同英国政治学家克里斯多夫·皮尔森（Christopher Pierson）进行的关于现代性的长篇对谈中，后者问吉登斯："在马克思、涂尔干和韦伯中，你是否觉得韦伯的理论对今天更有说服力？"并且因此，"我们现在都是韦伯主义者了？"吉登斯的回答与他自己的多篇著作给人的印象有所不同（如果不是出人意料的话）：

我并不如此认为。……或者说，我们不能认为韦伯的理论经受住了时

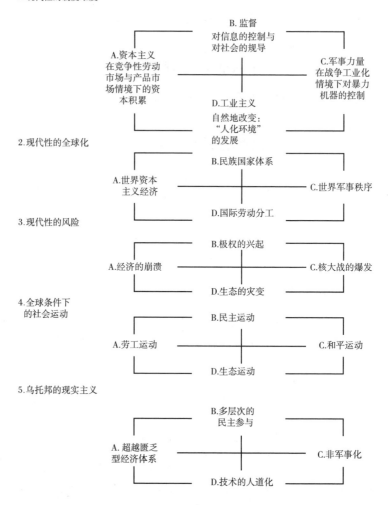

1. 现代性的制度维度

B. 监督
对信息的控制与
对社会的规导

A. 资本主义
在竞争性劳动
市场与产品市
场情境下的资
本积累

C. 军事力量
在战争工业化
情境下对暴力
机器的控制

D. 工业主义
自然地改变：
"人化环境"
的发展

2. 现代性的全球化

B. 民族国家体系

A. 世界资本
主义经济

C. 世界军事秩序

D. 国际劳动分工

3. 现代性的风险

B. 极权的兴起

A. 经济的崩溃

C. 核大战的爆发

D. 生态的灾变

4. 全球条件下
的社会运动

B. 民主运动

A. 劳工运动

C. 和平运动

D. 生态运动

5. 乌托邦的现实主义

B. 多层次的
民主参与

A. 超越匮乏
型经济体系

C. 非军事化

D. 技术的人道化

**吉登斯关于现代性的论述**

注：英文字母 A－D 表示对应关系，线条表示交互作用。

间的检验而其他人（马克思和涂尔干）的理论却没有能够如此……在 70 年代初，当我写《资本主义与现代社会理论》的时候，那些不是马克思主义者的人（例如，帕森斯）忽视马克思并认为他的著作已经过时了。今天的情况又是这样，理由却似乎更充分了，那就是共产主义的失败。但是我对马克思的看法基本上没有改变。就资本主义企业的起源和性质而言，以及就围绕它们的更广泛意义上的社会而言，马克思对现代资本主义的发展所作的许多论述仍然是有效的。马克思关于资本主义的性质的论述是正确的：这是一种无休止扩张而无法停歇下来的体系，其毫无遏制的市场力量导致了贫富的两极分化，也导致极少数商人对市场的控制。马克思的问题（也是其被认为是最大的成就）在于：未来社会主义社会应该是个什么样子，以及如何去实现它？我们现在生活在一个全球化的资本主义文明之中，却并没有出现马克思所预见的社会主义去替代它。①

由这四个维度编织起来的现代性正在内在地经历着全球化的过程，这似乎是显而易见的。如上所说，在传统的社会学中，所谓"社会"，其实就是指的现代社会，或者，更准确地说，就是现代的民族—国家。整个社会学（以及政治学、经济学），在很大程度上，是在民族—国家的框架内来提出问题并展开研究的。随着科技—经济—金融和文化媒体的全球化过程的出现，民族—国家范式正在受到极大的挑战。例如，当中国社会正试图加速自己向现代社会的艰难"转型"的时候，整个外部的发展环境已经不再简单地只是如何与其他民族—国家发生关联的问题了，而且也包括如何与越来越具有经济—政治—文化影响力的跨国力量或全球力量发生关联的问题。这种情势，迫使许多原有的社会学理论和视角都面临着改造或转换的压力。如何将社会学的研究在理论与方法上体现这种情势和压力，并实现"创造性的转换"，是至关重要的。但是，全球化究竟意味着什么？我们怎样才能更精确地从理论上概括这一现象？全球化意味着原有民族—国家的消解，还是民族—国家体系在全球范围的扩展？是现代性在全球层面上的扩张，还是多元化时代（甚至后现代时代）的到来？如果我们的确正在迈入全球化时代的话，那么，如何看待与此同时各地都正在出现的地方化趋势？它们是对全球化的抵抗，还是全球化的另外一种表现？有没有可能建立起全球化的社会学，或者，我们不过是把原来的古典社会学理论扩展到全球范围而已？

---

① Giddens, A. & Pierson C., *Conversation with Giddens: Making Sense of Modernity*, Cambridge: Polity Press, 1998, pp. 62 – 63.

10 年以前，当斯克莱尔发表他的《全球体系的社会学》①的时候，他特别强调跨国公司在全球化过程中的关键作用，这时连吉登斯也觉得离开民族—国家体系谈跨国化（全球化）实在没有多少说服力，甚至是一派胡言！

即使是今天，在社会学的既有文献中，对全球化这一概念所展开的种种讨论，几乎都不能与今天变得如此重要的全球化过程本身相协调。但是，今天无论是谁，无论其在世界的什么地方研究城市问题，都会意识到，发生于本地某社区里的某件事情，很可能会受到那些与此社区本身相距甚远的因素（如全球的货币和商品市场）的影响。其结果并不一定是在相同方向上的一系列综合性变迁，相反，甚至通常是彼此相悖的趋向。另一个例子是正在欧洲和其他地方兴起的地方—民族主义。全球化的社会关系的发展，既有可能削弱与民族—国家相连的民族感情，也有可能增强更为地方化的民族主义情绪。当社会关系横向延伸并成为全球化过程的一部分时，我们可以明白无误地看到地方自治与区域认同日益增强的势头。

吉登斯特别强调全球化所具有的辩证特性。例如，伴随着全球化，作为联盟、战争或各种政治与经济的变迁的后果，当某些国家或国家集团失去主权时，另一些国家的主权却在增强。他当然也越来越意识到沃勒斯坦（I. Wallerstein）对世界体系的论述，不仅在理论上而且也在经验分析上做出的巨大的贡献。②

沃勒斯坦绕开了社会学家们通常所热衷的"社会"概念，而更倾向于用全球化关系（Globalised Relationships）概念去分析问题。他所说的"世界经

---

① Sklair, L. , *Sociology of the Global System*, London: Harvester, Weatsheaf, 1990.

② 沃勒斯坦的《现代世界体系》（*The Modern World-System*）的前两卷已经在已故的罗荣渠先生主持下翻译成中文出版（高等教育出版社，1998）。但是，罗先生去世后，读书第三卷的翻译工作似乎没有继续下来。而由另外一位译者翻译完毕的全三卷，则由于版权问题而不能出版，这实在是很有讽刺意味的世界体系下知识—权力关系的体现，也许同样重要的是富兰克（Andre Gunder Frank）的《白银资本》一书的出版（中央编译出版社，2000），这本原名 Re-ORLENT: *Global Economy in the Asian Age* 的著作 1998 年由加州大学出版社出版，1999 年获得世界历史学会图书奖。富兰克在《白银资本》中试图对现代社会理论和世界历史研究中的欧洲中心主义做一次总的清算，包括马克思、韦伯、汤因比、波兰尼、布罗代尔和沃勒斯坦在内的理论都在他的清算之列。该书出版后，引来沃勒斯坦和阿明等人的严厉批评（参见 Review, January 2000）。

济"是一种在地理上不断延伸的经济关系网络,其先于现代时期就已经存在了,但是它们明显地有别于在过去三四个世纪中发展起来的世界体系格局。早期的世界经济通常以大的中央帝国为中心,而且曾覆盖帝国权力中心所能企及的周边地带。根据沃勒斯坦所做的分析,资本主义的出现展示了一种全然不同的秩序,因为它第一次在空间跨度上真正成了全球性的,并且更多的是建立在经济(即"世界资本主义经济")之上,世界性的资本主义经济是通过商业和工业的关联而不是通过政治中心而整合为一体的。现代世界体系因此分成了三大组成部分:核心地区、半边陲地区和边陲地区,尽管随着时间的流逝,这些区域性的定位也在改变。

根据沃勒斯坦的观点,早在现代社会的初期,资本主义就开始在世界范围伸延了:"从一开始,资本主义就是一种世界性经济而非民族—国家的内部事务……资本决不允许民族—国家的边界来划定自己的扩张野心。"①

沃勒斯坦摆脱了许多正统社会学理论的某些限制,其中最引人注目的,是他摆脱了在对社会变迁的阐释中存在着的强烈的"内发型模式"倾向。但是,他仍然把现代社会转变归结为一种占支配地位的制度性关系:资本主义。由是之故,世界体系理论强烈关注经济影响,却对民族—国家和民族—国家体系的兴起的现象很难做出令人满意的解释。与此形成对照的是,吉登斯把世界资本主义经济仅仅看作是全球化的四个维度之一。

另一个同样重要的维度是世界军事秩序和战争秩序。几乎今天所有的国家都拥有大大超过了甚至是前现代文明中最强大的帝国的军事力量。许多第三世界国家经济非常弱小,军事力量却很强大。吉登斯甚至提出,在武器方面几乎就没有什么"第三世界",因为拥有原子弹已不再是发达国家的专利了。最近的印巴核试验,以及传说中的朝鲜的核能力,就是最清楚的说明,它们对"第一世界"(如果我们继续使用这个冷战概念的话)造成的忧虑,甚至不亚于当年的苏联。我们今天生活在一个全球化的军事秩序之下,在这样的秩序下,作为战争工业化的结果,现在已扩散到全世界的核武器具有了史无前例的

---

① Wallerstein, I., "The Rise and Future Demise of the World Capitalist World System: Concepts for Comparative Analysis", in Wallerstein, I. (ed.), *The Capitalist World Economy*, Cambridge England: Cambridge University Press, 1979, p. 19.

毁灭性力量。核冲突的可能性所造成的危险，是以前世世代代的人从未面临过的。风险的全球化，今天已经成为一个不需要说明就能感觉到的问题。贝克指出，这种全球性的风险不论富人和穷人之间的区别，也不管世界各个地区之间的区别。"切尔诺贝利无所不在"的事实，意味着他所说的"他人的终结"：享有特权的人和无特权人之间的分界线的消逝。某些风险的全球性强度超越了所有社会和经济差别。①

但是，我们绝不能对下述基本事实视而不见：与前现代世界中的情形一样，在现代性的条件下，许多风险在上流社会人士和下流社会平民之间的分布是极不均衡的。不同的阶层面临着不同的风险。例如，在食物——营养水平和对疾病的感染与治疗方面的风险，在就业、社会保障和医疗保险等方面的风险，是全球化条件下的不平等和不公正"特权"和"无权"、包容性和排斥性的主要内容之一。

所以，全球化，并不如一些人所想象的那样，仅仅是又一次带给我们希望的机会。倒不如说，它如同现代性本身一样，是一种悖论。我们现在需要回答的，不仅是"全球化的准确含义是什么？"这样教科书式的问题，而且还包括：它到底包含哪些内容？它可能导致什么样的结果？全球化仅仅是指经济的全球之间的相互依赖程度越来越高，还是也意味着在技术——社会——政治——文化乃至更多的领域（例如军事与战争）里的全新格局？如果说，伴随着全球化过程的是南北、贫富两极分化的加剧，那么为什么反倒是右翼的政党和个人在起劲地反对全球化并主张排外和保护主义？

更进一步说，我们究竟在什么程度上能够驾驭现代性（包括它的全球化）这头看似不可驾驭的猛兽或怪兽？或者，我们是否能够引导它，从而降低现代性的风险并增大其所能给予我们的机会？我们怎么会生活在一个如此失控的世界上，它几乎与启蒙思想家们的期望南辕北辙？为什么那"甜蜜理性"（sweet reason）的普及并没有创造出一个我们能够预期和控制的世界？21 世纪的世界究竟是什么样子？现代性和全球化究竟会带来什么能够预期的和不能预期的后果？对未来不做任何担保和许诺的社会批判理论，在 20 世纪末期应该以什么

---

① Beck U., *Risk Society: Towards A New Modernity*, London: Sage, 1992.

面目出现？除了必须具有社会学的敏感外，它是否对内在的制度性转变也必须保持警惕？它是否必须意识到，在具有严重后果的风险环境中，道德的承诺和"美好的信念"潜在地也可能是很危险的？它在意识到现代性的风险与道德许诺的危险的同时，是否也绝不应放弃它的批判锐气和对未来的理想？如果还要继续保持这样的乌托邦理想，那么，它应该怎样看待和卷入过去的和现在的各种抵抗或反思现代性的阴暗面的社会运动？

如果我们只关注劳工运动，则只是片面地强调了资本主义或工业主义是现代性的唯一的重要动力与维度。这里，值得注意的是，不论是以推翻资本主义为目标的早期工人运动，还是以建立资本主义为宗旨的当代市场运动，似乎都在认识论上犯了同样的毛病：把资本主义看作是现代性唯一的制度性根源，区别仅仅在于是否定它还是肯定它，视它为万恶之源或幸福之本。吉登斯则试图说明，除了劳工运动外，民主运动、和平运动和生态运动也很重要，它们为我们露出了可能的未来曙光，而且，在某些方面，它们成了通向未来的桥梁。

但是，女性运动在哪里？如果我们稍微仔细一点回顾战后的过程，就会看到，西方出现的女性运动，不仅使性别与性的问题进入了学术的视野，成为对传统社会科学提出严厉挑战的重要资源，而且也提出了更深刻的问题：过去的社会科学，都是以男权主义为中心的吗？或者，它们在研究阶级、民族、种族、地区的分化，探讨社会的工业化、城市化、市场化、全球化的过程中，是不是充满了男权主义的偏见和歧视？我们是必须重构现有的社会科学体系，还是仅仅加进性别的视角，就可以克服或避免原有社会科学的局限？男女平等或女性解放，除了妇女参加工作和选举等经济、政治活动之外，是否还有话语方面的革命性意义？我们在反思启蒙话语的时候，是不是意识到了，如果不从更深刻的层次上检讨整个体系的困境，而仅仅加进一点所谓女性主义视角，仍然不过是改头换面的启蒙话语（不过更加精致罢了）？

未来是个什么样子？谁也不敢保证。苏式的社会主义虽然明显地与资本主义大相径庭，但它却型构了一种经济上低效、政治上集权的工业化的管理模式。当然，"社会主义"这个概念所涉及的东西差异太大，一个多世纪以来，这个术语简直就是无所不包，它甚至可以是任何特定思想家所希望看到的任何一种理想的社会秩序。所以，简单地谈论要不要"社会主义"也可以让人摸不着头脑。吉登斯认为，如果把社会主义只理解为按计划严密地组织生产（并主要在民族—国家的经济体系内组织生产），这样的社会主义肯定就会衰落。

具有对照意义甚至是讽刺意义的是，正像当初人们简直恨不得把一切希望都寄托在社会主义身上一样，冷战后的"共识"是：人类的一切问题（如果还不说一切罪恶的话）皆源于此。很多人在论述社会主义的历史的时候，总是带着某种潜台词："要是当初不是社会主义，那就……"。一些自称是历史学家的人，在检讨苏联和东欧的痛苦经历和教训的时候，基本不考虑历史因素的复杂性，只是重复一个如同常识一样的东西：社会主义带来了那么多"人为的"破坏。然后，就马上转向曾经被诅咒了无数次的资本主义大本营，认定那里发生的一切都向来是"起点平等"的，甚至连屠杀印第安人和贩运黑奴的事实似乎也要么根本就没有发生过，要么就是"进步"的代价和"先进对野蛮的征服"。

如果允许我们暂时撇开别的问题不谈，单从经济和管理的角度说，社会主义，特别是苏式的计划社会主义，确实严重忽略了市场；马克思的理论也曾经设想共产主义是没有商品和货币的。但正是被严重忽略乃至恨不得要尽快消灭的市场，提供了在复杂的生产—流通—交换—分配体系中发挥配置资源作用的机制。然而，我们也应该承认，正像马克思准确判断的那样，市场也积极维持着（甚或还疯狂生产着）主要的剥夺形式。超越资本主义不仅将意味着超越资本主义市场所带来的阶级划分，它将进一步超越用经济标准决定人类的整个生活状况和生活质量的制度环境。吉登斯在这里提出了他自认为是适用于全球范围的超越匮乏型体系（post-scarcity system）的可能性。

但是，人们不得不问，在这个以国家和地区之间的不平等为标志的世界上，特别是在发达社会、发展中社会和不发达社会之间①的大量不平等仍然是主要问题的世界上，在资源不仅有限而且已经成了压力的情况下，超越资本主义还是一个有意义的概念吗？吉登斯的回答是：让我们反过来问一句，为了寻

---

① developed, developing, undeveloped 这些概念，严格地说都不是没有问题的描述性术语，它们本身预设了发展主义的阶段论的假设。

求一个不是沿着自我毁灭之路而行的世界,我们还有其他的选择吗?

追求资本主义的积累不可能无限制地进行下去。某些资源本来就很稀缺,但大多数资源原本并不少,所谓"匮乏",除了保证肉体存在的基本需要之外,是相对于社会所定界的需求和特殊的生活方式的,例如消费主义文化——意识形态所创造、所激发的"需求"和生活方式。现在,一方面生活在经济发达国家中的许多人都患了"发展疲劳症";另一方面,在欠发达或不发达地区的人还在为基本的生存条件而苦斗。越来越多的证据表明,无论哪里的人们,都普遍意识到,无休止的经济增长并不是人们要追求的最高和唯一价值,除非增长能积极地改进大多数人的生活质量。①

19世纪以来,进步—增长—发展—现代化曾经一直主宰着或影响着社会学的研究范式和理路。中国社会也在近20年来进入了全新的高速发展时期。而正是这20年来,进步—增长—发展—现代化的社会学范式在理论和经验的层面上都受到了来自世界各地各机构、各群体的怀疑、批评和批判。特别是由于20年来,在二战以来进步—增长—发展—现代化范式的指导下的发展规划与发展模式,无论是世界各国内部还是各国之间,不是产生了协调性与可持续性,而是贫富悬殊的扩大、社会不公的蔓延、社会安全与信任的危机以及生态—环境的巨大风险。但是,来自批判学派的种种非难,如果不能提出什么可替代的方案和日程,则这样的批判将在很大程度上失去其理论和方法上的说服力和穿透力,并在实践上引发虚无主义或悲观厌世。中国社会正在经历前所未有的社会变迁,社会及其机构、组织、社区的再造,在什么意义上将不只是按照"丛林规则"进行的?有没有可能在确保基本的社会公正的前提下实现社会的经济—政治—文化的持续与人文发展?这是当代社会科学研究者不得不面对的问题。

最近发表的UNDP《1999年人类发展报告》用大量数据表明,在这个日益全球化的世界上,两极分化不是缩小了,而是拉大了:不仅南北差距拉大了,而且发达社会内部(例如美国社会内部)的差距也拉大了,其不仅体现在经济财富和经济收入方面,而且也体现在性别、种族、区域、对技术的占有

---

① Miles, I., & Irvine, J., *The Poverty of Progress*, Oxford: Pergamon, 1982.

和使用等上面。拿计算机网络技术来说，只有世界 19% 人口的富国和经合组织成员国，却拥有全世界 91% 的网络用户。全球化已经在富国与穷国之间以及同一国家的不同群体之间制造了一条日益加深的鸿沟。"按人均国民收入计算，世界上最富的 1/5 人口与最穷的 1/5 人口之间的收入差距，已经从 1960 年的 30：1 上升为 1997 年的 74：1。"① 如果说，原来意义上的阶级概念至少在发达社会正变得越来越"不合时宜"（因为蓝领工人越来越少，投票所反映得越来越不是阶级取向而是其他类型的群体取向）；在发展中社会（发展中国家、"第三世界"），阶级问题也越来越和诸如种族、性别、国家等问题纠缠在一起，越来越显示出复杂性，这并不一定意味着，我们正迎来一个资本主义高奏凯旋曲并使得人人都受益的全球化时代。

## 第三条道路

吉登斯写《第三条道路》这本小册子的背景非常明显：直到 20 世纪 70 年代末期，在工业化国家仍然占据主导地位的"福利共识"的瓦解；80 年代末以来苏东社会主义体制的瓦解；与此同时，市场原教旨主义又并没有能够缓解全球化资本主义的两难困境。

冷战结束以后，社会主义的信誉受到严重质疑，而全球化的金融、资本、商品和文化正在席卷整个世界的每个角落。促使这一切发生的异常深刻的社会、经济和技术变化的原委是什么？人们应当怎样来回应这些变化？

"第三条道路"这个术语本身并没有什么特别，它在社会民主主义的历史上，已经被使用过许多次。吉登斯自己也说过，叫"第四条道路""第五条道路"都行，关键是如何跳出不是福利社会主义（更不用说计划社会主义）就是市场原教旨主义（例如撒切尔主义）的二元论。

吉登斯从一开始着手理论研究，就特别明确地要超越主体与客体、结构与行动的二元论，这样才有了结构化的理论尝试。如果说，在理论的层面想要将二元论改造成二重性（Duality of Structure），那么，在政治的层面借用一句老

---

① *Human Development Report*, 1999, New York: Oxford University Press, 1999.

话"第三条道路",也没有什么奇怪。特别是在今天,当欧洲的政治思想似乎已经失去了它们的鼓动力,公共讨论的主题成了各种各样的担忧(道德水准下降、贫富悬殊加剧、福利国家的压力等)的时候,就更可以理解。

"如果没有理想,政治生活就一无是处;但如果理想与现实的可能无关,它们就是空洞的。"① 问题在于我们是不是真的能够超越左与右?结构与行动的二重性理论到底是折中主义还是理论创新?"第三条道路"是在探索一条新路还是仅仅把自己摆在中间偏左(Centre-Left,或者,用左翼的话说,是中间偏右)的位置?吉登斯自己认为,冷战结束后,"已不再有极左了,却有极右。"②

从 20 世纪 70 年代中期到苏联解体这一段时间,社会民主主义越来越多地受到自由市场哲学的挑战,特别是受到撒切尔主义或里根主义(更一般的称谓是新自由主义)的挑战。在此之前的一段时期,主张市场自由化的思想似乎已属于过去。自由市场的重要鼓吹者弗里德利希·冯·哈耶克(F. Von Hayek)以及其他站在自由市场的立场上批评社会主义的思想家们的言论,曾经一度被视为古怪偏执,那个时候似乎大家都是福利社会主义甚至计划社会主义者了。哈耶克们 70 年代中期以来,由于撒切尔夫人的大力鼓吹和推动,才一下子又成了一股不容忽视的力量。

吉登斯告诉我们,撒切尔夫人刚刚上台时,并没有一套羽翼丰满的意识形态,这种意识形态是在她执政的过程中逐渐发展成型的。撒切尔主义非常明显地表现出对不平等现象的无动于衷,或者甚至是对不平等的积极支持。她认为,只有"天真的和不合情理的"人才会认为"社会不平等天然就是错误的或有害的"。在撒切尔眼中,平等主义的政策创造出一个单一的社会,而且,这些平等主义政策只能借助于专制力量才能推行。撒切尔几乎是第一个把"资本主义"明显地作为褒义词使用的人。在她的口中,资本主义成了一种无比美妙的体制和意识形态。撒切尔主义以后,人们才渐渐习惯了大言不惭地谈论资本主义。然而,吊诡的是,倾向于自由主义的政策却又把机会平等看成是值得追求的和十分必要的。甚至更有讽刺意味的是,约翰·梅杰接任撒切尔夫

① Giddens, A., *The Third Way*, Cambridge: Polity Press, 1998.
② Giddens, A., *The Third Way*, Cambridge: Polity Press, 1998.

人任英国首相后，学着模仿马克思的语气，宣布在他的保守党领导下要把英国建成一个"无阶级的社会"！

新自由主义的一个首要特征是就对"大政府"的敌视。英国保守主义之父艾德蒙·柏克（E. Burke）表达了他对国家的嫌恶，他认为国家的过分扩张会变成自由和自主的敌人。美国的保守主义则一直保持着对中央政府的敌意。撒切尔主义利用了这些思想，但它同时还利用了对于国家角色所持的古典自由主义怀疑论，这种怀疑论的基础是关于市场优越性的经济学论证。使国家最小化的理论与把公民社会视作一种社会团结的自生机制的独特观点紧密相关。这种理论认为，必须有条件让公民社会的小股力量得到发展，而且，如果没有受到国家干预的阻碍，它们就能凭着自己的力量逐渐发展起来。

有人说，如果任由公民社会来展现其自发秩序的话，它将具有如下诸种美德："良好的品格、诚实、义务、自我牺牲、荣誉、服务、自律、宽容、尊重、公正、自强、信任、文明、坚忍、勇气、正直、勤勉、爱国主义、为他人着想、节俭以及崇敬。"① 据说，国家（尤其是福利国家）对公民社会的秩序具有很大的破坏性，但市场则不会如此，因为市场的兴衰取决于个人的能动性与自主性。正像公民社会的秩序一样，如果任由市场自行发育，它们将为社会创造出最大的利益。

关于公民社会（或市民社会）的讨论，在很大程度上，是和苏东体制的瓦解密切相关的。但是，在这种讨论中有一种几乎是天真而幼稚的假设：要是没有70年的社会主义实践，本来俄国和东欧也会像西欧和北美一样富裕和民主的。这种论调甚至忘记了，要是没有70年的社会主义实践，俄国和东欧甚至也还意识不到西欧和北美的体制下还会有那么多有价值的东西（而不只是效率）。不论历史是不是真的可以这样被简单地遗忘或干脆抹去，至少，在"1989年，自封为'自由世界'的一方都沉浸在由于共产主义的瓦解而得到的狂喜之中。资本主义和民主政治似乎显而易见地取得了空前的胜利：冷战结束了，从今以后，人人都将过上无忧无虑的生活了"。② 这是新自由主义得以流行并占据主

① Green, D., *Reinventing Civil Society*, London: Institute of Economic Affairs, 1993, Ⅷ.

② Calhoun, C., "Nationalism and Civil Society", *International Sociology*, No. 4, December 1993; 并见邓正来、亚历山大合编《国家与市民社会》，1998，第332~370页。

导地位的最重要的社会政治和社会心理背景，尽管无忧无虑的生活实际上并没有向哪怕仅仅是东欧和俄国的人们尽情展现出来，巴尔干的军事冲突不过是一例而已，各式各样的"民族主义"是更大更深的忧虑和麻烦。

需要注意的一个吊诡是，新自由主义不仅主张"小政府，大社会"，而且还把不受拘束的市场力量与对传统制度（特别是家庭和民族）的维护联系起来。个人的能动性需要在经济领域得到保护和发展，但责任和义务则应当在其他领域中得到保留和维护。在新自由主义思想家和政治家的声明中，仇外主义的情绪溢于言表，他们保留着自己对多元文化主义的最严厉的非难，"美国优先"仅仅是被布坎南（J. Buchanan）明确说出来的口号。

在吉登斯看来，一方面钟情于自由市场，另一方面又寄希望于传统的家庭和民族，这是一种自相矛盾的处境。个人主义和自由选择应当在家庭和民族认同的边界上戛然而止。但是，再也没有什么比市场的力量更能消解民族传统的了。市场的动力机制削弱了传统的权威结构并瓦解了地方共同体（包括家庭），它也不断地跨越出民族—国家的疆界；新自由主义制造了新的风险和新的不确定性，而它却要求公民们忽视它们而继续恪守传统；而且，它忽视了市场本身的社会基础，这种基础正是被市场原教旨主义无情抛弃的共存共生形式。

反对福利国家是新自由主义的另一个显著特征。新自由主义者把福利国家看成是当代欧洲一切问题（甚至一切罪恶）的源泉。"我们将带着轻蔑的嘲笑来回顾福利国家，正像我们现在会嘲笑地说奴隶制当然是组织有效率、又有动力的生产活动的手段一样。"福利国家"给它所设想的受益者——被它界定为弱者、贫穷者和不幸者的人——造成了极大的损害……它削弱了个人的进取和自立精神，并且在我们这个自由社会的基础之下酝酿出某种一触即发的怨恨"[1]。

那么，在福利国家垮掉之后，由谁来提供福利呢？答案是市场引导的经济增长。福利不应当再被理解为国家的救助，而应当被理解为最大化的经济增长以及由此带来的总体财富，而做到这一切的唯一办法就是放开让市场自己去创造奇迹。

---

[1] Marsland, D., *Welfare or Welfare State*? Basingstoke：Macmillan, 1996, p. 197.

新自由主义既是一种全球化理论，又是一种直接推动着全球化的力量。新自由主义把那些指导他们参与地方性事务的哲学运用于全球的层面。如果市场能够在不受干预或少受干预的情况下自由运作，那么这个世界最终将达到它的最佳状态。但是，正像他们也是传统民族观念的维护者一样，新自由主义者采纳了一种在国际关系上的现实主义理论策略：全球化社会仍然是一个由民族—国家组成的社会体系，在这个民族—国家体系的世界里，真正起作用的是还是权力，包括军事权力。为战争做好准备并维持军事实力，是国际体系中的民族—国家的必要因素。因此，新自由主义同时又致力于维护政治—军事在民族—国家层次上的统一性。

现在，新自由主义似乎已经在全球范围内取得了胜利。毕竟，社会民主主义正陷入意识形态的混乱之中，如果说50年以前人人都主张计划的话，那么现在似乎再没有人是计划的鼓吹者了。

但是，吉登斯还不甘心，也不愿意看到新自由主义意义上的全球化胜利：

> 150年前，马克思写道："一个幽灵在欧洲徘徊"，这就是社会主义或者共产主义的幽灵。这一点在今天看来仍然是正确的，但我们说它正确的理由却不同于马克思的设想。社会主义和共产主义在欧洲作为制度已经消逝了，但它们的幽灵仍然缠绕着我们。我们不能简单地放弃推动它们前进的那些价值和理想，因为这些价值和理想中有一些是为我们的社会和经济发展所要创造的美好生活必不可少的。目前我们所面临的挑战，就是如何在社会主义计划经济已经失信的地方使这些价值再现其意义。①

过去，社会民主主义总是与社会主义联系在一起。现在，在一个资本主义似乎已经高歌凯旋的世界上，社会民主主义者们又该向何处去呢？战后的社会民主主义是在两极化的世界格局中形成的，社会民主主义者至少在某些观点上与共产主义者相一致，既然共产主义作为制度在欧洲已经垮掉，而更一般意义上的社会主义也已经普遍受到人们的怀疑，那么，继续固守左派立场（哪怕

---

① Giddens, A., *The Third Way*, Cambridge: Polity Press, 1998.

是中—左立场）还有什么意义吗？面对这种情景，在欧洲寻求一条既不同于美国的市场资本主义、又不同于苏式的计划社会主义的独特的“第三条道路”还有可能吗？

当宣称左翼和右翼这种区分不再具有什么意义的时候，究竟意味着什么？左与右这种划分是否同过去一样涵盖了同样广阔的政治领域？欧洲是否仅仅处于左与右完成其自我重建之前的过渡时期？或者，是否左与右的含义已经发生了根本的变化？今天，面对大量宣称左和右的划分已经过时的著作，人们是否还要承认，左和右的分类一直在对政治思想施加着影响，虽然什么是“左”或什么是“右”可能发生变化，但在同一时间内，不存在既左又右的观点？是否可以说，当政治意识形态多多少少呈现出均势，就几乎不再会有人对左和右之间划分的适当性存有疑问，而一旦这两者中的任何一边变得强大起来，则更为强大的那一边，就会如撒切尔夫人那样，宣布你“别无选择”？

左和右的区分无疑是围绕着对待平等的态度展开的。这里必须要提出的问题是：什么人之间的平等，比如，个人之间的还是集团之间的平等？在什么问题上的平等，机会的、结果的，还是过程的？在何种程度上的平等，是纵向（上下之间）的还是横向的？各种各样的政治机构以及其越来越臃肿的官僚制是否已经偏离了正统的民主机制？如果某项政治纲领能够取得一致，又如何来贯彻它、操作它？

特别值得我们注意的是吉登斯对于全球化的态度。他认为第三条的道路政治应当对全球化（其范围是比新自由主义鼓吹的全球化市场要宽得多的一种现象）采取一种积极的态度，而极右派才主张经济和文化保护主义，他们将全球化看成是对国家的完整性和传统价值的威胁。右翼思想家和政治家们说道，如果失掉传统和传统的各种形式，权威就会瓦解，人们就将失去分辨对与错的能力。这样一来，民主就永远只能是残缺不全的。吉登斯认定，保护主义既不明智也不合乎民意。即使它能够在实践中被采纳，它也只能制造一个自私的、各经济集团之间很可能会相互敌对的世界。在一个传统与习惯正在失去其支配力的社会之中，树立权威的唯一途径就是通过民主。在今天的社会中，无责任即无权利，同样，无民主即无权威。

与其他的现代性批判者不同，吉登斯是主张全球化和现代化的，只不过不是线性的现代化，而是"反思的现代化"。在一个充满生态危机的时代，现代化不可能完全是直线形的，而且也绝对不可能仅仅等同于经济增长。现代化问题对于第三条道路政治来说，是一个基本的问题。生态现代化只是其中的一个视角，反思的现代化也只是说作为主体行动者的人对现代化的卷入是积极的能动的过程，但在其他方面，现代化究竟应当意味着什么？超越传统（post-traditional）？"超越左与右"（Beyond Left and Right）？怎么超越？民主化家庭（democratizing family）？民主化民主制（democratizing Democracy）？规治（Regulating）经济、商业、金融与货币？这些都是吉登斯提出的方案，也都是未完成的议程。每一种概念都不是毫无问题。恰恰相反，几乎所有的概念都有争议，并且也很棘手，能不能在哈贝马斯的意义上"完成"也是个疑问。

拿民主化民主制来说。如果说自由民主制度如今面临着某种危机的话，这并不是因为它受到满怀敌意的竞争对手的威胁（就像一个世纪之前那样），民主制的危机根源于它不够民主。问题并不在于是要大政府还是小政府，而是要认识到目前的治理方式必须适应全球化时代的新情况；而且，权威，包括国家的合法性，必须在一种积极的基础上得到重构。改革应当向什么方向发展？我们怎样才能使民主制度民主化？

民主本身的含义，绝不仅仅只是几年一度的代议制选举，它还包括对选举过程和选举结果的民主化（而不是金钱化）监督，在选举之外的领域（如经济领域）里的民主式参与，不同的阶级、阶层、种族、性别、群体在各种公共事务上的权利与权力的合理分布和相互制约，在传统的民主政治理论不曾涉及的领域中（如家庭中的男女、长幼之间）的平等对话机制和沟通机会的制度保障，在民族—国家范围之外（如国际事务和国际组织）的运作规则的公正性和公开性。几乎在所有这些领域，都存在着严重的问题与不足。我们不能只是在一般的意义上说现代性包含着内在的悖论和危机（例如"战争的工业化"），也不应仅仅注意到发生在那些虽然未经选举，却也属于现代的民族—国家里的暴行，而必须看到，德国的希特勒法西斯，是被德国人民选举上台的，而日本对二战中的侵略暴行和滥杀无辜不做反省和公开道歉的历届政府，也是经国民选举出来的。在民主问题上，真正负责的理论，既不能采取自欺人的鸵鸟政策，也不能实用主义地搞什么"比坏"（即"总比×××好"），更不用说，只有在具体的历史语境下进行多层次多维度（包括长时段和跨区域）的分析，比较才有可能，也才有意义。

这里还有一个重要的问题，那就是平等。平等与个人自由当然可能会产生冲突，而且，平等、多元主义与经济活力之间也并不总是和谐一致的。欧洲和美国现在所面临的情况说明，结构变迁所导致的不断加剧的不平等，既有集团的，也有个人的；既有纵向的，也有横向的；既有阶级—阶层的，也有种族—性别的。这些不平等，在现有体系内能被有效地克服吗？吉登斯坚持认为，社会民主主义要想探索"第三条道路"，就绝不应当因此接受下述观点：高度不平等是经济繁荣的必然伴生现象，因而是不可避免的、正当的。

许多人认为，当下唯一的平等模式应当是新自由主义的模式：机会均等或精英统治（meritocracy）。但是如果这种模式确实实现了的话，彻底的精英统治的社会将造成收入上的严重不平等，并因此而威胁（而不是增强）社会的凝聚力。比如，在劳动力市场上，"胜者为王"或"赢者通吃"（winner-take-all）似乎是一种显而易见的规则和现象。某个仅仅比别人稍微能干一点儿的人就敢要求比别人多得多的工资。一位网球明星或著名歌剧艺术家所获得的报酬远远超过那些比他们只是稍逊一筹的同行。这种现象正是由精英统治原则的运作所造成的。如果微弱的边际差异真的就能够决定产品的成功还是失败，那么，对于企业来讲，这种风险也实在是太大了。被承认为造成了这种边际差异的个人得到的报酬与他们的实际贡献是不成比例的。他们俨然成了一群"新贵"。①

不止于此。精英统治的社会还会造成大量的向下流动。许多研究已经表明，范围广泛的向下流动（失业裁员下岗仅仅是一种表现形式，还有其他许多没那么明显的形式，如隐性失业、实际收入下降和社会地位的边缘化），会产生无法预期的负面后果，并使那些受到这些后果影响的人产生疏离感甚至敌意。大规模的向下流动对社会凝聚力造成的威胁很可能不亚于一个充满敌意的被排斥的阶层的存在。事实上，完全的精英统治将制造出这样一种极端的阶层

① Frank, R. H. & Cook, P. J., *The Winner-Take-All Society*, New York: Free Press, 1995; Robinson, R. & Goodman, D., *The New Rich in Asia*, London: Routledge, 1996.

形态，一个与主流社会格格不入的等外阶级（underclass）。这不仅意味着有一些群体将生活在社会底层，而且还意味着他们也认定自己在能力上的欠缺使他们命该如此。难道还有比这更令人绝望的社会图景吗？

平等之所以重要，是因为它关系到人们的生活机会，即他们的幸福与自尊。正如穆罕默德·尤诺斯所指出的那样："如果我们知道还有人生活在没有尊严的环境中，如果我们不能保证他们的尊严，那么我们自己的尊严也会变得空洞和虚伪。"①

平等之所以重要，还在于：一个极度不平等的社会，由于未能使其公民最充分地发挥天才和能力，从而会损害社会自身；日益不平等还会威胁社会的凝聚力。一个制造出大范围不平等的"民主社会"，会产生普遍的不满与冲突。

那么，平等究竟意味着什么呢？第三条道路的政治把平等定义为"包容性"（inclusion），而把不平等定义为"排斥性"（exclusion）。在最宽泛的意义上，"包容性"意味着公民资格，意味着一个社会的所有成员不仅在形式上，而且在其生活的现实中所拥有的民事权利、政治权利以及相应的义务，还意味着机会以及在公共空间中的参与。在我们的社会中，工作对于维持人的尊严和生活质量而言还是非常重要的，获得工作的可能性就理所当然地是"机会"的基本内容。

教育是另一种重要的机会，即使在教育对于获得工作来说不是那么重要的情况下，仍然是这样。如果从"包容性"—"排斥性"的视角来看教育，则不得不指出，按照精英统治的逻辑和规则搞出来的精英教育，是以排斥或剥夺许多人的受教育机会为代价来使少数人被"包容"进已有的教育体制的，从贵族学校到名牌大学，都是这种体制的产物。②

排他性这一概念所涉及的不是社会等级的划分，而是把属于某些群体的人排除在社会主流之外的机制。当我们大家都在谈论全球化不可阻挡的时候，我们是否想过，这个全球化所包容进来的是哪些群体，排斥出去的又是哪些群体？如果说全球化是一列飞驰而来的高速火车，那么它在使一些人搭上它从而

① 富格桑雷、钱德勤：《参与和发展》，杜晓山等译，社会科学文献出版社，1998，第4页。
② 甚至体育也体现着这种精英原则：少数人被包容进冲刺和金牌的圈子的条件，是多数人被排斥到健身的行列之外，或者，充其量，被宽容（"包容"）进观众和球迷的群体而已。

迅速摆脱困境的同时，也在不断地甩下另一些人（竞争中的失败者，或已经退出竞争的老人），甚至干脆拒绝让一些人（例如 UNDP 报告中说的那些无力上网的人）上车。

如今，有人认为，经济不平等已经太过火了：

> 全球范围内的自由放任型经济是世界经济史上升时期的一个瞬间，而不是它的终点……毫无疑问，把世界经济组织为一个统一的全球自由市场将会增加不稳定性。它迫使工人承受新技术和不受节制的自由贸易所带来的不利后果。它没有包含使那些危及全球经济均衡的活动受到制约的手段……实际上，它是把全球的未来作为赌注压在这样一个猜想之上：毫无拘束的逐利行为所导致的未曾期望之结果，将使那些巨大的风险得以消解。我们很难想象出比这更加不计后果的赌博了。①

这样说来，一种"积极的福利国家"是可能的吗？答案部分取决于具体的情景，部分取决于人们怎么去行动。这就是为什么要提出"第三条道路"，它与其说是一种学术思想的框架，不如说是某种行动的大纲；在这个大纲中，"第三条道路"政治要变匮乏为自主，变疾病为健康，变无知为终身教育，变贫困和悲惨为幸福，变懒惰为创造。

这就是吉登斯的乌托邦的现实主义吗？这种试图把乌托邦与现实主义结合起来的尝试，是不是也如现代性一样，包含着内在的不可克服的悖论呢？

（原文载《社会学研究》2000 年第 3 期）

---

① Gray, J., *False Dawn*, London: Granta, 1998, pp. 199 – 200.

# 解读现代性

　　大约 25 年以前，一位在剑桥任教的年轻社会学讲师发表了《资本主义与现代社会理论》，从那以后，社会学界的人们开始关注安东尼·吉登斯这个名字。等我 20 世纪 80 年代后期赶到英国去求学的时候，他的书籍早已在各门社会学课程的指定参考书目中赫赫在目了。在吉登斯众多的出版物中，我比较偏爱《现代性之后果》这本小书，这倒不是因为它篇幅小读起来容易些，而是它所涉及的问题，正是生活在现代社会的人们面临的不可回避的难题，而它对问题的阐发，对包括我们这些正处在向现代社会艰难地"转型"（更时髦的说法是"接轨"）的人而言也颇有启发性。

　　今天，我们正在敲响新世纪的大门，有许多人已经对现代性提出了挑战，社会科学家必须对此做出回答。所谓"现代性"，吉登斯指的是 17 世纪以来出现于欧洲的社会生活方式与组织方式，其影响随之向世界各地蔓延，在世界范围内产生了巨大的影响。在吉登斯看来，现代性的第一个特征是它使我们中的大多数人都陷入了大量我们没有完全理解的事件，其大部分似乎都在我们的控制之外。但是为了分析这种状况是怎样形成的，仅仅发明一些像后现代这样的新概念是不够的，相反，我们必须重新审视现代性本身的特质。到目前为止，在社会科学中人们对现代性的理解却是极为肤浅的。

　　吉登斯分析现代性的一个关键之点在于，他认为现代性的出现并非像许多社会理论所解释的那样，是历史随着某一既定的发展线索内部自身演进的结果，相反，非延续性或者说断裂是现代性的基本特征。现代性带来的生活形态以前所未有的方式，把我们抛离了所有可知的社会秩序的轨道。当然很明显在传统和现代之间也存在着延续。但是，几个世纪以来，在现代性的影响下出现的变迁是如此具有戏剧性和普遍性，以致从试图解释它们的早期的知识系谱中我们只能获得非常有限的帮助。

为什么现代性的断裂特性并未受到足够的重视？吉登斯认为，主要原因是长期存在的社会进化论对人们的影响。即使是那些强调变革之重要性的社会理论，也把人类历史看作有那么一个总方向，并且历史的发展受着一般动力性原则的支配。根据社会进化论的观点，人们可以按照"事件主线"来描绘历史，这条主线把杂乱无章的人类事件强行划入一幅似乎显得井井有条的图画之中：历史以弱小、孤立的狩猎和采植文化发端，经历了种植业和畜牧业的发展，产生出了农业社会，最后以现代社会在西方的出现为其顶点。批判社会进化论，意味着不能把历史看成是一个统一体，其中存在着体现制度及其变迁的某些统一性原则。这当然并非意味着世界万物都处于混乱之中，人们并不能任意书写完全独特的"历史"。吉登斯很喜欢马克思的一句名言："人们自己创造自己的历史，但是他们并不能随心所欲地创造。"然而，吉登斯强调，历史又确实是人们自己的有目的的活动创造的。

与过往的历史断裂的现代性社会有什么特征呢？《现代性之后果》讲到了三点：第一，现代性所导致的变迁的绝对速度，其激烈程度是以前的变迁无可比拟的。第二，断裂体现在变迁的范围上，在全球的各个角落都开始与其他地区发生相互联系时，社会变迁的浪潮实际上席卷了整个地球。第三，现代制度的固有本性。在前现代时期，某些现代社会形式（如民族—国家的政治体系）全无雏形，其他的事物（如现代城市）则与前在的社会秩序只有一种似是而非的连续性。

吉登斯主张，我们不但没有超越现代性或进入后现代时期，而且正在经历现代性的一个激烈变迁阶段。欧洲和西方霸权的逐渐衰落，只是一个方面；另一方面则是现代组织制度在世界范围内的不断扩张。自19世纪后半期以来，"西方的衰落"成了一些学者重点关注的话题。现代文明据此被简单地看成是各种文明中的一种区域性定位的文明，它也有所谓青春时期、成熟时期和老年时期，当它被其他文明所取代之时，全球权力的区域性分布就开始发生变化。但是，根据吉登斯提出的"断裂"之说，现代性不只是各种文明中的一种。西方对世界其他地区正在减弱的控制并不是当初诞生于西方的现代制度逐渐减弱其冲击力的结果，恰恰相反，是这些制度全球性扩展的结果。经济、政治、军事和意识形态力量曾经给予西方列强至高无上的权力，而今天，如此明显地区别西方国家和其他国家似乎正在成为过去。应该把这个过程看成现代性的全球化过程，而非现代文明的衰落过程。

现代性是一种双重现象。现代社会的发展，及其在全世界范围的扩张，为人类创造了数不胜数的享受生活的机会。但是，现代性更有一个极大的阴暗面，这在 20 世纪变得尤其明显。从总体上说，社会学的缔造者们极为重视现代性所提供的"机会"方面。马克思和涂尔干都把现代社会看作是一个问题与麻烦层出不穷的时代，但是他们又都认为由现代性带来的受益可能性超过了它的负面效应。韦伯在这三个社会学思想奠基者中显得最为悲观，他把现代世界看成是一个自相矛盾的世界，人们在其中要取得物质的进步，必须以摧残个体创造性和自主性的官僚制度的扩张为代价。但是他也没有预见到，现代性将表现出的更为黑暗的东西具有多么普遍的涵盖面。无疑，这三位大师都认为现代工业的工作对人有不良的后果，它强迫许多人臣服于愚蠢的纪律和重复的劳动。但是他们都没有预见到，"生产力"的发展具有大规模地毁灭物质生态环境的潜力。例如，没有一个经典社会学的创始人对"战争的工业化"现象给予过系统性的关注，他们更不可能预言原子弹的发明及其可能的后果。

在吉登斯看来，（现代）社会的所谓秩序问题，实际上是"时—空伸延"的问题，亦即将时间与空间组织起来从而连接在场与缺场的条件是如何不同于（或者说，时—空伸延程度如何高于）各种传统社会形式的，现代社会的种种制度是怎样在时间与空间中定位并因此形成现代性的整体特征的。

所有前现代的文化都有其计算时间的方法。那时，至少对大多数人来说，构成日常生活基础的时间总是与空间位置联系在一起的，而且通常是不精确和变化不定的。这种情形一直持续到机械钟的发明和广大社会成员开始使用为止。吉登斯把这看作是对时间从空间中分离出来具有决定性的意义的事件，其使机械中测量时间的一致性与时间在社会组织中的一致性相适应。这个转换与现代性的扩张相重合，它的主要表征之一是日历在世界范围内的标准化。这样，公元 2000 年的来临就成了一个全球性的事件。

就时—空的伸延与分离程度而言，现代社会不仅使时间与空间相分离，而且也使空间与场所相脱离。从邮件通信到电话电报，从计算机到互联网络，在场的东西的直接作用越来越为在时间—空间意义上缺场的东西所取代。吉登斯认为，时间空间的这种伸延与分离，是理解现代性的关键之一。由于时间空间的伸延和分离，"脱出"现象便产生了。所谓脱出，指的是从相互作用的地域性的关联和从对时间和空间的无限的跨越而被重建的关系之中把社会关系"提取出来"。他区分了两种脱出类型，一是象征符号，二是专家系统。

象征符号指的是一套抽象的中介系统，其典型形态之一就是货币。社会学家齐美尔（G. Simmel）早就论述过货币这种特殊的象征符号（又称"多才多艺的妓女"）在社会互动中的作用。任何一个使用货币的人都依赖这种假设，他或她从未谋面的其他人也承认它们的价值。但这不仅仅是信任货币这种抽象符号本身，主要是信任那些同他或她做交易的未曾谋面的人。货币信任包含着比计算将来可能发生的事件的可靠性更多的东西。但吉登斯认为，包含在现代制度中的信任模式，是建立在对它们的"知识基础"的模糊和不完全理解之上的，例如，人们对货币的信任，常常大大忽略了它的快速贬值的可能性。

专家系统指的是技术职能或职业性的专家评判体系，它组成了我们生活在其中的物质和社会环境的博大范围。综合专家知识于其中的这些体系每天都影响着我们行动的许多方面。仅仅坐在家中，你就被包含进了你所信赖的一系列专家体系之中：你几乎不了解建筑师和建筑工人设计和建筑房屋时使用的知识规则，只不过是"信赖"他们的工作，信任他们所使用的专门知识的可靠性。这样，你对到住宅的楼上去并不特别地担心，虽然从原则上说房屋结构随时可能倒塌。

抽象体系（象征符号和专家系统）在日常生活中提供了大量前现代秩序所缺乏的安全。每当一个人从银行取款或存钱，打开一盏灯或水龙头，寄一封信或者打一个电话，他或她无疑都承认安全、协作的广泛性。在大多数时候，这种使每日的活动都齿合进抽象体系的理所当然的方式都成了效率的证据。我们信任象征符号或专家体系，是建立在人是无知的原则基础之上的。

也许在 20 世纪末期，我们才刚刚开始意识到这种前景是多么深深地令人不安。在一个通过象征符号和专家系统构成的现代世界中，我们似乎无处不在，但我们永远不敢肯定知识的任何一种特定形式将不会被修正。所以，吉登斯申言，关于"社会生活的知识越多，越可以更好地控制我们的命运"的说法，是不可取的。

我们应该怎样去分析现代世界的"可怕的外貌"？吉登斯称之为风险强度的东西是我们今天生活在其中的环境可怕的外貌的基本要素。吉登斯提到了与现代性相关的风险：首先是全球化风险，例如，原子战争的爆发，还包括一些看来是偶然事件的东西（例如全球劳动分工的变化），这些事件由于量的增长而影响着几乎生活在这个星球上的每个人。风险中的"知识鸿沟"是不可能被宗教或巫术改变而成为"必然之道"的。而且，就遵循专家原则的后果来看，没有一个专家体系真正能成为"无所不包的"。如果脱出机制能够提供目前生活中的广泛安全，那么其被制造出来的大量的新风险真正会令人望而生畏：原子战争、生态灾难、不可遏制的人口爆炸、全球经济的崩溃和其他可能出现的全球性灾难对每一个人都提供了一种令人不安的危险前景。有人甚至说这种全球性的风险不管富人和穷人之间的区别，也不论世界各个地区之间的区别。"切尔诺贝利无处不在"：风险的全球性强度超越了所有社会和经济差别，享有特权的人和无特权人之间的分界线正日益淡化。当然，即使在现代性的条件下，许多风险在上流社会的人和下流社会的人之间的分布还是有区别的。例如，与营养水平和易感染疾病相关的风险，对有特权和无特权的来说，是不一样的。

全球风险关系到风险环境在世界范围的扩张，而不只是风险的强度和数量。所有脱出机制都使具体的个人和团体失去对事物的控制。这样的全球性机制越多，这种现象也就越普遍。与全球性脱出机制所提供的高度安全相反，新的风险又产生了：资源和机构将再也不受具体地域的直接控制，因此就不可能由地方上的人们将其用来应付不期而遇的偶发事件。

更重要的是，现代社会普遍存在一种麻木的感觉，或者几乎是一种厌烦的感觉。现在认识到存在着许多风险这样的事实已在人们中广泛地蔓延开来了。甚至这种麻木的概念已经成了某种司空见惯的事。由于它是如此令人耳熟能详，于是它成了一种我们姑妄听之的应答祈祷。那些整天都在担心可能爆发核战争的人很容易被看成是庸人自扰。因为人们很难荒谬地相信某个人不断地而且有意识地以这种方式焦虑着战争的爆发，这种观点使人们在日复一日的日常生活中变得麻木起来，甚至一个在公众集会上收集这些话题的人也容易被看成是歇斯底里和笨拙可笑。

但是，只要核战争没有真正爆发，产生"原子之冬"的前提就仍然存在着。在现代社会中，严重风险不会消失，在乐观的情况下它们可能被降低到最低程度。假定所有现存的核武器都被销毁了，没有类似毁坏力的武器被发明出来，而且没有相同的社会化性质的灾难或骚乱逼近，一种全球性危险将仍然存在。因为，如果不能根除相关的技术知识，原子武器就完全可能被重新制造出来。此外，任何主要的技术发明都可能彻底扰乱全球发展的总体方向。

根据韦伯的设想，理性的结合越来越牢固，把我们束缚在官僚程序毫无特色的牢笼之中。根据马克思和他的追随者——不管他们是否把自己看作是马克思主义者——的描绘，现代性整个就是一个恶魔。马克思可能比他的所有同时期人都更清醒，他觉察到现代性的后果有着什么样的破坏作用，而且也知道无论如何它都不会逆转。同时，对马克思来说，现代性是哈贝马斯称之为一个"未完成的工程"的东西。

那么，作为整体的人类，我们究竟可以在什么范围内利用不可抗拒的力量，或者至少以一种降低危险和增大现代性给予我们的机会的方式来引导现代性这个未完成的工程？为什么我们现在生活在这样一个失去控制的世界中，这个世界与启蒙思想家期望的大相径庭？为什么大师们的"至理名言"的推广普及并没有创造出一个我们所期望和能控制的世界？

第一种原因可以用设计错误来表述。现代性与抽象体系是不可分离的，后者为跨越空间和时间的社会关系的脱出奠定了基础，既扩展了社会化了的自然，也扩展了社会领域本身，也许这当中存在着太多的设计错误。第二个原因是我们所说的操作失误。任何一种抽象体系，不论它设计得如何尽善尽美，人们假设它应该如何运作，可是由于操作人员的失误，它都可能无效或者产生负效。只要人类存在，失误的风险就必然存在。

引起现代性飘忽不定的最重要因素是：未预期的后果。设计错误和操作者的失误显然也是未预期后果，但是这个范畴还意味着更多的东西。不论一个体系设计得多完善，也不管它的操作者多么有效率，一般来说，在人类活动运作范围内，对有目的的后果不可能料事如神，原因在于我们生活其中的世界（社会的体系和活动）所具有的无比复杂性。在现代性条件下，就输入关于其性质和作用的新知识而言，社会领域从来就没有构成一个稳定的环境。新知识

（概念、理论、发现）不只是更清楚地描绘了社会领域，而且也改变了它的性质，使其走向新的方向。这种现象影响到社会化了的自然，同样也影响到制度本身。

所以，吉登斯认为，作为人类整体，我们只能在某种程度上驾驭那种似乎是不可控制的力量：一个马力巨大又失去控制，里面充满紧张、矛盾、你冲我突的引擎，它咆哮着试图摆脱我们的控制，而且甚至能够把它自己也撕得粉碎。这种难以驾驭的力量压垮了那些敢于正面抵抗它的人。但是，由于它好像有着固定的路径，当它突然掉头，在我们不能预测的方向上飘忽不定时，机会也就在催促我们上路了。旅行绝不是完全令人扫兴和毫无益处的，它常常令人兴奋异常，并充满希望。但是，只要现代制度持续下去，我们就永远不可能完全控制旅行的路径或速度，也不可能完全感到安全，因为路经的领域充满着具有严重后果的风险，尽管我们用自己的活动创造和再创造了社会生活，我们仍然不能完全驾驭它。

吉登斯认为，对现代社会的把握，不应该提出诸如其究竟是资本主义的、工业化的，还是合理化的这样的问题。这些都只是现代社会的一个维度。根据资本主义的扩张的性质，资本主义的经济生活只在少数几个方面局限于特殊的社会体系。从它产生的早期，资本主义在规模上就是国际性的。资本主义能够成为一种"社会"，仅仅因为它是一个民族—国家。没有一个前现代国家（包括称盛多时的罗马或中华帝国）能够具有哪怕是类似于民族国家中发展出来的行政集权化的能力。

这种行政集权化同样也依赖于完全超越于那些传统文明的特性的监督能力的发展，而且，随着现代性的兴起，与资本主义和工业化一道，监督构成了相关的制度性的又一个维度。监督涉及政治领域中对人的行为的管辖——尽管它作为行政权力基础的重要性绝不止限于这个领域。监督也许是直接的，如福柯讨论的监狱、学校、医院等。但吉登斯认为，更重要的是建立在对信息的控制基础之上间接监督。

除此之外，现代社会还有另一个制度性维度：对暴力手段的控制。军事力量始终是前现代文明的一个主要的特点。然而在那些文明中，政治中心从来就不能长久地保障得到稳固的军事支持，而且在自己的领土内，明显缺乏对暴力手段实行垄断控制的保证。对现代国家来说，在地域明确的边界之内对暴力手段实行成功的垄断就非同一般了。于是工业化也就逐渐渗入了军事组织和武器的使用过程之中。"战争的工业化"急剧地改变了战争的性质，使我们进入了一个"总体战争"的时期和原子弹时代。工业化、资本主义、国家对信息的控制和对社会的监督，以及对暴力手段的支配和战争本身的工业化，构成了现代社会的四个基本维度。它们缠绕在一起，共同编织了现代社会的总貌。

与上述工业化、资本主义、监督、暴力手段四个维度相对应，全球化表现为国际分工、资本主义世界经济系统、民族—国家体系和世界军事秩序四个方面。从现实的可能性上说，现代性及其全球化并不能保证这四个维度总是处在某种"有序状态"，相反，现代性的具有严重后果的风险，可以是生态的灾难性破坏、经济秩序的崩溃、极权的增长和核战争的爆发。正是因为如此，才有了意义深远的生态运动、劳工运动、民主运动与和平运动，这些社会运动为我们显露了可能的未来的曙光，它追求着人与自然协调的体系、社会化的经济组织形式、协调的全球秩序和对战争的超越。

现代性正在以前所未有的速度全球化。全球化究竟是什么？我们怎样才能更精确地理解这种现象？如前所说，吉登斯认为，全球化主要与时间空间的伸延过程有关。全球化可以被理解为世界范围内社会关系的增强，这些关系以这样一种方式把相距遥远的地方连接了起来：本地发生的事情实际上是由发生在许多英里以外的事情建构而成的，并且反之亦然。地域的变化与跨越时空的社会连接物的侧面延伸一样都是全球化的一个组成部分。因此，今天无论是谁在世界的什么地方研究城市问题，都会意识到发生在本地的或邻近的事情可能会受到某些遥远的不确切的距离之外的因素（如世界货币和商品市场）的影响。通过一个复杂的全球经济网络，东亚的一个城市日益增长的繁荣很可能与非洲某个地区的贫困相联系，后者的劳动力和产品在国际市场没有竞争力。全球化的社会关系的发展有可能削弱与民族国家相联系的民族感情，但也可能增强更为地方化的民族情绪。在加速全球化的条件下，民族情感变得"对生活的大问题来说太小，对生活的小问题来说又太大"。（丹尼尔·贝尔语）

《现代性之后果》只是吉登斯一系列有关现代性的著作中的第一本，继它之后，吉登斯又连续出版了《现代性与自我认同》《隐私关系的转变》《在左与右的背后》等，从宏观制度的层面进到微观个人的层面，一层一层地剥开现代性的外衣。在我整装待发即将踏上回国路程的时候，觉得应该多多少少把他的一些著作和观念介绍到国内来，于是专门去征求他的意见从何着手比较合适。很有趣的是，他自己也把《现代性之后果》作为与《社会建构》并列的首推书目。现在，这本篇幅很小的书总算是翻译出来了，在校阅译稿的过程中，写下了以上文字，姑且算是一种有选择的介绍吧，但愿该书的中文译稿不久即能和读者见面，那时，这样的介绍也就成为多余的了。

Anthony Giddens, *The Consequences of Modernity*, Cambridge：Polity Press, 1990.

（原文载《读书》1996 年第 6 期）

# 全球化的另一面

按照年初就制订好的计划，我在"9·11"之后去参观长崎的原子弹爆炸纪念馆与和平纪念馆。在那里，我第一次看到了1945年8月在长崎发生的惨剧的历史记录。震惊之余，和我同行的人不断讨论的一个问题是：为什么日本的普通民众后来没有走上以暴易暴的路？

我顺道访问了当地社区里的一个老人活动中心——"笑颜"，那里的一位65岁的女性志愿者用她平实的话告诉我，平时到这里来的老年女性并不轻易对别人谈出自己的内心话，但是一说到战争，都有情不自禁的言语和感情，其中有一点是共同的：再也不能有侵略战争了！

十几年前柏林墙倒塌了，很快，我们就迎来了"冷战结束""历史终结"，一个大家都竞相去拥抱和接轨的全球化时代。都说，这是科技信息、知识经济的时代，是自由贸易、和平与发展的时代，因为，这是"终于没有了敌人"的时代。

当然，说是"没有了敌人"，未免有点夸大，"无赖国家"还有几个，宗教极端势力也还在活动，"文明的冲突"的可能性随时都存在……

时间走到了2001年9月11日这一天，似乎一切都变了。"9·11"，既是实质性的，更是象征性的。当时能够在现场或电视前目睹这个过程的人，无不为之震惊、痛心、愤怒、迷惑、茫然。那么多无辜的男男女女，和曾经是世界最高的建筑一起化为灰烬。世界上最强大的国家，还从来没有在它的本土上遭到过如此惨重的打击。现有的国防、安全体系，也从来没有遇到过如此挑战。一时间，国会、白宫、联合国总部，以及所有能想到的重要部门全部都紧急关闭，三军被迫进入高度戒备，航空母舰和核潜艇纷纷高速驶往本土。美国总统及时宣布了整个国家处于战争状态，虽然敌人究竟是谁、在哪里还不甚清楚……

"9·11"对美国所造成的损失和对世界的影响，很难用货币等单位去计算，特别是对社会安全感的动摇。有的议员和机构已经提出要加强对电话、电子邮件和持外国护照的人的监管，政府也拨出了巨额专款加强联邦调查局；许多人提出，为了安全宁可放弃个人自由，也有的人开始考虑重新选择居住地。人们不得不重新考虑繁荣—富裕的代价。

坏事可以变成好事。美国新政府执政以来，还从来没有受到过这么多的国际声援和国内拥戴。一夜之间，虽然联合国还在发蒙，北约也还没有来得及开会，全世界的大小政府们似乎都已经联合起来了。美国国内更是显示出从未有过的两党协调、上下一致，"打回去"的呼声之高，压倒了其他言论。爱国主义、民族主义，都大义凛然地登场了，种族主义的幽灵，也在台前台后晃来晃去。

真正的问题，不在于谁是杀手、他在哪里，而在于冷战结束以来更显强大与合理的基本世界体系，受到了不知来自何方的强烈挑战。

仔细想来，自从西方的现代性成为世界的主要潮流以来，它内部就一直包含着自身的紧张：一方面，它的意识形态合法性依据，是"自由主义哲学"的理念，它们倡导个人的自由、隐私、平等，政治上的民主，制度上的法治；另一方面，现代性实际上是以民族—国家为根本框架的，在这个框架内，经济、政治、社会、文化和艺术的再生产，都是用暴力保护的，并且，暴力、战争、武器本身，也都前所未有地被技术化、规模化、制度化和合法化了。现代民族—国家本身，既是暴力的产物，也是暴力的象征。即使原来不是民族—国家的广大被殖民地，在反对殖民主义的斗争中，也无一不以模仿殖民主义宗主国建立民族国家而告终。于是，我们才有了今天的公民身份或国籍资格，才有了诸如护照、签证、"绿卡"之类的东西，才有了今天的世界格局。

这个格局，实际上也就是20世纪才在整个世界范围内成形的，而在人类的历史上这么短暂的一刹那，却充满了血腥、屠杀、暴力和战争。人类历史上从来没有过的世界大战，两次都发生在20世纪。而两次世界大战都是在已经实现了民族国家建构的"西方国家"（包括"脱亚入欧"的日本）之间先打，以民族的名义、国家的名义、文明的名义、正义的名义，对其他的民族、其他的国家发动战争，是20世纪最具有号召力和合法性的整合力量，甚至也是挽救经济于危机之中的有效办法，是企业家集团和金融家集团（特别是军工集团和军火商集团）发大财赚暴利的最佳途径。

第二次世界大战以后，人类有了50多年时间没有大面积地陷入战火。战后出生的人，被老人看成是很幸运的一代。具有讽刺意味的是，这种免于大战的幸运竟然得益于两个阵营之间的"冷战"，特别是以核武器、核战争为威胁的两个超级大国之间的战略平衡。这种"以武器换和平"，是以多少局部战争、政变和屠杀为代价的啊。细心的人不妨算一算，在大战期间有多少市民、村民死于轰炸和屠杀？在大战以后又有多少无辜平民死于各种形式的战乱？只是中东一个地区，就从来没有停止过军火生意、武装冲突和暴力流血，也一直没有停止各类形式的反抗活动和恐怖活动。

"冷战结束"，我们终于迎来了科技与创新、和平与发展的全球化时代。人们再也不用担心核大战了，有的干脆就把核武器销毁了，把军工转为民用了，把"前线"变为出口贸易加工特区了，以前不敢建的工程也建起来了。是啊，既然"终于没有了敌人"，还有什么可担心的呢。我们看到听到的，是一个全新的全球化时代：科技—信息、资源—产品、资本—货币，以及成天与它们打交道的经理、总裁、银行顾问、高科技人才和各种代理人的跨国跨洲自由流动。

至于其他的人，基本上都还是在原有的民族国家框架内确定自己的身份和认同的，也许，有少数青年尖子可能获准外出求学，有少量旅游者在力所能及的范围内走走看看，甚至还有一些胆大妄为的难民、船民、偷渡分子、走私分子、拐卖分子。但是，他们还没有构成什么成气候的威胁，直到2001年的9月11日！

全球化，是强者的游戏，"非公莫入"？还是公平竞争，人人受益？众说纷纭。"9·11"以后出版的英国《经济学家》杂志（9月29日~10月5日），就发表了一份专论，它告诉我们：虽然"华盛顿共识"确实可能是使富人更富了，但全球化并没有像人们以为的那样，伤害了发展中国家的劳动者；那些反对全球化的人即使有一天爱上了资本主义，也还会有许多地方可抱怨的，人们如果对政治厌倦了，不必把气都发到资本主义的全球化上面。

不过，全球化，如果指的是在民族国家之上的全球竞争和科技—信息交流、资本—金融流动，至少与民族国家框架有一点相似：有的人会失败，会成为弱者。这里，既不用专门去引证UNDP 20世纪90年代末的报告所显示的多数人如何被全球化排斥在外，也不必引用那些——按《经济学家》的说

法——"专门批评全球化的学者"的观点，而只需要提出一点：正是提出
"文明冲突"的哈佛大学教授亨廷顿，在就"9·11"事件接受《读卖新闻》
（英文版）的采访时也说，"恐怖主义是弱者的武器"。亨廷顿当然不是在支持任
何一种"恐怖主义"，但他强调"我们（美国）必须和各个政府——不只是西
方政府，还包括俄、中、日和穆斯林政府——联合行动"。（2001年9月30日）

现在的问题是，"我们"联合以后针对谁去开战？按照"要么和我们（美
国）站在一边，要么和恐怖主义者站在一边"的逻辑，只要不和"我们"站
在一边的，就都是恐怖分子，都是开战对象。虽然"9·11"以后很长一段时
间内，敌人是谁、究竟在哪里并不清楚，现在也没有明确的证据公之于众，人
们似乎都接受了此乃拉登一伙所为。即使如此，但是，"拉登一伙"毕竟不是
一个民族—国家实体，连亨廷顿也说那还没有构成他所谓的文明冲突中的另一
种"文明形式"。美国总统在使用了"十字军东征"以后也不得不改口，而成
了"文明对恶魔的战争"。法国总统甚至连"战争"这个词也不用，当着记者
的面要他的美国同事改口，说是反恐怖主义的"运动"。

美国三军总司令对发出的拉登通缉令是："不论死活，捉拿归案"。但包
括亨廷顿和一些政府要员在内的人也都意识到，即使抓住了一个拉登，消灭了
一个基地组织，怎么能确保其他极端主义者不继续从事恐怖活动？即使没有了
来自"伊斯兰极端主义者"的袭击，怎么能保证就没有其他组织和个人也在
搞恐怖活动？有的强硬派主张干脆连同伊拉克等一块收拾掉，如果再把其他
"无赖国家"也都列上，那就不是在同恐怖主义者作战了，"全世界反对恐怖
主义的政府同盟"也就不成立了。在据说是"冷战结束了，后冷战也结束了"
（国务卿之语）的情境下，问题的关键，不是"我们"究竟轰炸能否有效打击
基地组织，不是在轰炸中"能否避免伤及平民"，而是为什么会有极端主义者、
恐怖主义者？怎样保证"反恐之战"不会演变为反穆斯林之战、反阿拉伯之战，
不会演变为另一场新的世纪之战、文明冲突之战，不论是冷战还是热战？

现在，对阿富汗的轰炸和对塔利班的军事打击已经进行了近两周，
"9·11"以来基本上一边倒的报纸电台开始有了对这场战争提出质疑的微弱声
音。正是在此期间，炭疽菌又出现了，它居然使整个国会再度关门，美国上下
再次陷入紧张与惶恐之中。

"是谁干的？"又是拉登？或者是萨达姆·侯赛因？云里雾里之中，人们来不及去想，如果全球化是科技—信息、资源—产品、资本—货币的跨国流动，"我们"又怎么能把数以亿万计的"难民""暴民"都挡住？据说，全球化打破了原来的穷国—富国的界限，现在是第三世界里有富人，发达国家里有穷人，那么，我们怎么能保证，这些穷人、弱者，不会无处不去？他们中的十万分之一、百万分之一不铤而走险？"9·11"以后，许多人都在问同一个问题："他们为什么那么恨我们美国？"不论答案有多少分歧，有一点很清楚，"他们"不需要把自己组织成什么民族—国家，他们甚至也不需要什么"宗教"；他们不一定是阿拉伯人，更不必都信伊斯兰教。

"大野多钩棘，长天列战云"。现在，中东、中亚和南亚又成了新闻、政治、军事的焦点，从阿富汗到印巴次大陆、从巴勒斯坦到以色列、从俄罗斯到其他中亚国家，还有两伊和科威特、印尼和马来西亚等，都卷进来了。已经有越来越多的人在游行，为和平作狮子吼，反对以暴易暴。

更大的挑战还在于，我们最向往的现代性本身，它张扬个性自由，却又创造了民族—国家这个最大的官僚和暴力机器，而这个机器至今并没有对付"恐怖分子"的有效机制；它一直强调大社会小国家、大市场小政府，却在最发达的市场社会创造了一个世界上最大的政府和军队；它不断追求财富增长，却迎来了高度的不安全感和不确定性，而今，为了保证"安全"，人们又可能牺牲个人自由；它能走到今天，与它产生了并得益于民族—国家体系的制度框架密切相关，而现在，它又要超出民族—国家给它的束缚而走向全球了。全球化，既给了富人和想成为富人者机会和想象，也给了穷人和绝望者以及他们当中的"极端分子"新的反抗手段。

全球化，是流动的时代、风险的时代。当年，是"切尔诺贝利无处不在"，现在，是"恐怖分子无处不在"。这，不仅给所有的当政者和精英前所未有的考验，也给整个民族—国家体系从未有的挑战。能否经受这样的考验，度过这样的挑战，是他们能否幸存下来的关键。

也许，它反倒真能给我们一个机会，从此真能走出以暴易暴的时代！

（原文载《读书》2001 年第 11 期）

# 全球化研究的思考与问题

对谈者：C. 卡尔霍恩（Craig Calhoun），美国社会科学理事会（SSRC）会长

黄平（Huang Ping），中国社会科学院社会学研究所研究员

时间：2000 年 11 月 4 日

地点：北京

黄：今天想就几个问题同您谈一谈。第一，您认为应该区分国际化和全球化这两个概念吗？

卡：是的。我想指出的是，虽然在使用全球化和国际化的时候有的人在一般的意义上把它们不做区别，但实际上二者是很不相同的。全球化的观点常用来指涉一些在全球各地普遍发生的事，因此每一个地方都能迟早攀上这个过程。这其实太简单了，因为也存在着地方化与各种不同的地方性的关系。这是其一。其二，"国际"一词暗含着"民族—国家"的意义，因而国际关系是最重要的关系，所以我们可以谈论中国和美国之间的关系如何。但事实上，个体的中国人与个体的美国人、中国的企业与美国的企业之间也存在着关系。例如，合资企业一方面是国际性的，但另一方面又不是国与国之间的关系。所以，资本主义很明显是跨越国界的、超越国界的，但它又不是国际性的，因为国际意味着国与国之间的关系。

当前，国际事务的复杂性可从这个词语本身所引起的争议中看出来。我们是否可代之以全球的、跨国的、跨文化的，或者非国家的等说法？语义学上的争论不是毫无意义的。除了其他的意义外，这些争论还反映了一个问题，即民族—国家作为压倒一切的、主导性的组织单位的重要性是否被全球化这个概念掩盖掉了？国家曾是突出的权力行使体、人口容纳器，甚至在现代以来的很长

一段时期内，它还是经济活动的舞台。文化是抽象的、内部整合的单位。我们的文化观念是由国家形塑的，即把我们的观念置于国家的形象中，让我们以此来接近文化。当然，民族—国家的意识形态也总是掩盖一定量的超越边界的活动。例如，护照的使用是试图对此进行控制，同时也反映了这种活动的规模。

我们甚至能发现像国际关系这样的领域内的变化。国际关系的叫法反映了将注意力集中于一国与他国的关系上，这种关系实际上是一国和他国的代理机构即政府（其声明代表一个国家）之间的关系。作为一项原则（或政治科学的辅助原则），国际关系是随着对一国对外政策的着重强调而出现的。但对国际关系的专家来说，现在最热门的主题是非国家行为体在国际舞台上越来越突出的地位。非政府组织、多边国际组织（multilateral international organizations）和多国或跨国集团（multinational or transnational corporations），都被看作同时在政治舞台及在国家政治控制之外的全球性组织中扮演着重要的角色。

黄：尤其是在中文里，很多情况下我们一谈到"国际"，就立刻会让人想到国际关系，想到国与国之间的关系（卡：英语里也一样）。这就是为什么现在很多人实际上有点害怕全球化，因为它意味着一些超越国际关系的东西。

卡：全球化轻而易举就削弱了中国性（Chineseness）。

黄：对，是中国性。与此相关的下一个问题是，你曾经提到过全球化在过去二三十年里并不是什么新东西。而现在却出现了一些新事物，你是否认为由于技术革命所引发的全球化与过去的经济扩张或国家扩张是迥然不同的？

卡：我认为有几件事是新的。首先，尽管全球化对美国和对经合组织（OCED）国家有着极不相称的规则，但我认为全球化对不同地区的支配性是不一样的。早期殖民帝国主义的全球化更多是地区性扩张。那是个地区性的世界，这导致了具有多种差异的多向性。其次，全球化更加充分了。但还没有全部完成，世界上部分地区（如非洲）的全球化还不充分，但现在也更加充分了。再次，如你所说，信息技术造成了很大的差异，因为出现了即刻可知的现象，也就是通过电视、传媒与因特网，我们能立刻得到其他地方的事件记录。这会给我们某种近距离的感觉，近到能立即知道其他地方正在发生的事。最后，我认为存在更加充分的支配性资本主义，首先是平民、市场和资本主义的全球化。当然并没有达成很高的共识，还有很多批评者。但在国际层面已不再有社会主义的选择了，而是一种全球社会主义的方案，正如以前在全球层面只存在经济方案的选择一样。真实情况是：单个国家可以进行社会主义变革，但这和全球性选择是不同的。当前有几种选择，例如，全球化的方案和反全球化的方案。

当然，全球化并不是一个全新的过程，它是一个在不同程度上塑造了整个现代的过程。15～19世纪，欧洲探险、殖民化与帝国主义形塑了全球化过程。这个时期市场自始至终都在成长，远距离的关系也在重组。国家协调着和平与暴力、压制与劝服这两类过程，并在国内与国际的关系中重组它们。目前的全球化阶段和以前的阶段一样，也正在进行显著的再空间化（respatialization）过程。民族与国家二者地盘的变化都以此为中心。引人注目的是，这两者既仍旧相关，又受到挑战。然而，一方面国家规范以及生产各类物品的权力受到了挑战；另一方面，民族情绪正在全世界引发暴乱，反对既存的国家结构。这也许是自相矛盾的，但是民族主义运动在国家的部分权力正在被削减的时候活跃起来，并要建立新的国家，原因也是可以理解的。然而，我们不应过早地宣称国家完全暗淡下去了。一些国家还有很强的力量。即使这种情况也在变化，在全球性活动中，国家也还是非常重要的媒介。与此相似的是，在普世的全球世界主义出现以前，民族身份绝不会消失。由于人们要奋力争取建立新的结构以适应新的全球性秩序（或无序），相同的身份还将引起共鸣，并以某些特定的方式凸显出来。

黄：你可以翻阅联合国发展计划署（UNDP）两年前出版的年度报告，里面大量的数据显示出各民族国家全球化条件下的情况：地区间或国家间的差距随着全球化而拉大了，一者对许多人来说还没有这样的全球化选择；再者，如果很多人不能从全球化中获益。甚至由于全球化反而边缘化了，人们就会感到来自他们的各种抵制。接下来是什么呢？会是地区化、地方化吗？

卡：确实存在着不同形式的抵制。一种是简单地保护他们的各种地方性，反对全球化。以地方主义为基础的抵制，会引发直接的冲突，像西雅图的反对者反对WTO，他们试图挑战全球制度。另外，在某种程度上，也有来自内部的批评者，例如，经济学家阿玛蒂亚·森（Amatiya Sen），他们是试图改变某种论点的学院人士以及其他人。他们认为，当然我们将要全球化，但我们可以改变它的一些方面。有些运动完全不是如伊斯兰主义一样的地方主义。我认为，这些挑战能生发一种对由西方所界定的主导资本主义式全球化的回应。确实，有许多种挑战。问题是，目前我还看不到任何抵制有能力挑战国际资本主义的主导地位。这里的吊诡是，虽然存在着革命运动和反动运动，它挑战国家，但是问题在于，当前全球化的权力结构并不是国家的权力结构，所以它的政治靶子是不恰当的。

黄：许多人，尤其是那些内部批评者，现在希望全球治理也许会有助于缩小这种差距。

卡：我也希望如此，但我不是很乐观。我认为首要的是我们必须认真对待不平等问题。你指出全球不平等的扩大，这是事实。全球化伴随着贫富差距的急剧扩大，而且，几乎每个国家内部的差距也都扩大了。在全球化条件下，几乎在每个国家，发展都意味着一个更富的阶级获得了巨额财富，但所有其他人都没有从中得到好处。在最富的国家如美国是如此，对发展中国家来说也是如此。我认为这涉及一些力量的深层次结构，不大容易改变。另外，还存在公共物品和私人利益的问题。例如，为国际组织工作的非政府组织（NGO），它们致力于获得全球标准的能力。这也是全球治理，但并不是要改变现状。

黄：下一个问题。在你的论文《国际化与信息技术对社会科学未来的挑战》（Internationalization and Information Technology as Challenges for the Future of Social Science）中，你提到了"全球市民社会"。"市民社会"在中国有两种意思。一些人简单地认为市民社会在中国不存在。今天我们讨论全球市民社会，你能否说得更深远一些。

卡：市民社会也是指国家控制之外的一种社会生活组织方式，不仅包括非政府组织，而且包括含个人关系的全球性社区。市民社会这种话语是指人们在多大程度上能讨论并控制他们的社会环境。这是真正的问题所在。显然这仍是民族—国家内部的问题。但是当我们进入全球结构时，市民社会成了一个新问题。我认为全球化媒体（如 ITV 或 CNN）几乎不能提供对事件进行公共讨论的空间，这是一个很大的问题，因为它确实提供不了多少公共领域。我们确实缺少容纳全球市民社会的场域，我们的讨论也囿于媒体的话题及影响。甚至那些批评家，例如我们谈到的知识分子，尤其是那些学院人士，也因为太多的话语力量使他们只是专注于欧洲和美国。国际中心在哪里——在这种中心，人们从许多国家会集而来，并得以展开全球讨论？现在，欧洲与美国占据了太不相称的比重。所以，移民和大量的流动人口在市民社会中非常重要。但是世界一直过于中心化了，我们找不到这样的全球化区域，在那里来自全世界的知识分子逗留着、迁移着。这就是美国大学应该改变之处，使人们能够共同工作。现在是一种单向选择，是好是歹，饱含着我们（美国与英国）的偏见。我们缺少机构、缺少领域，并为没有批评性的讨论而抱憾。现在我们已经有了普遍化的全球性力量（其中有一些是国家力量），而在因特网上的全球性讨论才刚刚开始。我认为，因特网与社会运动一样强有力。在强似社会运动、压倒一切的、健康的、全球化的因特网内，只有经过很长时间，我们才会真正拥有公共空间。

因特网提出了一系列有关个体与集体身份的问题。作为一种新的交流媒介，因特网为不同群体内的交流提供了各种各样的机会，同时也提供了各种社会—文化身份的集体表现。例如，网站和搜索服务连接了大量的散居在各处的个人，使他们保持民族间的或其他的联系。一些网站定位于特殊的种族与民族群体；另一些是种族与民族反抗的媒介。无论新技术是形成了一块特殊领域，还是跨越了不同的群体的联合方式，更广泛的对共享人性或特殊利益相互联合的意识，都是未来的研究与理论的重要材料。

与此紧密相关的是全球化中的媒体问题，这些媒体在何种程度上、以什么方式使人们能在公共话语中走到一起？这是一个有关地方性的问题：使用因特网是推进了还是阻迟了这些地方性？它也是一个关于信息技术是否能为国际公共领域提供基本设施的问题。作为正在出现的全球市民社会的基础，作为政治与文化参与、社会运动动员、观点达成及相互理解的基础，因特网被广泛运用。因特网实际上为这种世界主义的视野提供了积极的基础吗？在全球市民社会中，因特网的实际使用方式是什么？因特网产业价值几何？对其商业性的运用如何影响着非商业性的运用？在多大程度上因特网推进了全球公共话语的形成？同时在多大程度上它联结了相隔甚远的公共领域？是怎样联结起来的？在全球规模内及在全球事务上提供信息的各种媒体，是一种怎样的依存关系？在多大程度上（以及由谁）这种交流与公共领域内的互动性回应相匹配？

黄：有一点很清楚。大多数学院人士认为市民社会在某种程度上是独立的、游离于国家之外的。但另有一点还不大清楚。公民社会不能简单地化约为所谓的市场。在这点上，许多人认为独立于国家的就是市场力量。

卡：当然不是。首先我们别忘了市场力量并不完全独立于国家。其次，当你回溯到 19 世纪公民社会概念出现的源头时，市场作为一种表现是重要的，但不是全部。市场是所谓的现代化和国家控制的表现。市场中最重要的事情是普通人可为自己组建社会组织，而无须国家来下指令。他们能前往交易场所。这是一种表现。从与自我治理和某些自治相关的市场出发，你可以得出初步结论。公民社会确实不一定要和反国家的市场联系在一起。

黄：我这样问是因为一方面中国及很多实行计划经济的国家是严格受国家控制的。结果，人们憧憬生活，憧憬市场，但他们几乎没有注意，或是有意忽略了一个很重要的现象，那就是，实际上现在的市场化在很大程度上是由国家推行的，而不是仅由人民实行的方案。

卡：国家也不指责市场，国家仍能组织、控制生产与市场生活。甚至就此来说也不仅仅是国家的问题。市场仍可产生控制人们生活的远距离力量。我认为真正的问题是人们到底有多少选择。公民社会有两个方面，一是人们在受控制外的私人生活、个体、家庭方面拥有多少机会；二是公共领域。人们有多大机会在一起讨论，在多大程度上存在着集体性制度。就人们无选择的自由而言，市场可以是一种外在力量。在中国，人们在许多方面也能明显拥有隐私。隐私意味着人们拥有个人空间、私人生活，能享受市场的服务，同时在很多方面也存在对私人性的偏离，那就是由私欲来支配政府，这就很容易让市场为己服务。

黄：你曾经说过"我认为至少在未来的 10～20 年内，移民在全球化中都将是一种重要的因素"。为什么人们在资本、信息、技术的全球化上谈得这么多，但是我们却从不关注移民，或者简单地称他们为贫民、非法移民或船民，等等。

卡：事实上，移民是全球化的基本过程之一。它有两种不同的形式：暂时性移民和永久性移民。其实，移民早就开始了。移民向那些幻想保持纯粹身份的人亮出了不同的选择。更大的压力来自世界上非常现实的那部分移民。显然，美国有美籍华人、美籍印度人和称作族群美国人的美国少数派。但是移民也建立了新的公共场所来传递信息、操办喜事和其他事务。像通过信息技术来硅谷赚钱的印度人，他们把钱赚回去后不仅用来创办商业，而且用来资助政治活动。有几件事对中国历史来说显然是根本性的。整个1919年的革命运动在一些方面与（海外）移民社区有很强的联系。所以，仅在中国内部谈论中国历史，而不考虑移民问题是不够的。当前更是如此，当我们考虑中国时，不仅需要同时想到中国大陆，而且还要顾及台湾地区；还有新加坡；还要联想到不列颠哥伦比亚，在政治上它是加拿大的一部分，但当地人在经济与文化上与中国有很强的联系。所以，我认为，这种情况极大地改变着全球公民社会的运作方式。

由于社会科学家的跨国性迁移或跨国性迁移者成为社会科学家，使社会科学也成了国际性的。例如，在美国，对国外地区的研究发生变化的因素之一，是从其他地区暂时性或永久性迁移而来的社会科学家人数的急剧增长。然而，这种移民是不平衡的，同时，使不同国家的社会科学研究团体出现差异的最重要的因素之一，是它们从吸引国际移民中获益的程度。这将和长期的经济增长以及国家的繁荣昌盛密切相关，当然，也和它们内部的文化多元主义紧紧相连。

移民既改变了中心地区也改变了边缘地区。有时容易想到移民问题实际上改变了中心国家，因为也同时存在着货币流、信息流和观念流。

黄：这导致了多元文化的现象。如果我们真有这样的全球化……

卡：因为有时存在一种伴随多元文化主义的地方化，那就是美国化和麦当劳化。我认为虽然有些夸大，但这显然是事实，因为麦当劳遍布世界各地。我认为存在多种多元文化意识的新结合，同时存在文化创造性的新类型。如果我们去找些例子，如作家，最富创造力的英国作家常常远离自己的家乡去国外写作，中国作家近来也有类似的情况。但在很多事例中，作品的畅销、头面人物都处于不同的文化之间，我认为，那就是造就多元文化及创造新文化的全球化，而不是仅仅依附于旧文化。

黄：那也是我认为我们应该清楚的事情。当一些人谈论文化全球化时，他们真正担心的是美国化。将出现的新事物不仅对中国人是新的，而且对欧洲人和美国人来说也是新的。是这样的吗？

卡：从这种语境来说，在没有全球化的时候，中国文化不仅在符号上而且在实际上就是多元的。中国是一个多元文化国家。有一种普遍的倾向，即谈到一种文化或一种民族身份时夸大其同质性。显然，中国在不同的地区造成了强烈的文化影响，如佛教在多元文化中的历史。多元文化对中国根本不是新东西。另外，如果中国文化和其他文化真将继续存活的话，它们将不仅是保留旧的部分，而且还包括新的创造性。这才是鲜活的文化。新创造性意味着新的差异、新的结合与新的变化。正如中国过去曾由于朝代更替、外部力量而改变，它在将来也会变化。但它是一个积极的能动体，而不仅仅是被动地去接受事物。但我确实认为消费资本主义在制造着边缘化倾向。但全球必须要有社会公正。

黄：我刚从云南的一个偏僻地区回来，那里的人过着远离中心的生活。甚至就是在这么小、这么偏僻的地区，我们也能见到大量的文化多样性。在当地人中，有藏族、纳西族、傈僳族、傣族，等等。你看，甚至在一个县里还没有全球化，就已经有了多族化。但现在他们也有了从外部而来的消费文化。即使在很小的县城里，也有你在香港、台北和北京见到的各种事物。

卡：这是全球化的显著特征之一。早期的全球化常常只影响到一些城市。众所周知，19 世纪的全球化在中国只影响到上海与广州，但现在它触及各个角落。

黄：你曾一再强调人文与社会科学在全球化时代是多么重要，你能再给点理由吗……

卡：我认为有将社会科学完全放在模式经济学（model economics）上的倾向，尤其是将其放在一种普世性逻辑的模式上，而这种模式仅仅是经济学的一部分。首先，因为经济学还有其他部分，如经济史、强调不同地区间制度差异的制度经济学。但经济学非常正规的部分的力量或多或少是上述的普世性逻辑，这就使得经济学与自然科学靠得更近。这种趋向许多社会科学都有。我认为这和历史与文化相脱离的危险。当然对社会科学家来说，具有技术性技巧是重要的，我们没有理由拒绝技术性技巧，而且同时要和人文科学与社会科学结合起来。对世界文化与历史的强烈感知能使我们定位于不同的过程。例如，如果我们研究资本主义，可以采取一种普遍的方式。好吧，市场是有一定特征的，其中存在相似的利益。这部分是对的。显然，市场向我们提供物品，这是普世性的一面，但是，资本主义具有商业制度以及不同的文化形式，这也是对的。这些制度及形式不可能是不偏不倚的。当新的金融手段、财务手段之类的东西创立时，它们就会有交叉式的文化内容与文化形式，并以不同的方式来应用，从而也就会有极其不同的文化资本主义。例如，我们在东亚的部分地区就可见到国家的与地区的、文化的与制度的特殊形式，那里有些创造性的商业组织，不同于 IBM 组织，即使它们又全是资本主义的。

黄：如台湾那些中小企业……

卡：是的，绝对正确。中国的合资经验正发展出一些新的组织形式。如何组织合资企业，这将在文化的实践中达成新型的一致。所以，我认为对社会科学家来说，我们应能将正发生的事情置于文化和历史的情境中，关注其特殊性与变化性。如果我们仅通过稳定性来研究普遍性，就会失去获取其可变性的可能。只有关注特殊性与变化性我们才能分析历史与文化的变化。

黄：我想还有一种方式。对于那些过去置于知识劳动分工类别里的知识，如文化与诗、文化研究、文学、哲学，确实还有一种重塑它们的新方式。

卡：我认为应是一种新的介入方式，以前存在过，但又消失了。例如，新教在美国很强大，并和哲学与社会科学牢牢地结合在一起。1922 年，约翰·杜威曾来过中国，这种观念对中国也产生过影响。自那以后，它越来越弱了。哲学与社会科学里的定义也千变万化，然而，后来它又变得强大起来。我认为，重要的是潜在的联系，同时具有批评的视角也是重要的。所以我们不要仅仅概括现在正在发生什么，而且要懂得现在正发生的只是一种可能性；另一种可能性是批评地质询：我们怎样处理这些选择、这些可能性？我们已部分脱离了历史、哲学和其他约束性联结。我尤其认为，不仅在社会学内，而且在其他社会科学内，都存在两个方面。社会学总是有一半像自然科学，用专业术语来说是"客观的"；另一半像人文科学，研究文化、活动和结构。两个方面都是重要的，我们将二者结合在一起，因为我认为只有这样才能得到完整的画面。

需要对全球化的经济维度投入极大的关注，实际上它也是令人兴奋的。然而，这些经济过程——无论是资本流动还是国际贸易，在全球的分布是不均衡的，记住这点在这里很重要。不平等的普遍存在，以及新型组织对申请加入的接受与拒绝，都是基本的事实。过去，经济学的许多成就都集中在创立高度普世性的抽象模式上。我认为，未来的许多成就将属于那些从事并擅长调和制度，区分资本主义的地方与地区文化，并创立可供选择的制度形式的人士。

文化与媒体的角色在全球化中也常常很突出，却很少被社会科学家系统地研究过。然而，这个问题在此意义深远。其中包括哪些内容应传播以及由谁来控制它的问题，包括在全球媒体中居主导地位的大集团的问题，也包括全球媒体与地方媒体的关系以及在网上进行讨论的问题。除此，我们还需要询问不同的媒体在哪里及怎样提供民主讨论的公共领域。然而，至少全球媒体提出了治理与主权的问题。国家为规范媒体或成立自身的舆论系统尝试过各种策略。但这些策略现在受到了因特网和其他新型媒体的挑战，其意义我们才刚刚看出。

全球化和新的国际活动还以很多其他的方式相关联，我也可以在这里进行描绘。然而，我将关注作为一种社会新现象的全球事件的重要性。在不同程度上，这些事件或是自然的，或是人为的。作为新现象，在于因新媒体的出现，在于它们在即刻间就达到全球可知的程度，也在于把国家行为和国际组织与非政府组织的行为结合起来对它们进行处理的程度。这反映了在一些灾难具有共通性上的意识，以及在远距离事件的相互关联上的意识，也反映了一种常常是虚幻的常识，即我们有技术能力来处理这些事件。无论如何，与对全球社会结构和全球文化、人员或物品流动的想象一起，我们的世界想象越来越成为一系列变动的全球事件之一。

（原文载《社会学研究》2001 年第 3 期）

# 关于"第三条道路"

黄 平 韩相震*
地点：北京市朝阳门内大街国香书吧
时间：2004 年 1 月 10 日上午

黄平（以下简称黄）：在 20 世纪的 20～40 年代，中国就有"第三条道路"的政治理论和力量。在中国哲学领域也有类似"第三条道路"的探索和创新。其中冯友兰①先生可能是中国在西方最享有盛誉的学者之一。在 20 世纪 40 年代，他被认为是新理学的创始人。他也是 50～70 年代最有争议的人物，他和毛泽东有过许多哲学上的交往。80 年代，几乎 90 岁高龄时，他的许多重要著作几乎又一版再版，并出版了《三松堂自叙》和多卷本的《中国哲学史新编》。

韩相震（以下简称韩）：他仍然健在吗？

黄：几年后，即 1990 年，他去世了。他是一个试图对现代中国进行新的诠释的哲学家，他试图考察儒家学说和其他类型的中国哲学是怎样依然起作用的。

---

\* 韩相震（HAN Sang-Jin），韩国国立汉城大学社会学系教授，韩国政府咨询委员会委员长。

① 冯友兰（1895～1990），字芝生，河南唐河人，中国现代哲学史上著名哲学家、哲学史家。1912 年入上海中国公学大学预科班，1915 年入北京大学文科中国哲学门，1919 年赴美留学，1924 年获哥伦比亚大学博士学位。回国后历任中州大学、广东大学、燕京大学教授，清华大学文学院院长兼哲学系主任。抗战期间，任西南联大哲学系教授兼文学院院长。1946 年赴美任客座教授。1948 年末至 1949 年初，任清华大学校务会议主席。曾获美国普林斯顿大学、印度德里大学、美国哥伦比亚大学名誉文学博士。1952 年后一直为北京大学哲学系教授。1982 年被哥伦比亚大学授予名誉文学博士学位。著有《中国哲学史》、《贞元六书》、《中国哲学史新编》（七卷）、《中国哲学简史》（英文）等。

韩：我想知道他的名字的写法。

黄：我可以用中文写下他名字的繁体、简体写法。我相信他的著作在韩国有翻译、出版。比冯友兰先生更年轻的、依然健在的学者，其中之一是张世英①先生，他是北京大学的教授。他最初研究的是德国哲学，尤其是黑格尔哲学，后来逐渐发展了某些关于"三"的观点。张世英先生现在已 80 多岁了。更年轻一点的学者——其实并不年轻了，比张世英小一些的有李泽厚②，还有历史学家庞朴，都提出了关于"三"的思想。他们近年来在学术界十分活跃，在现代中国社会思想领域著述颇丰。

韩：这一位更年轻吗？

黄：是的，70 多岁。不过，还有更为年轻的学者，有些你已经知道，如赵汀阳。当前研究中国哲学最为著名的学者有北京大学的陈来教授，50 岁出头吧，他是冯先生的第一个哲学博士，主攻王阳明和新儒家哲学。以上这些是哲学界的学者。我国也有从事现代性和另类道路研究的学者，其中有俞可平，我曾经向您提起过他。另一个是与我一起在《读书》杂志工作的汪晖，我记得我上次向您提起过。汪晖最近在哈佛出版了一部英语著作。大概下个月，他还将出版一部研究现代中国社会思想的四卷本的中文著作。

韩：是的。他也是你在《迹》（*TRACES*）杂志的合作者之一吗？

黄：是的。他涉猎现代性、中国知识分子等问题，这是这些年来甚至艺术家、文学家、建筑学家也卷进来的主要争论的问题之一。因此，经过 1/4 个世纪的改革和急速发展，人们现在开始讨论是否存在（或者是否应该有）"第三条道路"、另类现代性或中国特色的现代性等问题。还有些非常具体的问题，比如环境问题、地区差异问题、"三农"问题，等等，再次引起了知识分子的

---

① 张世英，男，生于 1921 年 5 月 20 日，湖北省武汉市人，现为北京大学哲学系教授。主要著作有：《黑格尔〈小逻辑〉绎注》《黑格尔〈精神现象学〉述评》《论黑格尔的哲学》《进入澄明之境——哲学的新方向》《天人之际——中西哲学的困惑与选择》《论黑格尔的精神哲学》《论黑格尔的逻辑学》《哲学导论》等。

② 李泽厚，著名哲学家，湖南长沙人，生于 1930 年 6 月，1954 年毕业于北京大学哲学系，主要著作有：《康有为谭嗣同思想研究》《中国古代思想史论》《中国近代思想史论》《中国现代思想史论》《批判哲学的批判》《美学论集》《走我自己的路》《美的历程》《李泽厚哲学美学文选》《华夏美学》《美学四讲》《世纪新梦》《论语今读》《己卯五说》。

反思。正如我手头这本文集的题目所说的那样："全球挑战的再思考"，这是几年前我们社会科学院的学者与瑞典同行一次研讨的结果。

社会取得了某些进步，但也存在着许许多多的争论、问题、挑战和麻烦。就心理方面来说，人们忧心忡忡，矛盾重重，不知是福还是祸。人们思索迷惑在通往现代性的道路上。但这种现代性，基本上是渊源于古希腊哲学的西方式的现代性。所以，当我们勾画未来时，人们（虽然不是很多人）现在开始讨论儒家、道家和佛教，或者其他什么文化是否也将在未来变得重要起来；明天的中国、亚洲将走向哪里，等等。

韩：是的。但我认为，中国人和韩国人在 20 世纪最后几十年中都在忙于实现迅速发展和追赶现代化。我觉得，现在到了我们坐下来思考我们的民族发展目标的时候了。我们至少需要比以前更具有反思精神。迄今为止，我们得到了什么，我们又失去了什么。我们并不想重复西方社会在现代化道路上曾经遭受过的同样严重的病态结果。而且，我们现在确实也拥有某些截然不同的文化资源。

黄：是的，我们有自己独特的传统。

韩：所以，现在到了我们努力协作以解决是否存在着另类发展模式的时候了。为此，我们可以考虑"第三条道路"这个概念，但这全然不同于吉登斯和布莱尔的"第三条道路"，而是用我们自己的方式考虑的"第三条道路"。这一点正是我非常感兴趣的地方。

黄：是的，你可以称之为"第三条道路"（the third way），你也可以称之为亚洲另类模式（Asian alternative），你甚至还可以称之为中国特色（Chinese characteristics），或其他什么的，称呼也许没有那么重要。

韩：但是，为了动员和组织我们的知识分子，我们需要一个新的概念。这类概念会是什么呢？这永远是一个非常重要的问题。如果我们谈到"第三条道路"，人们往往立刻会想到吉登斯、布莱尔或施罗德，或其他欧洲学者的观点。我们觉得，"第三条道路"应该有更广泛、更丰富的内容，尤其是在东亚，那里无论是政治还是经济都取得了显著的成功。但是，急速的现代化也确实给我们带来了相同的病态性后果。所以，我非常好奇，你认为在你们国家可以支持新的现代性道路，或者新的"第三条道路"的最合适的哲学和理论资源在哪里？

黄：从根本上说，就我们而言，尽管可以说，现在我们还处在知识创新和专业研究的初级阶段（甚至永远也不能走完或走出这个阶段），但是我们仍需要和同事们在一个更广阔的视野和学术环境中探讨，与政治学家、历史学家和亚洲的同事、欧洲的学者及世界其他地方的人们交流与沟通。我觉得，我们至少有两种资源可以利用。其中之一毫无疑问是亚洲的哲学，例如中国的儒家、道家、墨家，亚洲的佛教等；也包括地方性的文化，比如本土文化，包括某些小的族群文化。这就是我在近 10～15 年来，对那些原住地的少数民族十分关注的主要原因之一。人们有时以为我在研究贫困问题。这算说对了一半。但即使我在研究贫困地区的流动、发展问题，我试图阐明的也不仅仅是贫困，或经济意义上的贫困问题，毋宁说，首先是为了阐明地方文化、当地人民、地方史该如何利用起来；其次，它们怎样才能对我们的知识和思考有所裨益。这里包含着非常巨大、丰富的资源。为了未来的理想，我们总是努力从过去汲取某些有益的成分。

另一个资源当然是关于发展、现代性、全球化等问题的争论。这一争论在另一方面又与环境、民主等问题息息相关。环境问题是西方现代性的一个主要的负面后果。往往是，甚至现在仍然是这样：我们每一次努力取得的微小进步，我们都承担了环境上的巨大代价。因此，在技术上和道德上，这都是不可持续的。这两类精神传统似乎是如此的不同。其中一个，我们可以追溯到非常远古的时期，追溯到早期的文明。另一个传统相对而言是比较新的，这不但表现为新的技术，而且表现为我们如何以新的方式组织社会—政治—文化的日常生活，年轻一代如何以新的方式互相交往，如何在日常思考和交往中互相影响。这正是我在 20 世纪 80 年代以来没有用诸如"亚洲模式""亚洲价值"这样的时髦术语的根本原因之一。因为"亚洲价值"乍一听起来，会让人以为很保守，立刻就让人联想到传统，想到儒家。但是，与此同时，我对"第三条道路"并不全然有好感，虽然与"亚洲价值"比，对"第三条道路"又听起来好一点。但是，谈到"第三条道路"，正如你所言，人们立刻会联想到吉登斯、布莱尔，在中国，也会让人联想到 20 世纪 40 年代。另外，我现在有点疑惑，诸如"另类现代性""可替代之现代性""多重现代性"，是否听起来也太学究气了。对于普通大众来说，另类现代性，或多重现代性，是什么呢？

韩：是的。这似乎更为明智。我从事社会学研究至今已经40多年了，我有时禁不住问自己"我属于哪个时代，我身在何处"。

黄：人们也问我同样的问题。

韩：自从我开始从事社会学研究，40多年过去了。我感觉，要批评什么东西错了是比较容易的，批评现代性对我来说并不困难，相反，很容易批评它。问题是，此后我们需要什么？我们将走向何处？我们可以利用的选择有哪些？我们可以置身何处？更为重要的是，这里还有诸如"替代性现代性"（alternative modernity）、"反观性现代性"（reflexive modernity）这样有趣的概念。而所有种种概念听起来都很学究气，超出了普通语言的内涵。

黄：的确如此。应该有某种适合普通大众的概念。

韩：是的，我们需要某些让普通大众更为明白易懂的浅显的概念，而不是只为知识分子所独占的概念。根据这个原则，我对"第三条道路"进行考察。因为"三""第三空间"或"第三种可能性"这个概念似乎更为引人注目，更好、更具有综合性，其本身就能够包含着多样性，能够调和——以更建设性的态度调和对立的趋势，即那种在概念"三"之中所蕴含的冲突。

黄：从文化上说，关于中国、韩国、日本将走向何处的当代争论和哲学话语也是有意义的——如果人们能够利用诸如"第三条道路"这样的概念的话。譬如就中国来说，25年以前，我们还在计划体制的束缚下，而现在似乎走到了另一个极端——市场原教旨主义。所以，应该有某种东西，也可以说要有第三、第四条道路。

韩：就我来说，我对渊源于马克思、法兰克福学派和所有非常有趣的法国学者，比如福柯的批判思想非常感兴趣。但是，我现在觉得，批判，在某种程度上意味着一种未经证明的权力、支配，它也预设了一种反抗和压制，预设了一个充满冲突的现代社会。而冲突对人类社会却是非常自然的。只是在这种偏离趋势伴随着对抗、二元对立时，才导致了许多问题。此外，我正在考察另一个因素，即我们现在正在步入所谓的知识经济社会。在工业化时代，出现这种内在冲突模式、权力和反抗，那种二元对立模式似乎非常现实，因为它产生了大量的工人。但是，当我们迈步进入知识经济社会、信息社会时，大多数人并不考虑我们如何能够发展每个人的创造性，如何能够在我们的再和解过程中激励人们互相协作，从而互相生存。

黄：的确如此，我们该如何形成一种协作关系……

韩：所以，我觉得，现在到了我们应该真正地思考这种二元对立模式从根本上是否依然相关的时候了。这种二元对立模式全然是西方的传统。

黄：尤其是通向现代性的二元对立方法。如果我们采取这种二元对立的方法来实现现代性的话，就会给我们带来很多问题。但我完全同意，如果我们只是关注于批判性分析——虽然这是有益的、有用的，而且是必需的，但批判以后接下来应该怎样呢。这就是我为什么要提到冯友兰先生的原因。甚至在20世纪40年代，第二次世界大战尚未结束之时，他就试图做许多建设性的考察，而不仅仅是批判性的考察。他试图重新恢复新理学的非常基本的含义，以阐明中国应该如何以更具建设性的态度组织自身，而不是空谈"这不好，那错了；这应该否定，那应该抛弃"。相反，他孜孜以求，努力探索。因此，这就是如你所言的"三"。在"一"而"再"之后，我们应该考虑"三"，考虑阴阳如何在和谐中平衡，否则，我们将处于永无止境的游戏、斗争和冲突之中。

韩：譬如，就韩国来说，迄今为止我看到的是显著的经济成就。但是，人们更多地沉湎于追逐现代化进程的好处，于是，我们看到了社会冲突的迅速扩展。人们在某种意义上成了废物，不能够在真诚理解的基础上进行合作，人们似乎非常热衷于计算是否有其他利益可图。我不知道中国的情况怎样。

黄：在中国，我不仅考虑贫困问题，还考虑了消费主义问题，尤其是年轻一代人中的消费主义文化问题。我的问题是，如果中国也追寻这种发展模式和文化，无论是从环境来说，还是从我们的心灵来说，我们将很快毁灭包括我们自身在内的一切。为什么人们如此贪得无厌，妄图占有一切。我记得，我曾经和美国哈佛大学94岁高龄的经济学家约翰·加布瑞斯（John Galbraith）有过一次愉快和有趣的谈话。他对美国当代社会，甚至20世纪30年代以来的美国社会也有同样的忧虑。现代社会的问题俯拾皆是。但是，即便我们发现了某些我们加以批判分析的现象，这也是很不够的。我们必须有某种文化上的贡献。亚洲，韩国、日本、中国及其他国家，甚至中国内部的那些原住居民如何在文化上做出贡献。

韩：与此同时，我觉得我们还应该警惕全球化时代将带来的后果。

黄：确实如此，应该警惕全球化导致的两极分化。

韩：是的，两极分化。大体上说，迄今为止，东亚，特别是中国、韩国、日本，也许还有中国台湾，或许能够继续保持其经济的成功，至少也可以在政治上实现一定程度的变革。东亚似乎与世界其他地区，比如非洲、南美，有非常大的不同。这就提出了一个问题，我们是否应该追随比如由美国操纵的世界霸权计划（hegemony project）？

黄：是的，这一霸权计划从历史上看，首先是由欧洲，其次是由美国操纵的。

韩：现在，英国、欧洲是追随美国的。如果我们回顾我们自己的历史，我们确实有着非常丰富而又源远流长的民族传统，有着新的想象。关于经济、政治和社会的发展的想象，我想知道，这对我们来说是不是一个难得的认识机会，并让知识分子能提出某种与众不同的发展战略。

黄：即使我们能够继续此类讨论、争论和对话也好。这是我上个月在以色列参加纪念艾森斯塔德80周岁的讨论时阐述的一个观点。艾氏长期以来从事关于"文明比较"的研究。我提出中国不仅是一个民族国家，年轻的民族国家，而且还是一种文明形态，也是一个悠久的并仍然活着的历史，还是一块大陆型经济。所以，也许30年，或50年过后，就经济来说，中国无论是从GDP或其他什么来看，看上去都像另一个韩国、日本，接下来又该怎样呢？我不但想要问："现在怎么了？"的问题，还必须问"接下来又怎么样？"的问题。例如30～50年后，中国变了个样，进入了初等发达国家的行列。但，从文化上说，我们对整个文明贡献何在呢？如果我们在哲学、文化、思想、艺术等方面没有对文明有所贡献，那还不是暴发户？至少还不能算是"对人类文明做出较大贡献"。

韩：很高兴你提出了文明这个概念。迄今为止，我对"第三条道路"这个概念并不非常满意的一个地方在于，吉登斯、布莱尔和施罗德阐述的概念非常关注于政策层面的问题，比如社会经济政策。但是，我认为，现在到了我们从另一层面考察"第三条道路"的时候了。"第三条道路"不仅仅是许多有竞争力的政策规划之一，而且还可以是一种文明层面上的概念。这就是我现在的想法。

黄：的确。那也是我和我的某些同事，对西方式的民族国家观念不敢贸然苟同的原因。如果你总在这种民族国家的框架中思考，那么你所考虑的总是政策议程及某些有关的具体问题。然而，如果从文明、文化、历史来考虑，情况又会怎样呢？

韩：是的，无论是政策，还是制度，的确都很重要，也没有人怀疑这一点。然而，考虑到作为全球化和工业化发展后果的诸多让我们今天头疼的麻烦，我们需要提出一个更为广泛的"第三条道路"概念，而不把它仅限于劳动力政策、福利政策。甚至我也许可以进一步问："解放"实际上对我们意味着什么？我对这个概念很感兴趣，因为我毕竟是在批判理论的传统中成长起来的。批判理论所谈论的全是有关解放的问题——从贫困中解放，从专制中解放。但是，现在我对此并不全然相信。我倾向于认为，解放是一种推动某种"双赢"游戏、和解的能力，以及某种在更高程度的体制中对立倾向的和睦相处的能力。为什么"解放"要假设面临着"对抗"，这是我们在工业化时代创造的意象。但我们现在正处于一个迥然不同的时期，因此该是我们需要更多的亚洲文化，比如东亚文化传统，而不是欧洲精神的时候了。

欧洲精神认为人类支配着环境。在各种假定之下，人类对自然进行了疯狂的掠夺。在我看来，这种假定已经深深地植根于西方人的精神之中，并长期支配着世界。但是，我认为现在正是我们需要转变这种西方精神和根深蒂固的心理，而采用某种不同的世界观的时候了。为此，我们应该看重亚洲哲学和亚洲传统。但是，我们也应该谨慎，不要以为亚洲的一切都是好的。显而易见，这并不是我们的本意。我们应该深刻批判我们的传统，但绝不能抛弃一切。

黄：是的。欧美现代化是人类要控制自然。当我们在我们自己的传统或历史中发现那些问题时，我们绝不能简单地追随这种二元方法。否则，我们就不能摆脱这永无尽头的死胡同。

韩：于是，问题是，我们需要一种什么样的方法，才不会陷入某种保守主义的陷阱中。为了给发展创造新的空间，我们需要采用何种方法？我想，这个问题非常重要。我一直在考虑，大概这也是西方人的概念，即我们称之为文化传统的解构和重构方法。我们必须解构我们传统当中某些显而易见的成分和倾向，它们已经根深蒂固于家庭、工厂或政府之中，是可有可无的。但是，与此同时，我们应该谨慎，不要把所有珍宝都丢掉了。所以，我们应该同时重构有关文化传统的某些倾向和观点，使其看来依然非常有价值。我们可以进一步利用这些文化传统，以创造新的发展、自反性现代性、替代性现代性或我们所说的"第三条道路"。因此，我们需要非常谨慎。毫无疑问，我们一方面需要一种批判态度，与此同时也需要建设性的重构。然而，我们必须互相交流我们用这种方法程序从韩国、中国和日本得来的东西。

黄：就方法论或者哲学方法而不是仅仅就现实来说，我不知道我们是否应该认真地介绍诸如多样性、文化多样性、生物多样性这样的概念，以便一方面承认世界并不应该为一种力量所统治——不管这种力量是以科学的名义，还是以发展的名义，还是以霸权或大国的名义。另一方面，是为了允许某些甚至处于边缘地位的小群体，或社会中陷于困境的群体，不仅有条件、有权利、有机会共享社会资源，而且能贡献自己的力量。因此，当我们谈到"第三条道路"或另类现代性时，必定有一个容纳多样性——文化和生物多样性的空间。因此，即便我们谈到发展问题，我们并不必然只有一种类型的发展。

韩：我想，这是个非常重要的问题。我想知道你是如何看待多样性和一致性之间的关系的。我提出这个问题，是为了实现、推动新的发展，无论是"第三条道路"，还是另类现代性。我们一方面应该清楚地区分知识分子阶层，另一方面如果我们能够区分社会中哪个集团、哪部分人更为支持推进这种新的发展，这将是再好不过的。所以，一致性这个概念一定会流行起来的。多样性是很重要的，但只有多样性意味着什么呢？所以，肯定还有某种一致性。但是，谁可以造就，谁可以推动这些新的可能性呢？

黄：这就要谈到我的第三个观点了，我对此以前有所提及，但谈得不多，不过最近几年与我的中国同事讨论得比较多。这就是我说的社区重建（community rebuilding）问题。关于社区，包括比较偏远、贫困的社区，有三个主要因素去衡量它有没有构成一个社区，而不仅是地理上在一堆、在一起。第一，那里必须有我们共享的某些基本的认同。大家在这里因此是"自己人"。第二，由于这种起码的认同，我们在社区中有某种安全感。我也许收入微薄，身体有病，也许有很多困难，但无论如何我走进这种新社区，我都感觉到有几分安全。第三，在这样一个社区中，不仅仅是认同感和安全感，使大家平时能互助互敬，至少相安无事；而且，在有了危机、灾害、动荡的情况下，就能最终感觉到休戚相关，就会有人挺身而出，小民也会"匹夫有责"。这种社区，应该是新的另类现代性的基础。但是"新社区"并不是白手起家，那就是我为什么称之为重建的原因。"新"意味着你要有所创新，因此这也就是重建。

韩：好啊，我很高兴在这方面介绍我们的经验。在 20 世纪 80 年代民主化经验，尤其是在 20 世纪最后几十年间的非常有趣的群众动员经验的基础上，当今某些社会学家对发展我们称之为新社群主义的东西饶有兴趣。新社群主义并不意味着非常古老的集体主义，也不意味着古老的民族主义。这种新社群主义为每个参与者发挥个性、个人选择和爱好提供了充分的空间。但与此同时，作为一种新的社区、新的运动，这种文化要求人们拥有一定程度的一致性，并拥有相同的认同。据我所知，那正是韩国年轻一代中正发生的事情，这些年轻人使用庞大的互联网进行交流。所以许多计算机用户直接通过互联网传播各种信息和观点。很多人相遇在虚拟空间之中，他们在虚拟空间和他们自己的实在空间中来回穿梭。这似乎意味着一种新的、在我看来非常独特的发展可能性。因为我们正在经历着一个新的网络通信时代。饶有兴趣的是，在 20 世纪 80 年代推动民主进程的韩国那一代人，大都 30 多岁，或 40 岁刚出头，他们引导着这种网络社区运动（internet community movement）。所以，总体上说，我们的社会似乎正以一种十分有趣的方式前进。我们非常有兴趣指出什么样的社会学或理论概念才将是令人满意的，才能包含着这些新的可能性。那是我们现在的任务。而且，它与你说的新社区、新社群主义问题密切相关。你我之间存在着有趣的巧合。我完全同意应该把这三个基本因素当作新社区的条件。而且，我们的社区文化、社群主义在东亚具有源远流长的传统。另外，"信任"概念也是非常重要的。

黄：的确如此。在那些传统社区中，你可以轻而易举地看到那种意味深长的互相理解、互相帮助、互相援助体制。它实际上可以充当新社区的信任基础。而且，正如你所的那样，即使在中国的年轻一代当中，也是如此。我们也有很多这样的年轻人，他们生活在信息社会、网络社会之中，利用着网络空间，形成了新型的通信方式、思维方式、交流方式。他们是新生一代，不仅年轻，而且和韩国、日本、中国香港，甚至马尼拉、曼谷的年轻人有许多共性。我目睹了许多类似现象的出现。正因此，我提出了某种称之为区域性的文化现象，区域性不仅仅就地理位置而言，而且就区域发展而言。

韩：区域发展？

黄：是的。我们应该考虑超越任何界限的可能性，行政界限、地理界限，甚至民族界限。它为社区重建提供了某种新的空间。

韩：它们是否可以称之为第三空间？我想，这是我们从作为生产性的工业社会的社会学回到最初的社会学的好机会。社会学或社会学的奠基者对这样的问题，即"社会学如何对社会的变迁起作用"有着浓厚的兴趣。这个问题是社会学主要关心的问题。

黄：是的，"新社会如何组织起来"这个问题也应是社会学的主要贡献。

韩：不错。新社会如何能够组织起来？以什么原则？由谁？等等诸如此类问题。现在，许多人谈论从工业时代到新的知识经济时代的根本转变。那么，这对社会学来说意味着什么呢？我们应该更多地关注它的真正含义是什么？这种根本转变会带来什么新的可能性？我们如何才能够利用这种新的可能性？

黄：我认为，在未来的 10 年、20 年、30 年，这些问题对于社会学者来说，不但是挑战，而且是机遇。在这 30 年中，如果他们有所贡献，他们将重现昔日的辉煌，否则，社会学将被人遗忘。

韩：尤其是对东亚的社会学者而言。

黄：是的，我同意，尤其是东亚的社会学者。在 20 世纪的六七十年代，非洲和拉丁美洲的社会学曾做出了巨大的贡献。但是，如果东亚的社会学者现在不能做出这样的贡献就太可惜了。这是社会学的机遇，尤其是对东亚而言，即使人们也许定居于其他地方，但亚洲的背景将成为他们的社会学贡献和社会学想象的基础。

韩：在中国知识分子中，在致力于该问题的学者中，是否存在一张广泛的网络，或独特的声音？

黄：在中国知识分子中，关注这些问题的并非都是社会学者，因为社会学的定义有时是十分狭窄的。在中国，狭义的社会学受北美实证主义传统影响很深。但是，在中国知识分子，甚至包括某些艺术家当中，已经有所思考，虽然还在"初级"阶段，实际上这种现象已经持续很多年了。

韩：知识分子中是否有许多跨学科的合作？

黄：有的，主要是跨学科的；而且，更多的是智力上的争论，而不是合作上的争论。20世纪80年代以来，这种讨论和争论一直没有中断，我们称这种讨论为"新启蒙"。因为第一次现代启蒙发生在1919年前后；而围绕那段时间，发生了所谓的新文化运动，开始主要是文学和艺术上的。后来，发展到革命和思想上的运动。尽管在启蒙和中国的启蒙问题上，我们还存在很多问题。

韩：启蒙是一个非常有趣和有说服力的概念。不过，在韩国，人们今天似乎认为启蒙假定了某些人能够教导人民。

黄：这正是我的问题。即使是欧洲的启蒙运动，也有一个没有说出来的东西：某些人是有知识的、文明的，因此有资格教导别人。启蒙从原本上说是启迪我们自己，而不是教导别人。那就是为什么在19世纪和20世纪之交，中国人为了中国，为了新的社会，从欧洲引进了这种词语。很显然，它们有不同的意义。而在20世纪80年代，人们使用新启蒙是因为我们认为，通过这种新的启蒙，中国能够摆脱计划体制，有更多的个人积极性，有更多的自由。那就是我们为什么使用该术语的原因。但是，正如你所言，我也同意你的意见，这里有很多问题，不仅我们不能简单地追随着西方模式；而且启蒙本身，从哲学的意义上说，主要地是指二元方法，而不是多元方法。因此是需要反思的。

（原文载《社会学研究》2004年第3期，有删节）

# 多重现代性：跨文化的视角

在社会学的传统里，自马克思、涂尔干、韦伯以来——如果不是更早的话——对现代性的反思，一直都在进行，到今天也远远没有完成，就如现代性本身也远远没有完成一样，而且，这个"没有完成"并不只是哈贝马斯意义上的。

在中国，对现代性的反思其实是姗姗来迟的，因为在很长时间里，我们主要是把中国的现代性问题看作是一个如何追赶的问题，因而对于现代性本身，即使有反思，也无非主要是怎样避免走弯路的问题，却比较少从现代性本身的内在张力去考虑如何超越一元（例如西方的）或一纬（例如制度的）的现代性的问题。

如今，谈到现代性的多元（多样、多重、多纬），已经不是什么新话题。最近过世的艾森斯塔德（S. N. Eisenstadt），在他的晚年对这个问题有过非常精辟的论述，我们今天讨论多重现代性，无论如何应该记住他的贡献，并在他的研究和论述基础上往前走，往深走。

艾森斯塔德不同意他多年的朋友和同事亨廷顿关于文明冲突的假说。艾氏认为，冷战结束后，与其说我们将迎来一个文明冲突的时代，不如说随着现代性的扩展和深化，将会不可避免地遭遇现代性的冲突，因为现代性本身包含着多重性。

长话短说，现代性，不只是哈贝马斯所谓的"未完成的工程"（unfinished project），更是一个开放的过程（open program）。现代性，不只要从制度的角度加以认识，也要从文化的角度加以阐释，甚至还要从性别的角度、族群的角度、生态的角度，等等，去加以理解。现代性，不只是时间概念，也是空间概念，不只是西方（欧美）的，也是非西方的，其中，不只有如今正在日益被人意识到——包括以欣赏的眼光和以怀疑、警惕乃至敌视的眼光意识到——的亚洲（日本、中国、印度等）的现代性，也有非洲的、拉美的现代性，甚至还有中东的、伊斯兰的现代性。

所以，现代性，不只是多元的（即多纬度的，multiple），也是多样的（即复数的，modernities）。在此意义上，"后现代"绝不只是时间意义上的"现代性之后"，中国、亚洲或非西方的现代性，也绝不只是如何在形式和数量上追赶（西方）、更不只是（西方的）"具有普遍意义的现代性"之下的特殊个案乃至例外。

拿中国——虽然，绝不只是中国——来说，经过近现代以来的剧烈社会动荡和变革，中国已经在实践的层面对西方的现代性提出了另类的可能。中国有如此漫长的历史延续、如此丰厚的文化沉淀，又有如此广阔的地域、如此众多的人口，特别又经历过几十年的革命洗礼和建设探索，最近这30多年的改革和发展，已经对300年来似乎由西方主导的现代性发起了冲击。而且，这个冲击，并不只是在"（西方）普遍 vs（中国）特殊"的知识框架下产生的地区性展开或区域性现象，也不只是在一般意义上说现代性还应该包含着（除了经济以外）政治、社会、文化和生态的维度，或者，在"现代性"前面是否还应该也带有"亚洲—中国特色"的前缀、修饰。

我自己在近20年来的中国农村社区建设或重建的研究过程中，提出过一个"大胆"的问题：像中国这样一个经济—社会—历史—文化—地理综合体，为什么一定要用西方式的现代化这种方式来组织？这种组织方式再"成功"（如果把所有的殖民、掠夺、侵略、战争和对生态的破坏都忽略不计的话！），也就是在很有限的人群和很有限的地域里搞了三五百年，但是，人类社会有文字的历史已经几千年了，各种文明形态并没有完全按照这个模式走下来，有的是消失了，但是有的还在生生不息地变化着、发展着，延续了上千年甚至更长。它们的历史要悠久得多，覆盖的地域要广得多，涉及的人群要多得多，它们的道路和"模式"要多得多，所能够提供的解释也应该丰富得多。这也才符合任何科学最基本的假设，任何一种东西，如果它所覆盖的地域越广、跨越的时间越长、涉及的对象越多，那么，很可能，它所包含的普遍性就越大。

如果这个类似科学的句子的逻辑是成立的，那么，关于中国（以及广大的非西方世界）是否也能有自己的发展道路（和"模式"?），这些道路（和

"模式"）是否仅仅具有自己的特殊性，本来就根本不是问题。或者说，对于西方的道路和"模式"的反思，本来也不是什么问题。

上面之所以说是"很可能"，绝不是谦虚，而是因为，即使是很小的地域和很短的时间，也未必就一定不能滋生出后来被证明具有普遍性的东西，比如小如古代雅典者，后来被我们熟知并崇奉的"自由"和"平等"的理念，就是从这里孕育出来的。这个当然也得看后来怎样发展了，并不一定都能如此"个性中有共性"，多数情况往往正好相反，无非过眼烟云而已，早就被人遗忘了。当然，最具有反讽意味的——也最值得深思的——是，如今世界上经济、科技、教育、军事最强大的国家，一方面坚持自己是个"例外"（American exceptionalism），另一方面却坚信自己代表了普世的准则，因此是全世界的当然领袖。

中国的现代性，或者说，中国的发展道路，背后最大的意义之一，是它所依据的并不只是西方意义上的作为单一个人的"自我"（individual self，这是西方现代性最核心的概念！），而是不断由近及远、由我及他、由少及多的自我化过程，其边界从来是不确定的，或者，更准确地说，不固定的。出发点就不只是作为个人的我，而也可以是包括这个我的家、族、群、团、队、社、村，更可以是勾连着这些我、家、族、群、团、队、社、村的关系、网络。其最大的特点，借费孝通的概念，就是某种"差序格局"（这个概念至今没有一个恰当的英文对应词！），而我自己所理解的中国式的自我，是一个不断伸延并拓展的过程（an incremental expansion of selves）。这，大概是我们理解并阐释中国道路（或者，所谓"中国模式"？）的关键，也是中国式现代性之所以能提供另类可能的关键。

举个例子来说，如果只是以古希腊原子论为基础的个人为出发点（或者"基本分析单位"），或者，由单个个人出发去算计投入—产出、效益—成本，中国的江南早就应该破产不知多少次了，怎么可能在所谓农业生产不断过密化（anricultural involution）的条件下还能孕育出"上有天堂下有苏杭"这样的东西来，后来，又怎么可能在 20 世纪 70 年代江南一带率先搞出了乡村企业和后来的个体工商业，中国的江南怎么今天居然是发展最强劲的城市乡村一体化地带。

回到多重现代性上来看，如果在艾森斯塔德之后，我们不需要再论现代性究竟是不是多纬多样的，那么，自艾氏以来，现代性就更需要不断超越自己，跨越原有的文化屏障，不管自己原有的文化多么丰富、多么令自己骄傲、多么令他人羡慕。

所以，"跨文化"不只是地理或空间意义上跨越各种阻隔的交流和对话（cross-cultural dialogues），尽管这一点 1945 年联合国教科文组织一成立就提倡却至今还做得太少太少；"跨文化"，更是对现有文化的超越（trans-cultural），无论其多么伟大，因为，自己的文化越是伟大，反而越难超越，越容易对自我文化优越、对他人文化歧视。但是，如果现代性本身是多纬多样多重的，就不得不意识到，跨越自己文化的屏障，才能看到这些"多"，并从这些"多"（但不是杂）中看到未来的开放性和人们自己不断创造自己的历史的可能性和正当性。

[原文载黄平、赵汀阳主编《面对面的距离——中欧文化高峰对话》（第一辑），社会科学文献出版社，2013]

# 第三部分  中国道路

## 中国发展道路的回顾：
## 90 年、60 年、30 年

现在大家都在回顾改革开放 30 年的历程，总结这 30 年来我们增长了多少、发展了多少、改变了多少，等等，我认为这些毋庸置疑是非常重要的，但仅仅停留在这个层面上，也是远远不够的。我们还要问问，这一切是怎么发生的？这就不得不把我们的眼界往回拉，回溯至改革以前的 30 年，甚至更远的历史时段。

1978 年当然是个分水岭，在这一年发生了太多对后来影响深远的大事：改革开放、以经济建设为中心、否定"文化大革命"、重视科技教育，等等。不过，再重大的改变，也不可能是突然发生的。此后 30 年的辉煌成就，与 1978 年以前 30 年的历史并不能截然断裂开来。比如，新中国成立以来的人口政策，为我们造就了庞大的劳动力队伍，从 20 世纪 50 年代初到 1978 年，人均寿命提高了一倍，从三十几岁提高到了近七十岁，注重文化教育，识字率大大提高，农村大搞基础建设，包括水利建设、病虫害治理等，所有的这些因素，使得 1978 年以后，只要生产关系稍做调整，稍微一松动，比如搞联产承包责任制，就能爆发出那么大的创造力和积极性。这不是简单地回到传统的小农经济就能实现的。

再比如，新文化运动以来的反传统思潮，有很多激进的东西，近些年来也不断受到反思和批判。但是我们中国几千年来的确形成了一些非常顽固、保守、落后的传统，如果不用疾风暴雨式的手段，是没有办法清除的。就像孔孟以来形成的父权、夫权，对妇女、对社会的束缚作用非常强大，而我们的妇女解放运动将其彻底打掉，妇女地位有了巨大提高，中国妇女真正作为人、作为劳动力被解放出来了。这样深远的影响不仅体现在经济领域，更反映到社会伦理价值观念之中。对比世界其他一些国家就可以深刻地感觉到，有没有妇女解放运动，情况太不一样了。

还有关于革命的影响。我认为革命带来了一个根本的价值观的改变，那就是在所有人内心深处奠定了对社会公正的最基本的诉求，这使我们今天能够有强大的社会舆论、社会力量反对腐败、地区差异、贫富悬殊，等等。而在世界上一些没有经过革命洗礼的国家，尽管社会不公正的状况可能比中国严重得多，但并没有形成强大的反对这种现象的社会心理。

在今天回望前 30 年、60 年、90 年乃至更远的历史，我们会发现其间的连续性或者"非断裂性"的因素，它们还会对未来持续地产生影响。也许今天我们最应该做的，是思考、厘清它们到底是什么。除了"公正、和谐、勤劳"这样一些传统的社会价值理念，以及"自由、平等、博爱"等西方舶来的价值观，今后 30 年，可以成为社会的旗帜、中华文化标志的基本价值观念是什么。这些都是支撑我们走下去的关键因素。

（原文载《社会观察》2008 年第 10 期）

# "北京共识"还是"中国经验"?

"北京共识"这个说法是雷墨先生讲的，按中国的标准，这位雷墨还很年轻，他以前为《时代》杂志做编辑，在北京住了几年下来，越来越觉得拿西方现有的关于中国的"框"（sterotypes）来看中国当下的发展有问题，甚至有偏见，怎么也说不清楚，于是提出这么个新的说法，以区别于"华盛顿共识"。很多人会说，哪有什么北京共识啊？我们不是一直在摸着石头过河吗？

的确，我们是在摸索、探索，其中不乏分歧、争论，很多问题并没有形成"共识"。而雷墨本人的意思恰恰是说，不论这里有多少问题、风险、不确定性，有一点是肯定的，那就是，中国没有简单遵从"华盛顿共识"："北京共识从结构上说无疑是邓小平之后的思想，但是它与他的务实思想密切相关，即实现现代化的最佳途径是'摸着石头过河'，而不是试图采取休克疗法，实现大跃进。"

其实，即使连所谓"华盛顿共识"，在华盛顿也是没有多少人知道的，更不用说有什么"共识"了，那不过是在国际货币基金组织和世界银行之间很少部分人之间的"共识"。威廉姆森（Williamson）对此有很清楚的说明："'华盛顿共识'这个术语最初是在1989年提出的。在国际经济学研究所举办的一个会议中，我在论文中第一次使用'华盛顿共识'这一书面语，用以衡量OECD一直认为适当的系列观点在多大程度上取代自20世纪50年代开始主导拉美经济政策的发展经济学旧观念。"①

我第一次听雷墨先生谈他这个"北京共识"，是2004年5月我们在伦敦

---

① 在这个意义上，"华盛顿共识"是比"新自由主义"新得多也窄得多的东西，更不用说与"新古典经济学"相比了。

举办论坛的时候，那时英文版的文章还只是个初稿，我当时印象比较深的，是他一上来就说"两个最无视'华盛顿共识'的国家——印度和中国——则取得了令人瞩目的经济成就。诸如阿根廷和印度尼西亚等'华盛顿共识'的忠实追随者却付出了社会和经济代价！"①

从 2004 年 5 月到现在，一年多过去了，《北京共识》也不胫而走，先是在《参考消息》，后是在各种网络上，都有体现。我的考虑是，问题不在于是不是有所谓"北京共识"，而在于：身为中国学者，我们自己对于中国近 30 年来的变化有什么说法没有？如果还没有"共识"，有没有诸如"中国经验"或"中国道路"这样的可能，其不只是罗列一些现象，而是某种概括甚至是"模式"？

我们过去有一句老话，"中国应当对人类有较大的贡献"，这是毛主席讲的。这句话教育了我们很多年，那个时候我们叫"胸怀祖国放眼世界"，最终是要"解放全人类"。但究竟什么叫对人类有较大贡献？我们过去是不清楚的。1978 年改革以后，邓小平有一个解释，叫把中国的事情办好就是对人类最大的贡献。而什么叫把中国的事情办好，我们又很多年也没搞明白。转眼间到了 1989 年，因为发生了政治风波，全世界就开始封锁中国，重新改变对华政策。我们 1978 年对外开放、对内改革，基本上是受到一片欢呼的。在我自己的印象中，20 世纪 80 年代中期我在欧洲，那边的舆论说中国什么都是好的，那会儿是说到苏联什么都不好，而到 1989 年一下子翻过来了，一说苏联什么都是好的，一说中国什么都是负面的。② 1989 年以后中国的《政府工作报告》连续几年都讲，我们把中国的事情办好，很重要的一条就是用这么少的耕地养活了这么多的人，解决了十几亿中国人的吃饭问题，这是人类历史上了不起的事情。那个时候我还在英国，当地人不大明白这个事。英国人老问我，说你们中国人到底要吃多少饭，他们就是不懂这个事，解决了吃饭问题，怎么就是个伟大的贡献呢？我说你们是所谓的"富裕社会"，真是饱汉子不知饿汉子饥啊！

我们过去多少年来，至少清朝中期以后，吃饭问题就成了头等大事。19

---

① 在正式发表的时候，这个句子挪到了整个论文的中间部分。

② 这个情况直到现在也没完全改过来，甚至各种版本的"中国威胁论"也不断出现。雷墨的《北京共识》部分地也是要回应这个问题。

世纪后半期到 20 世纪前 50 年，这 100 年中许多动乱、起义、革命、战争，都与吃饭问题没有解决好有密切关系。孙中山提出要"耕者有其田"，但并没有真正解决，后来经过土地革命，搞了土改，才奠定了一个坚实的社会基础。① 20 世纪 50 年代以后又有合作化的努力、集体化的努力（包括被证明是失败了的"大跃进"），都是试图要把亿万农民组织起来，一个是为了解决多少年来的"一盘散沙"和"任人宰割"的问题，另一个就是要解决粮食生产或吃饭问题，那时叫自给自足、自力更生的问题，现在叫"粮食安全"问题。中国这么大，一方面粮食不可能完全依靠外援；另一方面，虽然国土面积大，但是（人均）可耕地少得可怜，南北东西自然差距大得惊人，要解决这么多人的吃饭，如果不组织起来，就可能今天这里水灾那里旱灾，逃荒啊，难民啊，在所难免，到了极端就是骚乱和起义。于是，在搞完土改后，就要搞合作社，"大跃进"失败后，也只是退到"三级所有，队为基础"，还是为了有个集体作基础，不至于两极分化。后来"文化大革命"期间就"全国学大寨"，听起来是很激进的方案，要几千年的小农走高度集体化的道路，怎么可能呢？但是在实际层面，"农业学大寨"的一个很具体的内容实际上是要解决吃饭问题，那会儿南方叫"过长江"，北方叫"过黄河"，要解决粮食亩产问题。1975 年，毛主席身体已经很不好了，还不断问，为什么粮食产量大寨做到了，别的地方做不到，一年做不到，三年行不行，三年做不到，五年行不行，五年做不到，十年行不行？所以 1975 年邓小平主持中央工作，还专门到大寨去开了个全国农业工作会议，并代表中央做报告，要解决粮食产量问题。老实说，这个问题困扰了我们多少年，一直到 1978 年的改革，才又由农民自己摸索了联产承包责任制，叫"交够了国家的，留足了集体的，剩下都是自己的"。一直到今天，我们说改革的伟大成就，第一个还是这个，通过改革，基本解决了粮食问题、吃饭问题。

不仅如此，现在的问题确实是不一样了。近代以来多少年一直都有饥荒灾害、难民流离失所，现在则是粮食吃不完、藏不好，种粮不划算。即使在宁夏、甘肃、山西、内蒙古、云南、贵州，在这些地方的贫困县，许多偏远山村

---

① 在广大的发展中社会，中国恐怕是唯一经历了全面土改的。这个成果，直到今天我们还在享受。如果没有土改，包括 20 世纪 80 年代初的分田到户，今天的中国将不知道有多少人流离失所，成为"无地—无业—无家"的难民。

的老百姓也藏粮不少，他们已不怎么担心饿肚子、揭不开锅，而是怎么避免藏粮被老鼠吃掉或避免霉掉、烂掉。现在饿肚子揭不开锅的情况已经很少了，除了内蒙古、新疆可能因为一场大雪羊死掉了很多那种灾害外，在正常年景下，吃饭对绝大多数中国人已经基本不是什么大问题，所以说我们不仅是脱贫，甚至也不仅是基本解决了温饱，而是进入了初步的小康。从毛主席讲"中国应该对人类有较大的贡献"，到 1980 年邓小平说"把中国人的事情办好就是对人类最大的贡献"，再到 1989 年以后连续几年《政府工作报告》强调用这么少的耕地解决了这么多人的吃饭问题如何了不起，再到今天，改革 20 多年下来，就要求我们回到中国发展的道路问题上来，就涉及下一步怎么走的问题。我们过去 20 几年的发展与改革开放，走了一条具有中国特色的道路，不仅用如此有限的耕地解决了十几亿人的吃饭问题（我们讲"中国特色"，当然可以列出许多，但第一个其实就是"人多地少"），而且在许多领域也取得了举世公认的成就。现在的问题是片面追求高增长（例如从技术上说以高投入、高耗能、高污染为代价的增长，或者从结构上看以扩大城乡之间、区域之间、贫富之间的差距为代价的增长），还是在新的发展观指导下走全面、协调、可持续发展的道路？全面建设小康社会与更进一步构建和谐社会的问题，就是在这个大背景下提出来的。

"全面建设小康社会"与原来讲的"实现现代化"是不一样的。最早提出的是工业化，从晚清、民国就提出来了，晚清的富国强兵啊，民国的强国富民啊，都是要迎头赶上，要使中国也工业化。到了"五四"，提出科学与民主，就不只是经济上如何工业化了，而有了要把中国建设成现代社会的意思，后来战争打乱了这个进程，不得不通过革命，革命以后再搞工业化，20 世纪 50 年代是第一个高潮，到了 1964 年提出"四个现代化"，加个限制词是"社会主义的"，包含了在工业、农业、科技、国防领域的现代化，1975 年四届人大上周总理抱病做政府工作报告，重申了这"四个现代化"。1977～1978 年以后再把它作为各项工作的重点。而这里的重点还是工业化。

现在的问题是，我们过去讲的工业化，基本是以西方特别是英国的经验为基础的。而在西方近代历史上，工业化不只是一个单一的过程，它是与资本主义、民族—国家等共同构建起来的一整套从制度到观念的东西，即所谓的

"现代性"。但是，这绝不只是一个人口比重意义上的"城市化"（农村人口向城市转移或城市人口比重越来越大）的过程，而在实际的历史过程中，它是通过对内建立雇佣劳动与剥削，对外侵略扩张、殖民移民，并把这两个过程都从文化意识形态上加以合法化来完成的。那么如果中国也要搞工业化，既不可能对外搞战略扩张，对内甚至也不能够通过搞剥削，所以搞了集体化、合作化、公私合营什么的，想用社会主义的办法来搞工业。这个问题，用现在的话说，就是怎么从理论和实践上不重蹈资本主义覆辙，怎么走出一条具有中国特色的社会主义道路的问题。

工业化还有一个问题，它是第一次以大规模的、有组织的方式远离自然、破坏自然。农业文明虽然没有采集和狩猎那么接近自然，但基本还是个自然经济形态。有人类文明以来，最早是狩猎、采集，到第一次定居是农业文明。农业文明一个是定居了，一个是依赖对土地的开垦。比较早的文明形态包括我们今天说的中华这种文明形态，晚近也有通过大牧场的，那是把农耕也工业化了（industrialization of agriculture），而我们一直是小农为主，直到今天几亿农民分散作业，以家庭为基本单位，也是基本的国情之一。

而工业化呢，一个特征是远离自然，把人组织到非自然的环境下，或者是创造一个比如工厂、车间那样的东西，这些东西都集中在城市里，远离自然，来搞生产、流通、交换、分配、消费；第二个特征是把大自然作为剥夺、掠夺的对象，把大自然作为一个取之不尽、用之不竭的源泉，包括森林、矿藏、木材、淡水，一直到整个自然的一切，乃至生物和动物，都作为我们征服的对象、战胜的对象，甚至是破坏和消灭的对象。所以即使是撇开资本主义这个维度，只讲工业化本身，它其实也是高度组织化的，第一个特征就是远离自然，而为了远离自然，就必须高度组织化，大规模的制度设置，把人组织到一个个车间、一个个工厂，使人成为一个个齿轮和螺丝钉（卓别林的《摩登时代》对此有过经典的描写）；第二个特征是以人和自然的对立最后人战胜自然为基本的预设，就是我们要战胜它、征服它、消灭它。

回到中国语境，即使撇开资本主义对内剥削、对外侵略的维度，只讲技术意义上的工业化本身，对我们（不只中国，还包括印度等后发的人口大国）也是很大的问题，我们有那么多自然资源来征服、来消灭吗？

从文化—意识形态上看，这个把世界日益工业化的过程，是与我们如何认识世界密切相关的。英国工业革命以来（甚至启蒙以来）最基本的认识模式就是主观/客观、人/自然、文明/愚昧、现代/传统等二元叙述，后者是要被消灭的对象。这几乎成了我们今天的思维定式或基本框架，说的无非就是如何使农业社会变成工业社会，如何从乡村走向城市。它构成了社会学最基本的叙述框架。但是，这个叙述，实际上是以英国18～19世纪的局部经验为主要依据的，而英国所覆盖的面积和人口，实际上是很小的，但它这个经验所概括出来的东西后来竟然演变成了具有普遍主义（所谓的"普世性"）特征的理论。一切社会，不论其自然、地理、文化、历史有什么区别，都必须这么做，借用马克思的话，这给了英国"过多的荣誉，也给了它过多的侮辱"。

中国现在所走的道路，至少和18世纪以后英国的工业化的过程是不一样的，18世纪工业化的过程是在一个很小的地方发生的，在此之前的渊源可以追溯到荷兰，再到意大利，但实际上我们今天讲的工业化，主要是指英国的工业化，它伴随的不仅是内部高度组织化和远离自然的征服，也包括对外扩张、殖民、侵略。回到中国这个语境，这个事情要复杂得多。中国语境下的人与自然、劳动与土地、包括农业文明与现代人的关系，其实和英国格局是很不相同的。中国的整个历史语境与英国/西欧差得很远。中国由于"错过了历史机遇"（再也不能对外移民、殖民、侵略），高度的资源制约（人均耕地、森林、淡水等无法与西欧比）等原因，不仅不可能重复英国式的工业化道路，甚至（更重要的！）它也不只是英国意义上的现代民族—国家（nation-state），中国的形成比英国/西欧的民族—国家要早得多。因此，"中国问题"其实不只是一个现代英国意义上的现代性问题（如怎样实现工业化或城市化）。当然，现代性问题在英国也不只是工业化城市化一个维度，它至少包括工业化、资本主义、民族—国家等几个基本维度，但即便如此，即使同时把这几个因素都考虑进来，也仍然不足以把"中国问题"说清楚，因为我们说的"中国"，首先，它现在当然是一个民族—国家，有自己的独立的主权、明确的边界，有自己的国民经济和国家的根本利益（除了经济的，还有政治的、社会的、文化的、资源—环境的，等等），而且，可以说，就此而论，作为一个民族—国家的"中国"，它还很年轻，只是从1911年才开始有了现代民族—国家的"外形"，从 1949 年以后才开始了独立的"建国"过程，从 1979 年以后才有了比较"现代"的经济基础，直到现在它还有很多有待完成、有待完善的地方，财政金融，民主法治，税收审计，这些制度都还在建立和完善之中；公民意识（权利—义务），基础教育和公共卫生，这些领域也有待加强；还有现在讲得很多（也很时髦）的参与，透明，责问，赋权，都需要在国家建设（state-building）过程中来解决，从而真正使中国"自立于世界民族（国家）之林"，并进而不仅不受欺凌、不受歧视，还获得尊敬。

其次，"中国"不只是一个"民族—国家"，它也是一片广阔的土地，大得就像整个欧洲大陆一样，它本身就是一个大陆，即使单讲它的经济，也不是简单地用"国民经济"指标能说清楚的，在这里有多种经济形态长期并存，有的是家庭经济，还没有被统计到"国民经济"里去（大量的农村妇女实际上是在这个领域里从事经济活动的），偏远山区里老百姓的经济活动就大多没有被统计进来；也有的是整个区域性的经济，既不是这个省/县也不是那个省/县的经济，很多也是统计不进来的（或者也有重复统计的）；关键还不在于账面上的统计，而是很难用以国民经济为单位的眼光来理解这里的许多经济现象。比如"失业"，再比如"工资"，有许多行业的经济活动，不在那个"就业—失业"的范畴里面，许多人也不是按"工资"这个概念来解决收入的。经常有这样的尴尬：用所谓西方的"国民经济"里的"失业""工资"等标准看，中国经济被预言了多次要"崩溃"，超过"警戒线"了，结果呢，几乎没有一次预言是准确的。这里的关键，不是统计上准确不准确，地方上有没有水分、掺假，而是这里是一整个大陆，是一个大陆型经济，它的互补性是很强的，自我调节的能力也是很强的。一些人从正式岗位上失业了，很快可以在其他类型的经济中找到收入来源，虽然不一定是一个一个的"工作"（job），也就不是一份一份的工资（salary），但确实是某种"活路"（work），因此也是一份收入（income）。这在很大程度上，不仅缓解了中国当前的就业压力，而且解释了中国长期以来的"低收入现象"。简言之，一个大陆型的经济，与一个比较小的民族—国家的"国民经济"，是不应该简单类比的。

再次，"中国"也是一个活着的历史，在这里，几乎所有今天发生的事件、过程，都有着鲜明的历史色彩，都离开了历史就解释不清楚，这是因为，不仅学者、文人，也不仅公务员、企业家，几乎所有普通老百姓，都有着如此强烈的历史感，甚至都天生是历史学家！这样一个活着的历史，既是理解今天的"中国"的一个重要维度，更是治理今天的中国的关键和秘诀。反过来说，近代以来，可以说几乎所有的挫折、失败，都是与一帮不懂中国历史因此也不知道如何与老百姓打交道的所谓"知识分子"的食洋不化、照猫画虎分不开的。只要试图切断历史（事实上是切不断），几乎没有不碰壁的。而在广大的农村和基层，不管人们受了多少"正规教育"，人人都是生活在历史之中的，都是历史的继承者和叙述者。这在世界上应该是不多见的。

最后，与此相关但又有所不同的是，"中国"还是一整套古老的但至今还活着的文明形态，这个文明与西方的以基督教文明为主线的文明形态不同，它里面不仅包括儒—法—道—佛所构成的汉文化，也包含很多种直到现在还活着的"小文化""小传统"，因为中国是由多个民族、多种文化组成的经济—社会—政治—文化集合体。现在，我们当然可以说传统的东西已经越来越少了，现代化来势凶猛，甚至势不可当，人们早就或多或少地"西化了"。但是，如果不是只看表面，例如不是只看关心中国的老外们最为热爱也常常是我们知识人自己最为痛心疾首的文物①，不只是看人们不穿中装穿西装，不用古典文言而说现代的（实际上是"西化了"的）白话，而是仔细去看中国普通人是怎样思考、交流、交往的，就会承认，我们老祖宗的传统还在，人们还是讲"礼节"、重"情面"、认"亲情"的，还是根据"差序格局"所形成的"远近亲疏"和"尊卑长幼"来为人处世的，既以此来安排日常生活，也凭此来考虑正式关系。这也是"中国发展道路"的奥秘之一，它部分地可以解释为什么有那么多海外华人与家乡还保持着如此密切的情感的和经济的联系，为什么那么多农民工虽然报酬如此之低（甚至还常常拖欠）却每年把几十亿元现金邮寄回家。

所以，"中国"不仅在时间上远比现代英国早得多，在内涵上也比英国意义上的民族—国家丰富得多。

---

① 虽然经过百余年来的战争、动乱，经过几十年大规模的"现代化"工程，许多文物已经荡然无存了，但是我们如果仔细去看联合国《人类文化遗产名录》，中国已经是第二或者第三（仅次于意大利），而如果不是因为来自联合国的限制，中国恐怕早就是第一了。

但问题在于，我们几乎总是用英国 18 世纪形成的概念、理论、范式来解释中国的历史和实践，而当我们这样做的时候，总会不断地遇到矛盾；当我们遇到矛盾的时候，总是认为一定是我们自己的经验错了。我们很少会去怀疑理论和概念本身（"资本""劳动""市场""国家"，等等）是不是有问题或局限。我们很少会想，用这些概念来分析中国可能会有什么错。而这些概念、理念，其实是从局部的、很小很特殊的经验里面得出来的，但是我们总是不断改变现实来适应这些理论，甚至不惜削足适履。我们有没有想过，中国这样一个社会是不是一定要用英国式的工业化这种方式来组织？这种组织方式再"成功"，也就是在很有限的人群和有限的地域里搞了两三百年，到今天也就在很有限的地域内解决了很有限的人群的"城市化"问题。① 而人类社会有文字的历史已经几千年了，各种文明形态并没有完全按照这个走下来，有的是消失了，但是有的还在生生不息地变化着、发展着，延续了几千年甚至更长。它们的历史要悠久得多，覆盖的人群要多得多，它能够提供的解释也应该是丰富的，最少有着自己的另外的解释。

回到中国来。中国 1949 年的时候城市人口只有几千万，50 多年下来，已经是 5 亿多，更清楚地说，这已经超过了英国、美国、加拿大、澳大利亚、新西兰的全部人口的总和，超过了欧洲的城市人口的总和！欧美花了两三百年时间，其间还有那么多的血腥［侵略、殖民、贩奴、屠杀（印第安人等）］，特别是战争（包括两次世界大战②），才解决了世界上少数人的"城市化"或者"现代化"问题，我们怎么能重走西欧、北美的道路呢？西欧、北美的道路，暂且撇开道义不谈，仅仅从可行性上说，究竟有多少"普世性"？当我们用从那里局部的经验所形成的概念理论来讲这里发生的事的时候，是不是就有可能

---

① 在欧洲，至少在法国，人们还时不时引用周恩来总理 20 世纪 70 年代初在北京被法国总统蓬皮杜问到"你如何看待法国革命"时所做的既富有历史感也具有哲学意味的回答："法国革命还不到两百年，现在要评价它还为时太早！"

② 很少有人认真探讨过西方历史上战争（warfare）和福利（welfare）之间的微妙关系。诸如此类的还有内部矛盾如何通过战争、殖民等向外转移，从而使内部越来越广泛地具有民主与人权（参见 G. Arrighi 和 B. Silver《漫长的 20 世纪》，江苏人民出版社；另见 B. Silver 递交给第 37 届世界社会学大会的论文）。西方的工业化、城市化，还有理性化、民主化，其实一个很重要的历史过程被忽略了，那就是对内理性、民主的过程，与对外扩张、侵略，实际上不仅在时间上是重合的，在逻辑上也是互补的。

问题不是出在经验上、实践上，而是出在理论上、概念上？为什么我们总是怀疑自己身边千百万人民群众的伟大实践而拜倒在各种洋的理论、概念、模式、公式、曲线、警戒线之下？我们今天有没有可能再次回到当年《实践论》和《改造我们的学习》所提出的问题，"实践是检验真理的标准""教条主义必须少唱"？或者，就像歌德"理论是灰色的，生命之树常青"那句老话说的一样，不是实践本身错了，而是那些理论有问题？也许，不是那些理论错不错的问题，而是滋生那些理论的经验基础和我们的现实实践差得太远，而这个现实实践本身其实是完全可以产生出别的理论、别的概念、别的阐释框架的？

所以，为什么要提出"小康社会"的概念？"现代化"不就行了吗？对于认识而言，特别有意思的是在话语上、概念上、认识上的转换。最早我们是要建设"四个现代化"，那时候现代化是最大的合法性，它要解决晚清以后任人宰割的局面。现在我们提出要全面建设小康社会。对"小康"的一种可能的解释是先建设小康社会（所谓"初级现代化"），初级阶段一百年以后就可以是现代化社会（"高级现代化"）了；但是，是不是还可能有另外一个解释，那就是，"小康"本身就是对"现代化"的替代（alternative），即不再是追求西方式的发展模式，不以破坏自然、损害他人为代价来搞"现代化"，而是从全面、协调、可持续的角度来建设小康？在小康之后（不只是时间之后，也是逻辑之后），也许不是"现代化"，而是别的什么，例如，回到我们的老祖宗的说法，"小康"以后应该是"殷实"，然后是"大同"？

我们可以回到 20 世纪 70 年代后期的一个讨论，邓小平从 1975 年主持工作开始，不断地讲"贫穷不是社会主义"。我们要搞社会主义，但是不能通过贫穷来实现社会主义。仔细看，他只是说什么不是社会主义，但还没有说什么是社会主义。当不断说贫穷不是社会主义的时候，有时给人的印象以为只要富裕就是社会主义。富裕的方式也有很多，社会主义应该是富裕的，但是资本主义也带来部分人和部分地区的富裕，甚至整个西欧、北美，乃至澳大利亚、新西兰，还有日本、韩国，也都是富裕的了，但是，那基本上是前面说的，用破坏自然和损害他人的代价来换取的富裕，显然不是我们讲的社会主义。其实，邓在许多场合多次讲过，中国"如果走资本主义道路，可能在某些局部地区少数人更快地富起来，形成一个新的资产阶级，产生一批百万富翁，但顶多也不会达到人口的1%，而大量的人仍然摆脱不了贫穷，甚至连温饱问题都不可能解决"。[①]

1989～1991年以后，几乎所有的前社会主义国家都在经历着"市场化转型"，除了中国（和某种程度上越南）外，几乎全都出现了贫困人口增加、人均预期寿命下降的痛苦，如果再把眼光放远一点，也可以说，几乎所有的工业化国家，在其工业化初期（所谓人均GDP 800～1000美元期间），也都是GDP增加的同时贫困人口也是增加的。中国现在有很大的城乡差别，其中既有历史的原因，也有最近的发展带来的后果，既有自然地理的根源，也有社会经济结构不合理造成的结果。但是，无论是以贫困人口的绝对数还是其在总人口中的相对数来看，中国的是独树一帜的，这是中国特色的社会主义的一个标志，也是"中国经验"的一个表现吧。

马克思主义最经典的叙述是，资本主义使生产力高度发展，但是资本主义也带来贫富差距、剥削、战争，它早晚要被社会主义取代。社会主义是使生产力高度发展的同时，在社会关系里面形成一种"和谐"（逐渐消灭"三大差别"）。今天我们谈构建和谐社会这个话题，一开始当然还是"小康"式的和谐，那么，"大同"式的和谐是什么？"小康"的和谐与老式的（英国西欧式的）现代化是什么关系？可不可以不用那种"工业化"（一方面对内剥削、对外侵略，另一方面远离自然、破坏自然）的办法来实现"小康"与"和谐"？还有，它与中国老式的和谐（"老婆孩子热炕头"是一种小康，"采菊东篱下，悠然见南山"也是一种和谐）是什么关系？我们今天说的"小康"和"和谐"，不是简单回到陶渊明的遐想，而是具有中国特色的社会主义性质的。无疑社会主义按照它的实质就一定是和谐的，而初级阶段的社会主义小康，至少是以合作为基础的，在合作的基础上来构建和谐社会；之所以是社会主义的，一个很重要的历史根据，就是前面提到的，走对内剥削压迫、对外殖民侵略的

---

① 邓小平：《中国只能走社会主义道路》，《邓小平文选》第三卷，1993，第208页。他还说过："社会主义最大的优越性就是共同富裕，这是体现社会主义本质的一个东西。如果搞两极分化，情况就不同了，民族矛盾、区域间矛盾、阶级矛盾都会发展，相应地中央和地方的矛盾也会发展，就可能出乱子。"（《善于利用时机解决发展问题》，《邓小平文选》第三卷，第364页）

道路已经不可能了，这也不只是个道德承诺的问题，而是历史赋予我们的"使命"（calling），已经不可能走西欧、北美之路了。与此同时，回到我们自己过去的"黄金时代"也不可能，《诗经》的时代，或者唐宋的时代，作为社会文化来讲应该也是很辉煌的时代，即使是再辉煌的时代，我们也回不去了，所以今天不论是讲小康社会还是讲和谐社会，都是面向未来的。

怎么才能面向未来？首先，千里之行始于足下，我们当然要从当前的问题说起，甚至一开始也只能是"初级阶段"，不能因为一讲和谐就没有社会矛盾了，就马上解决城乡差距和东西差距了，用鲁迅当年就说过的话，不管你多么愿意，总不能提着自己的头发就飞起来，所以，我们还不是"腾飞"不腾飞的问题。其次，要拿自己和别人对照着说（因此要对外开放），但一说对照就有一个以谁为基本参照的问题：是以英国为主线（包括英美或欧美），以那个发展道路为最基本的参照呢，还是其他的社会也可以作为参照？比如，我们今天脑子里很少有"第三世界"或"发展中国家"了，一说就是"发达国家"如何成功，而很少去看包括我们旁边的泰国、印度等，更不用说非洲了。当然我们也说日本加"四小龙"，据说是"成功"的，但是它们其实是以美国为主的二战后经济—政治—军事大格局里面长出来的，日本和"四小龙"的"成功"有很多的很特别的原因，也基本上是不可重复的，比如日本战败由美国军事接管，接着变成冷战的"前哨"、不沉的"航空母舰"，而"四小龙"在很大程度上，是搭在那艘船上走下来的。中国大陆那么大，能搭谁的船啊？不但欧美把你作为"敌手"不要你搭，苏联如何呢？"一边倒"也不成，只要你还要自己的独立和主权，人家也就撤了。如果看看二战后的拉美和非洲、中东，没有几个是成功的，反倒带来新的问题，比如依附性。最后，不论如何参照别人，最终还是要基于特定的历史语境而走出自己的发展模式和发展道路，也就是"中国特色"的道路，所以也不是机械地"接轨"不接轨的问题。如果我们不带（政治的和文化的）偏见，看看中国20多年来走过的道路，你不得不承认，它确实走了一条自己的道路，叫"中国特色"也好，"初级阶段"也好，它没有照搬任何现成的模式，是最基本的事实。

而对于这个事实，或者，更准确地说，这个实践，我们的社会科学，还没有认真对待。现在提出的"小康社会""和谐社会"概念，就如20世纪30年代提出"具体实践""延安道路"，改革以来提出"中国特色""初级阶段"一样，不应该把它们简单理解为一个个政治口号甚至说辞、套话，在学理方面，这本来都是可以很有内涵也很有的可说的，因为它们都不是简单套用西方已有的概念和模式。而且，它们也不只是对现实的描述，它们其实也有可能变成分析性的概念，用在我们这儿它们更有阐释力和生命力。这里有一个很大挑战，究竟我们的学术界，这20多年来在理论上、思想上、学术上有没有拿出分析性、解释性的东西？本来，"小康""和谐"这些概念，不只是口号和目标，它们也可以变成分析性的，再用它们来说中国当下的事，就可能完全有不一样的认识和叙述。不是戴着有色眼镜指责中国这也不行，那也不行，而实际的情形可能恰恰相反：这里发生的很多鲜活的经验、独特的做法，潜藏着不同类型的发展可能性。如果类似于"初级阶段""中国特色""小康社会""和谐社会"这些概念也变成解释性、分析性的概念的话，再用它们来看我们的经验世界，就可以看出，"中国"真是不简单。① 换句话说，我们的社会科学，不是简单罗列一些谁都知道的问题就算是"发现"了，也不是再把这些问题用现存的（以西欧加北美的经验为基础的）概念理论套一下就算是"分析"了。极而言之，如果我们所罗列的"问题"，是连开出租的小伙子和卖冰棍的老太太都知道的"常识"，或者，我们所说的"问题"既不如媒体来得快，也不如统计部门来得准，更不如在第一线的各级官员理解得深，然后我们就拍脑袋开"大力丸"：大力发展经济，大力解决"三农"，大力改革开放，大力加快城市化；或者，如果我们一看到这问题那问题（有时候确实是"问题如山"），就认定我们这不如人家、那不如人家，就只剩下一条出路（比如说英国式的工业化、城市化）可走，"顺之者昌，逆之者亡"，为了它我们也只好去征服自然、损害他人，污染环境也是合理的，差距再大也是合理的，再糟糕的事情也能被合理化。其实呢，最糟糕的事情是没有办法合理化的，比如侵

---

① 沟口雄三曾经写过《作为方法的中国》，他是想说明在日本，学术界长期以欧洲为标准来看待世界（包括看待亚洲，看待日本），而以欧洲为标准（"方法"）看待世界/亚洲，世界/亚洲是一个样子，假如以中国为方法来看待世界/亚洲，则世界/亚洲会是另外一个样子。最近，陈光兴也写过《作为方法的亚洲》，即我们也有可能摆脱欧洲中心论的眼光，重新以自主的眼光来看亚洲，看世界。

略，你怎么合理化？现在还有侵略，打着各种幌子，谁都清楚那是胡扯，无非是强权和利益。对我们来说，还有一点就是已经轮不到我们去侵略了，甚至轮不到我们去殖民，连移民也不行。不是讲人权吗？人不是可以自由选择居住地点，不是有迁移的自由吗？你十几亿人往哪里迁移？别说十几亿，一亿也不行，一千万也不行。说是自由市场，恰恰市场中最重要的因素劳动者，是不能自由流动的。于是，中国只能走自己的道路，也包括自我消化矛盾、内部解决差距，环境的破坏、福利条件差等，要在这个背景下来说明，因为已不能再走内部矛盾向外部转移的老路，自己不兜着那怎么办？在很大程度上，"内卷化"（involution），"大锅饭"，是个不得已而为之的自我消化的过程。而如果按照最基本的西方经济学理性算计，中国是养不了这么多人的，投入—产出，效益—成本，怎么分析也是弄不成今天这个样子的，你一亩三分地怎么能走到今天呢，早不是自我破产就是侵略他人了，不是动荡破产垮台就是杀出去搞帝国主义殖民主义了。怎么没有垮台，也没有杀出去？包括一次一次危机和"警戒线"。[1]

相反，倒恰恰是人多地少这个基本国情，孕育了中国特有的文化，包括我们为之骄傲的江南文化。中国多少年来的现实，如果不能用个人投入—产出、成本—效益来解释，是无法解释清楚的，为什么几百年来，江南一带人那么多地那么少，怎么会发展出这么一种高度文明，滋生出"上有天堂下有苏杭"这样一种令人羡慕的生活方式？而那种生产和生活方式，就是过密化的、人多地少的，如果按照个人单位投入产出效益算的话，就那么一点点绣花田，一家兄弟三个，一个人种亩产 500 斤，两个人是 800 斤，三个人也才 1000 斤，按照投入产出算，边际效益是递减的，是越来越不划算的。但如果不是以个人为

---

[1] 其实所谓"警戒线"，大多是很荒唐的。关于超过多少就是警戒线、达到多少就是进步的种种说法，大多撇开了历史、文化、心理等因素。有些东西，在西方或其他地方也许就不是个事，但是在中国就不行，例如工人下岗，在资本主义社会，这是很自然的事情，"失业"是体制性的应有之义，但是中国不行，所以有那么大规模由政府推动甚至主导的"再就业工程"；再例如乞讨，有的社会可以说是见惯不怪了，我们这里，至少大规模的乞讨不行，中国文化里的"面子"不允许。当然反过来也一样，有的东西在中国不是个事，拿到别的社会—政治—文化背景下，就不行。不同的历史文化下面的人们对同一个事情的理解容纳可能完全不一样，哪里有什么整齐划一的"警戒线"啊。

单位，而是以整个家庭为单位呢？全家七八口人要吃饭，兄弟三个都去种粮，一个人种粮只有500斤，两个人有800斤，三个人就有1000斤粮，按全家来算，这就是划算的。如果这样看区域发展也好、地域文化也好，包括多种文明形态和整个中国的人多地少历史制约也好，恰好孕育出一个互助的基础，不是道德上好不好、要不要互助，而是客观社会条件就孕育出家、族、团、队、社、群这么一些东西。以前叫礼俗社会，伦理为本，家庭为体。

我们今天讲"小康社会""和谐社会"，不是用两个好听的字拿来摆弄，而是要探索有没有可能重新进入一个分析的框架里头。当然，说建构和谐社会有很多现实的依据。新的发展观提出全面、协调、可持续发展，要有"五个统筹"，经济与社会、人与自然、城与乡、东部与西部、中国的发展与外部世界，不理顺就不协调、不和谐。为了建构和谐社会，除了决策上和操作上有很多工作要做外，我们还有一个很重要的工作要做，那就是在认知层面上需要做的工作。"小康社会"也好，"和谐社会"也好，究竟什么是"社会"？它究竟是个人的简单相加，还是类的概念、集合的概念？人是合群的动物，他既是生物的、经济的，也是社会的、文化的。也就是说，我们在绝大多数情况下是不能把社会简单还原为个人的，更不只是"经济人"，不只是追求个人利益最大化的个人。这里其实无所谓中外、东西，作为一个最基本的道理，不但老子、孔子明白，亚当·斯密也明白，更别说马克思、布罗代尔了。因此，看一个社会如何，除了看人均收入、人均GDP、人均利润外，还要看社会的互信、亲情、安全、凝聚、秩序等，这是整体上才存在、才有意义的问题，即只有在互相发生关系而组成一个社会（或一群人）时，才有这些东西可言，反过来说，也只是因为有这些东西，人才因此是群居的社会动物，而不是鲁宾孙，马克思说过，鲁宾孙那样是无法生存的。人与人之间互相关系、互相关联，才产生群、队、社，群与群才发生关联。一旦把一切还原成个人，其实反而曲解了这个社会的现实。

我们今天如果把"小康""和谐"这些概念也如同"社""群""团""队"等一样，变成重新认识中国的分析框架和"方法"（paradigm），就有可能不是简单重复污染、拉开差距、扩大悬殊，就可能既不自残，也不欺人。你用那么有限的耕地怎么养活了那么多人，一旦真把这个"中国特色"总结出来，用自己的概念、理论真正把它说清楚，就是了不起的学问了。那就很可能不是简单说中国这不行、那不行，也许恰恰相反：这里发生很多鲜活的经验，独特的做法和不同类型的发展可能性。当然不只是中国的经验，印度、非洲等，都会遇到源自西欧、北美的理论的解释力度或合理性的问题。[①]

再回到中国当下的问题。研究者必须要知难而上。发现一个个悖论解释不了，我们要有理论勇气，任何东西不怕去碰它。黄宗智的一篇文章《悖论社会与现代逻辑》，在《中国社会科学》上发表了，他的 "悖论" 不是汉语里面的意思，"paradoxical" 在英语里是 "看上去说不通的，但实际上是存在的、是通的" 意思。中国社会他认为是个 paradoxical 的社会，按照西方逻辑是讲不通的，比如说个人与社会、投入与产出、人与自然，按照这些去看早就该崩盘了，但实际上没有。这里的关键，他认为是实践逻辑。我们确实有理论逻辑，但当理论逻辑和实践相冲突的时候，我们也许更应该尊敬的是实践逻辑。如果理论上讲不通，而实践上就这样了，那可能就是理论错了，就应该有别的理论来替代。当代中国有人发现西方不行，有些人就想回到孔夫子，回到儒家传统。传统里必定有很多有价值的东西，虽然简单回到儒家是很难的。我们从现在，比如说 21 世纪初的中国，要回到盛唐回到春秋是不可能的。但是，我们为什么要忽略晚清以来一直到革命以来的现代传统呢？比如说讲到改田改土的传统、比如说全民识字的传统、比如说合作医疗的传统，等等。包括法治过程当中，用民事调解的办法，而不是到法庭打官司的办法，在许多情况下，是不是更符合中国的实际呢？如果说我们要换一个思路，再来看今天的问题，最后就可能会提出类似于秋菊打官司那样的命题，是简单移植套用所谓法治呢，把法 universalize，把它变成一个普适性的东西，还是意识到用法律的办法也许是有限的办法，或者是迫不得已的办法，是至少自然和社会资源条件允许才用的办法？而中国历史上有过法家、儒家、道家等，最后为什么走到了儒家，其实恰好这个可能是和历史、现实及各种制约有关系。

回到人多地少这个 "制约"，当我们说它是个制约的时候，我们其实是认

---

① 我记得三年前我在波士顿听到已经 93 岁的大牌经济学家加尔布雷斯（John Calbraithe）说他自己担任美国驻印度大使的经历，他说："只是在印度做了几年大使后，我才意识到，我原来的知识，有一半是错的，还有一半也是不适用的。"

可了"人应该是少的，地应该是多的"，我们认可了这个假设：一个人不应该是一亩三分地，而应该是几十亩或者是几十公顷。① 人多地少究竟是一个制约还是一个优势？我最近与几个人口学家讨论，他们研究了不同历史时代，发现往往人多的地方恰恰就是经济最好的地方，因此"人多是个负担"的理论不一定是成立的。他们的研究发现，全世界哪里经济最好，一看那里的人口总是最稠密的。古希腊以来，几乎所有的经济亮点都是在人口最稠密的地方。你说人多一定是坏事？这样一种讨论是有理论视角的，而不是我说的经验层面，描述几个谁都知道的现象，也不是简单套用投入—产出或成本—收益，利益最大化啊什么的，然后就指责实践这儿错了那儿错了。

如果是这样来看全面、协调、可持续的发展观，来看待小康、和谐社会，那么，包含着多种文明形态和多样文化的整个中国，它的人多地少，既是历史制约，也恰好孕育出一种互助的基础。这种文明，它的社会观、世界观、天下观是什么？费老（费孝通）讲"差序格局"和"多元一体"，就不是简单套用西方的民族—国家、现代化、工业化概念，也不只是谈理想、对未来的憧憬，而是分析我们怎样可以通过"多元"来寻求"一体"，怎样达到"和而不同"，这就是分析和阐释，从这里才可以生发出真正的具有原创性的学术。

其实，和谐社会也好，小康社会也好，新的发展观、"五个统筹"也好，都可以包含一种新的思路。我们的社会学，我们的社会科学，不能麻痹到连现实工作中的人都不如。比如在实际部门工作的人现在到处讲，过去确实是高增长，了不起，但是如果继续那个模式，高耗能、高污染带来的高增长，而且主要靠政府投资来拉动，那么这个东西是不可持续的，人家都有这个危机意识、创新意识，而我们还在用一些老的概念，例如工业化、城市化、现代化（传

---

① 因此才有大农场、土地私有化等主张，这些主张没有回答，大农场或土地私有化以后，近9亿农民去哪里。有人说进城，城市化啊，却没有注意到前面提到过的，中国已经是5亿多人在城镇了，已经超过了英语国家（英美加澳新）的人口之总和，我们的城镇究竟还能容纳多少？大量人口又不能如欧洲当初那样向外移民，还谈什么规模经营呢，越是大农场，就越有人变成无地之人，他们如果不能及时在非农部门就业，就又成了无业之人，最后沦落为无家之人。无地—无业—无家，那还不无望吗？其中个别人铤而走险，搞自杀式爆炸，我们在其他地方已经看到了！

统社会要向现代社会转型，农村要向城市转移）等，来解释今天的变化，我们是不是也太不敏感了？

阿里吉（Giovanni Arrighi）在中国人民大学出版社出版的《2004 年度学术》上的那篇文章讲中国多少年的发展、多少年的文明，后来事实上提供了一个不同于西方的发展模式。他（和其他人）认为其实中国的发展不是得益于什么工业革命（industrial revolution），而是得益于勤劳革命（industrious revolution）。我们没有英国那个工业化，至少没有走向那条道路，为什么没有走上那条道路，客观上可以有很多解释，但是它事实上孕育出了另外一种文明和发达的艺术。是勤劳孕育了中国盛唐以来的经济和市场，但是到了晚清"大分岔"以后，在英国的工业革命面前，勤劳革命的传统似乎就断掉了。于是中国被迫也走上工业革命的道路。阿里吉提出：如果在中国的语境下把自己的勤劳革命传统丢掉，走工业化的道路，现实的可能性有多少？比如说你重走帝国主义道路、重走资本主义道路，究竟有多少历史的可能性？中国原来有那么多丰富的传统、经验，在今天是完全可以再生的，因为有基础，中国的文明并没有断掉。他写这篇文章时正好是我们提出新的发展观的时候，他最后提了四点：第一，中国前所未有地重视协调发展、和谐发展。我们提出新的发展观，"五个统筹"，全面、协调、可持续发展，他认为是前所未有的，至于在实践中遇到什么问题还要时间和实践来解决；第二，中国也前所未有地意识到了环境生态的重要性，但是怎样一方面保持和自然有一个基本的和谐关系，另一方面又有几亿农民面临着如何非农化的问题，如果不希望这个过程是一个掠夺自然、破坏社会的过程，同时又使几亿农民非农化，将是一个很严峻的考验；第三，更重要的是，中国的复兴，以前有人提出这个问题的意思是中国这么灿烂的文明为什么会衰落，阿里吉提的问题正好相反：这么一个晚清以后看上去好像要衰落的文明怎么在这么短时间内就又要复兴了？这后面一定有许多值得认真研究的东西，是不是"中国特色""中国道路"在起作用？第四，我们不能指望发达国家都会眼睁睁看着中国复兴，相反，它们会不惜一切代价来阻碍中国的复兴，这种阻碍到底会造成什么灾难性的后果现在不好说，但是中国至少应该明白一条，那就是，它的复兴越是以破坏环境、破坏和谐、拉大社会差距为代价，人家就越是有理由来阻碍这个复兴。①

最后，究竟什么是具有中国特色的发展道路？如果不是"北京共识"，那中国经验究竟有没有什么特别的？我在最近去参加世界历史科学大会的"东亚的另类现代性"专题讨论时，提出了一个命题，其中包含了几层（比较"硬"的）意思：中国①十几亿人在②近30年的时间里，③平均以高于8%的GDP年增长率，并在此期间，使④3亿多农村人摆脱了赤贫，⑤2亿多（就地或异地）实现了非农化，且⑥没有发生波及较大的内乱（革命、起义、暴动、灾荒），也⑦没有导致较大规模的对外移民、殖民、战争、侵略，还在发展中自我调整，⑧提出了改变战略，走新的全面、协调、可持续之路，以⑨构建和谐社会，或者说，一个更加民主法制、公平正义、安定有序、充满活力、人与自然和谐相处的社会。这在英国工业化以来，甚至是有史以来，可以说是前所未有的。

经过近30年的高速增长，现在的关键，一是保持好这个增长势头，但是要挑战增长方式，走可持续之路；二是解决好社会公正问题，使越来越多的社会阶层和人民大众都能享受发展之果和改革之实；三是树立起新的意识形态领导地位，使人们对最基本的政治伦理秩序发自内心地认同和在行动上自觉自愿地遵从。中国如果能在这条道路上走下去，那么，不论是叫它"中国道路""中国实践"，还是叫"中国经验""中国模式"，都是不为过的。

至于是否得到人家的承认，什么时候被人家承认，那是另外一个问题。

其实，以中国之大，自己自觉承认自己的自主、自信和尊严，才是最重要的。

（原文载黄平、崔之元主编《中国与全球化：华盛顿共识还是北京共识？》，社会科学文献出版社，2004）

---

① 他还提到了一个很有意思的事情，即所谓中国的市场经济地位问题。在他看来，如果我们实际地考察今天中国的商品流、资本流、信息流、人力流，等等，那么，与其说是要西方国家来评判中国有没有达到市场经济地位，不如让中国来判断西方究竟有多少市场经济。在西方各国，恰恰是因为中国的市场经济发展太快，才纷纷主张贸易保护，主张限制中国的产品出口。这实在是个讽刺。

# 科学发展、中国道路与社区重建

## 一 科学发展

科学发展观，其核心是以人为本，它与旧式的以物（商品、资本等）为本的发展观具有本质的区别。

如果发展不是以人为本的，而是以物为本的，那么很可能，在片面追求人均 GDP、人均收入的过程中，高楼大厦和高速公路的确是多了，但是人们并没有得到更高程度的安全感和信任感；如果发展不是以人为本的，而是以物为本的，那么很可能，一个社区①与另一个社区之间、同一个社区内部，都会出现越来越严重的区域差距、贫富差距、经济—社会差距和城乡差距；如果发展不是以人为本的，而是以物为本的，那么很可能，生态、伦理、信任就都要么不被重视，要么日益恶化。

所谓"以人为本"：首先，不只是以个人为出发点和归宿点，而更是以人民整体（最广大的人民群众）的根本利益为出发点和归宿点，因为人从一开始就是群居的动物；其次，不只是以人的眼前利益为目标，且更是以人类整体的长远利益为目标，因为从一开始，人类就是世代相传、生生不息的；再次，不只是以人的经济利益为目标，更是以人的社会生活质量和精神生活品质为目标，因为人从一开始就既是经济动物又是社会动物和精神动物；最后，不只是以人自己的利益为目标，更是以人与自然的和谐相处为目标，因为从一开始人就是自然的一部分。

---

① 本文所讲的社区是社会学意义上的社区（community），它与行政系统划分的社区有所不同。作为一个社会学意义上的社区，具有"认同感"（identity）、"安全感"（security）、"凝聚力"（solidarity）三个必要条件。可见，社区是人们经过实践逐渐建立起来的社会网络和社会组织形式，是一个有着公共联系的整体，而个人只是社区中的一员。

全面建设小康社会以社会整体为目标，而不是简单地还原为个体；全面建设小康社会将个人与社会整体联系起来，把社会的经济、政治、历史、文化等各种维度和需要都纳入总体的视野，而不只是经济与技术意义上的增长。

所以，贯彻落实科学发展观，也要求我们超越西方现代性理论特别是西方的发展主义关于社区与社会、城市与乡村、文明与野蛮、进步与落后、过去与未来、西方与东方等二元对立。

## 二　中国道路

我们原来讲的现代化基本是指工业化，而工业化又基本是以英国经验为基础的。在西方近代历史上，工业化是与资本主义、民族—国家等共同构建起来的一整套从制度到观念的东西，即所谓的"现代性"。但是，现代性绝不只是一个人口意义上的城市化或技术意义上的工业化过程，而在实际的历史过程中，它同时也是通过对内建立雇主与雇员、劳动与资本、生产与消费等关系对外开展侵略、扩张、殖民、移民，并把对内对外这两个过程都从文化—意识形态上加以合法化来完成的。

以英国经验为基础的现代化还有一个大问题：它是第一次以如此大的规模和如此有组织的方式使人远离自然，甚至破坏自然，与自然对立。它把人组织到非自然的环境下，不仅远离自然，而且把大自然作为掠夺的对象，把包括森林、矿藏、木材、淡水一直到整个自然的一切生物，作为取之不尽、用之不竭的源泉，作为征服、战胜的对象，甚至是破坏和消灭的对象。所以，即使撇开资本主义对内剥削、对外侵略的维度，只讲技术意义上的工业化本身，对中国（和印度等后发的人口大国）也是很大的挑战，我们根本没有那么多资源来征服、来挥霍。

从文化—意识形态上看，这个把世界日益现代化的过程，是与我们如何认识世界密切相关的。欧洲工业革命以来（甚至启蒙以来）最基本的认识模式就是主观/客观、人/自然、文明/愚昧，传统/现代等二元叙述（包括近年来很流行的市场/政府、社会/国家这类二元对立的认识模式）。这成了我们今天的思维定式或基本框架，其所要处理的是如何使农业社会变成工业社会，如何从乡村走向城市，如何从传统走向现代，它构成了社会学最基本的叙述框架。但是，这个叙述，实际上主要是以英国 17~19 世纪的局部经验为主要依据的，而这个经验所概括出来的东西后来竟然演变成了具有普遍主义（所谓的"普世性"）特征的理论。似乎一切社会和地区，不论其自然、地理、文化、历史有什么区别，都必须这么做。借用马克思的话，这样来概括英国的局部经验，给了英国过多的荣誉，其实也给了英国过多的侮辱。

比如，中国的整个历史语境就与英国差得很远。中国由于"错过了历史机遇"以及高度的资源制约等原因，不仅不可能重复英国式的现代化道路，甚至（更重要的）它也不只是英国意义上的现代民族—国家，因为英国作为现代意义上的民族—国家实际上是 17 世纪以后才逐步形成的。而中国的形成比它要早得多。因此，"中国问题"其实不只是一个现代英国意义上的现代性问题（如怎样实现工业化、城市化）。当然，现代性问题在英国也不只是工业化城市化一个维度，它至少包括工业化、资本主义、民族—国家等几个基本维度，但即使如此，也仍然不足以把"中国问题"说清楚。

因为，我们说的"中国"：首先，她当然是一个民族—国家并因此也有自己的独立、主权、领域完整并还在积极进行着自己的国家建设（民主、法治、管理、审计、税收、全民教育、公共卫生、社会保障，国防、生态等建设）；其次，她还是更广大的一片土地，是一块就像欧洲一样的大陆，它是一个大陆型的经济体，在这里多种经济形态长期并存；再次，她还拥有一整套古老的（并且不同于西方的）文明形态，这个文明里面包括很多种直到现在还活着的文化，包括由多个民族、多种文化组成的集合体；最后，她还是一个活着的历史，不论其有多少波折、变形和转折，她不是在博物馆里的死去了的历史，而是还在滋生、发展并正走向新生的大历史过程。

所以，"中国"不仅在时间上远比现代英国早得多，在内涵上也比英国意义上的民族—国家丰富得多，外延上也比"英国"广阔得多。

长期以来，我国学术界的一个根本问题在于，总是自觉不自觉地以西方的现代化模式为唯一的（并被认为是"普世的"）模式，用英国和西欧 17~19

世纪形成的概念、理论、范式或模型来解释中国的实践，而当我们这样做的时候，总会不断地遇到矛盾。当我们遇到矛盾的时候，又总是认为一定是我们自己的实践错了。我们很少会去怀疑这些概念、理论、范式或模型本身是不是有问题或有局限。我们很少会想，用这些概念、理论、范式或模型来分析中国可能会产生什么错误。而这些概念、理论、范式或模型，其实是从局部的、很小很特殊的经验里面抽象出来的，但是我们总是不断改变现实来适应这些理论，甚至不惜削足适履。我们很少想过，中国这样一个综合体是不是一定要用英国式的现代化这种方式来组织？这种组织方式再"成功"，也就是在很有限的人群和有限的地域里搞了三百来年。但是，人类社会有文字的历史已经几千年了，各种文明形态并没有完全按照这个模式走下来，有的是消失了，但是有的（包括"中国"！）还在生生不息地变化着、发展着、延续了几千年甚至更长。它们的历史要悠久得多，覆盖的地域要广得多，涉及的人群要多得多，能够提供的解释也应该丰富得多。这也才符合任何科学的最基本假设：**一种东西所覆盖的地域越广、所跨越的时间越长、所涉及的对象越多，它所包含的普遍性就越强。**

这样来看，当我们套用外来的理论、概念来讲在中国发生的变化和延续的时候，在很大程度上，问题不是出在经验、实践上，而是出在这些理论、概念上。今天，我们应该再次回到当年毛泽东在《改造我们的学习》等划时代著作里所提出的尖锐问题：对中国的现状、对自己的历史知之甚少，对马列主义也只是片言只语，于是就只剩下故纸堆里零星捡来的少得可怜的希腊和外国故事！①

再进一步说，问题倒并不在于西方的理论、概念是不是错了，而是滋生这些理论、概念的经验基础离中国的实践差得太远，而中国这个十几亿人从事的伟大实践本身是完全可以产生出新的概念、新的理论、新的范式或新的阐释框架的。

今天，"中国道路"（或者"中国经验"，即具有中国特色的社会主义发展道路）这个伟大实践产生出来的新概念、新理论、新范式、新框架就是中国特色的社会主义理论体系。

---

① 参见《改造我们的学习》，《毛泽东选集》第三卷，人民出版社，1991，第 796~799 页。

# 三　社区重建

全面建设小康社会，落实到具体的地方，也是如何重建社区的问题。这里的"重建"，不是复旧或复古（事实上也不能复旧或复古），而是在新的发展格局（包括市场化和信息化格局）下，如何实现公平、合理地利用各种（包括潜在的）公共社会资源，使社区发展成为可持续的、以人为本的，并且，从长远说，城乡一体化的。

社区重建包括社区整体的认同、安全、凝聚，而不只是经济指标的增长，也不只是社区内个人的教育水平、寿命、权利等的提高或改善。后者实际上是属于社会事业、社会工作层面的，这些东西对于社区建设当然也很重要，但我们说的社会或者社区，指的是一群个人何以能够凝聚成一个整体。这里的关键在于规范性和制度性的因素，没有这些因素，一群人只是地缘意义上凑在一起，彼此既无认同感也无安全感，更谈不上凝聚力。

从总体上说，中国人多地少，资源紧张的基本国情和今天中国所处的世界环境，都决定了中国再也不可能重复西方早期的城市化道路，而只能全面协调可持续发展，通过社区重建等途径消解、缓和中国的城乡差距，最终实现社会和谐。

（原文载《理论视野》2010 年第 2 期）

# 小康社会建设：公共资源与公共管理

小康是中国古代儒家宣扬的一种社会理想，意指个体的经济生活达到温饱水平即过上小康生活就应该满足、小富即安了。这与我们今天全面建设小康社会的目标并不完全一致。首先，全面建设小康社会是以社会整体的全面和谐与可持续发展为目标的，而不应简单地还原为个体的利益实现；其次，全面建设小康社会必须将个人与社会整体联系起来，把社会的经济、政治、历史、文化等各种维度和需要都纳入总体的视野，而不只是经济与技术意义上的增长。

改革开放以来，我们在技术和制度方面都有创新。但是前者强后者弱，尤其是与经济增长关系不大的公共社会资源、社会公共事业方面的制度（例如公共防疫与公共卫生制度）推进滞后。在全面建设小康社会的指导思想中，不能用技术创新取代制度创新，不能用经济增长取代社会发展。

关于社会稳定。应该看到，首先，社会稳定与否，绝不只是简单地取决于GDP 的增长速度，法治程度，管理体制，公共事业，道德水平，社会心态（公众的安全感、信任感与公平感）等也是社会稳定的重要条件和重要指标；其次，即使只在经济领域内，也完全有可能随着经济的增长而出现通货膨胀、偷税漏税、贪污腐化等，从而导致社会不稳定；最后，在全面建设小康社会的过程中，也会出现利益多样化，地区行业等的分化，法治、管理、公共服务跟不上等，这些也都可能使社会变得相对不稳定。

## 一 何谓公共社会资源

所谓公共资源就是由个人组成的社会群体在进行集体行动时以规范形态（如基于互动的共享风俗、风尚、道德、规则等）或组织形态（如基于制度的章法、程序、法纪等）存在的公共社会资源。它们的共同特点是：①非私人，即非个人性；②非商品，即非资本性；③非物质，即非自然性；④非经济，即非财政性。

我的基本假设是：

（1）公共的社会资源是一种基础性资源，这部分资源对于改善社会绩效具有难以替代的重要作用，用好了可以激活公共自然资源、公共经济资源，推动各类型资源的重组和有机整合，使之成为公益性的要素（public goods）。用得不好，会对公共自然资源、公共经济资源起抑制作用，导致资源浪费，降低社会效益，损害公共利益，成为公害性的要素（public bads）。

（2）在广大西部农村社区（包括西部的乡县），自然的可利用资源（水、土、林等）稀缺，经济和财政能力低下，如何组织和利用公共社会资源，是确保西部农村社区发展、稳定与公正的关键因素，也是西部在今后 10 ~ 20 年内全面建设小康社会的创新点和生长点。全面建设小康社会将有赖于如何认知、理解从而运用这些更为无形的公共社会资源。

西部地区是我国经济发展水平较差的地区，依靠传统的发展手段会导致经济的单一指标化，使得西部地区更加趋于依赖性。在科学发展观指导下全面建设小康社会，就要研究如何在西部建立、动员、管理和使用公共资源的有效机制。

第一，政府在西部地区的发展中起着重要的作用。在现行体制下，西部地区的资源动员能力较弱，发展的资源有很大一部分来自中央政府或地区之外的援助，包括地方政府和当地居民对这部分资源的动员和使用能力都缺少影响力。

第二，西部所面对的问题不仅仅是经济发展和提高收入的问题，包括教育、环境和人文精神在内的诸多因素，若不加考虑，建设小康社会将会流于形式。而公共社会资源是公共资源体系中的基础性资源，对于其他公共资源起着激活或者抑制的作用。

第三，以往的开发与研究，过分重视公共资源的物质性和技术性，因而部分地区经济发展了，环境却破坏了；收入增加了，人伦却降低了；个体强了，集体却弱了。这些都有悖于小康社会发展目标。

现在西部的发展存在两个互相依存的现象，一是大量公共资源来自外部投入，包括中央政府投入，各种资源之间不能相互协调，导致资源的浪费；二是地方性资源动员不足，地方和少数民族中存在的公共社会资源往往被看作落后现象而不被重视。

经验证明，当面对集体行动困境的时候，缺乏高科技素质和技能的农民往往能够运用固有的文化和自组织资源，订立规则、自行融资，依靠自己的力量解决社会问题，但是这种无形资源常常不被重视，只有在其他力量不存在或非常缺乏情况下才显露出来和发挥作用。这类无形资源与其他有形资源之间存在一种不平衡。

这种不平衡有两个负面效果：一是某些政府官员和有势力者可利用这种不平衡进行寻租，夸大资源使用成本以获得额外资助，导致其他有形资源的实际效益常常大打折扣；二是这种不平衡会破坏社会组织和个人之间应有的相互依赖和互惠的关系，导致非正式组织无法通过与正式组织的沟通，强化自己的资源利用。

## 二　如何激活公共社会资源

社会生活中存在着多种公共社会资源，也存在着多种提供公共服务的主体，还存在着多种资源整合的方式，关键在于如何激活它们。

全面建设小康社会，落实到具体的地方，也是如何重建社区的问题。社区既不是一个简单的行政划分，也不是在任何情况下都存在的实体。相反，在公共资源（自然的、经济的、社会的）不存在或被破坏的环境中，社会本身也面临着解体和瓦解的可能性，在这种情况下，如何重建社区（community rebuilding），特别是在西部欠发达地区如何重新整合（潜在的）公共社会资源，如何重建乡村社区（也包括乡县，或小流域、小山脉），是一个关键。

这里的"重建"，不是复旧或复古（事实上也不可能复旧或复古），而是在新的发展格局（包括市场化和信息化格局）下，如何实现公平、合理、有效利用（潜在的）公共社会资源，从而使社区发展走上可持续的、以人为本的，并且从长远说，是城乡一体化的道路。

（原文载《中国特色社会主义研究》2005 年第 1 期）

# 探索新的治理模式

今天，我们需要把中国的社会与国家、民众与政府的关系放在历史的过程中加以认识和探讨。近者，是改革开放的大背景；稍远，是新中国成立头30年的探索及那以前"辛亥""五四"以后革命建国的大背景；更远，当然还可以追溯到秦汉以来大一统的中央集权和德治的传统。同样重要的是，我们还要把它纳入当今时代的大背景之下——社会的流动性、开放性增强，利益也越来越多元化，人们的诉求也越来越多样化——来探讨，并在此基础上，既实事求是、解放思想，又与时俱进、面向未来。

## 一　历史上大一统与德治传统下的官民关系

秦汉以来，中华民族形成了大一统中央集权的治理传统。各级官员，小到县太爷，大到宰相，都代表着政府行使职权，履行责任。官与民之间，政权格局上是统治与被统治，管理与被管理的关系。而同时，官与民之间还存在着一种伦理关系。汉代董仲舒"废百家尊儒术"，把孔孟之道提升为国家意识形态，为大一统中央集权提供了正当性，官员除了是为政者之外，还是学者，讲孝悌仁德礼义廉耻，以人格和道德的力量来治理社会。

**大一统中央集权和伦理上的德治，二者的并存与融合，是中国政治传统的特点之一。**这种融合两千多年来一直持续着，中间虽然有过反复、调整，有过战争等导致的失序，但总体而言这个脉络一直没有断。中华文明之所以能够作为一种文明形态延绵下来，并且是人类历史上几大古老文明中唯一延绵下来的，我认为也与这二者的巧妙结合是分不开的：只是大一统未必能延续，只是德治也未必能延续。值得强调的是，这种结合也是开放性的，因为中国古代不只有儒家这一种思想，而是儒释道并存、各民族之间也是相互影响，形成了整个中华文明的多元一体、和而不同。

古代中国独一无二的科举制让官民之间可以互动。科举制从原则上说使得从民走向官的制度障碍被排除了。当然，社会障碍和经济障碍是有的，比如说有些人家里穷，考不起，读了几年后没钱继续读了。但从原则上说，"学而优则仕"，普通民众通过科考就有进入仕途的机会。

**大一统的中央集权、德治加上科举制，保证了中国历史上官民关系大致是稳定的。**虽然也有人民群众揭竿而起的时候，但动乱或革命在整个历史长河中毕竟都是短暂的。况且儒家也提倡"政者，正也"：为政者如果不正，民众就可以通过反抗来寻求正义。这也起到了稳定官民关系的作用。

晚清以后，1840～1949年这一百多年，中国面临着四分五裂的局面：列强入侵，割地赔款，军阀混战……这个时期的主要任务就是救亡图存。而不幸之中的大幸是：第一，中国没有完全沦为殖民地，而只是半殖民地；第二，经过辛亥革命和新民主主义革命，中国最后又重新实现了主权、领土完整和国内统一。毛泽东主席有句话，"国家的统一，人民的团结，国内各民族的团结，这是我们的事业必定要胜利的基本保证"。新中国虽然体制改变了，但中华文明作为一种文明形态延续了下来。这实际上是把几千年来的大一统和德治那根弦给接上了。

## 二　新中国成立后头 30 年的官民关系

1949年之前，从"辛亥"和"五四"开始，是革命建国的阶段。革命建国让中华民族开始走出1840年以来分崩离析、丧权辱国的局面。而也正是由于革命，新中国成立后的官民关系，一开始是既比较清楚又比较顺畅的。因为共产党执政的合法性、正当性和权威性，包括道德上的先进性，都摆在那儿。革命建国之前，我们也试过君主立宪、议会民主、教育救国、科学救国，等等，但都没有成功；而革命和它的队伍，哪怕是小米加步枪，哪怕是衣衫褴褛、大老粗，但它**解决了国家统一、民族团结的问题，这在当时就是最大的正当性。**

新中国成立后在各级政府担任职务的那批官员基本都是革命者出身，扛过枪负过伤，有着传奇般的经历，都为新中国成立做出了很大的贡献。所以哪怕只是当了一个乡长、车间支部书记，他们的形象大都是光彩夺目的，在人民群众心目中都具有无比的正当性和道德制高点，而就这些干部本身来说，他们中的绝大多数确实也符合中国传统上老百姓对官员的要求——他们虽然大多不是经过孔孟之道熏陶出来的，但是经过革命熔炉的冶炼，纪律性、自律性比较强，在以身作则、深入群众、不摆架子等方面，都能体现楷模作用。相对而言，新中国成立之初政府与人民的关系很清楚——理是直的，气也是顺的，它又重新体现出了"天下为公""政者，正也"的传统政治理想。

当然，新中国成立头30年（1949～1979年）我们有些政策上的失误。有时是想办好事没办成，最典型的例子是"大跃进"，本来想快速发展经济，结果却造成了经济的短缺和紧张；有时是自己倒腾，像"反右""文革"之类的政治运动。"民"是由各种人组成的，五星红旗上最大的那颗星是共产党，围绕它的四颗星是工人、农民、小资产阶级、民族资产阶级，而这些政治运动却陆陆续续伤害了很多一心一意跟着党走的人，从工商业者、知识分子，到党内干部、革命功臣，等等。

然而总的来看，头30年即使有那么多政策失误，但中国老百姓还是坚定跟党走的。20世纪50年代初期，包括"大跃进"，一开始都是一呼百应、踊跃参与，整个社会出现了一种百废待兴、百川归海的架势，当时叫作"换了人间"。这说明人民群众对干部、对干部所代表的这个国家、政府、体制本身的正当性是认同的。只是到了"文革"，尤其到了后期的很多小运动，像"批林批孔""反击右倾翻案风"等，才越来越不得人心了。

到1978年，中国又到了新的转折关头，又到了百废待兴、百川归海的时刻，改革势在必行。除了国民经济到了不改不行的地步以外，另一个重要原因就是经过那么些折腾、失误、挫折，党面临着重新树立正当性的问题。所以改革之初一项很重大的举措，就是"平反冤假错案"，这就是要**重新回到"政者，正也"，还世间以公道。**

同时，我们发现外部世界也变了。原来我们觉得西方已经奄奄一息、日薄西山了，可结果并不是这样简单。二战以后，1947～1975年，这将近30年的时间里西方走出了一个所谓"黄金时代"，连搭在西方船上和"冷战"车上的亚洲"四小龙"之类也跟上来了。当时的大环境是冷战、苏美对峙，咱们在倒腾的时候，周边国家和地区（先是日本，接着是韩国、新加坡，加上我们自己的台湾、香港地区）在人均收入、国民经济、福利保障、生活环境等方面都发生了变化。1977～1978年，我们的学者去东欧（还不是真正意义上的所谓"西方"）考察，到匈牙利、南斯拉夫一看，都很受震动，发现人家生活水平比我们高，很多方面比我们做得好。一比较，就产生了落差，受了刺激，开放也有了动力。一个"改革开放"的时代，开启了中国历史的新阶段。

## 三　改革开放背景下官民关系的新变化

改革开放30年，我们处在一个社会大转变、大变革的时期。时代变了，官民关系也有了一些新特点。首先，是老一辈的革命干部退休，甚至去世。现在这个30年中上任的干部很多不再是扛过枪、负过伤、走过雪山草地的，参加过抗美援朝的都很少。一言以概之，**英雄主义时代，革命者打江山的时代过去了，那一代人也已经过去了**；1949年以后培养的技术人员，工程人员，科研人员等，开始步步走上了各级领导岗位。

更重要的是，随着改革开放，也随着科技革命、信息革命的发生，我们的时代更具有流动性、开放性的特征，社会关系在变，人际交往的方式也在变，各种横向关系越来越多，整个社会结构里外、上下都慢慢打开了。

秦汉以来一直到晚清，中国的社会关系总的来说是纵向为主。五种人伦关系（君臣、父子、兄弟、夫妻、朋友）之中，除了兄弟、朋友是横向关系，其他都是纵向关系，1949年新中国的成立，虽然用的是革命手段，建立的是社会主义国家，但我们的这个体制从中央与地方、上级与下级的关系来说，治理方式、官民关系很大程度上也还是以上下结构为主线的。

改革开放以来，虽然纵向关系仍然很重要，但各种横向关系也发展起来了。过去，单位与个人主要是纵向关系，一个人找到一份工作，一辈子就是它，生老病死都在单位里。现在，换单位、换职业是家常便饭。尤其是我们的"80后""90后"年轻一代，他们之间的横向关系更密切。同时，人们的知识和信息也越来越开放了，不论人在什么地方，都可以很快知道全世界发生的事。

总而言之，**流动性使人变得活泛了，从身体到社会关系，过去那种硬束缚松绑了，而开放性更体现在人的思想和精神状态，**包括在处理硬约束关系时，人们考虑的角度也和过去不一样了。这与改革以后利益多元化和诉求多样化很有关系。比如说，今天的人不当官也能有所发展。这在客观上就把原来的所谓"官本位"逐步改变了。

在这样的时代背景下，再来考虑政府治理，考虑社会与国家、民众与政府的关系，就必须既实事求是，也与时俱进。当年，我们很多官员是大老粗，甚至说话带脏字，但哪怕一个支部书记，一个乡长，大家看他都像看英雄。现在的官员学历高，见的世面多，能力可能也很强，但即使是省长、部长，有时候说话办事也没有那么大的权威性了。**不是说咱们的领导不行，而是因为社会关系本身变了。**当然，全世界都变了，不只是中国。在所谓全球化时代，大家被卷到了一个"地球村"，大家也都面临着重新调整思维模式、生活方式以及官民互动方式的问题。

## 四　新时代对治理模式的新要求

今天，官民关系已经不再是静态的。大到各种群体事件、纠纷，小到一些日常的人际关系，要想处理得更妥善，如果只沿用过去静态的、纵向的管理方式，不管是要求官还是要求民，都不够了。以往出了什么事情，一级一级地开会、一级一级地传达文件；现在，很多时候会还没开，文件还没传达，老百姓通过网络信息、手机短信等早就知道了。包括老百姓的各种利益诉求，光靠纵向关系来解决，已经不够了，况且很多问题的发生未必是出在官员尽不尽职、有没有第一时间赶到现场等上面。比如说我们大规模、全方位地招商引资，方方面面地倒腾所带来的各种问题，就并不是因为我们有规矩而没遵守，而是因为它们完全是新现象，老规矩不适用了，新规矩又还没产生，或者彼此之间还不够协调。

而全球化也让很多问题已经不再是狭义的传统小社会里的现象，有时它们发生在一个局部区域，却很可能是跨国（Transnational）现象，超越了国家、领土、文化等各种边界，流动性很强。自然现象方面，像气候变暖、生态环境问题；社会现象方面，像各种跨国贩卖人口、走私、贩毒、恐怖主义，等等。这些问题不是靠一个国家政府的力量或者处理好两国关系就能解决的，任何单一国家、任何单一政府，或只是传统的双边关系谈判，都不足以处理好它们。但这些问题又确实容易激化和转移，把全球矛盾转变成地方上的官民矛盾。比如说，现在的资本具有跨国流动性，资本是哪儿有市场，哪儿有利润就往哪儿跑，它从某个地方撤走，就可能给这个地方带来高失业、高犯罪、高贫困等问题，而老百姓就开始找政府，以为这是政府的事。但是实际上单靠政府本身根本无法控制资本的跨国流动。这都给治理方式带来了很多新挑战。

新的时代，必须要有治理模式（Governance）的转变。而**新的治理模式的建立不只是政府和官员的事，全社会都有一个怎么适应新时代、改变传统管理方式和社会运行模式的问题**。既然信息的开放性增强、流动性加快、利益越来越多元化，诉求也越来越多样化了，那么我们的管理方式就得是开放的、动态的，有事就及时处理，有矛盾就及时化解，不能等出了问题再去应急。

同时，还得重视在新环境下政府的正当性、权威性问题。因为几千年的传统仍然有着很深的影响，今天中国社会官员要是没有能力、德行不正，老百姓不会服，心不服甚至口也不服。在中国，直到现在谁也不敢公然把贪污摆在桌面上，人民群众对待贪官就如同对待过街老鼠。说明"老百姓心里有杆秤"，而且这杆秤还很重，因为道统、德治还在起作用。而**道统和德治，靠的不是权力和金钱，它靠的是权威，权威的背后是王道而不是霸道**。过去，无论是革命建国还是粉碎"四人帮"，都带来了很强的正当性，但那毕竟是结束四分五裂状态或改变一个政策，与今天我们所面临的问题不同。新时代，中国怎么重新树立一个既实事求是又与时俱进的王道、权威，并且能适合"80后""90后"一代青年，这是个很大的问题。它不只是官员要年轻化、知识化、专业化之类的问题，也不只是官员能不能廉洁自律的问题，而是整个治理模式乃至其背后的话语体系如何具有权威性的问题。

# 五 未来治理模式展望

中国当下正处在一个承先启后的阶段，我们是由古老的、绵延不断的文明，走向现代的、法治的、科技的、市场的社会。时代变迁给我们现在的国家建设带来了很多挑战：司法制度、教育制度、医疗制度、养老制度等要完善，科技、环保、法治等要加强。另外，从正当性、权威性来说，我们也要承先启后——既承接中国社会几千年来延续至今尤其是革命建国和改革开放以来的正当性、权威性，又建立适合这样一个动态、开放和利益多元、诉求多样的时代需要的治理模式。

理想的现代治理模式不是与西方"接轨"，因为西方面临的挑战也很大，甚至出现了金融危机、治理危机、信任危机等各种危机。我们应该找到一个古今中西的结合点，既打破和超越古—今、中—西对立，又能把古今中西的东西进行有机融合，发展出一个新的治理模式。在这种模式下，大家各司其职、各尽其能、各得其所。这种新的治理模式一定不是二元对立的，不是社会与国家对立、民众与政府对立，或者古今对立、中西对立；它也一定不是静态的，而是动态的；它既是继承的，又是创新的。

中国的机遇就在于，**我们现在处在人类历史上最大的一次社会实验、社会变迁之中**——十几亿人在 30 年之内实现了如此巨大的转变，这个变迁是西方工业革命以来从没有过的，连当初的英国工业革命也远远没有我们这个规模和速度。西方社会走向现代时间很长，代价很大，几百年间，它们经历了无数次对外殖民和内部战争，内部的不平等和矛盾也很厉害，并持续了很长时间，至今没有根本解决。中国的改革开放已经走了 30 年，新中国成立已经 60 年。但到现在为止，我们最多只走了一半，还将继续走下去——这既是挑战，又是千载难逢的机会。下一个 30 年或 60 年，十几亿人如果能够走出一个既是全新的、又继承了我们古往今来文明遗产、传统和价值的，在治理体制上的全面、协调、可持续的模式，中国社会和整个世界必将更加和谐。

(原文载《绿叶》2009 年第 7 期)

# 黄平谈 20 世纪 80 年代：
# 传承与变革

1978 年，在经过了多年的政治运动之后，中国上下人心思定，逐渐地将注意力转移到了经济建设上。随着真理标准大讨论的进行，思想的禁锢开始松动，对商品经济、市场和货币的作用开始重新认识，而农民们的伟大创造——包产到户和乡镇企业也逐渐成了国家的制度和政策。"效率优先，兼顾公平"的思想开始成为全国上下的共识，而压抑已久的经济活力也在很短的时间内使得中国告别了"短缺经济"。

同时，国门也打开了，外面的世界和我们想象得不一样。中国开始发展出口加工业，恰逢其时，布雷顿森林体系崩溃之后，跨国公司开始向成本更加低廉的发展中国家转移生产。

今天的中国，基尼系数无疑比恩格尔系数更加引人注目，而关于人民币汇率的是是非非也着实让国人认识到了"中国龙"对世界的影响，中海油收购优尼科失败以及国内对于凯雷收购徐工的种种争论无疑促进了人们对外资角色的进一步思考。

追根溯源，认清今天的问题使得我们必须回溯到它们诞生的昨天。而 20 世纪 80 年代，无疑就是这样一个时代。

为此，我们特别专访了中国社会科学院的著名学者黄平先生。黄平先生早年求学英伦，既有国际化的背景，也曾经花费数年时间，走访过数百个贫困县，经常是"住在老乡家"。对农村医疗体制改革、全球化、农民工以及贫困问题都有自己的研究和看法。同时，黄平先生自 1996 年起就担任了中国影响力巨大的公共学术刊物《读书》的执行主编。现在，就让我们随着黄平先生的视野，一起走进那个令中国人记忆深刻的 20 世纪 80 年代吧！

## 不得不改的时代

《21 世纪》：今天中国经济发展迅速，在某种程度上就是得益于 20 世纪 80 年代的一系列改革，在您看来，当时的改革到底是怎么开始的呢？

黄平：改革的开始应该追溯到"文革"后期。"文革"使得我们的经济受到了严重影响。"文革"后期中央把邓小平重新请出来，这个时候毛主席、周总理提出要把国民经济搞上去，邓小平出来后发现很多东西要整顿，当时虽然没有用"改革"这个词，但是他抓整顿是后来改革的一个前奏。

1975 年邓小平主持中央工作的时候，还专门开过一次农业会议，主要是要解决农村粮食产量的问题。后来 1978 年的改革也是从农村开始的。经济体制方面的问题是长期造成的，"大跃进"以后变得很突出。三年困难时期以后，1962 年提出"调整、巩固、充实、提高"，也是那个时候邓子恢等提出过包产到户，并因此受到批判，而农业生产"大呼隆"，搞到 1975 ~ 1976 年，产量一直上不去，整个国民经济也长期徘徊，1977 年的说法甚至是"到了崩溃的边缘"。

1978 年的改革是从农村搞起来的，不是偶然的。当时提出粮食生产"交够国家的，留够集体的，剩下的都是自己的"。这一句话不只是一个思想解放，也酝酿着体制的改革。原来大锅饭，一窝蜂，"大呼隆"，不仅产量上不去，农民的积极性也降低了。到了 1978 年的时候，安徽、四川，还有别的地方就已经开始农民自己改了。一开始是家庭联产承包责任制，后来才是大包干，一直到分田到户，小平同志把这个叫作中国农民的伟大创造。当然中央是支持的，也连续出台了几个关于农村的一号文件。1979 ~ 1983 年这几年的改革效果比较明显，农业是连续丰收的，农村居民的生活也是稳步提高的，所以城乡差距在缩小，整个经济和人民生活水平都有了明显的提高和改善，这在当时全国上下人们都是可以切身感受到的。

《21 世纪》：过去农民实际上也一直在试图进行改革，不然不会有什么"割资本主义尾巴"的说法，那么 20 世纪 70 年代末 80 年代初改革为什么又会成功呢？是不是大环境变了？

黄平：当时有一个很重要的前提就是思想解放。没有思想解放，农民的自发改革不会变成政策和制度。当时所进行的真理标准大讨论在思想上拨乱反正，解决了认识上的问题，否定了"两个凡是"。而讨论真理标准问题的同时，也提出要不要尊重价值规律，要不要搞商品经济，要不要承认物质利益等。

在当时，不只是理论问题，也包括文艺问题，都获得了重新的认识，以前的一些作品回到了舞台，知识分子回到了讲堂，整个社会处在万物复苏的状态。

《21世纪》：在您看来，这是一种创新还是恢复原来的路子呢？

黄平：有历史的脉络的一面。晚清以来，中国割地赔款、任人宰割，一批批爱国的志士仁人起来，从维新变法到新文化运动，都是要解决强国富民的问题。后来的土地革命，很重要的一个基础是让农民获益，把农民调动起来，打土豪、分田地，这是当时最重要的口号。那几代人，都面对着中国那么弱、那么贫，被人欺负，所以这个意义上发展的脉络是相通的。

然而，1978年的改革又不能简单地看成是把过去的东西捡起来、恢复起来，确实有很多突破，比如说突破"两个凡是"，再比如如何看待商品经济、价值规律、物质利益。1978~1979年很重要的就是思想解放，同等意义上的思想解放，五四运动是一次，这次又是一次。从哲学层面实践检验真理的讨论，到经济学关于商品经济的重要性，也有突破和发展。1978年经济上有所突破，先是突破旧的框框，而破中也有立，也就是创新，联产承包责任制就是创新，城市允许个体户出现，允许个人作为个体户来经营，也是突破。实践在先，认识在后。1978年这个改革，一直持续了那么长时间，但我们是在体制框架下不断完善社会主义商品经济，而不是推翻重来。今天回过头来看，感慨万千。从政策和实施后果来看，总的感觉在社会主义国家改革之中，中国是非常成功的。

## 从普遍受益到贫富分化

《21世纪》：1978年之后几年，改革效果很好，基本上每个人都能享受到改革的成果，只不过是分多分少的问题，它的发展带来了公平，这和随后的发展态势颇为不同，为什么？

黄平：我觉得前期的发展势头很好，改革使得大众普遍受益，城乡差距缩小，这样的发展格局说实在的是不容易的。确实是实践出真知，不是谁事先把什么都设计好的。反过来也一样，后来出现很多问题，也不是谁故意要使坏。实际上，随后的问题与我们改革开放没有现成模式可套有一定的关系。一开始改革开放，谁也没有经验，但是都明白不改革不行。一些部委领导和学者出去考察，考察东欧，也考察日本、新加坡和香港地区。一开始是学东欧，也学日本、新加坡。当时提出了一个战略——两头在外，大进大出。我们当时有一个假设，就是先发展沿海，然后会自然拉动中部内陆地区，最后才是西部。

另外，因为在计划经济时代搞的是平均分配、吃大锅饭，当时要突破"两个凡是"，也包括突破这个，要解决贫穷不是社会主义的问题，甚至也必须要引进资本主义的管理等东西。所以 20 世纪 80 年代中期深圳最早提出"时间就是金钱，效率就是生命"。为了效率和金钱，牺牲一点公平，当时都认为是必需的代价。

与此同时，外部世界是另外一个过程。1945～1965 年西方经济高速发展，是一个所谓的"黄金时代"，实际上这也是社会民主主义和福利社会（也包括凯恩斯主义）占据主流的时期。但进入 20 世纪 70 年代后，石油危机、经济滞胀和老龄化等问题开始凸显。到 70 年代末，福利社会的发展模式似乎已经无法维系了，于是撒切尔夫人、里根上来，开始实行大规模的自由化私有化方案。而我们出去考察的时候，看到了繁荣的欧洲、繁荣的日本、繁荣的北美，加上所谓的"四小龙"。

我们当时还忽略了一点。当时我们看到新加坡、香港地区等都是华人区而且经济繁荣，但忽略了它们都是"弹丸之地"，经济社会、文化语境都不一样。虽然国际法上国家不分大小，一律平等，实际上经济是有大小的，大国和小国面临的问题是不一样的，你面临 300 万人的城市，还是十几亿以农民为主体的社会是不一样的。两头在外，大进大出，对于一个 300 万人的社会可能很适用，可以马上从做皮鞋、玩具开始，我们负责生产，投资是外来的，最后产品卖到外面去。而中国是大陆型经济，而且（当时）拥有近十亿人，其中

80% 以上是农村人口。我们现在靠的是庞大而年轻的劳动力大军，但是这个年龄优势能持续多久？所以现在提出要自主创新，开始调整发展战略。

所以，今天回过头来看，包括"三农"问题，贫富差距和腐败等问题，当时很多人都并没有想到，但邓小平当时已经想到了一些，他提出到 2000 年国民经济有一定的基础时，就要解决贫富差距的问题了，还多次提出过如果出现两极分化，那改革就失败了。他是看得很远的。但即使现在存在这样那样一些问题，有的还很严重，我认为从总体上来说，中国的改革还是相对平稳的。

《21 世纪》：当时西方的自由主义改革偶然地契合了中国人的心愿与现实，但实际上两者所面对的情况是完全不同的。

黄平：我们当时没有时间来认真梳理战后西方是怎么走到这一步的，因为我们饱受那个简单的大锅饭之苦，不改革不行。我们不只是理论上，甚至情绪上都有这么一个选择，那就是为了效率可以牺牲一些公平，这是当时社会整体的心态。所以提出拉开差距、让一部分人先富起来，几乎没有人反对。还有城市改革，国有企业改革，养老、医疗、教育改革，也认为过去摊得太多了，包袱重，养不起。

《21 世纪》：而市场经济本身是会带来贫富分化的？

黄平：市场经济有一个悖论，本来是等价交换，它的一个基本的原理就是竞争，而竞争的结果就是有亏有赢，赢者通吃，造成贫富分化。而且，中国和西方的发展路径是不一样的。西方有时间慢慢搞，原始积累，从手工业、工场慢慢积累到大工厂、大企业，经历了几百年的时间，中间还有那么多的不公正，19 世纪甚至 20 世纪初疾病、犯罪、贪污甚至还有卖淫这些社会问题都很严重，但是历史给了它们很长的时间去慢慢摸索，走到今天花了近 300 年，其间还不断用殖民、移民乃至侵略、战争等方式把内部矛盾向外转移（西方到了 20 世纪前 50 年还有两次世界大战呢！）。所以我们的改革的起点和 18 世纪的英国、欧洲和美国大不一样。

我们还有一个问题，就是起步晚、人口多，我们无论是耕地、淡水、木材，还是石油、天然气、铁矿石，人均占有量都太少了，而当时工业化初期的英国也好，包括今天的美国都没有这种顾虑，它们当时的发展理念，各个学科都没有谈自然资源，因为当时人们理解的大自然是取之不尽、用之不竭的，人类的任务就是征服自然、驾驭自然，没有保护资源、爱护资源的概念。而中国人口多、底子薄、资源少的现实是基本国情，还必须自己解决，不能转嫁出去。当然，把矛盾向外转嫁，也是最大的不公正。

《21 世纪》：但现在收入差距的程度已经成为社会的焦点之一。

黄平：当时没想到，现在这个的确太大了，一是差距本身在拉大，二是差距拉开的速度快。

《21 世纪》：而且政府近几年已经想了很多办法来应对这个问题。

黄平：一个政策的社会后果，往往要若干年后才看得见。下岗失业问题，西部发展问题，人口、资源和环境的协调发展问题，也都是近几年提出的。今天提出这些问题，不能指望说一提出就彻底解决了。那时候我们没有考虑这个问题，今天提出科学发展观，以人为本，建设和谐社会，也是要经过若干年持续而艰苦的努力才能看到效果。

## 不能永远摸着石头过河

《21 世纪》：谈了很多经济方面的改革以及对现在的影响，当时的思想界又是什么情况呢？

黄平：当时思想界有比较高的共识，就是思想解放，冲破"两个凡是"。老一辈，年轻一辈，从经济学一直到文学，北京的，地方的，有相当高的共识。

再有就是当时还有一种今天看来比较令人怀念的东西，大学生在饭堂里、走道里也在讨论，甚至宿舍里熄了灯也在争，有的干脆跑到路灯下或厕所里去看书，那种活跃和执着，今天是非常令人怀念的。

《21 世纪》：中国实行渐进式改革已经快 30 年了，您现在如何评价这样的改革方式呢？

黄平：这场改革总的说来采取了稳中求进的方式，我们叫摸着石头过河，走一步看一步。我觉得这种方式有几个好处，第一是避免了大的震荡，这和休克疗法是很不同的，休克疗法有点像赌博。第二，我们是完善，而不是推翻，所以一开始就很明确，好的要保留，不好的要改掉。稳中求进、不断完善，这样的方式容易取得全社会的理解、认可、支持和接受，所以改革这么多年，哪怕出现了一些问题，但还是取得了老百姓很大的支持。

同时必须意识到问题的存在，中国是后发国家，很多历史机遇我们错过了，甚至有些机遇是打着引号的，例如殖民侵略，未必是好事，但至少轮不到我们了，十几亿人的大国，而且还有几千年的文明传承，上要对得起列祖列宗，下要对得起子孙万代，十几亿人互相搀扶往前走，如果没有一个完整的理念、方案和战略的探索，老是这么摸索，也不是办法。当时是历史已经不允许我们坐下来慢慢探讨弄出一个完整的方案，所以必须改革。但慢慢摸，走一步看一步，一年三年可以，五年十年可以，但你不能永远摸索，你积累到一定的时候，有了经验，也有了教训，逐渐成熟的时候，至少知识界应该有理念，决策层应该有战略，政策研究应该有方案，甚至有多套方案来比较和选择，不能还处在一个自然的摸索状态。这么大一个社会，还承载着几千年的文化传承，它不能中断甚至还要复兴。另外，我们的淡水不要全污染，森林不要全砍掉，野生动植物不要全搞光，包括我们的日常生活，有花有草，有信任有亲情，那就得有理念、有战略、有方案。

《21世纪》：这是不是意味着对效率和公平要重新认识？

黄平：当然了，全面协调可持续发展，五个统筹，对内和谐，对外和平，人与自然和睦，这就不同于当时的拉开差距甚至默认部分的不公正。这还是理念层面，从理念到政策，两个五年规划下来，甚至20年下来，就会看到效果。我觉得，信息也好，科技也好，甚至政治伦理也好，现在恰好提供了一个多元一体、和而不同的机会。中国过去为什么生存下来，就是博采众家之长，兼收并蓄，海纳百川。

《21世纪》：现在我们才刚刚开始博采众长吧？

黄平：对外部世界的认识，对历史经验的总结，已经提出了一个明确的理念，就三个"和"：和谐社会，和平发展，人与自然和睦相处。

《21世纪》：那么您对未来持一种什么态度呢？

黄平：作为一个时代的受益者，你应该有最起码的正义感，路见不平你应该感到愤怒，但是反过来说，真正要测量社会发展的协调度、满意度，还要有历史的眼光和民众的视角。

欧洲很多人都知道，20 世纪 70 年代初法国总理来中国访问，问周总理如何评价法国革命，周总理说法国革命到现在还不到 200 年，评价它还为时太早。而现在我们的改革开放还不到 30 年。过去 30 年经济上奠定了比较好的基础，也许可以把它叫初步小康，其实真正要把中国做厚实了至少还要 30 年。回顾过去 30 年，前一半北京、上海以及其他一些沿海城市其实是跃升了一个很大的阶梯性台阶的。当然还有很多的问题，包括污染、腐败。而后一段，包括西安、兰州、昆明、贵阳在内的内陆省会城市也发展得相当快。但是中国要真的做扎实做牢靠，必须要把县做好。所以我觉得社会主义新农村建设还是很有意义的东西，第一它的新，不是回到老婆孩子热炕头那种村落，而是要发展县域经济—社会，以县城为中心，发展当地的经济、市场、就业、文化教育等，而不是把农民挡在村里种粮食。再有 30 年，如果把县域做起来，这个社会的基础就很牢了。

（本文为《21 世纪经济报道》访谈，2006 年 8 月 12 日）

# 多元一体，和而不同：
# 沿着费老的足迹

　　我很荣幸、也很高兴能来跟大家一块儿纪念、回顾、学习费老给我们开创的中国社会学、人类学的本土化研究足迹。当然，我们沿着他开辟的道路往下走，也是很艰难的。因为费孝通是一座高山，我们只要想做社会学、人类学研究，就永远也绕不过，永远有学不尽的东西。年轻时候看他的文章也许还觉得一般，像一杯淡水一样。但越读越觉得有味道，他是真正做到了深入浅出，用最平白的话把最深奥的道理讲出来。这样的水平不是一般人能达到的。我们写文章是越写越深奥、越玄乎，到头来自己也不知道说了些什么。

　　费孝通从他年轻时候起写文章就是继承了贤者孔夫子等人的传统。当然，这和他所处的时代和所受的教育是有关系的，他自己说自己一直是很幸运的，有很好的老师指导他，包括小时候的家学。除了自己用心不用心，也和有没有天赋有关系。我们当学生的时候有个美谈，就是听说费老和林老年轻的时候，他们在清华做学生。其他学生就想：他们怎么就这么优秀呢？于是就问吴文藻先生什么时候我们才能达到他们的水平。吴先生就说："林耀华也许是可以学的，但费孝通是学不到的。"后来我们做学生的时候，有人去请教老先生："您觉得中国还能有多少年再能诞生个费老？"得到的回答是："至少还得五十年。"当时我们很沮丧，其实现在才明白，那是老先生谦虚，五十年能再出一个费孝通，似乎是不可能的。那个时候我们也去拜会其他学科的老前辈，像冯友兰、金岳霖、夏鼐、钱钟书等等。那个时候老先生自己都是非常谦虚的，当时也有人就说像钱钟书这样的人是百年一遇的。今天看来，他们都是高山，能百年一遇就不错，我们在他们面前只能是高山仰止。

　　所以我觉得我们也是很幸运的，有这么多大家给我们树立丰碑，这样就在求学、研究途中有了标杆、尺度。这也是我们当小学生、中学生、大学生入学时第一门课一定要让最好的老师讲的原因。像过去清华哲学系本科新生的第一节课在当时由冯友兰或金岳霖讲。这个道理，和我们小时候学音乐、学绘画、学诗歌要从古今中外一流的作品开始学是一样的，虽然我们绝大多数人大概永远也谱不出贝多芬、莫扎特那样的曲子，画不了达·芬奇、齐白石那样的绘画，写不出李白、杜甫或雪莱、拜伦那样的诗篇，但仍然必须把这些大师的作品作为入门的东西，他们的成就会让我们知道那才是最高标准。

费孝通，至少就我们中国而言，是社会学和人类学的最高标准。而且费老他还有一个自己无心做而客观上做到的，那就是他奠定了一个学术传统，他做出来的学术研究其实很早就跨越了狭义的社会学、人类学、民族学。从我上大学起，在学界耳闻目睹已经有三十多年了，我接触的历史学家、哲学家、政治学家，还有一些经济学家，他们也在读费老的书，这个在学术界是非常难得的。因为现在是学科分科越来越细的时代，每个学科都有自己独特的方法和理论。前辈学者，他们写的东西能为其他学科提供依据、参照、引证等，这个非常了不起，我说是费老自己无心做这个，是我觉得费老自己可能当初也没想过自己写的东西后来会被经济学家等引用。现在我发现，越来越多的其他学科的学者，或者是今天一些领军的学者也都在阅读、引用他，或者为他提出的命题争论着。

"多元一体，和而不同"其实是他晚年提出来的一个非常具有世界意义的学术命题，也是非常具有世界意义的政治—社会的命题。今天讨论这个命题的人都跨越了社会学、人类学、民族学等学科，甚至也跨越了中国。我自己到所谓的国际学界去得算是比较多的，也了解到，这个命题在其他国家的学者那里也是很受重视的，至少是严肃对待的。学术上提出一个命题很难，提出一个能被大家认可的、公认的命题更难，而且能被其他学科意识到，那真是难上加难。所以，并不是因为今年是费孝通一百周年诞辰，我们就仪式性地、象征性地纪念纪念，而确实是因为中国的社会学、人类学、民族学走到今天，中国的社会走到今天，是很不容易的，费老为我们奠定的路碑、路标、里程碑是我们无论如何也绕不过的。这算是我的开场白吧。

要理解费老提出的"多元一体，和而不同"，首先，确实需要我们接受必要的训练、学习相应的方法和理论，但实际上更需要对我们的社会、历史要有个基本的了解，也就是费老一直身体力行所提倡的——不断地去搞社会调查，光靠读书本是不够的。其次，对整个人类社会所面临的挑战、困境要有一个清醒的估计，这样我们才能体会到他提出的这个命题的背景和蕴含的意义。费老自己年轻的时候很少写什么理论文章，很少引用什么理论和观点，也很少提什么理论命题。直到1979年邓小平提出社会学要重建、恢复、补课，中央决定由费孝通来负责组织社会学重建这个工作的时候，他一开始是推辞的，道理是他觉得自己不适合搞学科的建设，因为前半辈子都是搞经验研究、实地调查，缺乏他的老师潘光旦、吴文藻那样致力于建设一个学科的经历。但是当时潘光旦先生已经去世了，吴先生年纪也已经很大了，所以，费老后来还是义不容辞地接受了下来。即使这样，他也很少谈韦伯、马克思、涂尔干等，而首先是他对中国社会的深刻把握，其次也是对一个学科融会贯通之后，不会简单地只是在口头上重复那些大家的话，而是把深刻的道理用自己的话说出来，再就是社会学这个学科与传统的文史哲不一样，它面对的是直接的社会变迁，要理解社会变迁，就得跟着社会变迁走，一步一步地去探索社会变迁，进一步理解里边所包含的道理和奥妙。费老一开始做的研究用今天的话来说是乡村研究，或者说是试图通过对乡土社会实地调查去把握社会的变迁，用西方的话就是"社区研究"。

所以，我今天讲"多元一体，和而不同"，是想从社区这一部分开始讲。有相当多的部分不是讲费老做了什么，因为我没有能力去阐释费老的思想。我今天借费老百年这个话题来讲一讲我自己对社区研究、社区发展的有限观察和实地调查，以及从经验调查所看到的一些理论议题，这也算是对他的一个纪念吧。

20世纪80年代以来，我大概花了近二十年的时间，主要在西南、西北的"老、少、边、穷"地区跑，在这些地方的一些社区里做点实地调查。我开始做调查的时候并不是自觉和社会变迁结合。20世纪80年代初，我觉得一些民族地区的风俗习惯比较好玩。刚开始我是在四川大小凉山和云南巧家昭通一带做调查，起初还想去"研究"他们之间的家支械斗。后来很快发现我没掌握他们的语言，没有能力做这样的研究。而真正深入基层（那个时候我们还没有用"社区"这个词）特别是山区后，感到当地的贫困问题更突出。即使用当时的标准看，要让当地老百姓脱贫，也是非常困难的。我们国家各级政府自从新中国成立以来花了那么多时间和精力扶贫，希望帮助老百姓提高收入、增加粮食产量，但这么多年下来，我觉得，不管是来自政府的投入、国外的援助，还是后来的贷款、慈善，面对广大的老少边穷山区，都是很微不足道的。因为中国面积太大、人口太多，那样一点点撒下去，通过这样那样的扶贫、贷款、慈善、援助、捐赠，想以此改变贫穷的面貌，在一个县、一个地区，其实是很难很难的。我自己曾经有机会涉及几亿美元的全国性扶贫贷款项目，但到了乡、村，再分配到户和人，其实也就没多少了。于是我自己的研究就慢慢转到农村的教育问题。我的想法是，与其花那么大的精力提高收入事倍功半，还不如切切实实改善教育，让孩子们提高文化水平，这样从长计议更有利于他们今后的发展。于是我花了很多时间和教育部门一起，去调查怎么开展民族地区双语教育、女童教育等，比如如何防止回族、藏族地区的女童中途辍学，以及如何保证这些民族地区的孩子们能够一方面继承他们自己的文化、文字、语言，另一方面又能跟得上现代化的建设和发展。回想起来，这些都似乎还在昨天，其实已经是十几二十年前的事情了。

再后来，我发现，"教育改变命运"也不是没问题的。现在我们都知道所谓千军万马过独木桥，这个当然也是可能的，全家砸锅卖铁、负债累累，最终让孩子（往往是男孩子!）上成了学，偶尔也有女孩子上成了高中、大学，"山窝里飞出个金凤凰"。但是，要让整个偏远民族地区（特别是在某个单位时间内）通过教育改变千家万户的命运，却是很困难的。比如我们做田野研究，在村里住了一年乃至更长时间，就会发现，一年中村里在学校上学的，不管小学、中学、职专、大学，等等，一个村顶多只有1/4到1/3的人是学龄孩子，即使都在上学，也就是全村人口的一小部分。剩下2/3乃至3/4的人不是通过发展教育就能改变他们的家计状况的。这2/3乃至更多的人或者是刚结婚还没有孩子的，或者是孩子大了已经过了上学年龄的，或者是家里太穷没能力供孩子上学的。反正这些人与教育没有直接的关系，即使教育真的能改变孩子们的命运（不考虑教育质量、教育成本之类如今被国人深感痛心的问题），发展教育——至少一时——也改变不了村里大多数人的命运。

这样，我的研究兴趣又转入了卫生和健康领域。我觉得，无论孩子们上不上得起学，教育能让家庭致富或不能致富，村里的每个人，无论男女老少，都面临卫生、健康、疾病、医疗问题。后来，我的主要时间都在搞健康和健康教育研究，尤其是西北西南山区的健康研究，因为老百姓的很多疾病和水——缺水，或水污染——关系密切。回想起来，二十多年来，我从提高收入解决贫困问题出发，经过"教育改变命运"，到最后的"发展逻辑"其实很简单：如果我们偏远地区的一个村、一个乡、一个县在有限的时间很难大幅度提高人均收入的话，那我们每个人一个月如果能少来几次感冒发烧闹肚子，因此也少打几瓶吊针，那么就能减少开支，实际上也就能提高生活质量。这个"逻辑"，和批判发展主义的命题"有增长无发展"（包括整个地说虽有经济增长却无社区发展，也包括从个人或家庭看虽有收入增加却无人的发展）不同，它是积极的、建设性的："无增长有发展。"这是多年实地调查最终发现的，其实也没有什么秘密，而是几乎每个老百姓都知道的更加现实的生存之道：既然不能（很快）提高收入，那就（尽量）减少开支。这样的经验观察，不是从书本上得来的，虽然在西南、西北的实地调查过程中，我们不断地要阅读费老，当然也要阅读其他前辈学者，还包括一些外国学者的著作。

回头再说社区。其实，我们讲的"社会"是很抽象的，我们每个个人实际是生活在自己的社区的，或者说在自己的"圈子"里。人们都会知道自己是所处社区（也就是我们熟悉的圈子）的一员，不管是传统的血缘、地缘或者如今的业缘、趣缘的社区/圈子，还有很多超越边界的无形的社区（例如所谓"知识共同体"）。不论具体的社区/圈子是什么，每个人就日常生活而言，是生活在一个个具体的社区圈子中的。回到我们最初提到的问题，就是：个人怎样才能感受到自己的生活是好的生活？这就涉及在他所生活的社区圈子里边他怎样才能够觉得自己的存在是有意义的，或者至少，今天的生活是高兴的，明天的日子是有盼头的。

"社区"这个词最早还是费老当学生的时候，读书读到腾尼斯（F. Tonnies）写的《社区与社会》，一开始人们用"地方社会"来翻译 Gemeinschaft，以区别于"社会"（Gesellschaft）。费老觉得中国文献、语境里边没有这个词，后来偶然想到了"社区"这两个字，用它们结合在一起，来指这个 Gemeinschaft（也就是英文里的 community）。

在此，我冒昧地提出三个我认为任何一个社区所需要的必要的主体性条件。第一，尽管各个社区都有其独特性，但根据我自己有限的研究，我认为，它们都得有一个主体性的东西，即：人们彼此之间的身份认同（identity）。这构成了一个社区的内在的必要条件，不管是按血缘、地缘、趣缘、业缘分，或者跨越这个可见的边界，在所谓的无形社区，至少，人们在一起要组成一个社区，一个前提是我们都是这个群体里边的一员，也就是说，我是属于我们这一拨人的，得有这么一个认可和被认可，把你当作自己人。有时候，也未必亲属就一定是认可的边界，也许全村都有血缘关系，但未必彼此认同程度一样，我一开始做调查的大小凉山，也有被赶出家支、不被认可的人。不过，在传统社区，大家都很清楚这个边界在哪里，是这个门还是那个坎，这是最起码的，有了这个认同，就知道我们大家是同一群同一类的。我认为，这是所有的社区——无论其怎么发展——都需要具备的主体性条件，也就是我们今天说的"认同感"。

社区的第二个主体性必要条件，与第一个紧密相关但又比第一个程度更高一些，我把它叫作"安全感"（security）。当我们有了认同感之后，一群人在一起生产、生活，不管外部条件如何恶劣、生活水平如何贫困，当一个人处在他所在的社区之中或回到他所属的社区之内时，就自然会产生出一种安全感，哪怕很苦很累，山很高路很险，他也会感到平静、安定。这不是什么外在的东西，而是自己所在的这个社区所内在赋予他的，因此他就会生出一种安全感，这个不是任何门锁任何警力能够替代的。

第三，是被我叫作"团结力"或者"凝聚力"的东西，它也许平时不凸显，或者生活不被打乱的时候看不出来，但当突发事件发生，比如洪水、地震、"非典"、经济危机等发生的时候，就会看到社区的"凝聚力"或者社区成员之间的团结。平时大家可能互不干扰，甚至显得或者老死不相往来，或者还闹矛盾、别扭，张家长李家短，但遇到事的时候，社区遇到危机的时刻，彼此之间却有了相互提携、互助互帮，这个就是凝聚力或者团结力（solidarity）。

这三个东西，构成了社区内在的主体性条件。

现在让我们回到老少边穷的社区。20世纪80年代初我在四川的大小凉山地区跑，觉得人家收入很少，交通、卫生等其他条件也很差。当时四川有一些大学生在当地工作了多年，包括扶贫办、农业局、畜牧局，甚至做了县长、副县长，他们是 20 世纪五六十年代毕业的大学生，志愿或者响应号召来到边远贫困县里支援搞建设，他们的一个很重要的工作就是劝彝族老百姓从高山上搬下来，他们认为老百姓住那么高，不通电不通水，卫生条件也很差，不如搬到更"适合人类居住的地方"。结果，他们一次次地劝，一次次地失败。有时候好不容易劝老百姓下来了，但一不注意他们又搬回去了，于是就说人家"愚昧"。但这里就有一个问题，我也是后来多年在西部老少边穷地区跑才意识到的：普通老百姓祖祖辈辈在那里生活、繁衍，难道他们真就那么笨吗？有政府提供的更好的居住和生活条件，他们为什么还要搬回条件艰苦的高山上呢？这就涉及第二个我要在这里说的问题：一个社区除了三个内在条件外，还有四个外在条件。

前两个外在条件是自然资源（耕地、淡水等）和经济资源（收入、税收等）。就这两种资源而言，西南和西北的老少边穷地区比起中部、东部地区来实在短缺得太多。拿自然资源来说，西北缺水，西南缺地。而经济资源，至少在很长时间内，西北、西南地区都缺经济资源，县乡税收很低，老百姓的收入也很低。总之，这两种公共资源在西部都是短缺的。这也是我们多年来扶贫所要解决的。可是老百姓为什么要搬回到高山上去呢？社会学家、人类学家深入当地，往往会发现即使他们很缺这些资源，但是他们办红白喜事时还是一项也没落下。这里就涉及除了自然资源和经济资源外，一定还有别的东西，这就是我所说的第三种资源：社会资源。这主要是指有形的组织资源，包括各种各样的制度，比如说家庭制度，还比如有的民族地区（汉族地区、平原地区、发达地区未必有的）老人协会等。有的是传统的，有的是后来发展起来的，使人们有章可循、有法可依的那样一种东西，"社会资源"是公共的，也是具有约束力的，比如有的社区里不能杀生，还有很多社区里不能偷盗。除此之外，还有第四种与此相关的资源，我叫作"文化资源"的东西，就是社区里所包含和遵从的价值规范、道德伦理。这两种资源，从外面起初一看可能不容易看到。外边来西部山区的志愿者可能很容易看到的是当地缺自然资源、经济资源，但不容易看到人们生活中还在起作用的组织制度和丰富多样的规范伦理。而这两种东西就是他们物质生活条件那么差、经济收入那么低却还能过得那么有滋有味的原因，是这两种东西把他们的生活支撑起来的。这四种资源总体来说都叫公共资源。

一说到"公共资源"，就有一个经典的"公共资源的难题"：谁都知道它有价值却谁都不维护它。事实上，在边远、贫困地区，除了耕地少、淡水少，有的地方水本来就少还被严重污染了，如果社会和文化资源也短缺，没有一套大家遵从的制度章法和伦理规范，那么就更雪上加霜。相反，如果说即使穷，但有丰富的社会和文化资源，他们就可能仍然过得有滋有味。问题是怎么样使他们不出现公共资源的难题？

在我们日常生活中经常能遇到这种难题。比如 20 世纪 70 年代末，我们到民族地区已经看到那里也开始搞联产承包责任制了。这个政策好得不得了，使人们增加了粮食产量，解决了多少年来困扰我们的粮食不够吃的困难，直到今天它也是农村的基本经济制度的基础。但也有一些地方矫枉过正，过犹不及。比如一台拖拉机也要把它分了，一个人扛个轮胎，一个人卸一个方向盘，即使这样也还有打架争吵的现象。还有，山区的水本来就少，就发生抢水偷水、为水打架的现象，上游的还会有截流等现象，这种现象今天仍然在发生。这就是公共资源的难题。而当自然资源和经济资源匮乏的时候，如果有比较丰厚的社会资源和文化资源，那么就能弥补自然和经济资源的不足，甚至能产生一种比较和谐的社会生活和社区关系，让其他很多地区来的人都很羡慕。我们老少边穷地区有很多让平原地区、发达地区人们都很羡慕的地方。比如，我们到民族地区做研究，发现物质条件可能没那么好，但是我们感觉到那里的人生活得很充实，连我们自己在那里的日子也很使人留恋。

公共资源的难题怎么解决呢？一个解决办法是干脆不要公共资源，就是将其不断分下去，彻底私有化。其实，英国直到 20 世纪 80 年代中期，还存在大量对公用地。即使在伦敦这样的大城市，市内也至少有 1/5 的地是除了房屋、道路以外留下来的草地和花园。所以，即使是西方社会用分的方式来处理公共资源的难题，好像逻辑上提出了一个私有化的解决之道，但也没能彻底化掉。20 世纪 80 年代英国撒切尔执政，大搞私有化，一个很重要的原因是还在 1945 年战争结束前，英国工党就开始提出搞社会福利、社会保障、公共医疗、免费教育这一套。1945 年以后英国虽然是战胜国，但依然是被打得千疮百孔的。

包括城市里的人也都是在相当长时间里凭票供应日常生活用品。另外，社会还算年轻，战争摧毁了硬件的东西，但软的东西还在。所以那套社会福利体系，通过税收等，还是能支撑的。结果，西欧、北欧出现了福利国家这样的东西。这种福利国家还不是凯恩斯主义的政府干预物价、控制通货膨胀、保证就业等，而是通过社会福利、社会保障来缓解原来的劳资矛盾和收入不平等问题。这个社会福利的设计，一方面是由于当时社会有过大的经济危机，陷入大萧条，然后又有世界大战。虽然 1945 ~ 1975 年有冷战，但是整个欧洲 1945 年以后似乎走出了原来 18 ~ 19 世纪提出的那个经济周期，所谓近三十年的黄金时期。但是 20 世纪 70 年代初，第一个是外部世界有石油输出国抬高石油出口价，出现石油危机，这是整个西方面对的一次大的危机。第二个是社会老龄化问题变得很突出。原来的社会福利制度设计，由政府通过税收来办免费医疗、教育和养老等社会保障，因为 1945 年那会儿整个社会还很年轻。30 年后出现老龄化问题，虽然社会有改善措施，但政府有限的税收和福利已经捉襟见肘，不足以维系高福利生活，使得人们开始抱怨。撒切尔在这样的背景下上来，搞新自由主义，就有了基础。这样一搞好像效率又明显提高了，重新激活了资本市场。但即使像撒切尔那么热心搞私有化，也不可能彻底，包括公共医疗、基础教育和博物馆等还是免费的。但撒切尔大搞私有化造成的一个现象就是社区的急剧衰落。因为讲效率、讲利润、鼓励大资本，很多政策明显偏向上层或中上层，广大的中下层能得到或能感受到的好处就越来越少。当时能看到的是中下层社区的垃圾越来越多，老人、病人越来越多，吸毒、犯罪也越来越多。虽然整个国家统计的出口、收入都是很高的，而且还发现了北海石油，金融、旅游等也在国际上领先，但是社区的衰弱是很厉害的。导致撒切尔风光了一阵以后，保守党自己在她没有结束任期时就将她拿掉了。

回到社区问题。不只是老少边穷地区有个社区建设问题，即使是比较发达的地区，社区建设也并不容易，比如刚才说的几个条件，即使收入很高，自然资源很丰富，但是社区仍然可能衰弱得很厉害。就是说，这三个内在条件和四个公共资源或外在条件，怎么样把它们利用好、协调好，一方面可以弥补另一方面的不足？再一个情况就是公共资源被打散、被拆散、被瓜分、被损害。关于公共资源的难题，中信出版社 2008 年翻译出版了两个著名经济学家合写的一本书《困局经济学》，是值得一读的。

今天我们很具体地说有一个新农村建设问题，如何实现城乡一体化、缩小城乡差距。这个里边，一方面现在已经提出我们好像已经走过了以农养工的阶段，到了一个已经能以城带乡、以工养农的阶段。这个总体判断是没问题的，但是另一方面，我们的农村，包括山区，不只有穷困、落后和欠发达问题。

由传统到现代、由机械团结到有机团结的社会学的最基本的判断，是社区概念背后的一个重要问题。不少学者认为，这是一个线性的、二元的过程——由传统到现代、由农村社会到城市社会，传统的、老的东西是落后的，现代的、新的东西是文明的。这样一个线性的概念认为社会是沿着一条线往前走。同时，这样一种叙述在理念、思想认识方面，截然把人类社会分成了传统与现代、落后与发达。如果按照这样一种思路来处理，就看不到老少边穷地区丰富的社会资源、文化资源，因此也就体会不到那里人的喜怒哀乐，使我们看不清为什么在缺少自然资源和经济资源的情况下，他们还过得那么幸福快乐。同样，我们也不能充分理解所谓的很发达的地区为什么还有那么高的自杀率、异化、疏远、冷漠等，更不用说今天饱受责难的交通堵塞、空气污染等城市病。当然，有些东西是任何社会任何时代都会有的，比如突发事件，或者地震之类，这是任何时代、任何社会都会有的。但是，由于我们在叙述背后的逻辑和做价值选择与判断的不同，由于与之相关的社会政策、社会制度的不同，那就可能反而人为地把一些本来使我们生活更有意义，更能增进我们认同、安全和凝聚的东西给打散、肢解和分裂了。这样来看待今天的中国或今天的世界，就更能理解为什么要"多元一体，和而不同"。费老后来地位很高了、年龄很大了，但仍然坚持到老少边穷地区去搞社会调查，而且他去了之后既不做报告也不开大会，就是到老百姓家里去看他们如何生活，并了解他们如何理解自己的生活。你看他写的文章，语言是那样的平白，讲的也是最普通的事，例如讨论甘肃老百姓如何养兔子的问题。其实他年轻的时候也是这样，他做的江村经济研究、对乡镇企业的研究、对江南小城镇的研究，一以贯之，用最通俗的语言谈论人们的日常生活，把对社会变迁的认识蕴含在这些里面，而不是大话连篇，空话连篇。

社区建设或社区重建，一个重要的问题是西方的启蒙思潮给我们带来的

"二元对立"这样一种叙述。当然，反省批判并不是简单地抵制西方，而是反思现代性所造成的难题，包括它所带来的疏远与异化问题。这方面西方人自己反省得也很深刻。至少启蒙一方面使人们走出愚昧获得个性解放，但另一方面在哲学认识论层面搞出了一个主体与客体的二元对立，在社会学层面就是所谓的传统与现代的对立，在社会变迁意义上有所谓文明与野蛮、进步与落后这种二元对立的思维定式或套路，是需要我们今天来反思与超越的。这样，"多元一体，和而不同"，不只是要跳出西方中心论来看西方，或者超越东方主义来看东方，而是说，即使中国社会自己，本身也是"多元一体，和而不同"的，历史上一直就是"多元一体，和而不同"。

说到中国，今天有很多说法。记得有一次我去国外讲，一句话讲下来，后来一想其中大概有八个要素。如只讲其中一个或两个三个并不少见，但是这八个要素同时并存，似乎就很难：十亿以上的人，在三十年的时间里，一直保持着几乎两位数的增长，在此期间有三亿以上的人脱离了贫困，两亿人或者就地，或者通过迁徙实现了非农化，还有一亿人事实上进入了中等收入阶层，而且，在这三十年中，没有发生大规模的内部的动乱、暴动、起义、革命，也没有发生大规模的对外的移民、殖民、侵略和战争。这八个要素同时并存，这在人类历史上，至少自英国工业革命、法国革命、美国革命以来，还从来没有过。今天我们在中国做研究，很容易列出中国面临的问题，比如教育不公平、医疗体制不健全、污染严重、交通堵塞、贪污腐败等问题。但上面这八个要素同时并存，这真是了不起的人类历史成就。至于我们能不能再持续三十年或者六十年，那是下一步的考验和挑战。虽然我今天讲的"多元一体，和而不同"并不是这个经验层面的，费老讲的"多元一体，和而不同"，比经验层面的成就要深刻得多，它探讨的是理论和规范层面的世界格局以及中国在这个格局中的位置和影响。

回到"中国"。首先，就如同今天联合国的其他国家一样，我们是一个独立的主权国家。我们是从晚清开始，经过孙中山、毛泽东等一代又一代人的艰苦努力，终于取得了自立于世界民族之林的地位。1971年我们恢复了在联合国的合法席位，当时梁漱溟拄着拐杖到冯友兰家里含泪说："我们少年时代的梦到现在终于实现了。"在现代国家这个意义上，中国还是一个年轻的民族国家。1911 年我们形式上推翻了帝制建立了中华民国，1949 年建立起新中国，1978 年以后才算真正发展起来了，但是我们还没有完成现代国家的民族建设（nation building）和国家建设（state building），前者包括祖国的最终统一和各族人民的最终认同；后者包括司法、税收、审计以及医疗、教育、养老等。作为年轻的现代民族国家，我们的确正在做前人没有做过的事业，但是我们的目的还没有最终达到。

但这只是从一个维度看中国——有自己独立的主权和相关制度的现代民族国家。

"中国"又不只是一个现代民族国家。我所说的第二个维度就是：中国同时是一个大陆型的社会。这和一个城市型的、一个岛屿型的、一个区域型的社会是不一样的，因为它本身就构成了一个大陆。大陆型的社会，与此相关的社会与经济，这样的国家是不多见的，美国是一个，印度是一个（但是印度的统一程度远远不及美国和中国）。中国一方面是一个现代民族国家，另一方面是一个大陆型的社会和经济。哪怕只说经济，它也不是现代国家想统计就能统计进来的。一个大陆型的经济，它的模糊性或者多种经济并存，包括家庭经济、非正规经济，不是说哪一级的统计要掺水或造假，而是很多东西其实无法统计进来。无论我们到江浙这种比较发达的地区还是到甘肃贵州这些相对滞后的地区去看看，都会发现，很多都是想统计却又统计不进来的。不是谁存心不让你统计，也不是统计人员不专业不敬业，而是很多经济活动就不是以现代民族国家形式来组织的，这里我还没说全球化形式下的跨国经济（transnational economy）。我就说传统的，尤其西南、西北的民族地区老百姓的相当多的经济活动是自然经济、家庭经济、社区经济。谁也没想过去统计造假，但当你去问他家庭年收入是多少，老百姓可能根本就没有"收入"这个概念。很多都是现种现收、现收现吃，你问他年收入多少，很可能他说的是过年前手里有多少现金！他怎么可能去计算不同时节收下来的各类食物等值于多少现金，再纳入全年的，最后得出"年收入"这个概念呢？他更不可能去计算其他诸如养猪、种菜等的劳动投入。这种看似模糊的经济有一个好处，多种生产活动和经营活动并存，这种大陆型的经济的自我修复、自我完善能力是超强的。这次这么大的金融风暴和经济危机严重影响我们的出口，使如此之多的农民工返乡归土，但竟然没出现什么大的事情，也没有农民工大规模聚众闹事。这体现了自我修复、自我完善或互补的能力。在单一的或者小型的国家，如果经济一出问题，例如失业一严重，银行一崩盘，一帮人一闹事，都可能会出大问题，全社会都发生恐慌甚至动乱，政府立即倒台，都是可能的。而我们如果仅仅把中国也看作一个单一的民族国家，再按照西方的一些经济学家的模型去推，比如失业率、通胀率等，中国也许早就崩溃了。也可以从这个角度看出中国是一个大陆型的经济和社会，是一个"多元一体，和而不同"的复杂多样的整体。

第三，"中国"还是一个有着延绵不断的、活着的、没有断掉的历史的文化/文明，我们是不是世界独此一家先不说，但是至少，这个应该是不多见的。许多古代文明，古埃及、古希腊、古巴比伦、古印度，等等，都断掉了。当然我们的历史中也有过变迁、有过挑战、有过曲折，但作为一种大的文明和长的历史，是一直延续下来了。甚至可以说，每一个中国人都是天生的历史学家（葛兰西说过"每个人都天生是知识分子"）。我在我们的所谓的偏远贫困地区的许多村庄见过的老头子老太太们，要说正规的学校教育也许他们一天也没有受过，但他们开口闭口都是孔子孟子怎么讲的，诸葛亮曹操怎么做的，他们用这些故事和智慧来给后人讲历史讲文化讲道德，也以此来处理邻里关系和待人接物。这个文化/文明是活着的，而不是只有跑到博物馆里才看得到的历史，虽然今天我们的文化也面临着巨大的挑战和危机，如何在物欲横流和信息爆炸的条件下使之再生或涅槃（而不只是"保护"）成了我们无法回避的责任和宿命。所以，"中国"还是一个包含着丰富的多样性的文化—历史综合体，是一个文化中国，我们都生活在一个多种文化并存、共融的环境里。

总的来说，"中国"，从这三个维度看，都是活生生的现实：中国作为一个现代民族国家，我们能感受到她天天都在进步，她的方方面面也还需要不断完善；作为一个大陆型的社会—经济体，它所具有的互补性和包容力，越是在世界出现危机的情况下越发彰显；作为一个活着的文化和历史，起码看不到这个文明哪一天会被什么力量灭掉。从这三个维度去看"多元一体，和而不同"的中国，在处理国与国之间的关系时，我们就会发现，我们确实一直走着一条和西方国家不完全相同的道路。

所以，我觉得费老提这个"多元一体，和而不同"，既是我们解决"三农"问题、新农村建设乃至和谐社会建设等的一种非常高明的哲学思维，也是对我们自己的历史的高度概括，还可以变成分析性的概念，包括对现代社会内部的张力和带来的难题破解，不管是文化层面还是心理层面。

因此，现在有关于中国道路、中国模式、中国经验的讨论和争论，"北京共识"的说法也许太笼统、太含混。而中国经验、中国道路是不是存在？它或者只是一个个案、一种经验？如果只说最近这几十年，当然，可以说还是一个个案，还只是一个经验。我们还远远没到自我吹嘘已经完全成功的时候。但是如果要从更长的历史、更广的大陆、更丰富的文化来概括，用科学的最一般性命题来描述，那么，是不是可以说：如果一种东西（例如我所说的三维"中国"），它所跨越的时间越长，覆盖的空间越大，涉及的对象越多，那么，很可能，它所蕴含的普遍性程度就越高。

我们知道，1971～1972年我们终于抓住机遇，通过"小球撬动大球"（邀请美国乒乓球代表团访华），实现了中美关系缓和，美国总统尼克松应邀访问中国，和周总理签署著名的《上海公报》，并接着实现了中日关系正常化、中国和欧洲几乎所有主要国家建交，在此之前中国恢复了在联合国的合法席位，等等。尼克松来访时问周总理："你怎么看待法国革命？"我们都知道周总理在新中国成立后一直忙于搞社会建设，几乎不再谈这些东西，但是他当时脱口而出一句话，到今天仍然在西方思想界、外交界几乎无人不晓："法国革命到今天还不到两百年，要评价它还为时尚早。"

而"多元一体，和而不同"，我们从先秦以来跨越的时间、覆盖的空间、所覆盖的人群和民族来看，它所包含的普遍性究竟是什么，我们还没能用自己的语言总结提炼出来，让自己的人民能够听得明白，也让别的人也能觉得有理。如今我们的社会科学用的几乎全是西方的概念，以英国这个个案为基本经验总结出来的。英国在18世纪以后确实发展了，走到了世界的前列，19世纪成了世界第一强国，20世纪中期让位于美国，但并不是说人家提出的概念我们就不重视，当然要重视，而且还需要高度重视。但是费老讲的"多元一体，和而不同"，从"各美其美，美人之美，美美与共，天下大同"这样一种心胸和气度来看待文化之间的对话交流，然后看到各种文化所包含的价值，不只是中国文化有价值，阿拉伯文化、非洲文化，包括已经消失的玛雅文化里边，还有一些更小的民族、更小的地区的文化，都有价值，这也是为什么我刚才加了一个"很可能"：跨越的时间越长，覆盖的空间越大，涉及的对象越多，则很可能，它所蕴含的普遍性程度就越高，但也有一种可能：虽然跨越的时间没那么长，覆盖的空间没那么大，涉及的人群没那么多，但也不是小的就一定不具备普遍性。例如今天西方的主要的被抽象出来的普遍性（尤其是以个人为基本单位来看待现代性，其实是自我的确立），很多就是以英法的经验或个案为依据的，再追根溯源可以追到古希腊，以个人为单位的原则其实源于古希腊的原子论。是不是可以说，即使是发源于古希腊的小岛，也并不是说就一定不包含酝酿出普遍性的可能。从逻辑上说，这个小的文明可能被一场战争、一次瘟疫灭掉，但是它蕴藏的东西后来发育出了一些更具普遍性的要素。

但是，我们确实又不能把一种普遍性的可能（例如古希腊这种可能）无限夸大，然后用它并且仅仅用它去否定其他所有的可能，更不能把"中国"这样一个如此巨大、如此悠久、如此广阔、如此丰富的东西仅仅看成是一个另类/异类，甚至是一个应该被淘汰或者替代的个案！

最后，源自英法的社会学力图像认识自然一样认识社会，孔德就提出过要建立一门"关于社会的科学"。但实际上，到今天为止，人们对社会的研究还是非常不确定的。人们获取知识的途径说到底是有两类：归纳的和演绎的。演绎的知识是 A = A，这是数学、逻辑。但是我们其他知识都是从经验世界归纳而来的，而我们的经验又都是有限的。从有限的知识来提取、归纳、概括，所以用统计、用概率去研究可能性。这样一种归纳概括的科学里边，迄今为止最接近数学的是物理学，由此排下来的是化学、生物学、心理学、经济学、社会学、政治学，越往后其实就越不确定。因为要涉及的边界越多，涉及的条件太多太复杂以致它们很难寻找到数学或者物理学那样一种确定性。但我们知道即使是物理学，其实到 20 世纪 30 年代那会儿发现了波粒二相性。换一句话说，"鱼和熊掌不可兼得"，不确定性才是常态。前面说过，现代性强调个性、自我，以个人为单位，把人还原为个人的价值、个人的尊严、个人的权利，而不是家庭、不是团队、不是社区、不是群组，这是和古希腊的原子论有关系的。如果按照古希腊的理论最小的单位可以还原到原子，那也许它还有足够的科学性。但是今天物理学发现原子可以再分，光线可以弯曲，而粒子与波的确定性不可兼得。那么，在我们这个"多元一体，和而不同"里面，包括费老一辈子在研究的社、群、团、队、组，而不仅仅是个人，因为人是在关系中获得意义的。他早年讲的差序格局，后来研究村庄、乡镇、小城镇，最后到他晚年提出"多元一体，和而不同"，都涉及什么样的东西构成一个社会的基本单位。它不只是一个目标方向、道德上的理想，而是能变成一种我们可以在社会上找的元素，也可以在分析的意义上用作研究的范式。以后无论认识中国自己还是其他国家和地区的发展、变迁，这里所提供的这样一种分析框架、分析范式和它里边包含的解释力，至少能和马克思、孔德、斯宾塞、韦伯、涂尔干等人，和启蒙时代的笛卡儿、狄德罗、卢梭、孟德斯鸠、莱布尼茨，乃至和古希腊的苏格拉底、柏拉图、亚里士多德等的相关理论框架和分析概念相媲美。其实，我们也经历了从老子、孔子等一直走到今天，我们也随时可以体会到中国的那三个维度，其中也有很多东西也可能成为我们社会科学的基本概念和基本范式。只不过，我们需要跳出西方中心论和二元的线性思维，才能看到这些可能性。

（原文载包智明主编《社会学名家讲坛》第一辑，中国社会科学出版社，2013）

# "中国道路"的学术意义

近来，无论是在国内，还是在国外，关于中国发展道路的讨论越来越多了，一方面当然是因为在国内，我们刚刚纪念了改革开放30周年，现在又正在回顾人民共和国60年的伟大历程；另一方面，尤其是从国外的角度来看，也是由于中国这30~60年一路走下来，到今天已经在世界上占有越来越重的分量，她的下一步发展也因此越来越受到各国各界的普遍关注。

关于"中国道路"，或者"中国模式""中国经验"，特别是"具有中国特色的社会主义"的讨论，其实从改革开放以来，就从来没有停止过，这些讨论本身也就是发展"具有中国特色的社会主义"伟大实践的一个重要组成部分。如果我们把视线放到1949年以来的60年来看，甚至1919年以来的90年来看，可以说，关于适合中国国情的发展道路的探索和实践以及与此相关的讨论，就一直在进行着、开展着，就一直是中国革命和建设、改革和发展的有机组成部分。

因此，从历史本身的延续性和如何认识历史的角度来看，的确有个如何认识和勾连1919—1949—1979以来的30年、60年、90年的问题，今天的中国既是30年来改革开放和发展的结果，也是60年来不断探索发展道路并虽然历经曲折却也积累了大量经验和智慧的结果，还是90年来革命和战争、建设和发展、改革和开放一路坚持走下来（其中既有继承又有发展、既有挫折又有辉煌）的结果。

从学术（以及思想）意义上说，把历史中的这种看得见看不见的延续性和在每个历史时期以及其中的各个时刻的创新加以梳理、认识和提炼，不仅是历史学的课题，也是整个学术界对与之密不可分的社会的承担和使命。

当然，历史也不是从1919年才开始的，即使是中国的近代历史，也起码应该"由此上溯到1840年"！不论今天我们取得了多么伟大的成就，也不论今天我们已经处在一个什么样的时代（和平—发展、科技—信息），起码应该铭记，从1840年起，"为了反对内外敌人，争取民族独立和人民自由幸福，在历次斗争中牺牲的人民英雄们！"这不仅是个道德和政治问题，也是个严肃的学术和思想问题，因为任何学术和思想，是不可能在割断历史的前提下发展和昌盛的。

从文化的延续性上说，其实中国道路还有个30年—300年—3000年的问题，虽然历史不可能倒退，但是中国的历史事实上也没有（被）割断。中国道路的学术意义，还在于这个一直没有间断的历史脉络。"中国"，既是一个已经自立于世界民族之林的现代国家，她经过30年—60年—90年乃至更长时间的艰苦奋斗和辛勤建设，已经获得了自己的独立、主权，并在自己的国家建设（经济、法治、社会、文化、科技、国防、环境等）中勇往直前；但是，"中国"，也是一段绵延不已的活着的历史，还是一个最具有文化多样性的社会，饱含着多民族多文化的共处共生共进共荣，是"多元一体、和而不同"的文化和民族共同体。

这样来考虑"中国道路"的学术意义，就不只是如何在既有的（主要是西方的）框架下如何去说明中国的问题，也不是如何顺着既有的框架去解释中国的问题，更不只是在这些框架已经"规定"好的规则下如何为中国辩解的问题。

中国道路的学术意义，在于它自身的阐释力度，既说明自己，也能用来观察世界。所谓"作为方法的'中国'"，就是说我们也可以从"中国"（或"中国道路"）的视野（而不只是"西方视野"）去看世界。当用"西方"（或"西方道路"）去看世界的时候，世界是一个样子；而当用"中国"（或"中国道路"）去看世界的时候，世界会是另一个样子。

这，就是"中国道路"的学术意义。

（原文载《中国社会科学报》2009年7月30日，第003版）

# 第四部分　余论

## 全球化时代社会科学遇到的挑战

　　我今天要谈的很多问题其实大家平时都思考过，都受到过困扰，其中最重要的一个就是：究竟现在社会科学有没有遇到问题？第二次世界大战以后，社会科学界就开始了对社会科学所遇到的危机的讨论，尤其是开始对 19 世纪以来所形成的这套社会科学规范提出了质疑。而我总的感觉是，最近这十几年才是社会科学遇到的挑战外显化时期，因为这一段时间社会科学危机比较明显，有被边缘化的危险。当然，十几年以前我们也看到人文科学有点被社会科学边缘化，但主要是在过去的十几年中，整个社会科学，包括以前的一些很重要的学科，像社会学、政治学、法律学等等，似乎都不像二战后前后 30 年间那么举足轻重了。

　　在二战结束前后的那三四十年里，社会科学所具有那种给社会的孕育、发展、变迁和治理提供合法性、提供依据和提供阐释的地位和作用现在似乎正在丧失，它越来越让位于经济学、管理学等学科，乃至于财会、金融、计算机等技术科学或自然科学。在国内我们讨论得比较多的当然是经济学的帝国主义问题，好像是别的社会科学学科要被经济学所取代。实际上，我认为现在经济学也遇到了不少挑战，因此，不仅人文学科有一种失落感，人文学者被边缘化了，其他的社会科学学科也遭受了挑战。

大约 10 年前有一群在自己的领域里比较有见识的社会科学家联合起来，写了几篇文章，形成了一个小册子，叫作《开放社会科学》。这本书的篇幅很小，但是它探讨的问题正好是我今天所要讲的问题的出发点，也就是说社会科学奠基于 19 世纪，在此之前就有了社会思想、社会理论和社会哲学等东西，但是我们现在所说的社会科学差不多是在 19 世纪产生的。而社会科学从其产生的第一天起，就是我们今天所赖以生存的基本制度框架的产物，也是为这个框架和制度提供合法性和依据的主要源泉。这个框架就是民族—国家体系。在 19 世纪以前，世界并不是按照民族—国家的体制来组织的，很多地区的小封建制国家或者殖民帝国以及广大部落、区域性社会存在的时间都很长。但我们现在所理解的民族—国家，即那种拥有主权、边界、领土等东西，有自己的国民经济、国家防务和国家安全，以及在这个框架制度下存在的国民待遇、国民权利和国民义务等，这一套制度基本上都是在 18 世纪后期到 19 世纪初在欧洲奠定基础的，到第二次世界大战以后，全世界几乎所有的地区和人民都陆陆续续被组织到了这个框架下面。

最具有说服力的一个例子就是，我们原来所描绘的那种边远的、"落后的"或"土著的"广大殖民地地区，它们在二战后都经历了一个独立的过程，然而有趣的是，这些国家和地区本来是要反对殖民主义、反对宗主国和争取独立的，但是它们独立以后也基本上都复制了前宗主国的殖民主义者在自己的本土上所建立的那一套社会组织形式。经济和社会生活都被组织到了民族—国家的框架里，政治、法律，乃至于艺术、教育和知识文化的再生产也都成了民族—国家建设中的一个有机组成部分，社会科学实际上就是这个有机部分中的一个最重要的链条，因为它提供了国家赖以立国的合法性和知识上的源泉。所以知识的再生产不只是一套传授技术的放之四海而皆准的体系。

这其中当然也包括教育，由于近代以后社会生产的规模不断扩大、组织趋于集中，所以知识的再生产和传授也具有这么一个特质。学校之所以要建立，从技术上说就是以为有很多东西都必须趁早学，等过了一定的年龄学起来就很难了；有些知识必须连续地学，不能"三天打鱼，两天晒网"；还有一些知识，特别是那些关于现代社会的知识需要集中地学习。这三个技术要件使得现代办学成为必要，但这只是一个技术方面的原因，还有一个更重要的原因，那就是要通过教育把每个人组织和培养成为具备一个国家公民所必需的知识、技能、人格力量的人，并且应该能够成为民族—国家建设中的有机组成部分，成为合格的"国民""市民""公民"。

一方面，18世纪末到19世纪是社会科学最有影响的时期，很多人都怀有这样一种非常虔诚的想法：我们要像认识自然那样来认识社会。最早提出这一观点的就是我们平时所说的社会学的创始人孔德，他主张建立一个"关于社会的（自然）科学"，要像认识月亮、地球，认识植物和动物那样来认识我们自己所生活的社会。这种理念除了真诚和执着的追求之外，还有一个很重要的特点就是，社会生活的组织过程本身也就是关于社会的知识再生产的过程，而这个过程除了要像认识自然一样去理解社会、寻找可能存在的社会发展规律之外，事实上也是不断地把社会生活的知识组织到我们的知识系统里来，并且要把它合法化，让大家不知不觉地认为它是理所当然的。所以说，早期的社会科学就是在不知不觉中完成了其最重要的使命。

现代社会科学和所谓的现代社会可以说是孪生的关系，一个是另一个的产物，另一个又促成了一个的发展。但是，现代社会科学第一次遇到比较大的挑战实际上是在20世纪20年代末30年代初的经济大危机。人们从19世纪后期开始想要建立关于社会的科学，那时候人们以为可以以这种方式去认识社会，但是经济危机的爆发是社会科学家们所没有意识到的，整个社会，从银行到金融，从生产到交换、流通、消费，一直到人们的日常生活的各个领域，都进入了一个大萧条的时代，这个时代第一次给社会科学提出了最大的一个挑战。这个挑战本身其实也促成了社会科学，特别是某些社会科学的成熟和合法化，最典型的当数经济学了，其次就是政治学和社会学。30年代的经济大萧条和两次世界大战，使得这三门学科在西欧、北美等发达国家及地区形成了社会科学中三足鼎立的局面，有了它们，整个社会科学就被建构起来了。到后来，人们越来越意识到了社会科学的"伟大贡献"，所以在部分地解决了就业、需求不足，以及由于大萧条和战争所带来的社会失范等问题之后，社会科学就确认了其合法性。

第二个比较大的挑战是 20 世纪 60 年代。当时几乎整个世界都兴起了反殖民主义的民族解放运动、反战运动等，这些运动对社会科学的建制和它的基本理念、基本组织方式提出了挑战。这其中包括反越南战争、妇女解放问题、种族主义问题，也有最古典的传统的工人问题、就业问题、贫困问题，等等。除此之外，社会科学家们自己越来越清楚地意识到，他们所传授的那一套知识系统，其实并不是大家理想的那种具有普遍性的范式。实际上，看上去最具有自然科学特色的那些社会科学的定理、公式、原则和方法，其实是根据一些很特殊的历史语境和社会情境总结出来的。比如说总结了一套关于西欧社会发展的规律，就得出了一套关于经济、关于社会和关于法治的一般性理论阐释，而这种一般性阐释一旦产生，就具有了一种普遍性的特色，就像定理、原则那样，至少在理论上具有一定的普遍性。但是它并不是建立在那种普遍主义的经验研究的基础之上的，而是对某一特殊地区的某个特殊时期的某一些特殊现象的总结，这种对于特殊现象的总结是否具有普遍性本身就是值得怀疑的，即使是西欧也包含着很丰富的差别，也不是一些貌似"公式"的东西所概括的那样具有如此高的共同性。到二战后的六七十年代，社会科学遭到了第二次大的挑战。这次挑战也促使社会科学领域里引入了一些新学科，它们过去要么根本就没有被纳入民族国家建设中的有机组成部分，要么就是被设置在非常边缘的细琐的学院分科里。

社会科学所遇到的第三次大挑战是在冷战结束以后。整个社会科学进入了一个重新界定自己、重新界定社会生活的阶段，正好在这个时候，社会科学家们遇到了很大的难题：我们不知道该说什么，不知道该怎么说，甚至我们自己越来越没有自信能把它说清楚了。一方面，冷战结束，似乎人类重新又迎来了一个普遍主义、和平与发展的全球化的时代；另一方面，原有的社会科学说辞、范式、方法、假说和理论大都遇到了一个新的挑战，就是我们怎么在新的历史语境下来阐释它们、运用它们。社会科学合法性遭到了质疑，所谓的"边缘化"不只是某一个学科、某一批人，或者说，不只是某一批人的训练是否到家的问题，有些人的训练和素养很好，但是他们也遇到了如何来阐释今天的社会生活的问题。

我们不妨用"全球化"这三个字来描述当今社会生活的一个特点。尽管

"全球化"这个字眼在目前还是很有歧义的，而且到现在为止也没有什么很清楚的说法，但是用它来描述今天的社会生活的变化有几个特色：第一，"全球化"这一现象不是某一个学科专门研究的独特领域，比如说，生产、交换、消费以及流通等社会科学领域是经济学所要研究的特殊领域；政府、权力、机构、国际关系等是政治学要研究的；家庭、婚姻、社区、结构等是社会学要研究的，但是，"全球化"这一现象至少迄今为止还不是由哪一个学科专门来研究的。第二，"全球化"是几乎每一个学科都会碰到的。第三，不管对"全球化"的批评和怀疑有多少，甚至有人觉得根本没有什么全球化，它只不过是一种说法而已，它所讲的那一切早就发生了，而且五百多年来一直在发生，但是全球化至少给我们提出了一个问题，就是整个 17 ~ 18 世纪以来、启蒙时代以来，乃至文艺复兴以来，到二战结束这一段所形成的基本的社会组织形式，也就是民族—国家这一形式，真正遇到了空前的挑战。这种挑战不是来自某一个地区、某一个局部，或者是对某一个国家的挑战，而是一组跨国的（transnational，注意不是 international）现象：从经济、政治、文化、技术到信息，很多社会生活和社会生活的组织形式都不仅是在国家层次上组织和策划的，有很多种组织形式具有跨国的特色。

尽管"全球化"这个词意义并不明确，但我认为，它对当今社会科学提出了最大和最重要的挑战。原来的社会科学都是民族—国家建制下的产物，另一方面它又为民族—国家提供最基本的知识源泉和合法性，但现在有很多现象不再是在民族—国家的范围内发生：在经济上有了跨国企业、跨国产品，资本在国与国之间越来越频繁和大量的流动，技术呢，越来越多的技术不再是一个国家的现象。而表现最突出的就是信息方面了：有人说经济早在 16、18 世纪就已经有了跨国的因素，特别是一些不承认全球化的学者认为，经济早就有了更大量的交换、贸易、流通等。但是说到信息，恐怕是到了二战以后特别是 20 世纪 90 年代以来才有了实质性的变化，其总量的多样性和跨国的特色是以前的时代所没有的；而信息当中当然包括我们所说的知识和知识的再生产，越来越多的知识不再是某一个国家所特有的，也不再是根据某一特殊国家所概括和总结出来的。这种从经济、资本、技术、产品一直到信息的跨国现象，对于三百年来一直占主导地位的制度提出了挑战，正是在这种情况下，社会科学遇到了不知道怎么说、不知道怎么才能说好的难题，这已经不只是某些学者、某些学科的素养、调查研究和经验足不足的问题，而是整个民族—国家体系三百多年来建立起来的那一整套认识世界、阐述社会的基本工具都有可能失灵，也就是说这种挑战是由世界本身的变化所导致的。

回到社会学领域来说，原来我们一直认为，社会有两个基本要素：社会流动和社会结构，而且我们一直把社会流动想象成是完成社会结构和社会结构转型的中间环节。就像对于个人来说，有些知识要早学；有些知识要连续学；有些知识要集中学，这三者结合起来就是你在小学、中学，甚至大学里打基础，但是这时候你还处于不稳定的状态、还没有职业，到了三四十岁之后，你找到了自己的归宿、建立了你的家庭并拥有了自己的身份和地位，地位中可能还会有一些结构的不同，存在现代的官僚制度结构，但是它本身是很确定的，即流动本身是为了完成社会结构的转型。所以，我们的最后一个假设就是，不管社会怎么变，说到底万变不离其宗，或者最后总会进入一个相对静态和相对结构化的体系中去，个人无非是在这个结构性的系列中生存和发展。而现在社会学所面临的环境是：流动本身几乎成了常态，不再像过去那样，人 20 岁以前生活是不定的，过了 30 岁基本上就稳定下来了，三十而立嘛，四十就不惑了，而现在就连建制本身也是变化不定的。

拿企业来说，原来只要是一个 MBA，在上海就能在比较好的企业找到工作了，但现在也许随着劳动力价格的提高，这家企业就从上海转移了，而且公司转移比个人转移还要容易、频繁，这种转移无疑会给上海带来一定程度的高失业，这种现象在当今很多发达国家已经发生了：由于诸多原因，跨国公司本身转移了。这意味着你以前对自己人生发展的预期、设想，现在包含了越来越多的不确定的因素，你的大学文凭不再能够保证你一辈子会有一个比较稳定的生活和生活方式，而且这种不确定跟历史上的那种自然灾害、疾病和战争是不一样的，它更多的是由抽象的制度本身的漂移和动态造成的。已经不再是个人的知识有没有跟上时代，或者个人的选择是不是适合自己的问题，而是我们所有的个人，不论其学术背景和知识训练如何，都遇到了一个不断变动的时代。

"全球化"时代除了经济的跨国流动本身的不确定性，除了资本、技术、产品的生产基地等的流动之外，还带来了一个社会怎么治理的问题。实际上，

19 世纪以来就一直是以民族—国家的形式来组织生产，所以我们把经济叫作国民经济，把经济还原到以国家的名义来组织的，现在有了大量跨国的经济因素，而不再是以国家为单位来组织的，在企业里工作的个人可能在上海或者其他城市的公司工作，但是公司本身已经不再是 national economy 当中的一部分。换句话说，最基本的社会政治学的一个假说也遇到了挑战：一个现代经济制度的确立会有一批现代企业家和具有现代企业家精神的人，他们以及他们周围相应的一批人构成了所谓的中产阶级，随着中产阶级的壮大，作为国家政治体制的议会民主选举、公民的权利等就有了一个最基本的社会政治基础，即选民对政治的参与；但是当这些企业本身已经不再属于国家的时候，即使还有相当一批人在从事管理、从事经营和技术，他们已经不再是国家政治生活的基础，而是变成了跨国的中产阶级、跨国的管理者和经营者，等等，人们的身份认同逐渐多重化，这种多重身份和多重认同与早期的社会学、政治学和经济学所假设的基本制度框架发生了很大的矛盾。

以前最基本的框架，即市场经济制度，18 世纪以来，都是在民族—国家这一层面发生的，因此市场的出现导致了以城市为中心的现代经济组织、以国民经济相对应的中产阶级，等等，随着中产阶级队伍的不断扩大，社会逐渐有了现代政治和现代民主体制的基础，因为他们遵纪守法、按期纳税、具有权利意识和公民意识。但是随着跨国现象的出现，情况就发生了变化，全球化挑战的不只是像印度尼西亚、印度、巴基斯坦等"贫穷落后"的国家，实际上发达国家和整个国家建制本身都遭到了挑战，所有的发达国家也遇到了怎么对付跨国资本、跨国技术、跨国信息和跨国产品等诸多问题。比如说跨国的经营者们，他们不再是原来意义上的"民族资产阶级"等，其民族性越来越淡，而流动性和跨国性则越来越强。

可见，现在我们遇到的，不只是抽象意义上的流动的时代和风险的时代，或者说是不确定性，而是说有没有另外一套组织框架来适应、解释并重新组织这种大量的新信息、新技术和经济生活、社会生活的流动性特质。二战结束后，各国吸取战争的教训而建立了联合国，但联合国基本的组织方式还是以国家为前提的，是国与国之间的协商、沟通、谈判与合作。而在全球化的时代，大量的现象已经在非国家或者跨国的层面发生了。所谓跨国层面，不仅仅是指一种产品从美国到中国，它可以在地区间、城市间发生，也可以在我们的日常生活中发生，我们的人际关系中的很多东西也带有了跨国色彩。全球化不但超越了原来社会学所研究的范围，原本我们研究的是人怎么从传统到现代、从血缘关系扩展到地缘关系，以及更多的一些东西，但是它们都是以民族—国家为基本分析单位的，而跨国的空间则是无限的，我们日常活动交往的半径早就超出了原本存在的狭隘的物理和地理空间，时间、空间都既压缩了，又扩展了。

所以我认为，当前遭受挑战最多、最大的实际上还是整个民族—国家体系，正是这种体系本身所遇到的挑战，使得作为国家体系有机组成部分和为国家体系的存在提供合法性的社会科学也遇到了挑战，比如说经济学中最基本的一个概念——"国民经济"，就遇到了挑战，政治学的一个最基本的概念——"民族—国家"，也遇到了挑战。由于这样一种挑战，"全球化"变成了一个人人都在谈论，但是人人都不知道怎么谈的问题，人人都在说，但是大家都不知道这究竟会给我们带来些什么。同时，我们是不是可以做出区分：现在有没有哪一种现象真正是全球化的；目前有没有一种比较占主导地位的对全球化现象的理解和主张，这种主张通常都是很微观的，比如说从经济的角度切入，比如说拥护或主张全球化，比如说在提全球化时被讲的最多的实际上是西方化或者美国化，有很多人对这些观点都持反对或至少是不拥护的、保留的态度，他们认为全球化不只是经济全球化，也不只是西方化或美国化，全球化也不光是应该去推动和拥抱的，等等。

那么，目前为什么会出现这样一种关于全球化的相对简单、相对片面化的主张呢？我认为，这和冷战的结束有一定的关系。由于苏东剧变、冷战结束，社会主义阵营消失了，以前最大的民族—国家体系框架下的矛盾好像一次性地解决了。社会主义国家也是以国家形式来组织社会生活和政治生活的，组织国防、国民经济，赋予其公民权利与义务，所谓的社会主义体系从一战以后苏联出现到 20 世纪 90 年代苏联解体、东欧剧变，此后似乎国家体制就一次性地完成了它的历史使命，甚至有人说"历史终结"了，所以我们就有了一整套对全球化的解释，这是关于全球化的"globalism"，而不是全球化（globalisation）本身。

一说到"全球化"，就容易让人想起技术、经济等好处，所以大家都认为要去拥抱它。而事实上，冷战结束所提出的新问题已经超出了所谓社会主义和资本主义的原来意义上的分歧或者苏美之间的争霸的范围，冷战的结束意味着经济的组织方式发生了深刻的变化，其中最重要的一个就是跨国公司，另一个就是与跨国公司相关的一整套社会宣传、鼓动等媒体的运作。媒体本身现在已经成了第二大跨国帝国，第一大跨国帝国是跨国集团、跨国公司，第二大跨国帝国就是组织和释放信息的媒体。媒体和经济都已经进入了一个全球化的时代，而我们人呢，还继续被组织、界定和认同在原来的民族—国家框架里面，所以我们自己遇到了一个矛盾。

这个矛盾不仅是 1997 年遇到的金融风暴，也不只是我们今天所说的发展中国家，不只是所谓的东方古国遇到了来自西方的挑战，这种挑战仍然存在，原生的传统文化和西方后起的工业文明的碰撞、交流和冲突。但反过来说，西方文明并不完全是连成一块儿的，而且今天即使是西方的传统文化也遇到了全球化的挑战，受到了来自新的跨国公司、跨国经济等的挑战，在西方我们也可以看到大量的保守主义和民族主义的东西抬头。也就是说传统意义上的任何一个西方国家也都遇到了来自全球化的挑战，全球性的媒体和各个民族—国家本身的语言、文化、历史、艺术和人们的思维方式和社会交往方式之间出现了一个很紧张的关系。

我倒是比较同意有的人的观点，他们觉得不要对全球化过于迷信，其实有些东西是古已有之的，罗马就有了帝国时代，后来又有了跨越大洲的十字军东征等，18 世纪以来的经济扩张、20 世纪的世界大战更为我们所熟悉，它们都已经具有了全球的性质。21 世纪以来也有一些新东西，比如说信息的全球化，信息的全球化在很大程度上是前所未有的，它给所有的民族—国家、民族—国家的文化和历史提出了挑战，可能相对而言挑战不是那么尖锐的就是那些以英语为母语的国家。但是即使在英国这样的国家，其传统文化在某种程度上也遭到了大量的跨国现象的挑战，不论是经济还是政治方面。如果一味地讲经济全球化，而忽略人的全球化，人的跨国、跨地区、跨行业和跨时代的流动，历史上有过很多流动，但那些都是某一时期内某一些人的迁徙，还没有能够形成像今天这样的大规模、全球化的人口流动，而且几乎任何一个政府都是把这些事情当作个案来处理，而没有给予足够的重视，从制度上说也没有提出一套东西来处理它。

如果真的已经出现了一个大量的跨国的资本、技术和产品流动，我们怎么可能把人拴在原来意义上的地域范围内，甚至是行业范围内呢？这种可能性越来越小了，最典型的就是大量的农村劳动力进入城市。其原因不只是狭义上的因为城乡存在经济的差别，而在于信息的作用，或者说是由于信息使他们意识到了这些差别，城乡差别从古至今一直都存在着。现在的各国政府基本上是消极地、被动地、用个案的方法来处理为数有限的跨国流动，这种处理有两种：一类就是高级的科技、技术人才，各地都在抢着要，另一类就是大量的没有技术、没有资金、衣衫褴褛以及所谓缺乏教育的人。20世纪90年代以来，由于各种原因，人口流动越来越频繁，这种现象使得目前的国家体制，包括国与国之间的合作、法律体制、移民体制都受到了冲击。

更大的一件事就是最近发生的"恐怖主义"。恐怖主义也是冷战结束以后的一个新挑战，因为冷战结束的一个假设就是最大的民族—国家体系内部的冲突没有了，迎来了一个和平的时代、没有敌人的时代，或者是"历史终结"的时代，但实际上各式各样的恐怖主义一直都存在着，暴力、战争、屠杀、政变等，在现代民族—国家体系下面，达到了前所未有的制度化和科技化水平，这本身是最大的恐怖。其最大的问题不在于是哪一批人干的，更不在于是哪一个国家干的，而在于产生恐怖活动的机制究竟是什么，如果没有找到的话，即使解决了这一次恐怖活动，但是从任何一个角落里又会产生一次新的恐怖主义。现在的恐怖主义有一个特色，就是它不一定是以国家的形式来组织的反抗，以前的战争总是在国家之间进行的，而恐怖主义至少到现在有些并不是以国家的名义来组织的，但是现在人们还是用比较传统的办法来处理恐怖主义，如在国家（或国家集团）框架内加强防务和军事开支、增加暴力机器的生产和运作，等等。

社会科学遇到的另一个挑战来自于技术科学，以前有很多问题是要靠社会科学家来解决的，现在则越来越多地是由自然科学家们去解决。因为要规范组织社会生活、要用理性的办法来解决，而且所谓的社会生活越来越多地和生态状况等有关系，而不只是我们原来所理解的跟政治、宗教、文化和艺术有关，在这种情况下，好像自然科学的那些方法更能够进入重新组织社会生活的过程。这也给社会科学家和社会科学的学生们带来了一个困惑，就是说：咱们还有存在的地方吗？社会生活还需要我们这样的人吗？有社会科学研究者和没有他们又有什么区别呢？我们所学的可能都是关于国家框架下面的社会生活，姑且不说那些知识中的许多部分可能已经过时，这一点，即使光看现在自然科学的解释、说辞，以及由此而产生的一套做法和影响，就使社会科学的合法性遭到了质疑。

社会学家们现在所面临的问题不是说经济学家、自然科学家在抢我们的饭碗，而是说这些学科本身所存在的矛盾，一方面，由于很多学科被制度化、专业化了，被包裹得很精美；另一方面，就变得与世界没有多大关系了，特别是跟不上全球化的时代。现在每一年都会召开很多次学术会议，但是它们很大程度上说的都是远离战后，尤其是远离冷战以后的变迁。历史研究当然是必需的，不管是中世纪的、罗马的，还是我们从古代到清代的历史，都需要研究，因为历史跟今天还是有关系的，历史学科仍然是最重要的学科，这都是毫无疑问的。但是，我们自己必须问自己，那么多进城打工的人、农村受穷的人，他们根本不在乎社会科学家们说了什么，那些进入跨国企业的高级工程师就更不在乎了，我们的政府管理部门也不理会社会科学家们的研究，那我们还要社会学科干什么呢？

而这个挑战早就不只是中国的科学家遇到的了，这种现象是世界性的。有很多人是挺有学识的，可是学科专业化迫使他每年要发表很多论文，他自己的专业反而没有时间去研究，而是不得不按部就班地按照规定去炮制那些所谓的著作，结果他的精力、智慧和闪光的东西就湮没在那些跟别人一样的烦琐工作中，而那些所谓的著作又根本没有人看。还有一些人是被专业化的制度束缚住了，现在国家要求教授们每年要交一定数量的稿子，我觉得这种做法背离了原来把社会现象当作自然科学一样去认识的精神，我们怎么能要求教授以年为单位做学术论文呢？

除了全球化的人口流动之外，还有一个大挑战就是全球化的文化所构成的挑战。现在中国早就不是像晚清时期那样面临西方文化的冲击，中西文化的碰撞产生了是要亡国灭种，还是要中体西用，抑或是全盘西化的问题。现在早就不是这个问题了，其实后发的国家都面临着一个和发达国家发生碰撞的问题，但是后发的国家和地区在进行民族—国家建设的时候还遇到一些与所谓"普遍性的、世界性的"东西相抵触的情况。费正清等人做研究的那个时代，是西方的民族—国家（"列强"）主宰的时代，可中国还没有完全完成民族—国家的建设。而现在，世界体系就已经变成了一个正在走向全球化的体系，因此我们遇到的就不仅是像八国联军时代、甲午战争时代那种一个民族—国家的挑战，而是所有的民族—国家同时遇到了一个全球化文化的挑战。

所以我认为挑战应该是双重的，但是处在落后状态和正在建设民族—国家的发展中国家的人们很容易把它还原为西方文化或者美国文化，然后就把它变成了一个关于民族主义的叙述。其实这种叙述是有很大的误导性，因为它漏掉了另外一个可能更大的方面——全球性的文化挑战，而且这种挑战不能简单地被说成是英国文化好还是美国文化好的问题，而是全球各地的传统文化都遭到了挑战。传统的英国文化欣赏的可能是莎士比亚、雪莱、狄更斯，是英国绅士的那种贵族文化，对于现在出现的新现象，他们也有一个适应不适应、喜欢不喜欢的问题。反过来说，现在全球化的领头军并不都一定是西方发达国家，当今最红的歌星可能是中国台湾的、韩国的、日本的，或者不知道是哪里的，也无所谓是哪里的，我们的文化也变得越来越全球化和流动化了，现在的体育、吃喝等变得如此重要，原来的社会科学框架已经无法解释它们了。

究其原因，我觉得主要是因为身份的多重性，我们不再像以前那样简单地把自己塑造成什么，把这个当成自己的理想，现在大家都很喜欢体育明星，但是没有几个人会梦想去当体育明星。身份的多重性也表明，原来那种静态的、某一种身份的确定性如今变成了一个很模糊、令人头疼的问题，很多人都处在无所谓角色的精神状态下，于是问题又回到了民族—国家建设上来了，建设民族—国家实际上就是要建设一代国民、培育一种人格。全球化时代、信息时代使每个人都具有了多重角色，所以原来民族—国家体制下的那种教育方式及其对个人的期望等，都遭受了挑战。在这种背景下，中国文化也超出了从清朝到20世纪80年代以来的我们如何回应西方文化、儒家文明怎么对抗伊斯兰教文明的问题，如果我们没有意识到这一变化，在研究比较资本主义、比较文化的时候得出的结论就很有可能是跟时代和社会现实脱节的。我们不是要以功利主义为原则来处理社会知识再生产，但是有很多东西确实需要加以改变，才能适应新的时代。

社会科学发展一定要跳出一些框框，要敢于迎接挑战，不能总是绕道走。一个真正严肃思考的人应该不回避任何意义上的挑战，更不能为回避找借口，你的意见可能引起非议，但你必须把时代的需要纳入你的思考背景中，这样才能将研究做得更加宽广、更加深刻。总的来说，当前社会科学提供知识和提供合法性的作用都遭受了前所未有的挑战，如果社会科学不能给我们提供一种能够被人们认可的社会存在的合理理由，它就将失去其安身立命的基础。相反，一个时代的社会科学如果能够回应那个时代的问题，其研究基本上能够为大多数人的困惑找到答案，那么它的根基就会比较牢靠了。

（原文载黄平、罗红光、许宝强主编《社会学·人类学新词典》，吉林人民出版社，2003）

# 民族的和世界的

## ——简谈国际社会科学发展的几个问题

笔者想围绕欧洲社会科学发展的一些新情况，针对当前中国社会科学发展的一些实际情况，来谈谈国际社会科学发展的几个问题，提出国际社会科学特别是中国社会科学几个可能的发展路径。

对于国际社会科学发展的一些问题，笔者还是希望从中国社会科学发展的现状谈起；因为，对于社会科学发展的现状，用简单的话概括，可谓"外冷内热"。也就是说，现在世界上社会科学的发展似乎都比较冷清，有些地方用文学化的语言来表述，甚至是凄凄惨惨戚戚；但相比之下，中国社会科学的发展却很"热"。当然，中国社会科学发展的"热"极有可能是和我国本身的经济社会发展势头有关；因为任何社会的发展变化，都会使得社会科学相应地拥有新的机遇，面临新的挑战。也正是在这种情况下，对于中国社会科学的发展，笔者认为越是"热"，越是不要过于乐观，甚至是盲目乐观，当然也不要妄自菲薄。这里，有两点特别需要提请注意。

第一，中国社会科学的发展一定有个"与时俱进"的问题，即首先我们要大力发展，要更加严格、更加规范，才能迎接新的变化和挑战，但是，我们一定也不能轻言接轨、盲目接轨，我们有我们的问题，我们的社会科学也应有自己的特色。而且，"与时俱进"并不只是"接轨"。第二，国外社会科学的发展也有他们的问题，可以说在理论上和方法上至今有很多难题并没有解决好，也需要艰苦努力。因此，比较起来可以说，今天我们在中国从事社会科学研究是非常幸运的事情，碰到这么剧烈而深刻的经济社会文化的变迁，对于从事社会科学研究的我们来说，是千载难逢的。

一

那么如何把握这千载难逢的机会呢？笔者认为，我们首先需要对国际社会科学发展的大环境有一个比较清晰的认识。而就目前看来，国际社会科学的发展存在这么几个困境。

第一，学术上"南北差距"的问题并没有解决，特别是一些强势国家由于资金雄厚、基础设施完备，加上多年的学术积累（包括方法的规范化），在学术界占有相当的甚至是绝对的优势。

第二，经费缩减问题，即使在许多发达国家，社会科学的研究经费都在减少。原因有很多，列举两条：其一，政府以及许多出资机构有急功近利的一面，恨不得一投入就能马上产出并见到成效，而社会科学往往并不能马上见什么"成效"。其二，被别人"抢了饭碗"。目前，大量的社会科学问题被自然科学甚至企业公司的研究队伍立项，他们抢先从政府和出资机构拿到巨额资金，于是社会科学能得到的经费急剧减少。

第三，自然科学发展的挤压问题。例如，笔者现在参加联合国教科文组织对 2002～2007 年重大科学项目的评审，评审是为了 2008～2013 年科学项目的立项，包括预算和人员结构等。而每逢到评审阶段，其中一个相当重要的内容就是，一些来自联合国内部、某些成员国（包括出资多的成员国）的代表，提出应该把社会科学部跟自然科学部合并（教科文组织，是联合国系统中唯一带有"社科"性质的一个组织，从成立起至今 60 年了，在联合国中只有它有社会科学部，自然科学部很大，包括地质、天文、海洋、生物等）。当然，如果合并一定有正面影响也有负面影响，正面影响是指一旦合并，可能资金问题就解决了。也有人提出合并的理由就是自然科学与社会科学之间方法上的交叉越来越多。比如生命伦理这个尖端问题，离开宗教、艺术、历史、哲学、政治或者离开生物学、基因工程等，都很难往前推进。而负面的影响，则可能是社会科学完全被吞没。现在看来，合并也只是说说而已。

第四，现在公司、财团纷纷出资组建他们的研究队伍搞研发，在一定程度上也左右了研究。由于这种研发具有非常强烈的公司和财团的利益性质，这样的社会科学研究项目由他们出资来组建或签约之后，社会科学的独立性、自主性、批判性、创造性等最核心的要素，很容易受到限制，甚至是扭曲。而许多人还没有意识到这点，以为拿到公司的大笔合同非常了不起，其实风险很大、问题很多。

# 二

近年来，笔者每年有幸参加国际社会科学理事会的常务理事会会议，在最近一次会议上，讨论了 21 世纪国际社会科学发展的一些困境，特别是学术研究发展上的一些具体问题。那么，在国际社会科学发展的大环境困难重重之下，当前国际社会科学学术研究发展中的困扰主要有哪些呢？大概说来，有如下几种可能。

第一，在 21 世纪，我们实际面临的还是老问题，还是马克思、韦伯、涂尔干在人类社会进入现代社会以后所面对的那些老问题。实际上现在很多老一辈学者确实也是这么主张。他们认为类似全球化这样的问题都是编出来的，其实我们今天的这些问题，和 19 世纪或者二战前后面临的问题相比，并没有偏离到哪里去，例如就业问题、贫富差距、治理问题，等等。因此还得用老办法，即我们还得回到古典，用最经典的社会科学的理论和方法，来处理这些最经典的问题。

第二，问题虽然是老的，但是老方法或者老理论已经不够用。我们必须在理论上和方法上找到新的突破；因为毕竟我们用这些老的理论和方法已经有两三百年了，但是即使这样，就业问题还是没有解决好，贫富悬殊问题也没有解决好，南北差距问题还是越来越严重，这种情形就迫使我们社会科学工作者去寻找新的方法和新的理论。

第三，的确有新问题出现，但是可以用老办法来解决。比如信息化、流动性等；再比如 18 世纪开始出现、19 世纪成形、到 20 世纪成为最主要社会形态的原来意义上的民族—国家体系。它现在确实在不断地被打破、被跨越、被超越，欧洲是现代民族—国家的发源地，但是它们现在要跨越原来的疆界，要求统一的组织、统一的货币和统一的市场，比如欧盟。也就是说，尽管这些问题好像是新的，但是我们只要认真遵循古典的社会科学大师所奠定的最基本的理论和访求，这些问题仍然是能够得到妥善处理的；社会科学只要按照它原本所设定的最基本的路径走，是能够应对这些新挑战的。

第四，也是最受非议的一种可能，即时代是新的了，因此理论和方法也要求是新的。关于这个方面，其实说者也很多，但是做出来的实实在在的社会科学研究却很少。

三

其实，说到如上四种可能，我们都能够列举出很具体的学者、学派、学科和一些很熟悉的人和事，说到具体的人和事就比较复杂了，这里不拟多说。那么，现实的情形究竟是怎样的呢？笔者认为是"新中有老、老中有新"。

首先，就问题的层面而言，有新问题、也有老问题。还是主要以欧洲为例。

第一，欧洲确实是最早摸索和建构出民族—国家这个单位的，我们今天所讲的社会在很大程度上其实就是指民族—国家。比如，我们比较中国与印度、比较丹麦与芬兰，都是以国家为单位进行的。也就是说，由于社会一直是以国家为最基本的单位的，连社会科学最基本的分析单位也是国家，所以也才有了国民经济、国家教育、国民医疗、民族文化、国民防务，等等。

而现在，在国家之上确实有了区域性合作的实体，而且也不只欧盟、亚洲有了区域性组织（例如东盟），北美有了自由贸易区，非洲也开始出现了一些区域性合作的实体。此外，这些跨越国家的区域性合作，不只局限在贸易范围内，也包括文化和政治。同时，也确实存在一些全球性问题或者挑战，例如艾滋病、气候变暖、信息化，等等，都是跨越国家边界的。

此外，在国家之下也有许多新型的实体，它们在国家层面之下进行合作与交流。比如，东南亚现在的城市网络很发达、城市与城市之间形成了一种合作关系和对话。现在，这些在国家层面之下的贸易文化的交流非常频繁，发展十分迅速，而欧洲更为明显。那里有一个"百城网络"（其实远不止 100 个城市），形成了一张城市之间相互联系的巨大网络。许多出生在某一国家的某个城市的人，往往并不在乎自己属于哪个国家，他们在乎的是自己所在的城市与其他城市之间的关联性。

由于在这个"新时代"里，既有原来民族—国家的问题，也有国家之上的问题，还有国家之下的问题；从这个意义来说，就是"老中有新、新中有老"。

第二，从社会科学这些年研究的特色来看，也出现了一些新现象。我们说，18~19世纪社会科学发展的一大特征在于分科和细化，以便专业化、在每个领域做出实实在在的研究成果。而今经过200年，社会科学确实出现了一个"和"或"多"，但这个"和"或"多"不是指简单拼凑、累加在一起，而是指跨学科和多学科的东西越来越多。具体而言，跨学科是指跨越原来时代的那些经典给我们设定的边界，跨学科慢慢地变成一种日常研究的需要。而更重要的还不是跨学科而是多学科，因为现在很多问题在欧洲是突出的，在北美也很明显，很多问题不是单纯由一些社会学家或一些经济学家去研究就够了的，而是以问题为导向的。比如现在要处理贫困问题、治理问题、地区关系问题或是全球化问题，我们通常会找一批不同学科的人组成课题组，商讨研究路径，课题组还要有意识地把各个相关学科的人和方法引进来。所以说，从课题设计开始，一直是各个学科在不停地争论，相互取长补短，最后得出一个相对综合性的结果。这在今天是非常明显的。

第三，在跨学科和多学科之上，确实出现了一些新学科。最典型的就是管理学科和信息学科，它是从经济学里和社会学里衍生出来的。还有，公开管理和社会政策是从政治学和社会学里衍生出来的，它们在产生之后，慢慢地成为新的相对完善的一门学科。而今这种新学科不但形成了气候，而且在"新时代"越来越重要，甚至唱起了主角。比如，在最近许多大的高层国际论坛上，恰好都是这些新学科唱主角，它们还邀请了一些老学科去参加，包括经济学、法律学、社会学、政治学等。从这个方面也可以看出"老中有新，新中有老"。

其次，从当代社会科学研究的特色来看，出现了一些新变化。还是主要以欧洲为例。

第一，高度的政治化或入世性。这里政治化的意思并不是指政治运动或政治标签，说的是社会科学研究特别入世，特别关注现实变化，包括政策层面、政府层面或者区域、全球层面的实际变化，而不只是单纯追求纯粹的学术。大量一流的社会科学家不再局限于传统意义上的书斋，而是更直接地参与对现实问题的讨论，包括反恐、宗教、民族冲突、地区整合等问题。也就是说，由于今天的社会科学更强调直接关注现实，及时将研究成果运用到实际中去，为现实服务，而不同于古典时期；那时候寻找公理的研究是特别受人尊敬的。

第二，在技术层面，网络化非常突出。这里的网络化特指形形色色的研究人员所形成的各种各样的网，这个网甚至使得原来意义上的研究中心（例如研究的重镇北美、欧洲）变得越来越不重要。具体而言，由于网络化，很多重要的课题组或项目，只要放在某一点上（而这个点可能是属于刚才所说的城市之间的网络，也可能是大学之间的网络，可能落到非重镇的某个地方）就可行；因此使得原来意义上的研究中心，至少正在丧失中心的地位。

第三，研究队伍年轻化。中国的文化传统里要求拜大师、拜前辈，而且确实大师的东西摆在那里，不得不承认、不得不佩服。但今天，在第一线扎扎实实地做研究并出成果的一些人，很可能而且许多确实是一些年轻的无名之辈，他们的精力、能力、洞察力、创新力都很强。这是整个学术领域里的一个新现象。虽然全世界的学术历史传统都一定要积累很多年，一定要经过世代相传，但是现在由于出现了很多交叉学科和新方法，因此年轻化越来越明显。

第四，从地缘、政治和经济的角度来看，现在不一定本地人只研究本地的问题。当然，这一特点与殖民主义时期宗主国有所不同，比如当时英国有很多人类学家是研究英国的殖民地的。笔者在这里所说的情况与殖民主义无关，而是指有越来越多的人哪怕自己所在国家的问题很多，却去研究别处；而这一现象也不只局限在发达国家。然而目前，似乎唯一的例外就是中国。而可能的解释是因为我们国土辽阔、问题很多、社会科学家也比较少，大家如果都去做中国研究，还做不过来。就此而论，其实是个很大的遗憾。因为当今世界上一流的学者（其中几乎没有中国人的面孔）大都未必是研究本土问题的；而且，中国的学者在国外通常还是研究中国问题，只有极个别的在研究国外的问题，也很少有人成为相关领域的世界级学者；再者，不少在中国本土做研究的学者真正的田野研究往往又无法深入。

# 四

对于未来国际社会科学发展的路径和走向，国际社会科学理事会曾提出过几个新的议题，而且认为经过努力应该是可以做到的。对于在中国从事社会科学研究的我们来说，或许是时候考虑从国际社会科学发展的视角来谋求自身的长远发展了，而眼下就可以考虑用什么方式去参与这些议题。

其一，现在世界上各种经济论坛很多，是不是也应该有一个世界社会科学论坛，由大家一起来讨论全球性的社会科学问题。其二，也应该有一个权威性的"全球社会科学报告"，抓住当代最重要的社会科学问题，集中最有影响的社会科学家来参与，每两年或三年出一本，长期做下去。其三，欧盟国家成立了一个"社会科学指导委员会"，给欧盟出谋划策，成为欧盟的智囊。欧盟国家还有一个"政策研究网络"，有强烈的入世性。它具体包括三个层面的内容：①在最高的政治层面，由政治家直接和社会科学家对话；②大牌的社会科学家，根据他们的研究内容，去组织彼此的研究对话；③普通从事社会科学的学者提出自己认为重要的问题。此两点或许可以借鉴。其四，教科文组织或联合国本身需要进行改革，而改革的结果不应是到 2007 年简单地把社会科学部合并或撤销；而应是改变原来散乱的、蜻蜓点水式的、不结果实的状况。

我们说，如上所有这些新情况与新问题，新路径与新方法，都是挑战，也都是机遇；而关键是，中国社会科学的发展怎样才能既是民族的，也是世界的，还是这句老话！

（原文载《探索与争鸣》2006 年第 11 期）

# 从规范化到本土化：张力与平衡

社会科学的规范化与本土化，从理论上说，是在不同的层次上产生的问题：如果说规范化须要作为一个问题提出来严肃讨论，那一定是因为存在着不够规范或很不规范的问题；而本土化问题的提出，却往往是对于从外部（特别是西方！）引进或移植过来的社会科学（理论方法以及规范本身）的普遍实用性的怀疑，或对某些人视这些所谓社会科学为金科玉律的不满而提出来的。现在，这样两个很不相同的问题同时摆在我们面前，的的确确表现了我们所处的独特情景，一方面，我们缺乏甚至是起码的规范，致使许多所谓研究长期原地踏步乃至后退；而另一方面，在建立这种学科规范的过程中又要提防食洋不化、生搬硬套，还要抵制来自西方的假科学之名的文化霸权。

不过，正如梁治平一开始便强调的，讨论问题总必须紧扣中国的现实。在我看来，从整体而言，今天我们自己首先要解决的，还是如何使社会科学研究规范化的问题，非此不能取得张静所说的"入场券"，更谈不上到"场内"去反对或抵制霸权问题，并且，过去的时光告诉我们，用拒绝入场的办法，无异于自己把自己置于边缘的地位，除非哪一天西方的学术也随同其经济政治文化一起崩解掉了，但那也不是我们的学问功底所致。

所以，与梁治平的着眼点不同，我还是愿意先谈谈规范化问题。窃以为，规范化问题当然包括学术秩序与纪律以及逐渐形成的一整套可操作的技术性规则与手段，但是它的核心，却在于确立学问之所以为学问、科学之所以为科学的原则，非此就不是学问、不是科学（或者说只是伪学问、伪科学），哪怕它们也具有某些学术或科学的外观。

正像梁治平根据 C. Geertz 等人的研究所提出的一样，无论哪种社会科学的理论、范式、方法，都具有地方性特征，差别无非是概化的范围大小，解释的力度强弱。换言之，将所谓的社会科学（尤其是源自西方的社会科学）不加限制地普遍化无疑是不可取的。在这里，我还想进一步说，即使是西方的社会科学，也绝不是铁板一块：不但如刘东所言，不同的学科有不同的规范，例如狭义的社会科学与人文学科之间，至少在规则与手段的层面，就有很大差异；就是同一学科内，不同的学派也会对什么是科学这样的基本问题有全然不同的理解与解释，因而也会形成各自的学术传统与行文风格，比如在阐释学派与实证学派、整体论与个体论之间，对（狭义的）规范就有简直是水火不容的说法，当初逻辑实证主义者宣称的"只有在原则上可以被经验证实的命题才有意义"，就很难在非实证学派中得到共鸣，最典型的例子可以从被卡尔那普斥为没有意义的海德格尔（M. Heidegger）的著作中看到，更不用说后来即使是广义的实证学派也发现事情并不是那么简单，这才有了 K. Popper 提出用证伪理论去替代证实原则，以及从 I. Lakatos，P. Feyerabend 和 T. Kunn 的理论探索，其中尤其是库恩的范式与科学革命理论，对后来的研究产生了极大的影响。我觉得，梁治平在概括西方的也具有地方性特征的社会科学显得更规范化的几个原因时，至少还略嫌简单和笼统。"西方的社会科学"是一个大框子，包含了各式各样的东西，其中有些就不具有"**相当明晰性和可操作性**"，更不容易"**为各种不同知识文化背景的人共同掌握和验证**"（梁语，黑体是笔者所加。），例如，J. Habermas 和 P. Bourdieu 的理论，可以说不存在验证的问题，但是却很难说这些理论就不规范。

那么，究竟还有没有学问之所以为学问、科学之所以为科学的原则呢？我认为，不论学科之间、学派之间有多少差异，至少在理论层面上，有一点是共同的，那就是：**探求事物的本源**（rerum cognoscere causas），或者，用中国话说：实事求是。如果不是在这样一种精神鼓舞下的上下求索，那么不管具有多少形式合理性，也算不上"真正的社会科学"。反过来，如果是为探求事物的本源，并且也只是为了探求事物的本源，就必然会服从**学术自由与学术平等**的原则，包括自由地表达、交流，平等地探讨、争论，这应是具有相当程序之同一性的学术规范。故此，学科可以不同，学派可以有别，有的理论地方性强些，有的理论普遍性强些，有的比较晦涩，有的比较明晰，这些都无关紧要，但不能没有学术自由与学术平等。

当然，为了探求事物的本源，除了刨根究底的执着精神与自由平等的游戏规则外，还有相应的各种方法，包括表述、引证、注释、评审的方法。所谓科学（包括具有地方性的社会科学），在只求事物之本源而不求其他的前提被公认的情况下，在学术自由与平等基本得到保证的情况下，常常是以其方法独特而著称的。一套相对而言比较科学的方法，在最低限度上，可以大大加快探求事物之本源的进程。因此，强调研究方法与表述方法的严谨性，无疑会推进学术的发展和知识的增长。不过即使在方法的层面上，也有诸多差异，很难说哪种方法是最佳的，这大概是费耶阿本德给我们的最大启示。

在强调"做活"的规矩（这只是规范的一个方面）的重要性时，我很同意刘东所提醒的，这也仅仅是必要条件和起码标准。在学术领域内，最重要的还是**独创性**（originality）本身，否则形式再合理也是枉然。就如同作律诗一样，不讲平仄不行，但是讲了平仄未必就是好诗。虽然在眼下，强调形式合理性本身不但是合理的，而且是紧迫的。因为长期以来，"做活"太不讲规矩，致使许多人即使认认真真地做，知识仍然无法积累，更谈不上独创或创新。这也是我曾经冒昧主张先从头当学生，把"作业"做好再说其他的原因。

在这里，还必须注意到，科学知识的积累、增长和创新，除了科学内在自身的逻辑发展外，合作者之间的协作一致程度、不同学派之间的论战状况、开放程度不一的学术共同体之间的互动频率、有形与无形学院之间的正式与非正式交流范围以及（绝不是最不重要的）学者们置身于其中的社会组织网络和在更广更宽的意义上制约着科学研究的社会建制，都是导致科学研究有无规范、规范得如何的重要因素。①

但是进一步说，理论也好，方法也好，互动也好，交流也好，都既是一个认知过程，又是一个社会过程，科学的发现是有可能被用作其他目的的。关于意识形态的当代研究使我们知道，意识形态不一定必然是虚假的，科学研究的成果也完全可能为某些特殊的利益集团效力，演变为某种权力/知识。②"1 + 1 = 2"不论在形式上还是内容上多么合乎学术规范，都不能保证其不被亵渎与滥用，不能保证其不异化为意识形态。这就是提出抵制文化霸权以及文

---

① 参见 Grane, D., *Invisible Colleges*, Chicago: The University of Chicago Press, 1972.
② 参见 Foucault, M., *Power/Knowledge*, Brighton: Harvester Press, 1980; Giddens, A., *Central Problems in Social Theory*, London: MacMillan, 1979; Habermas, J., *The Theory of Communicative Action*, Vol. 2, Cambridge: Polity Press, 1987; Thompson, J., *Studies in the Theory of Ideology*, Cambridge: Polity Press, 1984.

化殖民主义的意义所在。更有甚者，即使一些原本是怀着"开放的心胸和诚实的态度"探求事物之本源的西方学者，也难免落入西方中心论的泥潭，自觉不自觉地维护某种文化霸权。何况在西方，社会科学在很大程度上已经专业化了，成了一些人谋生的手段和生存竞争的场所。权力/知识不仅对非西方社会中的人是形如高墙的东西，而且对西方的圈外人也是如此。既然"学术社区的专业化质量"需要严密的"围墙"来保证（张静语），那就难免有为了维护其学术地位而人为地高筑墙、以称王的事情发生。

因此我以为，狭隘的民族主义情结要不得，西方中心论的文化霸权也确实要——当然不是用鸵鸟政策——抵制！其实，"对于西方文化霸权做最深刻的反省和最有力的挑战"的，并非"首先来自西方文化内部"，无论是批判西方人的"东方主义"的 Said，分析西方在现代世界体系中怎样占据核心地位的 Wallerstein，还是检讨西方现有的中国研究范式的张光直、黄宗智，等等，似乎都很难简单划入"西方学者"之列，除非对"西方文化"和"西方学者"都做过于宽泛的理解。

由此看来，本土化问题，并不一定具有全球化的意义，对西方的欧美文化特别是美国文化来说，现在就不存在什么本土化问题，西方的欧美学者（身在欧美但非欧美人种的一些学者除外）也因此不讨论本土化问题。而且，不论有多少地方性特征，当我们在理论范式的层面上考虑问题的时候，我们也是不谈本土化问题的，本土化只是在我们试图用西方社会科学的范式去理解我们自身的文化历史特质，并抵制来自西方的文化霸权之时，才提出来的，也才有意义。而现在的全球化，在很大程度上恰恰是西方霸权向全球各个角落的扩展与伸延。

就我们目前的情形而论，的确可以说是处在两难之中，不讲规范化学术就不能健康发展，而中国社会本身正发生的深刻变革，也不允许社会科学家们再在原地踏步甚至后退；但与此同时，若不讲本土化就有可能不自觉地落入西方中心论的"圈套"，这对于任何一个中国学者来说，都至少是很尴尬的事情。但是怎样在规范化与本土化两者之间保持必要的张力和平衡，对于我们来说，似乎还是一个没有解决的难题。

（原文载《中国书评》总第 5 期，1995 年 5 月）

# 作为一门学科的社会学

社会学作为一门学科，是伴随着现代社会的出现而产生的。现代社会的工业化、市场化与城镇化，以及以它们为表征的一系列社会变迁，从根本上改变了过去各种形式的社会结构和社会关系，也极大地改变了我们的生活方式和交往方式。社会学，既是对这种变迁及其后果的理解与阐释，又是这种变迁的后果与原因。社会学是关于现代社会及其变迁的理论。

古老的中国社会，在经历了晚清以来的社会动荡、革命、急变和与外部世界的冲撞以后，也开始了自身的工业化、市场化与城镇化历程，社会学因此应运而生。受当时已经进入工业化社会的成就包括自然科学的成就所震撼。中国社会学的前辈和先祖们，在很困难的条件下，开创了中国自己的社会学学科，创建了自己的社会学系，并开始了研究中国社会本土的社会问题的艰辛探索。

很明显，这样一种学术和学科，必须和中国社会本身的剧烈变迁相吻合，才能生存和发展。在经历了一系列历史的迂回曲折之后，我们逐渐意识到，社会，就其复杂性而言，一点也不亚于自然界；它的变迁所蕴含的主体与客体相互交织的多维图景，不可能通过一次或几次政策层面的运作而被简化、被忽略，甚至被取消。

在近 20 年时间里，是中国社会本身进入剧烈的社会变革与高速的社会发展时期，这就为社会学作为一门学科和学术的发展提供了绝好的认识场域和发展机遇。重新认识社会学，在一定意义上说，也就是重新认识我们身处其中的社会结构及其变迁的机制，重新认识我们的日常社会生活本身。

今天，当我们来审视社会学和它的学科性质与学术品质的时候，我们开始意识到：

首先，社会既不是简单地从个人开始，也不是外在地给定的所谓整体，相反，它是一个周期性的在时间—空间中发生的不断实践过程，从人们的日常生活和人际互动，到地区间国家间的冲突与平衡，都既有"内在衍变"又有

"外部冲突"，是内外彼此交织、主客相互渗透的发展变迁历程；

其次，社会学并不是对某种既定的外在客体之普遍性绝对性的认识，因为，所谓社会，只是由于人类主体的积极行动才得以被创造和再造出来的，而这一创造与再造过程又是由其一代一代的成员所从事的行动来实现的，虽然社会成员达到这些行动包含着他们对社会的知识和改变社会的技能，但是社会成员们并不一定都能意识到自己行动的条件和预计到这些行动的后果；

再次，社会学（或者，在更广的意义上说，社会科学）对社会实践的理解与阐释，是双向的，即是说，社会科学在用自己的概念和理论去解释并理解社会和组成为社会的个人的同时，社会和组成它的个人也在用自己的语言和思维去理解社会科学，这样一个双向的理解与阐释的过程，也就是社会本身的创造与再造过程；

最后，社会学作为一门立足于实践而试图阐释社会及其变迁的学术研究，它的发展，不是某些个人的建树，而是在群体的参与下不断积累、不断分析、不断积极批判的结果；而试图仅仅用某一种制度性、结构性特征，例如工业化特征，去理解现代社会及其变迁，或仅仅做一些未经阐释的所谓调查，并罗列出一些"客观的"数据和图表，是有失偏颇的。

由于社会学所具有的来自社会实践又反过来参与到社会实践的建构中去的品质，其对社会生活的影响力和作用，实际上不仅仅是帮助人们更好地理解社会结构与社会生活，而且它本身就构成了社会结构与社会生活的一部分，它在理论上的积累和在经验上的发现本身就给人们提供了开启理解可能世界之门的钥匙。社会学，人们在社会生活中所使用的概念系统来说，具有积极的批判意义。而且，社会学的知识被谁运用和为何运用、如何运用等问题本身也应该被纳入研究的视野，社会学家没有任何特许的"豁免权"。

社会学，一方面与其他门类的社会科学学科紧密相连，另一方面又离不开所谓"社会学的想象"。今天，当我们面对错综复杂又日益加剧的社会变迁的时候，社会学工作者不可能丢掉历史所赋予我们的传统而完全另起炉灶或简单地模仿他人，也不可能脱离开每日每时都在影响人们的生活世界而陷入冥思苦想或满足于概念演绎在形式上的完美无缺。实际上，摆在我们面前的难题无疑要比晚清时候立志追赶西方从而富国强民的先驱所痛心疾首的现状要复杂得多：一方面，种种社会发展模式与社会变迁理论，基本上可以说是源自西方的，而它们所赖以建立的西方社会本身已经进入了所谓的晚期资本主义，世界也处在全球化时代，"赶超"的对象本身已经变了；另一方面，中国社会目前和今后很长时期内所实际具有的一大特色，是日益膨胀的人口规模与越来越有限的人均资源之间的尖锐矛盾，这也许是任何一个西方先发社会都不曾遇到过的，而且，这一矛盾在总体上也不可能像某些先发国家那样能通过大规模向外移民甚至对外殖民和扩张的形式加以缓解。在这种大背景下，即使把现代社会及其变迁仅仅简单地理解为工业化、市场化与城镇化过程，适合中国的工业化、市场化、城镇化道路和可能究竟是什么，也需要中国的社会学工作者在广袤的土地上，通过脚踏实地的田野研究与丰富而悠远的历史所赋予我们的想象力的结合，才有可能逐渐探索出来。

20 世纪 50 年代中后期以来，由于种种国际国内政治、社会、经济、文化因素的综合作用，中国城镇化发展的速度不仅远远滞后于人口的增长，甚至也落后于工业化的发展。在中国工业已经在国民经济中占据主导地位并初步具备向现代工业迈进的条件的情况下，12 亿人口中的绝大多数还仍然保持着农民的身份，其中的多数还仍然生活在广阔的乡村，而且，城镇本身也已经出现所谓负担过重的"超载"现象：作为基础设施的交通、通信、住房以及与之相配的水电气和下水垃圾系统，城镇人口所享有的教育、医疗等社会福利与社会保障，也极其有限，并且，高速工业化、市场化和城镇化所带来的环境生态问题和社会公正问题，使社会各界都陷入了无法摆脱的困境。如果能够顺利完成由计划体制向市场经济的转轨，那么，在此之后的相当长时期内，中国社会向现代性结构的转型将由于上述制约而显现出它的无比艰巨性，并毫不留情地把它强压到我们和我们的后人肩上。

对于这一难题及其艰巨性，迄今为止主要建立在西方近现代以来的社会发展与制度变迁基础上的社会学，还没有给出多少令人信服的解决方案和思路，这既对我们提出了严峻的挑战，也给我们展示了想象和创新的空间。

（原文载黄平著《未完成的叙说》，四川人民出版社，1997）

# 知识分子：在漂泊中寻求归宿

现代社会的知识分子现象，是伴随着工业化产生的，虽然追根溯源，可以从古希腊古罗马或春秋战国时代找到这类现象的雏形。本文无意做详尽的历史探源，而只是力图概略地说明，现代社会的知识分子是怎样的人：他们是怎样产生的？如何识别他们？他们的社会位置何在？为什么现在的一些知识分子理论各有所长而又都不尽人意？怎样的理论架构更有利于对知识分子与社会体制的关系做出社会学的经验研究？等等。

## 一　知识分子的概念及其背后

在现代社会生活中，"知识分子"一词被用得相当广泛。但稍加观察，就不难看出，不同国度的不同的人，对它的理解和描述，却又是五花八门莫衷一是。即使在社会学家当中，分歧也随处可见。

著名的知识分子研究专家爱德华·希尔斯（E. Shils）在相当广泛的意义上把知识分子定义为任一社会中颇为频繁地运用一般抽象符号去表达他们对人、社会、自然和宇宙的理解的人。换句话说，他们是那些从事知识的生产、解释、教授、传播乃至于大量"消费"这些知识或管理这些知识的人。① 这一定义是宽泛的，因为其认为即使是原始社会也有知识分子，也因为其将诸如阅读（"消费"）过大量的书籍或管理文化事业（如博物馆工作人员）也囊括进去了。另有一些社会学家则不这般宽泛地使用知识分子的概念。他们倾向于将其限制在以观念和思想的生产为职业的人的范围内，如学者、作家、科学家、

---

① Shils, E., "Intellectuals, Tradition, and the Traditions of Intellectuals; Some Preliminary Considerations", in Eisenstadt/Graubard, (ed), 1973. Lipset, S/Basu, A., "The Role of Intellectuals and Political Roles", in Gella, (ed), 1976.

艺术家，以及记者和高等院校的部分研究生。他们甚至将那些仅仅从事知识的应用的人，如工程师、建筑师、律师和医生，也排除在外，更不用说只是"消费"知识或管理知识的人了。①

更有甚者，还有许多人认为这样来使用知识分子一词仍嫌太泛。例如马克斯·韦伯（M. Weber）就把知识分子仅限于那些因为赫然成就而被誉为"文化瑰宝"的人，他们是社会群体的精神领袖。② 路易斯·科塞（L. Coser）更明确宣称，大学教授也不一定是知识分子，知识分子必须是"为了思想而不是靠了思想而生活的人"。③ 法兰克福学派的思想家们，也向来都主张，知识分子"应该是每一时代的批判性良知"。④

在这些不同定义的背后，有一点是共同的：定义者们都自认是被定义者中的一员。也就是说，这都是些自我定义。⑤ 在对这些自我定义做简评之前，似宜先行追溯一番知识分子一词的产生过程。

"知识分子"（Intellectual）一词最早见于 1898 年 1 月 23 日登在法国 *L'Aurore* 上的一篇文章。针对法国的一桩案件，一些文人发表了《知识分子宣言》，在其中表明他们对这一案件的肯定态度。从此，"知识分子"在法国被逐渐广泛地使用起来。不过，对上述案件持否定态度的右翼人士是在贬义上使用它的。对这些右翼人士来说，那些自认为代表了民族良知的艺术家和科学家是很可笑的。一个人怎么能够根据自己在某一学科领域中的建树而推出自己也因此就是民族良知代表呢？譬如说，一个人凭什么因为自己对文学或数学有造诣或有研究就宣称自己对政治问题因而也有裁决权呢？逐渐地，贬义也罢褒义也罢，在法国"知识分子"一词便成了用来描述那些受过教育但又与传统和秩序相悖的人，他们有很强的政治抱负，试图要么直接成为国家的领导者，要么间接影响政策的制定。⑥

---

① Lipset, S., *Political Man*, New York: Doubleday, 1960; Brym, R., *Intellectuals and Politics*, London: George and Unwin Ltd, 1980.

② Weber, M., *From Max Weber: Essays in Sociology*, New York: Oxford University Press, 1946.

③ Coser, L., *Men of Ideas: A Sociologist's View*, New York: Free Press, 1965.

④ Neumann, F., 1976, p. 432.

⑤ Bauman, Z., *Legislator and Interpreters: On Modernity, Post-modernity and Intellectuals*, Cambridge, England: Polity Press, 1987.

⑥ Martin, W., "The Role of the Intellectual in Revolutionary Institutions", in R. Moban, 1987; Hofsadter, R., *Anti-Intellectualism in American Life*, New York: Random House, Vintage Books, 1963.

"知识分子" 19 世纪末在美国的遭遇也与其在法国的处境很相似：它是一个贬义词。当时，"知识分子"被用来形容那些命运欠佳的"怪人"：他或者身为工人却又比大学毕业生更为博学；或者出身显贵但拒不认同自己那个家庭；或者虽然受过教育却没能完成学业；或者有知识却无个性、有才华但没章法。那个时代的美国，甚至被认为是反知识分子的社会。"知识分子"的狼狈处境只是到了 20 世纪的 30 年代才有所改变。在大萧条的年代里，似乎社会科学家尤其是经济学家具有化腐朽为神奇、变萧条为繁荣的超凡绝技。这一来，"知识分子"的命运也随之改变了，它成了一个正面的肯定性词语。①

英国的情况同法、美迥异。在相当长的时间内，文人学者都是在体制内生存并活动的，他们中的许多人，包括伯特兰·罗素（B. Russell），根本就不把自己视为知识分子，也不愿别人如此称呼自己。在牛津—剑桥精神的熏陶下，人们逐渐养成了对社会现实的保守习惯，他们也确实在现实中享有许多特权和声誉。英国社会的一大特点，是后来被称为知识分子的那批人具有很高的同质性，而没有分化出一批具有批判精神的人。诚如当今英国知识与知识分子社会学专家阿兰·斯温吉乌德（A. Swingewood）所分析的，英国社会特有的保守主义和对社会变迁的敌视，非常有逻辑地滋生出这样一种环境，在其中知识分子总是通过占支配地位的政治和社会结构去发挥作用的。② 即使到了 20 世纪 50 年代中期，英国知识分子仍然在根本上对自己的社会秩序是认同的。③

反观前述社会学家们关于"知识分子"定义的歧见，似乎可以说，希尔斯式的定义的确略嫌过宽，不便于对知识分子现象做历史和社会的把握；而科塞及法兰克福学派式的限制确有让人感到过窄了，且带有把知识分子理想化的色彩，更何况，仅仅依据某种心理特征（例如批判精神）去划定某种社会成员，也欠充分。

---

① Feuer, L., "What is an Intellectual?" in A. Gella, (ed), 1976, pp. 47–58.

② Swingewood, A., "Intellectuals and the Construction of Consensus in Postwar England", in A. Gagnon, (ed), 1987.

③ Feuer. L., "What is an Intellectual?" in A. Gella, (ed), 1976, pp. 47–58. Shils, E., "The Intellectuals, I. Great Britain, in Encounter" Vol. Ⅳ, No. 4, April, 1955, pp. 5–16. Kirk, R., "The American Intellectuals, A Conservative View", in Huszar, 1960, pp. 308–315. Anderson, P., "Origins of the Present Crisis", in *New Left Review*, No. 23, 1954, pp. 26–53.

## 二  知识群体：特定社会的产儿

这倒不是说，某些知识分子就不能以批判精神为特征，更不是说，从来就没有过某些知识分子以其批判精神而凝聚、著称的社会。彼德·安德森（P. Anderson）在论及英国知识分子的保守传统时说过，"英国从来就没有真正的知识群体"。[①] 那么，什么才是真正的知识群体呢？

"知识群体"（Intelligentsia）这个术语是别林斯基（V. G. Belinsky）等俄国、波兰人在19世纪40年代首先使用的。[②] 本来，这一概念所举社会学意义不在于它首先被什么人在什么时候发明、使用，而在于它确实概化了一种社会现象。在19世纪中叶的俄国、波兰等经济、社会都较西欧落后的国度里，的确存在着一种很特别的知识分子类型：他们受过西方教育却身在非西方的环境中，他们虽有知识却没有什么财产，他们在精神上比贵族还高傲但并未获得上等的职业和显赫的地位，他们既远离社会的普通民众又拒不认同社会的特权显贵，虽然后者也受过一流教育。把这类知识分子凝聚在一起的最明显的东西，便是他们对现存秩序的不满和对现行体制的批判。这些知识分子所处的社会，不但经济上是落后的，而且政治上往往也是专制的。[③] 正是因为如此，这些知识分子一开始就是以群体的形式出现而不是以个体的形式出现，这也是他们为什么被叫作知识分子。由于他们以其对现实的批判精神著称，有许多时候也被称为"批判性的知识群体"。当这样的知识群体企图将其批判精神化作具体运作从而引出激烈的社会变革的时候，他们甚至组建秘密社团以求一逞。在俄国，从十二月党人到布尔什维克；在中国，从同盟会到共产党，都是如此。可见，在政治倾向上，知识群体除了对现状的批判外，也并非铁板一块。

由此说来，"知识分子"和"知识群体"在概念上的区别就在于：前者是

---

① Anderson, P., "Origins of the Present Crisis", pp. 26 – 53.

② Malia, M. "What is the Intelligentsia?" in R. Pipes（ed），1961：pp. 1 – 18. Gella, A（ed），*The Intelligentsia and the Intellectuals*, London：Sage Publication Ltd.，1976.

③ Nahirny, V., *The Russian Intelligentsia*：*From Torment to Silence*, New Jersey：Transaction Books, New York：Columbia University Press, 1983.

一些生活在现代社会中的思想、观念的创造者，后者则是身在经济、社会都较为落后的环境中，但又接受了西方形形色色的观念，并因而对现存秩序持强烈批判态度的群体。

毋庸赘言，在众多的社会学家中，并非都如此一致地区分和使用知识分子和知识群体概念，有的人就把它们等同看待，也有人考虑到 1917 年后俄国及世界的巨大变化，转而认为在当今知识群体这一称谓应用于科技人员总体，而知识分子才是关心时事、批判现实的。[①]

综合以上诸说，本文主张把知识分子视为这样一种人，他们在现代社会中通过频繁使用抽象符号来创造关于人及其环境的思想，或表述他们对于人及其环境的理解，并以此为基本生活内容。这些人可能批判现实也可能认可现状，可以被社会容纳也可以被公众嘲讽，也许来自上层社会也许出身平民家庭，或者有大学文凭或者没有大学文凭……

而知识群体，则仍在古典的意义上使用为宜，或者，考虑到科技人员在现代社会也总是以群体的形式出现，不妨将古典的知识群体称为批判性知识群体，而把科技人员叫作技术性的知识群体。需要强调的是，并非每一个社会一定皆有知识群体或批判性知识群体，它只是较为落后的社会同现代工业社会撞击后的产儿。

## 三　曼海姆及其知识分子的"自由漂游"论

如果说，在知识分子概念上社会学家们有着诸多不同见解的话，在有关知识分子的理论框架上，各执己见甚至互不相让的现象就更加明显了。在这些不同的理论中，卡尔·曼海姆（K. Mannheim）的知识分子"自由漂游"论堪称最早的经典学说之一。

作为知识社会学的创始者，曼海姆在他 1929 年发表的名著《意识形态与乌托邦》中，系统地阐发了他的知识和知识分子理论。他认为，尽管知识现

---

[①]　Michels, R., "Intellctuals", in *Encyclopedia of the Social Sciences*, Vol. 8, 1932. Gouldner, A., *The Future of Intellectuals and the Rise of the New Class*, London: The Macmillan Press Ltd., 1979.

象不应只被视为人们智力活动的产物，而更重要的是其也应被看作一定的社会历史环境孕育出来的成果，但从事知识的创造、阐释的知识分子，却在很大程度上可以不受社会条件的限制，因而他们也才能综合不同社会集团的经验并创造出叫作知识的东西来。他借用了阿尔伯特·韦伯（A. Weber）的说法，把知识分子叫作"自由漂游"的人。也就是说，"知识分子是没有或几乎没有根的阶层，对这个阶层来说，任何阶级或等级地位都不能明白无误地横加在它身上"。"在很大程度上，它是不附属于任何阶级的。"换句话说，知识分子们"可以归附到本不属于他们自己的那些阶级中去"，也"可以持有任何阶级的观念"或"综合所有阶级的观念"。①

在曼海姆看来，自由漂游的知识分子有两大特质：同质性与异质性。同质性意指知识分子都是受教育者，而正是教育使知识分子彼此认同并超乎各个社会阶级，并因而有能力动态地综合各个阶级的不同政治观念；异质性正相反，它意味着知识分子在政治观念上的极度不一致，他们可以支持完全不同的政治主张，归属截然对立的阶级阵营。

同时具有这样两种正好相反的特质的知识分子，何以见得是自由漂游的呢？曼海姆论证道，首先因为知识分子来自社会的几乎所有领域，其次也因为他们可以为本非自己来源的社会集团效力，最后还因为他们不像工人或商人那样直接为其在社会经济生产中的关系所束缚。

仔细分析这三条原因，会发现其中每一条都不是不可以讨论的。首先，人们的社会身份、地位同他们的出身、根源并不是同义词，也不必是一一对应的，尽管后者可以在很大程度上可以影响前者，但根据一个人或一种人来自其他阶层、阶级而推说他或他们是自由漂游来的，却似欠有力。其次，并非只有知识分子可以为本非自己来源的社会集团效力，这是用不着多非笔墨便可明白的；怎么能说知识分子为别的集团效力就一定因为其是"自由漂游"的呢？最后，不像工人或商人般地直接为经济生产所束缚的人，还有政府官员、军队将士、警察、法官，等等，谁也不会认为他们也

---

① Mannheim, K., *Ideology and Utopia*: *An Introduction to the Sociology of Knowledge*, London: Routledge and Kegan Paul, 1979. Mannheim, K., *Essays on Sociology and Social Psychology*, London: Routledge and Kegan Paul, 1953.

是自由漂游的。不被经济束缚，可以被政治、军事、法律乃至性别、种族、宗教束缚。

回到知识分子的同质性和异质性来。受教育在现代社会已不只是知识分子的特权了，从政府官员、法官律师，到企业家、银行家，以至现代工人、农民，许多人也都有幸受过教育。进一步说，教育很难说是超社会的，受教育者又怎么进行超社会的综合呢？就在曼海姆写《意识形态与乌托邦》的时候，在他的国度里知识分子就没有表现出多少同质性。当时有许多人支持纳粹，但柏林政治学院的一些人仍然是自由派人士，而法兰克福的社会研究所还集聚了一批"左"倾的激进分子！知识分子的同质性和全方位综合能力，更多地不过是曼海姆的希望和理想。

从知识分子是否自由漂游的角度考虑，异质性比同质性更有意义，可是从曼海姆所论述的异质性本身，只能看出知识分子分属不同营垒，还看不出那是他们自由漂游的结果。不止于此，从逻辑上说，曼海姆论述的知识分子的同质性与异质性，正好是相互矛盾的。

曼海姆看来自己也意识到了他的"自由漂游"说有欠完善，故他每每用斜体的相对二字去限制他那"自由漂游"。

在这里，笔者并非想要完全否认相对自由漂游的知识分子的存在。在西欧，至少从文艺复兴以来，市民社会的存在，是文人、艺术家、编辑、记者，以及医生等得以存活的条件。学校、报馆、剧院、书店、教堂、医院，都是在市民社会中存在并起作用的。一般情况下，它们并不受政治社会的直接左右。生活在市民社会中的知识分子，相对说来，可以比较自由地选择自己的工作职业、生活地点乃至学派和倾向。

但我们不应忘记有过那么一些历史时期，如英国新教初期和德国纳粹时代，市民社会受到政治国家粗暴干涉，知识分子也被迫牺牲了他们的"自由"。更重要的是，西欧、北美乃至世界各国的历史，自近代以来，不只是市民社会的历史，它更是现代民族国家兴起并发展的历史。民族国家体制内的知识分子，就没有多少自由漂游的天地。[1]

---

[1] Giddens, A., *The Nation-State and Violence*, Cambridge, England: Polity Press, 1985.

## 四 知识分子：一个新兴的统治阶级？

与曼海姆的理论倾向相反，则有把现代知识分子看作是一个新阶级的种种尝试。尝试之一，是在帕累托（V. Pareto）、米歇尔斯（R. Michels）等人的精英理论影响下，一些社会学家宣称，在 19 世纪末 20 世纪初的那些经济不够发达的社会中，实际发生的，并不是社会革命，而只不过是一场"知识分子的政变"。在那里，一些受过西方教育的激进知识分子用军事革命的手段夺取了政权并从而使自己成了新的统治者。[1] 这一尝试与其说是理论的，不如说是历史的。尝试者们也的确收集并分析了丰富的历史资料，这一尝试也从南斯拉夫的前领导人吉拉斯（M. Djilas）的名篇《新阶级》一书中得到了佐证。20 年后，匈牙利的两位社会学家进而在西方出版了《通往权力之路上的知识分子》，用更新的材料、更细的分析去说明在东欧和苏联知识分子自 20 世纪 50 年代起如何与官员融合并进而组成新阶级的。[2]

《新阶级》和《通往权力之路上的知识分子》两书，暂撇开其长短不论，主要论及的是苏联、东欧发生社会变革（革命或"知识分子政变"）以后的政治结构及知识分子在这一结构中的地位。根据这些社会变革是由知识分子参与并领导的而认为变革本身不过是场"政变"，就如发现变革后的社会的许多官员是由知识分子担任的便得出知识分子已组成一个新的统治阶级一样，是不够充分的。

相比之下，阿尔温·古尔德纳（A. Gouldner）的尝试和包含在其中的理论，显得高明和精细得多。1979 年，他出版了《知识分子的未来与新阶级的兴起》一书。他在书中将西方和那时的苏联集团社会中的知识分子都划入一个被他叫作"文化资产阶级"的名下，认为这个阶级在两种社会中都正在变

---

[1] Lasswell, H. /Lerner, D. （ed）, *World Revolutionary Elites：Studies in Coercive Ideological Movements*, Cambridge, Mass.：MIT Press, 1965.

[2] Konrad, G. /Szelenyi, I., *The Intellectuals on the Road to Class Power*, trans. by A. Aeato/Rallen, New York：Harcoart Brace Jovanvich, 1979. Djilas, M., *The New Class：An Analysis of the Communist System*, London：Thames and Hudson, 1957.

为统治者。

知识分子在这两种不同体制中之所以都被古尔德纳划为一个阶级（"文化资产阶级"），是因为他认为他们分享着相同的文化背景，也因为他们同生产资料的关系是一样的。所谓相同的文化背景，古尔德纳指的是一种被他称为"批判性话语文化"的东西。这是一套在知识分子中历史地形成的不成文规则，其关注于如何使思想的表述具有正当性，且这一正当性并不求助于当局的权威。这套规则所必然引出的那些自觉自愿的言论，完全是建立在争论的基础上的。一言以蔽之，这是一种旨在寻求正当性的特别的话语行为，它是为人文科学的知识分子和技术性知识群体所共有的。

为什么说这些不同体制下的知识分子与生产资料的关系也是一样的呢？古尔德纳认为，以批判性话语文化为背景的知识分子，从总体上控制了知识的生产和分配。在他看来，在现代社会中，知识也是一种资本，不过与货币资本不同，它不是实体的而是符号的；但它又与货币资本一样，也可以用来支配人们的收入、地位和权力。古尔德纳把这种资本称作"文化资本"，占有这一资本的人因此也叫"文化资产阶级"。知识分子或"文化资产阶级"无论在西欧、北美还是在东欧、苏联，都正在上升为新的统治阶级，因为科学技术、文化、教育等，正日益成为社会发展的关键因素。[1]

古尔德纳的论证，给人以旧瓶装新酒的感觉，陈套中有着新意。严格说来，他论述的批判性话语文化和文化资本都是有待完善的。"批判性话语文化"无疑蕴含了知识分子的某种特点，其一般说来是为非知识分子所缺乏的。但它舍去了存在于不同学科、不同学派、不同体制下的知识分子中的许多重要差别。譬如说对所谓正当性的理解，就可以有很大出入。至于说批判性，现在有很多社会学家都意识到，这在技术性知识群体中，至少就社会现象而言，是比较缺乏的。甚至可以假设，技术的一个内在特点，就是把人（技术性知识群体）训练得稳重、精细、保守，从而使他们的工作往往更具有建设性而不是批判性。

---

① Gouldnre, A. , *The Future of Intellectuals and the Rise of the New Class* , London：The Macmillan Press Ltd. , 1979.

　　"文化资本"概念，就更显粗糙。众所周知，货币资本是可以转移的。它的持有者可以根据市场需要或自己对市场需要的预测来决定往钢铁或石油或别的什么领域投资。但知识却不是这样，一个学土木建筑的学者或学生怎么把他的土木建筑知识"投资"到纺织业或服装设计业中去呢？再有，在现代市场经济中，所有权与经营权是可以分离的。货币资本的持有者（股东）大可不必自任经理，直接参与管理过程。但知识分子是不能如此这般地使自己同其"文化资本"相分离的，他没有代理人，若要运用知识或"文化资本"，他就必须事必躬亲。既然如此，知识还能当作资本吗？

　　最重要的还在于，知识、科技等在现代社会的确越来越重要，但知识分子或者说掌握了知识、科技的人是否因此就成了统治阶级，尚属疑问。科学的重要性也可看成劳动力的重要性，即是说，现代社会的劳动力，越发需要由掌握了科技的人来担当。因此从逻辑上似乎也可以说，现代知识分子犹如古代的农奴、中世纪的农民和近代的工人一样，不过是当时的主要劳动力而已。

　　在古尔德纳的"文化资产阶级"理论中，还有一个重大的忽略：西方与苏联社会在体制上的区别。后者中原没有西方意义上的市场，因而知识在那里便无所谓是否成了资本。如果苏联体制中的知识分子也正成为统治阶级，则一定不是因为他们占有了"文化资本"。①

## 五　异质性：知识分子的分化

　　古尔德纳与曼海姆的理论取向正好相反。若对这两种理论本身也做知识社会学的分析，就不会对它们如此分明的泾渭感到惊异。曼海姆在写作《意识形态与乌托邦》的年代，如前面已经提到的，正是欧洲知识分子分化为不同政治派别的时候，这对他认为知识分子可以归属到截然不同的社会集团因而是自由漂游的，无疑有着很大的影响。古尔德纳则看到了二战以来东西方社会中科技日益重要的作用，由此他认定知识分子正在形成一个新的统治阶级。如上面所概略分析的那样，两种相反的取向各有所长，又都有所失。它们的一个共

---

　　① Giddens, A., *Social Theory and Modern Sociology*, California: Standford University Press, 1987.

同不足之处，在于都试图用一个模式去让各类知识分子就范。

与这类用一个模式去看知识分子取向不同，安东尼奥·葛兰西（A. Gramsci）在他的铁窗生涯期间写下的那些札记中，把知识分子分为两类：有机的和传统的。前者系作为每一社会经济政治体制内的有机组成部分的那些知识分子，他们为该体制在政治和意识形态上的整合和霸权而存在、而会聚、而发挥作用；后者则指的是每一社会中游离于体制外的文人、学者、艺术家，以及部分曾经属于前一社会体制内的有机知识分子（另一部分可能已融入现存体制中）。葛兰西之所以称他们为传统知识分子，是因为从传统上说，那些游离于体制之外的文人、学者才是被公众当作"真正的知识分子"的人，哪怕他们中的一些人也可能成为未来社会中有机知识分子的成员。[1]

葛兰西的思路是颇有启发性的。若用他的划分方法去看曼海姆和古尔德纳的理论，则是否可以说，曼海姆所刻画的自由漂游的人，正是那些游离于体制外的传统知识分子，而古尔德纳所描绘的新型统治阶级成员，不过是体制内的有机知识分子而已。换言之，并非所有的知识分子都可以自由漂游，亦非全部知识分子皆成了统治阶级的成员。知识分子是分化的。

这种分化很明显地不仅是曼海姆所看到的那种异质性，即知识分子在政治观念上的分野，更不只是古尔德纳等人注意到的现象，即他们在专业研究领域中的分工。而更重要的是，它是对知识分子的社会定位和社会分化的认识的开端。并且，由于看到了有机知识分子与传统知识分子之间的渗透或位移，即部分前有机知识分子已"沦为"传统知识分子，某些传统知识分子可汇入未来的有机知识分子，它提示了一种动态分析的可能性。

葛兰西的札记，却又是未加整理的。他更不可能做什么经验研究去验证他的思想。他对知识分子的阐述，主要是依据西欧特别是意大利文艺复兴以来的历史，当然也包括了他对未来的想象。在划分上，连他那两个概念在字面上也明显是不对应的。但这些并没有妨碍他思想中原生的独到之处所给予我们的启发，正如曼海姆、古尔德纳也给了我们极大的思维空间一样。

---

[1] Gramsci, A., *Selections from the Prison Notebooks*, ed. by Q. Hoare/G. Smith, London: Lawrence and Wishart, 1971.

综合上述分析，本文试图对知识分子做一新的划分。这一划分将为进一步经验研究的入径。在本文的第二部分，笔者曾对知识分子概念的内涵做过扼要陈述。无疑这一陈述是相当抽象的。倘拟进而对知识分子现象做社会学研究，则需考虑其社会定位（及流动）问题。以下划分即是这样一种尝试。

诚如葛兰西所看到的那样，现代社会的经济、政治、文化意识形态体制自身有机地包含有一种知识分子，他们对现存体制的运转及其在政治和意识形态上的霸权地位起着不可替代的整合作用。为了更明确起见，不妨将这类人称为"体制知识分子"。与此相应，那些生活在市民社会或类似环境中传统意义上的文人、学者、艺术家、科学家，与现存体制没有内在有机联系，故称其为"体制外知识分子"。除了这两种类型外，还有一些知识分子与现存体制互不相容，他们致力于批判甚至改变这一体制，这就是"反体制知识分子"。例如俄国社会19世纪末20世纪初的批判性知识群体，就是这种人。

上述划分不一定穷尽了现实中的全部知识个体。假如我们对一个社会（如中国）做细致的研究，就会意识到，至少在某些历史时期，是有可能存在许多于三者间过渡的知识分子的，他们甚至也颇具历史学或社会学意义。不过作为分析概念，在理论层面上无须囊括全部的现实个体。体制内、体制外、反体制知识分子，从社会定位的角度来看，已经概括出知识分子的总貌。这种划分，不是常见的根据年龄分为老年、中年、青年，不是根据知识水平分为高级、中级、低级，也不是根据政治见解分为左派、中派、右派，或根据专业领域分为人文、科学、技术知识分子，而是根据他们同社会体制的关系，把他们置于现存的社会结构中，以利于考察他们对社会发展的参与程度和他们在参与过程中的不同社会地位。在经验研究中也将表明，就此而论，它的解释性将强于其他划分。

有一种理论主张，在苏联式的体制下，只有体制内的知识分子可以生存。[①] 此论注意到了苏联式体制的某些重要特征和后果，但仔细分析已见诸文字的大量史料，就不难看出，事情的真实面貌要复杂得多。毫无疑问，在一个政治、行政组织得相当严密的社会中，所谓市民社会就会相当有限，因此体制

① Hamrin, C./Cheek, T., *China's Establishment Intellectuals*, New York: M. E. Sharpe Inc., 1986.

外或反体制知识分子就较难以社会正式成员的身份存在并起作用，也就是说，能够相对"自由漂游"的知识分子就不会很多，反对社会或批判现实的知识分子就更不易生存。然而，并非所有知识分子都是该体制的有机分子。从起源上说，体制内知识分子一般地说有相当部分是从其他类型的知识分子中"招募"或转变来的，尤其是在一种体制建立之初是这样。这当然也不是说，任何社会的任何阶段，三种知识分子总是按相同或相近的比例存在的，相反，在某些特定时期，确有可能没有某种知识分子。英国就有过这样的阶段，其时知识分子都是认同既存体制的，没有反体制知识分子的存在，如本文曾经提到过的那样。在研究现代中国时我们也可以发现，在二十余年的时间内，至少在大陆范围内（台湾也一样），不论由于什么原因，反体制知识分子也是不存在或基本不存在的。这里不存在优劣好坏的问题，不过是想说明，不同社会在不同历史条件下知识分子的类型也是不同的。这也是本文认为曼海姆、古尔德纳的理论模型不够周密，从而主张对知识分子做动态的分类的主要原因。

## 六 没有句号的结束语

体制内、体制外、反体制知识分子分类既然是动态的，对知识分子个人来说，就不存在嫁鸡随鸡、嫁狗随狗式的一锤子买卖或一次性包办婚姻，他或她的社会地位不是一成不变的。更有甚者，随着大的社会变革时代的到来，不同类的知识分子的总体也是可能移位的。尤其是体制知识分子与反体制知识分子，但社会发生体制性变革或革命的时候，就极有可能正好相互换位。这在20世纪初的中国和俄国都曾发生过。而体制外知识分子，当民族文化精神和国家主权尊严受到外来威胁的非常时期，也往往不再闭门读书，远离尘世，而是走出书斋，力图用自己的社会行为而非学术活动去解救危机。抗日时期的中国就有这类情况。不论危机解救与否，许多人就不再是体制外知识分子了。

由曼海姆创立的知识社会学，试图将知识看作是一种受社会制约的现象而不只是人们智力活动的结果。同理，在研究知识分子时，也应将他们置于一定的社会体制中，并考察他们是怎样受制于这种体制，又怎样通过创造关于人和环境的思想这种智力活动去改变这种体制并进而改变人（包括知识分子）自身的。

相比而言，知识分子是最不安分的，他们好像不懂得向命运低头，即使他们已被定位在社会体制的某一环节上，他们很可能仍然没有安身立命之感。在灵魂深处，他们总是漂泊的，他们在漂泊不定中不断寻找着归宿……

[原文载《中国社会科学季刊》（香港）总第 2 期，1993]

# 太庙：世纪末的辉煌？

早在《图兰朵》真的被搬到太庙来演出之前，这消息已经不知听说或传说了多少年了。在此之前，早就有"《阿依达》回埃及""《托斯卡》回罗马"等。卡拉扬在世的时候就谋划着《图兰朵》的"故宫之行"。终于，在听说/传说了这么久之后，图兰朵也有了她的"故乡行"。

与"《阿依达》回埃及""《托斯卡》回罗马"等不同的是，《图兰朵》是由"不懂歌剧"的中国导演执导的。在张艺谋的精心处理下，《图兰朵》在宫廷置景和服装道具方面一反过去所惯有的比较阴森的格调，既突出了太庙本身作为中国古典建筑艺术的风格，也体现了导演所特有的对光和色彩的运用。而且，由于现场本身并不具有歌剧院里的声乐/音乐效果，一出戏下来，"足以震撼在场的每一位观众"的，与其说是作曲家、指挥家、演唱家、演奏家的艺术禀赋，不如说是"太庙的庄严和神秘"。

《图兰朵》演出期间和演出之后，开始有人从不同的角度去议论，其中的一个话题是：太庙的《图兰朵》比起原来别人的处理来究竟如何？为什么过去西方人总要把中国的宫廷搞得那么阴冷甚至阴森？中国导演这次究竟有没有冲破原有的模式而真的"弘扬了咱们中国辉煌灿烂的文化和文明"（张艺谋语）？中国文化的（或者说，中国宫廷文化的）传统里，会有如此"正义、温暖、爱情"的故事吗？

一

在讨论这类"问题"之前，不妨先来回顾一些史实。

在因《玛侬莱斯科》而成名之前，普契尼曾经有过一段相当贫困的生活经历。他于19世纪末和20世纪初相继创作的《艺术家的生涯》《托斯卡》和

《蝴蝶夫人》，奠定了他在歌剧史上的不朽地位，也因此改变了他贫困的生活处境。在着手谱写《图兰朵》的时候，普契尼已经是一个停笔多年又身患绝症的富裕之人了。在普契尼的为数不多的歌剧作品中，真正算是以穷人的生活为蓝本的，只有《艺术家的生涯》（又译《波西米亚人》），其他作品，才大多是"波西米亚人"式的多愁善感和悲情绝唱。

普契尼的作品一方面继承了威尔第的一些音乐风格，尤其是《艺术家的生涯》《托斯卡》《蝴蝶夫人》等里面的咏叹调和二重唱、三重唱，许多段落令人想起威尔第美妙绝伦的声乐作品如《弄臣》和《游吟诗人》，尽管普契尼似乎不大注重如何承袭威尔第在谱写气势磅礴的合唱与庄严雄伟的序曲方面的特长，他的歌剧甚至根本就没有序曲；另一方面，普契尼对音乐/声乐的处理又更注意普通人的情感倾诉，有些段落之委婉与动人，比起威尔第的来也毫不逊色。他还故意运用一些民间音乐的曲调，如《蝴蝶夫人》和《图兰朵》中对日本和中国民间音乐的采用，尽管他的音乐作品总的说来远不如威氏歌剧来得深刻，类似《命运的力量》《阿依达》《奥赛罗》这样的作品，普契尼从来也没有尝试过。

不过，有一点是相通的，那就是他们在自己的作品中，也希图表现带有希腊悲剧色彩的风格和传统。这当然并不排除我们总也绕不开的复杂性：威尔第被公认的最为成熟的作品《福斯塔夫》，本身又是一部喜剧！至于普契尼的歌剧，只要稍微留心就会发现，《玛依莱斯科》《艺术家的生涯》《托斯卡》和《蝴蝶夫人》都是以女主角之死落幕的，其中，后两部戏干脆就以女主角的自杀来结束全剧。

《图兰朵》的情况有所不同：普契尼还没有来得及写完脚本，就被喉癌和心脏病夺去了生命，而且，无独有偶的是，正是柳儿自杀后，普氏停笔了！也许正是因为如此，《图兰朵》首演时，既是普契尼的挚友又曾经帮助普契尼改写歌剧曲谱的著名指挥家托斯卡尼尼，在柳儿自杀后让指挥棒戛然而止，并宣布："歌剧到此结束。"

## 二

直到今天，还仍然有许多人在苦苦思索和激烈争论：究竟《图兰朵》的女主角应该是柳儿还是图兰多？在笔者看来，这其实并不是个什么了不起的大问题，仁者见仁，智者见智，同一部作品，就看观众的理解如何；而观众究竟如何理解，既和作品本身有关，也和观众们的身份地位甚至当时的情绪感受有关。对于普契尼来说，柳儿也许终究只是个陪衬，否则歌剧本身就不用叫《图兰朵》了。但问题是，如果普契尼自己能把作品写完，结局又会如何不同？还是如现在这样有情人终成眷属？或者，还有什么别的可能？从普氏向来在自己的作品中所表现出来的对女性的偏爱来看，更从他自己遗留的未完成乐谱来看，他的确不会把图兰朵处理成不识人间烟火的孤傲公主，而一定要让她被爱的力量融化。但是现在我们看到/听到的，似乎是图兰朵因为柳儿之死而发生的突然转变，这至少使很多在太庙里试图尽力学会去欣赏歌剧的"兴奋不已的中国观众"，感到了某种不可信。

但我们没有来得及注意的是，普契尼未完成的《图兰朵》，是由阿尔法诺（Franco Alfano）续的尾，而且，原来的续尾要长得多，只不过，托斯卡尼尼不喜欢，把很多部分都砍掉了。不然，王子与图兰朵的结合也许就不至于显得如此仓促？

这样一来，即使不谈初期的演员和观众，一部简单地以东方传说为背景或依托的《图兰朵》，也已经包含了诸多人（普契尼、阿尔法诺、托斯卡尼尼）的理解和投入。我们该批评/评论谁呢？

本来，对于作为一种艺术形式的歌剧来说，是不存在回不回故乡、有没有反映故乡原来的风情、本土的人会不会这样来处理爱和恨等"问题"的。如果一定要追问，那么，"故乡"在哪里？究竟什么才算是"原来的风情"？"本土人"这个概念当中所蕴含的无数的在地位、种族、性别、身份等方面的差异性又该做何理解？

歌剧，无非是取材于某些已有的传奇故事或文学题材，经作曲家自己的再理解和再创作之后，用声乐（以及音乐）的形式，来表现人的欢悦、欲望、愤恨、哀伤和悲情。即使是在普契尼创作具有现实主义风格的作品的过程中，也未必就想过要如何"真实地"（如在《托斯卡》中）再现历史或（在《蝴蝶夫人》和《图兰朵》中）重现东方。《图兰朵》的取材，与其说是中国宫廷的故事，不如说是《一千零一夜》，这是明眼人一看就清楚的。这里，无所谓内容和风格上的真假对错。

严格说来，意大利歌剧中所表现的许多故事，大都是很平常或早已为人熟知的爱情悲剧，如果不是音乐家们独具匠心的艺术雕琢，不是歌唱家们美妙绝伦的动人歌喉，这些故事不一定都会有多么特别的感染力。有些甚至是属于二三流的故事。歌剧艺术的真谛，不是这些故事如何如何，而是作曲家歌唱家从音乐/声乐上怎样再现和升华它们。假如不是由于音乐/声乐，只是《蝴蝶夫人》《图兰朵》或《弄臣》和《游吟诗人》中的故事，也没有什么特别的高超之处。而从歌剧和音乐的角度，我们应该讨论的，是普契尼在艺术创作中的得失长短，他在歌剧和音乐史上的影响和作用，对他的前人的传承与发挥，他在《图兰朵》中有什么不足或败笔，等等。从我对歌剧零碎残缺的了解中，还从来没有听说过有什么英国人议论《拉莫摩的露茜娅》是不是体现了英国"原来的风情"，有什么德国人讨论《露易莎·米勒》是否确实是德意志"本土人处理爱和恨"的方式，有什么埃及人争论《阿依达》有没有如实反映"故乡的风貌"。

## 三

但是，问题恰恰就在于：为什么我们老是要讨论关于中国的故事是否真实这样的问题？

笔者的一个完全说不上是"大胆"的假设是：如果这些故事不是被西方人而是被我们自己描述的，那就什么问题也没有了。试想，除了傻瓜，我们有谁会去认真讨论《西游记》或《红楼梦》真实与否吗？有谁会真的认为凡中国男人都像孙悟空那么勇猛，凡中国女人都如林妹妹那般柔弱？而当我们质疑西方人在其笔下是否如实再现了中国或东方的风情与文化的时候，我们的骨子里头，是否还是有着"东方 VS 西方"的牢固范式在作祟，只要一交流一碰撞，无论是直接还是间接的，它就会从潜意识中冒出来？

这一方面说明，我们自己的文化资源或文化底蕴仍然十分深厚，否则干脆全面缴械或者"彻底殖民"，这类问题也就——至少在意识和心理层面上——不复存在；另一方面也说明，我们又缺乏原有的自信和大度，不然就没有必要总是担心自己本该是什么样的却又很不幸地被西方某些"了不起的文人"给弄错了，没有必要喋喋不休地申明自己原来是如何行为的但却很委屈地被西方某些"史诗般的歌剧"（或名著）给讲歪了。

回到普契尼。他的确对东方和东方女性有自己的想象，例如《蝴蝶夫人》和《图兰朵》，都有为令人无限同情又无比优美的女性形象和她们催人泪下的悲惨遭遇而谱写的难忘曲调，尽管普氏对东方文化和东方音乐，显然都是二把刀，所以才有对日本和中国民间音乐的很不高明的借用，甚至因此也打乱了歌剧传统中的大—小调体系。但是，普契尼对女性的偏爱，却是一贯的，在《蝴蝶夫人》里，考虑到如果没有为男高音谱写的唱段，就不会有人愿意出演，现在我们听到的那一点连咏叹调也算不上的东西，说不定也不会有。普契尼也不只是对东方女性有偏爱，《托斯卡》和《艺术家的生涯》就是最清楚的例证。今天我们很容易说普契尼对女性的偏爱，仍然不过是男权主义的慈悲心肠，就如他对东方文化的表现仍然还是西方中心论的投射一样。也许，对于普氏脑子里究竟有多少男权主义和东方主义这类问题，是需要对他的作品和生涯以及时代做出细密研究以后才可以（用论文或专著?）说明白的。

而有一点是明白无误的：西方自启蒙以来——如果不是更早的话——在不同形式的话语文本和话语实践（其中当然也包括艺术文本和艺术实践）中，有意无意地塑造了一系列对东方的想象。西方人的这种东方观（Orientalism，即当今被称为"东方主义"的眼光和视角）实际上源自启蒙时代主体—客体、人类—自然、个人—社会、我们—他们、文明—野蛮、落后—进步的二元论，特别是近代牛顿—笛卡儿路数的哲学认识论。而启蒙思想中对这类"二论悖反"所具有的自我怀疑和自我批判精神，却直到很晚近才被运用到西方人对所谓"他者"（包括东方）的研究和表述中来。

特别有意思的是，当来自东方的文人学子接受了西方近代思想的洗礼以后，又反过来成为这种东方观的信奉者和传播者，不过具体表现形式有所不同罢了："顽固抵制"或者"全面拥抱"无非是在这种二元论逻辑所推演出来的"东—西对立"格局下的极端形态。于是又有了用这种东方观审视的"西方"，实际上无非是一种被我叫作"东方观熏陶下的西方学"的东西罢了。在本文初稿成型后，笔者碰巧在东京的岩波书店看到一位朋友在日求学时的导师青木保教授的新著，题目就叫《东方主义的"逆光"》，他想说的，该正是东方的学者用西方人这种东方主义的眼光反过来如何去看待西方的吧。

由此我又想起了前些年在欧洲看过的一出戏，导演是位美籍华裔，他故意用了《蝴蝶夫人》（*Madamme Butterfly*）的谐音，把这出戏叫作 *M. Butterfly*，其展现了一个据称是从真实故事演绎而来的现代东方主义想象：一位 20 世纪 60 年代常驻北京的某西方大国的外交官，从爱上京剧到爱上其中的某位演员，彼此缠绵相思多年，终于在 80 年代中国正式宣布对外开放后，得以在欧洲团聚，而直到这时候，这位西方外交官先生才发现，原来他多年来苦苦思恋的中国京剧小旦，竟然是位男士！

# 四

这篇短文本无心扯这么远。更多地，是想在《图兰朵》华美夺目地来到又前呼后拥地离开了"故乡"、与此相关的吵闹和轰动却还余音未尽的时候，来品味一番太庙此回的壮丽辉煌究竟是怎么回事。

故宫，连同两旁的附属建筑和园林（太庙就在其中），从来都是吸引中外游人的文化遗产。有没有《图兰朵》，它也一如往常是宾客如云的殿堂。笔者最近就陪同"根本不懂中国文化"的安东尼·吉登斯匆匆浏览过它的一小部分，而这回真正让我印象深刻的，是不论中国外国也不管贵贱长幼，人们都信步于其中，谁也没有感到有什么特别不自在。

对比一下《图兰朵》的演出盛况，却不免令人生疑：在北京的"劳动人民文化宫"，由两位东方（印度和中国）人指挥和导演，按理"这次《图兰朵》回国演出就给我们大家一个很好的机会来现场领略真正的意大利声乐传统"，但是实际上，其入场券的价格，不论是绝对地看还是相对地说，"我们大家"（一般的中国工薪族？下岗的当然不在此列，更不用说千万农民工）都是难以想象的，而且，更有甚者，购买时还需付美元！除了"专为中国人演出"的两场可用人民币支付且价格略低外，整个演出基本上被炒作成了世纪之末的"华人与狗不得入内"。我的一些朋友，干脆就趴在劳动人民文化宫的东墙头上"免费聆听"了一回这世纪绝响。而那"专为中国人演出"的两场，一场主要为演艺界开开眼（据说"演出演艺界的名人明星几乎全部到场，一眼望去'星光灿烂'，也构成了另一种壮观"），另一场则至少前面二十排就座的，不是富豪就是官员。我自己作为业余的歌剧爱好者，早就开始关注、打听、询问"入场券问题"。而每次得到的回答，都要么是"订/送完了"要么是"等着吧"。等什么呢？实际上是等"有关部门不来取他们的订/送票"。果然，一直等到这第二场"专为中国人演出"前的最后一刻，才买到了由"有关部门"退回的剩余边角票。待入座后才发现，20 世纪 70 年代唱红了整个中国的著名男高音，也屈尊坐在这个角落。而当歌剧随着剧情展开，到柳儿唱出那最为优美也最令人心碎的咏叹调"先生，请听我说"的时候，一片掌声竟然首先是从更后边的旮旯里发出来的。

据说，张艺谋自己也表示未能充分发挥出自己的潜能，理由也很简单："演唱是不能变的，曲谱是不能变的"（张语），再加上太庙有诸多限制，不仅声乐/音乐效果欠佳（对此，导演本人并不会比指挥和演唱者更在意），而且，既然是全国重点文物保护单位（也是联合国教科文组织认定的"人类文化遗产"），就不可能任意布置和改装，反而还必须做些保护性或象征性的遮盖。更何况，事先有谁能想到今年会遇到特大洪水呢？在这种情况下，张艺谋的苦衷就更是一言难尽，连"指挥大师"梅塔在正式会见的时候也诚恳提出："我能为中国人民做些什么？"于是又有了《安魂曲》在世纪剧院和人大会堂的赈灾义演。

人们当然可以说，西方的歌剧艺术嘛，"观众都是达官贵人，上流社会"（张语）。的确，这也可以说是"向来如此"。但即使如此，比起在米兰、罗马、巴黎、维也纳和伦敦的歌剧院来，太庙的运作，也实在太玄。毫无疑问，运作者炒作者们，是希图张扬起神秘（但不阴森）的"东方主义"大旗，用大手笔来换取大创收。就此而论，也不可谓不成功。不论实际上是盈利还是亏损，价格"这次已经是破天荒了"（张语），其造就的气势和声势，也不可谓不辉煌。

但辉煌之后呢？又不禁使人感叹，在种种广告宣传和媒体炒作背后，如此高雅的"国际文化盛况"和如此高价的"中外文化接轨"，实际上不过是跑到太庙来做的一次跨国性大动作，本身并没有多少让"我们大家"（演艺界和商业界除外？）学会也欣赏什么歌剧艺术的意思。太庙无比辉煌，却基本与国人无关，而更多地却是让人感到，这种"国际接轨"，无非是重新确立艺术家的贵族/富豪气派，重新确立高雅艺术的优越性和排他性。再回想和对比在那些年代里，文学艺术工作者开始是被号召后来是被强迫"走与工农相结合的道路"，甚至连中间人物也不能写，仿佛"只有工农兵的生活才算生活"，于是都得下去体验，"不下去就不给饭吃"。如今，倒是没有人再把艺术家是否能分辨小麦和韭菜看得比他们是否能写出上乘之作传世之作更重要了。但是，如果我们对曲折历史的态度不是反省不是超越，而是——请恕我借用这个线性论的说法——"倒退"，如果我们因为走了那么多弯路吃了那么多苦头受了那么多冤枉，就理所当然地认定，作为"文化资本"的占有者，有一天能与商业资本金融资本占有者们一起型构为社会的"精英"，共谋完成对社会的再造，成为跨国性的（或全球化的）不同于"他们"的"我们"，那么时间之川就真可谓白白流逝了。

　　一部作品，当然不一定非要表现普通人乃至穷人不可，而且即使要表现，也有个如何表现或多种表现手法的问题；更不一定要让普通人乃至穷人也能懂，何况什么算懂，本来就没有什么统一的标准，更遑论"国际的"标准。但是如果连所谓的"知识分子"也无力问津，或者，只有等"有关部门"退票后才可能分得一杯羹，甚至要趴在墙头偏着脑袋去体会"高雅艺术"的无尽滋味，那就不得不让人联想：如果有一天，一出由非洲人指挥和导演、拉美人演唱的关于法国人生活的美国式轻歌剧，"回到"法国罗浮宫去演出，且入场券需用德国马克支付，一般法国"智识阶级"还支付不起，那将会招来怎样的强烈反响！

　　遗憾的是，直到今天，我们似乎对此类现象并没有多少反应，反倒是去质疑普契尼是否懂得中国文化和国情，《图兰朵》是否体现了中国式的宫廷生活和两性感情。对中国导演也有批评，主要是说他安排的鼓队是否画蛇添足，置景也是否太艳丽从而抢了声乐/音乐的戏，本来，无论是梅塔还是张艺谋，也无论是演唱家还是演奏家，都可以也应该受到观众的批评和挑剔（现在似乎对张的指责远甚于对梅的评论，后者虽然曾经以指挥过《图兰朵》的"企鹅三星带花"唱片而名扬天下，但这次在太庙对指挥棒的运用，就并没有让人体会到多少"大师气派""一流阵容"，这次的表现也呈二流甚至三流状，梅格甚至还说，"到太庙不要和我谈音乐！"）普契尼当年就常常遭到米兰听众的冷嘲热讽喝倒彩。问题是，如果我们的批评，都集中在一些本来不成问题的"问题"上，纠缠在"东方VS西方"上，或者，只局限在一些十分专门化、技术化、学究化的问题上，那么，我们的文化批评和它本来按理所应有的社会良知，就基本上还处在令人沮丧的"前现代状况"。

（原文载《天涯》1999年第1期）

# 教化的困惑

从过去所受的教育乃至于今天正在进行的教育中，人们一直是在有意无意之间把西方作为文明的象征和代名词的。世界历史课基本上是讲西方各国的历程，世界近代史即使控诉近代以来列强如何扩张、如何压榨亚非拉诸穷国，也仍然是以西方为主线的。至于世界文化艺术史（如绘画、雕塑和音乐），似乎天经地义地就是古希腊古罗马和欧洲的天地。达·芬奇、米开朗琪罗、莫扎特、贝多芬，等等，数来数去都是西方人。这样一种潜移默化的教育或教化过程，使人逐渐在朦胧中懂得了所谓的文明究竟意味着什么，也使人即使在最不文明的年代里也从心底滋生出某种信念一样的东西：中国人总不能就这么野蛮下去！

1977 年招生制度恢复时，我从工厂考进了大学。在大学学哲学，哲学史思想史课程所涵盖的中国以外的世界，实际上也就是西方。人类思想的宝库蕴藏着让刚刚经历了愚昧洗礼的中国人着实叹为观止。然而，在知识的海洋里游着游着就感觉有点不对劲了，在我们的知识系谱里，似乎是没有亚非拉的广阔空间的，那里如果也有人类生存，至少他们是落后的、野蛮的、蒙昧的、有待开化的、不文明的、不足挂齿的……

那个时候读到前辈学者大声疾呼提高国人素质的文字，真有说不出的痛快。"文革"千损失万损失，最大的损失是把人弄得不像个人样了。连许多所谓的知识分子也没了底气似的，只剩下麻木，或者是庸俗。直到现在我也常常与人们争论，究竟是金钱还是教养才能真正维护和提高无论是整体还是个体的中国人的尊严。有时候甚至和朋友开玩笑，假设中国还有一个完整的精神贵族该多好！我也不知道，这种对自己身在其中的国民素质的判断，是否源于晚清以来以士大夫的失落和国力的衰竭为标志的百年耻辱。

只是在对中西比较有了切身的体验和对中国社会的穷乡僻壤有了一些感性接触之后，我的教化过程才又进入了一种困惑状态。

20 世纪 80 年代，给人印象最深的，大约要算成千上万的中国学子，乘着"拿来主义"的西风，漂洋过海，走洲串洋了。在英伦小岛上，一望无际的蓝色的海洋，博大精深的"蓝色文化"，让人真恨不得老老实实又越多越快地学点东西！我有意识地想让自己生活在当地的社会—文化环境之中，一开始甚至故意避开讲汉语的华人。不能融入别人的社会，也多少可以利用机会对人家有些真切的了解。这样，不但可以从学校从书本上，而且也能从与当地人的接触从对周围环境的观察中增长新知。

在国外，空闲的时候我写过自己穿西装、用刀叉出洋相的文章。该穿的时候没有穿，不该穿的时候又穿了，每一次都使自己显得异常出众，也异常狼狈。后来才意识到，根本无所谓该穿不该穿的问题。真正如鱼得水了，是想穿就穿，不想穿就不穿。还有用筷子还是刀叉之类，入境随俗尽在情理之中，但要说哪个好哪个不好，却是一派胡言。记得有一次，一位朋友自远方来，面条吃得"稀里哗啦"，末了，连面带汤在喉咙里打几个滚儿也"咕咚、咕咚"地下去了。这种能把人心里的馋虫子都逗出来的吃相，我的有教养的房东也没有觉得什么不好。还有一次，我和朋友们邀约去海德公园听帕瓦罗蒂的露天演唱会。有一位初来乍到的同胞，怕他孤独，也就趁机约来与大家认识认识。不料见面伊始，这位老兄便很得意地向大家宣布自己在国内就已经学会了做三明治！那天正好大雨滂沱，加上对这种食之无味的东西的胡乱吹嘘，弄得众人好不扫兴。

在一个偶然场合我结识了一家人，男主人有五十好几了，在一家著名的跨国公司的分公司里当部门经理，女主人和已经完全成年的儿子则（除了做点儿家务）就知道画画，油画水彩、风景人物、本国的他国的，什么都画。这家人平时住在泰晤士河边，从窗口望出去，透过自家的整齐茂盛的花园就是时涨时落的河水，河心有个小岛，用窗台边唾手可得的望远镜能够尽情观察岛上翱翔的水鸟。这里比较幽静，主人也很好客，我也常常来此度个周末什么的。不但参加他们的家庭聚会，也邀请一些朋友来此玩耍，记得叶秀山先生就来与这家人讨论过海德格尔。临到我要起程回国之时，男主人要我给他写一幅"大学之道在明明德在亲民在止于至善"挂在墙上做个纪念。（两年后，他给我寄来一份刊有对他专访的杂志，在他的大幅彩色照片的背后，就是这"大学之道"。）笔墨停当，这位先生的一句话使我至今念念不忘，有时候甚至还心跳不已：作为老子孔子的后代，在骨子里头你们肯定看不起我们这些西方的野蛮人！很难想象，被现代文明包装得严严实实的"文明人"，竟然能对如今已是"蛮荒之地"的古老文化发出来自内心的倾慕。

回到中国，每年我都花一些时间待在西北西南或中部的农村贫困地区，原只是想争取多知道一点中国社会，看看其落后的一面究竟有多落后，后来才逐渐领悟到，生活质量是比收入水平更有意义的理解贫困地区的钥匙，而在与严寒险峻的世世代代的抗争中，村民们凝聚在血液里的智慧、毅力和乐观，常常是发达地区的所谓文明人难以想象更不可企及的。

有一次在赣南山区，我问家庭主妇们为什么不把辛辛苦苦种植的水果拿到市场上去卖，憨厚的村妇们的回答竟是那样朴实、浅显而充满了自己对生活的理解："都让小鬼们东一个西一个吃掉了。"

在青藏高原，老乡们再穷再苦，家家户户都不仅有牛羊还有狗，牧羊狗外加一只小藏巴。川北贫困县里，农户家庭也大都有一只小猫，虽然它未必要逮老鼠。我最近常常读到一些人义愤填膺地谴责有闲阶级的公子小姐养猫养狗的文字，总觉得作文者们未免也过于理性，理性得近乎偏执了。

青藏高原的生活世界，同现代的都市人的谋生环境是不可同日而语的。蓝天、白云、草原、雪山……到了晚上，满天的星斗近在眼前，环顾四周，只剩下寂静和空旷，天地之间的界限也都消失了。这里的牛羊与当地人的关系，绝不只是养肥了屠宰或卖钱。大老远来的用经济理性武装起来的专家，总是喋喋不休地劝告当地人趁着牛羊肥壮之际把它们卖掉，殊不知他们宁愿和牛羊共生共死。我看到当地的老人说起自己的牛羊就如同谈论自己的孩子一样，满怀着深情，如数家珍。牛羊成了当地人生活的一部分，它们甚至是家庭的不可或缺的成员。我偷拍过一张幻灯片，一个小男孩抱着自家雪白的羊羔，满脸的微笑让谁看了也不得不羡慕。

在川东的一些穷县里，乡亲们的庭院周围鸡鸭成群，热闹非凡，还有越来越多的人开始饲养"大鸭子"（鹅的爱称）。一些人干脆把这些"大鸭子"的幼雏叫作"小鸭子"，有时候怕你误会又改称"小大鸭子"。有一家主妇养了十几只鸡、若干只"大鸭子"，一年多了，没一个下蛋的。我问她怎么回事，她只是淡淡一笑，不无调侃又带着几分溺爱地说，这些砍脑壳的不下蛋……

原以为我们这种所谓的文明人多少可以去为人家如何脱贫出出点子，这些经历使我慢慢开始明白，为什么舒尔茨在得了诺贝尔奖以后还坚持说农民们可一点也不比专家笨。有时候我们确实太自以为是了。教育这个东西，当它制度化专门化以后，很容易让我们远离生活、远离本土，支离破碎甚至是愚不可及地去面对本来是一个整体的社会。说到教养，在风俗、礼仪和种种行为处世方面，深山沟里的老农或许比我们更懂得规矩。只需要参加他们的红白喜事，再碰上几回传统节日，就会明白那里面的学问不是一天两天能掌握的。记得我参加过几个火把节，光是当地人不同类型的服饰和规格，就够让人迷惑和眼花缭乱的了。汉族大概是如今唯一没有自己的民族服装的民族，一想起来就让人呜呼！

没有受过正规教育的农民，在生活中磨炼出来的生存智慧和应付意外的能力，通常高出我们的能力，也高出我们的想象。我看到过李亦园在一篇小文章中说过的一句话，大意是：如果真要说谁更高明，大概最后只有一个尺度，那就是看谁更能适应艰苦的生存环境。若以此衡量，我们现代人，无论受过多少正规教育，坦白地说是很脆弱的。而最给我震撼的，是村民们对生活中种种艰辛泰然处之的气度。

（原文载《天涯》1997年第3期）

# 作者简介

**黄　平**　中国社会科学院研究员、欧洲研究所所长，兼任中华美国学会会长、中国世界政治研究会副会长、中国国际关系学会副会长、全国港澳研究会副会长、中国社会科学院台港澳研究中心主任、联合国社会发展研究院（UNRISD）院务委员。历任中国社会科学院社会学研究所副所长（1997～2003）、院国际合作局局长（2003～2006）、美国研究所所长（2006～2014），曾兼任联合国教科文组织重大科学项目评审委员、联合国教科文组织"社会转型管理"（MOST）政府间理事会副理事长、国际社会科学理事会（ISSC）副理事长、国际社会学会（IIS）副会长等职务，并曾任《读书》执行主编（1996～2006）、《美国研究》主编（2006～2014）、《美国蓝皮书》主编（2011～2015），现仍在 *The British Journal of Sociology*，*Current Sociology*，*Comparative Sociology*，*Global Social Policy*，*The Sociology of Development*，*International Migration* 等英文期刊担任国际编委。

黄平的著述包括：《未完成的叙说》（四川人民出版社，1997），《寻求生存：当代中国农村外出人口的社会学研究》（合著，云南人民出版社，1997），《我们的时代》（合著，中央编译出版社，2006），《与地球重新签约》（主编，人民文学出版社，2003），《误导与发展》（中国人民大学出版社，2006），*China Reflected*（ARENA Press，2003），《乡土中国与文化自觉》（主编，生活·读书·新知三联书店，2007）等。

由社会科学文献出版社出版的著作包括：《西部经验：对西部农村的调查与思索》（合著，2005），《公共性的重建》（上下，主编，2011），《中国与全球化：华盛顿共识还是北京共识》（主编，2005），《中国模式与"北京共识"》（主编，2006），《农民工反贫困》（中英文，主编，2006），《亚当斯密在北京》（合译，2009），《面对面的距离》（主编，2013）等。

**图书在版编目（CIP）数据**

梦里家国：社会发展、全球化与中国道路/黄平著.—北京：
社会科学文献出版社，2015.8
ISBN 978 - 7 - 5097 - 6971 - 3

Ⅰ.①梦…　Ⅱ.①黄…　Ⅲ.①社会科学－文集　Ⅳ.①C53

中国版本图书馆 CIP 数据核字（2015）第 000135 号

梦里家国：社会发展、全球化与中国道路

著　　者/黄平

出　版　人/谢寿光
项目统筹/祝得彬
责任编辑/仇　扬

出　　版/社会科学文献出版社·全球与地区问题出版中心（010）59367004
　　　　　地址：北京市北三环中路甲 29 号院华龙大厦　邮编：100029
　　　　　网址：www. ssap. com. cn
发　　行/市场营销中心（010）59367081　59367090
　　　　　读者服务中心（010）59367028
印　　装/三河市东方印刷有限公司

规　　格/开　本：787mm×1092mm　1/16
　　　　　印　张：25　字　数：402 千字
版　　次/2015 年 8 月第 1 版　2015 年 8 月第 1 次印刷
书　　号/ISBN 978 - 7 - 5097 - 6971 - 3
定　　价/98.00 元